SERIE PIPER
Band 816

Zu diesem Buch

Seit der »Kriegszieldiskussion« der sechziger Jahre über die
Politik des Deutschen Reiches im Ersten Weltkrieg hat wohl
kein geschichtliches Thema die Öffentlichkeit so beschäftigt
wie die im vergangenen Jahr aufgebrochene Kontroverse über
die Frage der Einzigartigkeit der nationalsozialistischen Judenvernichtung. Wie ist die Ermordung von Millionen Juden geschichtlich einzuordnen – als ein Verbrechen, wie es vergleichbar in der Geschichte auch anderswo und zu anderen Zeiten
stattgefunden hat, oder als einzigartiges, unvergleichliches Geschehen? Seit Jürgen Habermas mit seiner Kritik an Andreas
Hillgrubers und Ernst Noltes Thesen die Debatte eröffnete, haben sich eine Reihe von Historikern zu Wort gemeldet, haben
Partei ergriffen, neue Akzente gesetzt und die Problematik
vertieft. Der vorliegende Band kann für sich in Anspruch nehmen, die entscheidenden Beiträge aller Kontrahenten zu ver-
sammeln und so der Öffentlichkeit ein vollständiges, unpartei-
isches und die wesentlichen Aspekte berücksichtigendes Bild
dieser wichtigen geschichtlichen Diskussion zu bieten, in der es
nicht nur um das Verhältnis der Deutschen zu ihrer jüngsten
Geschichte, sondern auch zu ihrer Gegenwart geht.

»Historikerstreit«

Die Dokumentation der Kontroverse um die Einzigartigkeit der nationalsozialistischen Judenvernichtung

Texte von Rudolf Augstein, Karl Dietrich Bracher,
Martin Broszat, Micha Brumlik, Walter Euchner,
Joachim Fest, Helmut Fleischer, Imanuel Geiss,
Jürgen Habermas, Hanno Helbling, Klaus Hildebrand,
Andreas Hillgruber, Eberhard Jäckel, Jürgen Kocka,
Robert Leicht, Richard Löwenthal, Christian Meier,
Horst Möller, Hans Mommsen, Wolfgang J. Mommsen,
Thomas Nipperdey, Ernst Nolte, Joachim Perels,
Hagen Schulze, Kurt Sontheimer, Michael Stürmer,
Heinrich August Winkler

Piper
München Zürich

ISBN 3-492-10816-4
2. Auflage, 9.–15. Tausend Juli 1987
Originalausgabe
© R. Piper GmbH & Co. KG, München 1987
Umschlag: Federico Luci
Gesamtherstellung: Clausen & Bosse, Leck
Printed in Germany

Inhalt

Editorische Vorbemerkung

In diese Auswahl wurden nur Texte aufgenommen, die bereits publiziert waren. Sie wurden völlig unverändert für den Druck übernommen; lediglich offensichtliche Druckfehler wurden verbessert.

Die einzigen Ausnahmen von dieser Regel wurden bei den im Anhang abgedruckten »Anmerkungen« von Joachim Fest, Jürgen Habermas, Andreas Hillgruber, Ernst Nolte und Michael Stürmer gemacht.

Wir danken allen Beteiligten, daß durch die gegenseitige Kompromißbereitschaft das gemeinsame Ziel einer Dokumentation der Kontroverse in *einem* Band verwirklicht werden konnte.

Die inhaltliche Verantwortung für die Texte liegt bei den Autoren.

Der Verlag

Danksagung

Mein tiefempfundener Dank gilt den Mitarbeitern des Piper Verlages, die mit Ausdauer und Enthusiasmus den immer wieder durch fast unüberwindlich erscheinende Schwierigkeiten gekennzeichneten Entstehungsprozeß dieses Bandes begleitet haben. Ich nenne stellvertretend Ralf-Peter Märtin und Ulrich Wank.

Ernst Reinhard Piper

1

ERNST NOLTE

Zwischen Geschichtslegende und Revisionismus?

Das Dritte Reich im Blickwinkel des Jahres 1980

Wenn im Jahre 1980 Bewohner eines fernen Sterns zur Erde kämen, um sich über die Geschichte der Menschheit und insbesondere über das deutsche Dritte Reich zu informieren, so müßten sie vor allem diese eine Feststellung treffen: das Dritte Reich ist noch lebendig, 35 Jahre nach seinem Untergang. Nicht in der Weise freilich, daß unzählige Menschen es in sehnsuchtsvoller Erinnerung hätten, daß Gedenkfeiern große Massen anlockten, daß eine mächtige Partei auf seine Restaurierung bedacht wäre – ganz im Gegenteil: die schwächlichen Versuche, eine nationalsozialistische Partei wieder ins Leben zu rufen, bilden allenfalls den Rohstoff für schreckenerregende Sensationsmeldungen, und die »Hitlerwellen«, von denen immer wieder einmal zu lesen ist, dienen keineswegs der Verherrlichung des Führers des Dritten Reiches, sondern sie fassen ihn allenfalls als eine in ihrer Fremdheit faszinierende Gestalt auf. Aber ein Film, der die schlimmste Untat des Dritten Reiches zum Gegenstand hat, bewegte in den USA so gut wie in Deutschland große Massen von Menschen in einem kaum je erlebten Ausmaße; seit vielen Jahren arbeitet die bekannteste Gesellschaftsanalyse der Gegenwart mit ständigen Bezugnahmen auf das Dritte Reich, und prominente Politiker der Bundesrepublik Deutschland müssen zurücktreten oder geraten doch in größte Gefahr, wenn ihnen auch nur eine relativ geringfügige Verbindung zum Dritten Reich nachgewiesen wird; eine Feststellung wie die, daß ein Großteil der SA-Männer der Jahre um 1933 trotz ihrer blutrünstigen Lieder nicht von verbrecherischen Absichten erfüllt gewesen sei, wird als eine gefährliche Verharmlosung betrachtet, und mindestens in zahlreichen populären Publikationen der Vereinigten Staaten sind SA- und SS-Männer unablässig damit beschäftigt, Häuser auszuplündern, Gefangene zu foltern und Frauen zu vergewaltigen. Nichts auch nur entfernt Vergleichbares war 35 Jahre nach dem Untergang des zweiten französischen Kaiserreiches zu konstatieren: die Herrschaft Napoleons III. war längst zum bloß historischen Gegenstand geworden, so heftig die Anklagen während der frühen siebziger Jahre gewesen waren. Anders stand es freilich 35 Jahre nach dem Zusammenbruch des Ersten Kaiserreichs: um 1850 war die Napoleon-Legende längst etabliert, und die Erinnerung an den Kaiser war zum positiven Kampfinstrument einer starken Partei geworden, obwohl in den ersten Jahren nach 1815 die Urteile über den Korsen auf beinahe allen Seiten kaum weniger negativ gewesen waren als diejenigen über Hitler nach 1945. Tatsächlich hatte diese Legende bereits den Neffen zum Präsidenten der Republik gemacht, und sie sollte wenig später zur Staatslegende des Deuxième Empire werden. In schroffem Gegensatz dazu ist die heutige Lebendigkeit des Dritten Reiches bis auf einige Bezirke des lunatic fringe eine durch und durch negative Lebendigkeit, und dafür gibt es gute Gründe:

Der erste, stärkste und allgemeinste Grund ist der folgende: Das Dritte Reich hat nach einer kaum bestrittenen Auffassung den größten und opferreichsten Krieg in der Geschichte der Menschheit begonnen und verschuldet; Hitler hat diesen Krieg durch seine Weigerung, rechtzeitig zu verhandeln, abzutreten oder zu kapitulieren, an ein so katastrophales Ende gebracht, daß zumal für die Deutschen die Erinnerung unauslöschlich sein muß. Hinzu kommt die moralische Verurteilung der Überlebenden durch Hitler, so daß das negative Urteil in Deutschland einfach eine Lebensnotwendigkeit darstellt.

Weiter: Das Dritte Reich nimmt sich aus der Perspektive dessen, was »die westliche Wohlfahrtsgesellschaft« genannt wird, großenteils auf geradezu groteske Weise altertümlich und reaktionär aus: man denke an das Motto »Blut und Boden«, an die Rede vom Bauerntum als der Lebensquelle des Volkes und dem »ersten Stand« oder an die Kennzeichnung der Schwarzen als »Halb-Affen«, man erinnere sich der überall vorherrschenden Uniformen, der Verherrlichung von Hierarchie und

Disziplin, der Loblieder auf den Krieg, der untergeordneten Rolle der Frauen, welche nirgendwo Zweifel daran äußerten, daß ihre Lebenssphäre das Haus sei und daß sie auf dem »Gebärschlachtfeld« ihren Anteil am Ringen des Volkes um seine Ewigkeit zu nehmen hätten. Und wenn von »Demokratie« die Rede war, dann war nicht eine partizipatorische oder gar direkte, sondern allenfalls eine »germanische« Demokratie gemeint, d. h. die bloße Zustimmung zur autokratischen Führung.

Weiter: Die Gewalttaten des Dritten Reiches sind singulär. Zwar gibt es mancherlei Präzedentien und Parallelen zu den Konzentrationslagern und sogar zu der »Zerschlagung der Arbeiterbewegung«, aber die Vernichtung von mehreren Millionen europäischer Juden – und auch vieler Slawen, Geisteskranken und Zigeuner – ist nach Motivation und Ausführung ohne Beispiel, und sie erregte insbesondere durch die kalte, unmenschliche, technische Präzision der quasi-industriellen Maschinerie der Gaskammern ein Entsetzen ohnegleichen. Zwar wurde sie lange Zeit von vielen Deutschen verdrängt oder nicht zur Kenntnis genommen, aber in der »veröffentlichten Meinung« trat sie doch immer ausschließlich hervor, so daß im nachhinein bloß die Stimme der Opfer vernehmbar war; eine Rechtfertigung wurde nicht einmal im Ansatz versucht, und die Abschwächungen setzten allenfalls eine unfaßbare hohe Zahl an die Stelle einer ebenso unfaßbaren höheren Zahl.

Schließlich: Das Dritte Reich eignet sich hervorragend zur Karikatur. Hitler ist sozusagen für Chaplin wie geschaffen. Der »Reichstrunkenbold« Ley, der hetzerische Pornograph Streicher, der stiernackige Bormann, der eitle Versager Göring, der bebrillte »Reichsheini« Himmler, der sich für eine Inkarnation des ersten Sachsenkönigs hielt: das ergibt eine Porträtgalerie, die durch ihre immanente Lächerlichkeit sozusagen stets von neuem Selbstmord begeht.

Die Lebendigkeit des Dritten Reiches ist also eine durch und durch negative Lebendigkeit. Die Literatur über das Dritte Reich ist zugleich ein Symptom und eine Mitursache dafür. Im Kern ist sie eine Katastrophen- und Anklageliteratur. Titel wie »Die deutsche Katastrophe« oder »Der Weg in die Katastrophe« waren gleich nach Kriegsende charakteristisch für den ersten Aspekt; ein Titel wie »Deutsche Daseinsverfehlung« trieb die Anklage bis zur Verwerfung. Im allgemeinen richtete sich die Anklage aber vor allem gegen bestimmte Traditionen oder Schichten: gegen die »Junker« sowie das Preußentum insgesamt, denen die verhängnisvolle Trennung von der westeuropäischen Entwicklung und damit »der deutsche Sonderweg« anzulasten sei, und gegen die Kapitalisten als die wichtigsten Förderer, ja Ziehväter der nationalsozialistischen Partei. Beide Tendenzen traten keinesfalls bloß in der Literatur hervor: der Staat Preußen wurde durch einmütigen Beschluß der vier Besatzungsmächte aufgelöst, und die Nürnberger Prozesse wurden nicht nur gegen die »Hauptkriegsverbrecher«, sondern auch gegen die Diplomaten und vor allem die Wirtschaftsmagnaten wie Flick und Krupp geführt. Zwar machten sich schon früh Differenzen bemerkbar, ebenfalls nicht weniger im Leben als in der Literatur: die Amerikaner und Engländer entließen zu Anfang der fünfziger Jahre einen beträchtlichen Teil der als »Kriegsverbrecher« verurteilten Gefangenen, und neben die Anklageliteratur trat eine Entschuldigungsliteratur, indem etwa Gerhard Ritter um Verständnis für das Preußentum warb oder Louis P. Lochner sich zum Anwalt der Kapitalisten machte; aber es handelte sich dabei doch stets bloß um Einzelkorrekturen und nicht um eine grundlegende Veränderung des Bildes. Ebensowenig brachte die vom Konzept des Totalitarismus bestimmte Literatur solche Veränderungen hervor, sondern sie dehnte die Negativität bloß aus, so daß auch der ehemalige Verbündete einbegriffen war, oder, genauer gesagt, sie stellte die ältere und umfassendere Negativität wieder her, die sich leicht aus dem positiven Begriff der liberaldemokratischen Gesellschaft ableiten läßt. Sie beschränkte sich obendrein im wesentlichen auf einen Strukturvergleich insbesondere des Dritten Reiches und der stalinistischen Sowjetunion, und sie konnte in ihren einzelwissenschaftlichen Versionen aus wissenschaftsimmanenten Gründen über den Untersuchungsgegenstand des Dritten Reiches nur mit vagen Allgemeinannahmen hinausgelangen.

Noch 1959 erzielte das schlicht antideutsche Buch von William Shirer einen gewaltigen Verkaufserfolg, und die allmählich entstehende neomarxistische Literatur nahm mit beträchtlicher Wirkung die Nürnberger Prozesse gegen die Wirtschaftsführer wieder auf, um sie zu einer umfassenderen Anklage gegen »das kapitalistische System« zuzuspitzen. Aber auch die sogenannte bürgerliche Literatur über die faschistischen Bewegungen bzw. Regimes in Europa fiel aus dem Bilde nicht heraus, so sehr sie die europäische Geschichte seit 1917 als ein Ganzes und Eigentümliches zu fassen versuchte, und sie *konnte* nicht herausfallen, da die Katastrophe eben tatsächlich stattgefunden hatte und da Ursachenforschung für Wissenschaft nun einmal unverzichtbar ist.

Trotzdem läßt sich nicht leugnen, daß die negative Lebendigkeit eines historischen Phänomens für die Wissenschaft eine große, ja eine lebensbedrohende Gefahr darstellt. Eine permanente negative oder positive Lebendigkeit hat nämlich notwendigerweise den Charakter des Mythos als der potenzierten Form der Legende; und zwar gerade weil sie zur gründenden oder stützenden Staatsideologie werden kann. Man braucht sich im Gedankenexperiment nur einmal vorzustellen, was geschehen würde, wenn es der PLO gelänge, mit Hilfe ihrer Verbündeten den Staat Israel zu vernichten. Dann würde die Geschichtsdarstellung in Büchern, Hörsälen und Schulstuben Palästinas zweifellos nur auf die negativen Züge Israels fixiert sein: der Sieg über den rassistischen, unterdrückenden, ja sogar faschistischen Zionismus würde zum staatserhaltenden Geschichtsmythos werden. Für Jahrzehnte, möglicherweise für ein Jahrhundert würde niemand es wagen, die bewegenden Ursprünge des Zionismus aus dem Geist des Widerstandes gegen den europäischen Antisemitismus nachzuzeichnen, seine außerordentlichen zivilisatorischen Leistungen vor und nach der Staatsgründung zu beschreiben oder die klaren Unterschiede gegenüber dem italienischen Faschismus herauszustellen. Tatsächlich ist ja etwa in der DDR der »Sieg über den Faschismus« so etwas wie ein staatstragender Geschichtsmythos. Für die westliche Wissenschaft dagegen ist die »Revision« schlechthin grundlegend, d. h. die sich immer wieder erneuernde Kritik nicht bloß an Einzelergebnissen, sondern auch an vorherrschenden Grundannahmen. Jede erfolgreiche Revision wird selbst zur Assertion und damit über kurz oder lang zum Gegenstand einer neuen Revision. So wurde z. B. die Geschichte des amerikanischen Bürgerkrieges zunächst ausschließlich von den Siegern geschrieben, aber schon relativ bald verbreitete sich im Norden ein größeres Verständnis für die Motive und für die Lebensweise der besiegten Südstaaten, und wenn diese Tendenz auch nie zur vorherrschenden wurde, so war sie doch stark genug, in Verbindung mit anderen Umständen einen neuen Revisionismus auszulösen. Ähnliches gilt für die deutsche Geschichtsschreibung, welche die Gründung des Bismarck-Reichs vorbereitete und später darstellte: immer war ihr Spektrum breit genug, um die Etablierung eines unerschütterlichen Staatsmythos zu verhindern.

Die fundamentale Frage muß also lauten: Bedarf auch die Geschichte des Dritten Reiches heute, 35 Jahre nach dem Ende des Krieges, einer Revision, und worin könnte eine solche Revision gegebenenfalls bestehen? Es ist von vornherein auszuschließen, daß sie in einer bloßen Umkehrung der negativen Grundtendenz der Literatur bestehen könnte, d. h. in einer Apologie. Dann würde sie nämlich entweder die Leugnung unbestreitbarer Tatbestände zum Inhalt haben oder aber sogar die Erneuerung des nationalsozialistischen Ethos und seiner Hauptpostulate implizieren, z. B. die Rechtfertigung des Verlangens nach unbedingter Souveränität eines gesamtdeutschen Staates oder äußerstenfalls die Wiederaufnahme der These vom verhängnisvollen Einfluß des Judentums. Das eine ist so unmöglich wie das andere. Der innerste Kern des negativen Bildes des Dritten Reiches ist weder revisionsbedürftig noch revisionsfähig. Aber es könnte sein, daß zeitgenössische Ereignisse es nahelegen, das Dritte Reich gleichwohl im ganzen in eine neuartige Perspektive hineinzustellen und jene Negativität auf eine andersartige Weise auszuweiten, als es die klassische Totalitarismustheorie der fünfziger Jahre getan hatte. Sehr lehrreich ist in dieser Hinsicht das Wiedererstehen der anarchistischen Historiographie, für die jede gegliederte und herrschaftsmäßig organisierte Gesellschaft einen essentiell negativen, nämlich repressiven Charakter trägt – ob es sich um die auf Sklaverei gegründeten Poleis der Antike oder um die heutigen Staaten des »realen Sozialismus« handelt –, so daß das Dritte Reich nur noch mit Mühe einen prominenten Platz in der universalen Unterdrückungsgeschichte behauptet.

Zu Beginn der sechziger Jahre waren es vor allem zwei Bücher, die von der etablierten Geschichtswissenschaft als Erscheinungsformen eines Revisionismus, und damit als Herausforderungen, empfunden wurden: A. J. P. Taylors »The Origins of the Second World War« und David Hoggans »Der erzwungene Krieg«. Beide waren indessen in ihrem Revisionismus eng begrenzt: Taylor gab im Grunde bloß eine Version der antideutschen Anklageliteratur; Hoggan war schon durch die Beschränkung auf die Frage des Kriegsausbruchs von der Erörterung der wirklich entscheidenden Fragen abgeschnitten. Immerhin wurde durch das eine Buch das Problem der Kontinuität unterstrichen und durch das andere die in der Tat allzu simplistische These von der »Entfesselung des Zweiten Weltkriegs« durch Hitler mit nützlichen Fragezeichen versehen. Beide Bücher waren damit in gewisser Weise Symptome für das Ende der zweiten Phase der Nachkriegszeit.

Am Ausgang der sechziger Jahre war eine völlig neue Situation durch den Krieg in Vietnam geschaffen worden. Eine unmittelbare und umfassende Auswirkung hatte sie zwar nur auf die Geschichtsschreibung des Kalten Krieges, indirekt bedeutete sie aber eine beträchtliche Stärkung der neomarxistischen These von der Endursächlichkeit des kapitalistischen Systems. Zugleich wurde im Zuge der Entspannung des Ost-West-Konfliktes das Totalitarismus-Konzept sehr geschwächt, so daß auch aus einer zweiten Richtung bloß noch das westliche oder kapitalistische System als Gegenstand der Anklage übrigzubleiben schien.

Zu Ende der siebziger Jahre war die Situation abermals tief verändert. Das Aufhören der amerikanischen »Intervention« in Vietnam hatte keinen Frieden gebracht, sondern die angeblichen Opfer eines Genozids, die nunmehr wiedervereinigten Vietnamesen, erwiesen sich als stark genug, um einen Angriffskrieg gegen Kambodscha zu führen, und sie wurden ihrerseits zum Opfer einer »Strafexpedition« von seiten der VR China;

gleichzeitig setzten sie eine offenbar großenteils ethnisch orientierte Massenflucht in Gang, die als »Holocaust auf dem Wasser« beschrieben wurde, um das qualvolle Massensterben zahlloser Flüchtlinge zu kennzeichnen. Die Schwäche und Fragilität des sogenannten »westlichen Imperialismus« war dagegen schlechterdings nicht mehr zu übersehen, während die SU ihre militärische Macht unablässig verstärkte und mit großem Erfolg in Afrika und anderswo, zuletzt in Afghanistan, »Befreiungsbewegungen« unterstützte, die sich vor allem gegen andere »Befreiungsbewegungen« durchzusetzen hatten und haben; und zum Erstaunen der Welt vollzog sich im Iran eine ganz eigenartige Revolution, die nach verbreiteten Begriffen als Beseitigung des amerikanischen Einflusses »fortschrittlich« und als Etablierung der Herrschaft eines Oberpriesters durchaus »reaktionär« genannt werden muß. Erzwingt diese Situation nicht abermals und diesmal auf weniger partielle und abgekapselte Weise eine Revision der Geschichte des Dritten Reiches?

Bevor ich versuche, auf diese Frage eine Antwort zu geben, will ich in aller Kürze die Grundgedanken bzw. Hauptergebnisse von drei Büchern skizzieren, die auf jeweils ganz verschiedene Weise als revisionistische Ansätze der jüngsten Zeit zu betrachten sind, obwohl die eben beschriebene Situation noch nicht darin verarbeitet ist. Es handelt sich um zwei Werke von Engländern über Aspekte bzw. Perioden des Dritten Reiches und um eine Gesamtinterpretation des italienischen Faschismus durch einen Italiener, die aber unmittelbar für die Frage der Notwendigkeit einer Revision der Geschichte des Dritten Reiches nutzbar gemacht werden kann.

Domenico Settembrini hat seiner 1978 erschienenen Deutung einen provozierenden Titel gegeben: Fascismo Controrivoluzione imperfetta. Er geht mit Entschiedenheit von der These aus, die bereits Piero Gobetti im Titel seiner Zeitschrift »Rivoluzione liberale« zum Ausdruck gebracht hatte, nämlich daß die eigentliche und modernisierende Revolution diejenige des liberalen Kapitalismus oder der Wirtschaftsfreiheit ist, die vor 200 Jahren in England begann und die sich zuerst in Amerika vollendete. Dieser Revolution des Individualismus trat schon früh der sogenannte revolutionäre Sozialismus mit seiner

Orientierung an der Urgemeinschaft und einer archaischen Durchsichtigkeit der gesellschaftlichen Verhältnisse als die umfassendste Konterrevolution entgegen, nämlich als die Tendenz zum totalitären Kollektivismus. Diese Konterrevolution gelangte im Kontext ganz besonderer Umstände und doch nicht bloß zufällig 1917 in Rußland zur Macht, und sie enthüllte sehr bald ihre Natur: Herstellung der Omnipotenz des Zentrums und Unterwerfung der Individuen unter einen Wirtschaftsplan, der zwar die gröbsten Entwicklungsaufgaben löste, sich aber hinsichtlich der Versorgung der Individuen als völlig ineffizient erwies. Ob Rußland zum Vorbild für das bei aller Zurückgebliebenheit so viel differenziertere und weitaus enger mit der Geschichte der westlichen Zivilisation verknüpfte Italien werden sollte, war die große Frage, vor die sich Italien im Jahre 1918/19 gestellt sah. In der Auseinandersetzung mit dem sozialistischen Maximalismus stand Mussolini, ehemals der erste Mann des PSI, zunächst nahezu allein, und Settembrini gibt ihm in diesem seinem Ringen mit den früheren Genossen so gut wie uneingeschränkt recht. Der Faschismus, den Mussolini gründete, war ein zwieschlächtiges Phänomen, negativ und positiv zugleich, antirevolutionär und revolutionär in einem: negativ, soweit er durch die Aufhebung der politischen Freiheit und durch die korporativistische Reglementierung der Wirtschaft vom westlichen Modell abwich, positiv aber, soweit er die wirtschaftliche Freiheit und den Markt nicht vollständig beseitigte. Damit ersparte Mussolini dem italienischen Volk den perfekten Totalitarismus Stalins, und er hatte zum zweitenmal recht, als er sich später gegen den linken Flügel seiner eigenen Partei wandte, der in dem Kompromiß des Duce ein Vorstadium des Übergangs zum vollständigen Kollektivismus sehen wollte und dessen Vertreter nach dem Ende des Krieges nicht zufällig in großer Zahl zu den Kommunisten übergingen. Heute aber ist nach Settembrini die entscheidende Frage die, ob die italienischen Kommunisten jenes »historische Kompromiß«, das sie nach dem Vorbild des Faschismus anstreben, bloß als taktisches Instrument zur Erreichung ihrer alten Ziele betrachten oder ob sie den Wandel Mussolinis von 1919 hin zur richtigen Einschätzung des liberaldemokratischen und kapitalistischen Systems nachvollzogen haben. Damit sind Mussolini und der Faschismus wieder voll in die nationale Geschichte einbezogen und zu einem Orientierungspunkt für die aktuellste aller gegenwärtigen Fragen geworden, keineswegs in unkritischer Verherrlichung, sondern von einem Standpunkt aus, der auf prononcierte Weise nicht-faschistisch ist. Wenn diese Deutung Anerkennung fände, so wäre sie das Musterbild einer gelungenen Revision. Aber ihre Ausdehnung auf Deutschland würde offensichtlich nicht möglich sein. Die deutschen Sozialdemokraten von 1918/19 waren keine Maximalisten, Hitlers Entschluß zum Kriege war keine »unglückliche«, unter fremdem Einfluß gefaßte Entscheidung, sein Totalitarismus brauchte sich vor demjenigen Stalins mindestens seit dem Ausbruch des Krieges nicht mehr zu verstecken, und sein Vernichtungswille war nicht bloß wie derjenige Mussolinis politisch, sondern biologisch. Selbst eine gelungene Revision der Einschätzung des italienischen Faschismus im Rahmen der italienischen Geschichte wäre auf den Nationalsozialismus und auf Deutschland nicht übertragbar.

Eine Revision völlig anderer Art hat *Timothy W. Mason* 1975 in seiner umfangreichen Untersuchung »Arbeiterklasse und Volksgemeinschaft« vorgenommen. Seit 1945 galt es ja mehr oder weniger als selbstverständlich, daß keine Schicht des deutschen Volkes von der Mitschuld am nationalsozialistischen Regime freigesprochen werden könne, und kurz nach Kriegsende hatten sogar die Kommunisten Schuldbekenntnisse abgelegt. Die »Kleinbürger«these vieler Faschismustheorien verschob die Akzente bereits erheblich, aber Mason dürfte der erste sein, der einen Hauptgrund der Niederlage Hitlers in dem Klassenkampf der Arbeiterklasse sieht, welcher das nationalsozialistische Regime daran gehindert habe, die Kriegsvorbereitungen mit derjenigen Energie zu treffen, die »objektiv« möglich gewesen wäre und die (wie man wohl hinzufügen muß) zu einem Siege Hitlers über die Alliierten geführt haben würde. In der Tat kann Mason mancherlei Rücksichtnahmen auf die Stimmung der Arbeiterschaft nachweisen, und er hält sich für berechtigt, von einer Ohnmacht der totalen Diktatur in diesem Punkte zu sprechen. Cum grano salis könnte man sagen, Masons Revision bestehe darin, daß er die deutsche Arbeiter-klasse als die eigentliche Siegerin über den Nationalsozialismus proklamiert. Aber wenn man sich die riesige Dokumentation, die er vorlegt, genauer ansieht, dann stechen die diskordanten Züge mehr und mehr ins Auge: die große Rolle des Verbands-imperialismus der DAF, die sich im inneren Machtkampf mit Erfolg zur Sprecherin der Wünsche der Massen machte; die nahezu völlige Abwesenheit genuiner Widerstandsaktionen, an deren Stelle vielmehr die geschickte Ausnützung der Bedin-gungen der angespannten Arbeitsmarktlage zu bloß sekundä-ren Schwierigkeiten führte; naheliegende Konsequenzen aus der von Mason nicht geleugneten Verbesserung der Lebenshal-tung; die skrupellose Konkurrenz der Unternehmer um die knappen Arbeitskräfte usw.

Was weniger von Mason selbst als vielmehr von Masons Ma-terial gezeichnet wird, ist das Bild einer unter starkem Druck stehenden Wirtschaft, die von allen Schichten und nicht zuletzt von den Dividendenbesitzern sehr erhebliche Opfer forderte und die sich einem beträchtlichen Maße egoistischer Geschick-lichkeit im Ausweichen und Ausnutzen konfrontiert sah. Was vollständig fehlt, ist die Beachtung von Hitlers »Weltanschau-ung«, die ja doch mehr als alles andere dafür verantwortlich war, daß das Reservoir weiblicher Arbeitskräfte nicht entfernt so gut ausgeschöpft wurde wie etwa in England und daß mitten im Kriege gewaltige Mittel für jene Vernichtungsmaßnahmen in Anspruch genommen wurden, die aus dem Blickwinkel der Kriegsanstrengung völlig irrational, ja kontraproduktiv waren. Daher wird man trotz Mason weiterhin davon auszugehen ha-ben, daß Hitlers Krieg von »dem deutschen Volk« geführt wor-den ist, so gewiß ernste Reibungsverluste oder auch einzelne Widerstandshandlungen nicht zu leugnen sind.

Ein völlig andersartiges Motiv liegt dem Revisionsversuch eines anderen Engländers zugrunde: *David Irvings* Buch »Hit-ler und seine Feldherren« von 1975, das erst zwei Jahre später in der englischen Originalfassung unter dem Titel »Hitler's War« erschien. Irvings Ziel ist ganz unverhüllt die Rechtferti-gung Hitlers, der seiner These zufolge nach 1945 »allein keine Stimme mehr hatte« (S. 445), während seine Mitarbeiter und seine Gegner durch einseitige Darstellungen und teilweise durch regelrechte Fälschungen ein unrichtiges Bild des Krieges zeichneten. Es war charakteristisch, daß der deutsche Verlag es ablehnte, die zugespitzteste Behauptung des Autors in die deutsche Fassung aufzunehmen, nämlich die Behauptung, Hitler habe von der »Endlösung« nichts gewußt, wie aus einem von Irving entdeckten Telegramm hervorgehe, das die Liquidierung von Juden verbiete. Aber in Wahrheit handelte es sich hier um die schwächste Stelle des ganzen Buches, denn das betreffende Telegramm besagte, bei Licht besehen, das genaue Gegenteil, weil es den Tatbestand verbreiteter Liquidierungen gerade voraussetzte. Nicht alle Thesen und Hinweise Irvings können indessen mit so leichter Mühe abgetan werden. Was Irving als Gesamteindruck suggeriert, ist gewiß mehr als fragwürdig, nämlich daß Hitler den Krieg hätte gewinnen können, wenn seine Umgebung seine strategischen Gedanken besser begriffen und ohne Widerstreben oder Sabotageversuche in die Wirklichkeit umgesetzt hätte, aber es wird sich kaum leugnen lassen, daß Hitler gute Gründe hatte, von dem Vernichtungswillen seiner Gegner sehr viel früher überzeugt zu sein als zu dem Zeitpunkt, wo die ersten Nachrichten über die Vorgänge in Auschwitz zur Kenntnis der Welt gelangt waren. Die Broschüre »Germany must perish« von Theodore N. Kaufmann aus dem Jahre 1940 ist in der Literatur nicht ganz selten erwähnt worden, aber ich erinnere mich nicht, in einer der größeren deutschen Darstellungen von der offiziellen Äußerung Chaim Weizmanns aus den ersten Septembertagen 1939 gelesen zu haben, nach der die Juden in aller Welt in diesem Krieg auf der Seite Englands kämpfen würden. Jedenfalls muß ich mir selbst den Vorwurf machen, diese Äußerung 1963 nicht gekannt und verwendet zu haben, obwohl man sie im »Archiv der Gegenwart« von 1939 finden kann und obwohl sie die folgenreiche These zu begründen vermag, daß Hitler die deutschen Juden als Kriegsgefangene (a) behandeln und d. h. internieren durfte. Ebensowenig ist Irvings Behauptung von vornherein abzuweisen, daß der Luftangriff auf Hamburg im Juli 1943 von einem Vernichtungswillen der Alliierten gegenüber der deutschen Zivilbevölkerung Zeugnis gab, der nicht in der Kenntnis der »Endlösung« seine Ursache haben konnte. Und Irvings Tendenz, auch Auschwitz in eine umfassendere Perspektive zu stellen, würde selbst dann beachtenswert bleiben, wenn die Gegenthesen als durchschlagend anerkannt werden müßten, nämlich daß auch der Präsident der Jewish Agency nicht das Recht hatte, so etwas wie eine Kriegserklärung auszusprechen, und daß der Angriff auf Coventry dem Angriff auf Hamburg um drei Jahre vorhergegangen war.

In der Tat scheint mir genau dies die notwendigste und schwierigste Aufgabe zu sein, wenn das Dritte Reich aus der Situation des Jahres 1980 heraus zu einer neuen und revidierenden Darstellung gebracht werden sollte. Sie dürfte nicht mit der Weimarer Republik oder auch der europäischen Situation von 1919 den Anfang machen. Sie könnte vielmehr ihren Ausgangspunkt von einer Verlautbarung der sogenannten »Nationalen Einheitsfront« in Kambodscha nehmen, die Anfang Dezember 1978 im »Neuen Deutschland« abgedruckt wurde und die mithin keinesfalls als »antikommunistische Propaganda« angesehen werden kann, und sie müßte von da aus zu den Anfängen der Industriellen Revolution in England und Frankreich zurückgehen. In jener Verlautbarung heißt es:

»Die reaktionäre Clique Pol Pot / Ieng Sary hat die gesamte Macht an sich gerissen. Sie unternahm alles, um das Land zu verraten und dem Volk zu schaden. Sie brachte unendliches Leid und Elend über die Mitbürger und drohte, unser Volk auszurotten, und die chinesischen Behörden haben diese Verräter und Tyrannen bis zum letzten ermuntert und unterstützt. Nur wenige Tage nach der Befreiung haben sie unter dem Etikett »radikale soziale Revolution auf allen Gebieten« und »Reinheit der Gesellschaft« die Städte ausgelöscht und Ortschaften gezwungen, ihre Häuser sowie ihr Hab und Gut zu verlassen und auf das Land zu gehen. Dort leben sie in Armut und unter einem Zwangsarbeiterregime. Sie waren dem langsamen Untergang geweiht. Die Verräter durchschnitten alle heiligen emotionellen Bindungen der Menschen zu ihren Eltern, Ehefrauen und Ehemännern, Brüdern und Schwestern und selbst zu den Nachbarn. In der Tat löschten sie die Dörfer und Landstriche aus, in denen unser Volk seit Jahrtausenden lebte und

mit denen seine Gefühle verwoben sind. Sie proklamierten die »Zwangskollektivierung«, die »Abschaffung des Geldes und des Marktes« und zwangen die Menschen, gemeinschaftlich zu essen und zu schlafen. In Wirklichkeit aber sperrten sie unsere Mitbürger in getarnte KZ', beschlagnahmten alle Produktionsmittel, verpflichteten unser Volk zu endloser Arbeit, während sie ihm nur ein Minimum an Nahrung und Kleidung zur Verfügung stellten. Sie zwangen alle Schichten der Bevölkerung, in Armut zu leben, und stießen sie in die Sklaverei zurück. Sie teilten die Menschen in verschiedene Kategorien ein, um sie sich leichter unterwerfen zu können, und um sie sich gegenseitig umbringen zu lassen. Die Verbrechen der Clique Pol Pot / Ieng Sary können bestimmt nicht mehr gezählt werden.«
(FAZ, 8. 12. 78)

Dieser Text weckt zahlreiche Erinnerungen. Er weckt die Erinnerung an das Motto »Raubt das Geraubte«, dem die Russische Revolution in ihren Anfängen 1917 und 1918 so viel von ihrer Durchschlagskraft verdankte; er führt die Gedanken zurück zum »Kriegskommunismus« dieser Jahre, wo man sich rühmte, das Geld abgeschafft und die Menschen ganz und gar wieder zu Gemeinschaftswesen gemacht zu haben; er läßt das Bild der Zwangskollektivierung von 1929/30 vor dem geistigen Auge auftauchen, wo Millionen von »Kulaken« zwar nicht aus den Städten auf die Dörfer, wohl aber aus den Dörfern in die Tundra getrieben wurden, um dort, wie Solschenizyn schreibt, zu »versickern«, d. h. umzukommen; er macht die grauenhafte Zeit der Jahre von 1936 bis 1938 wieder lebendig, von der Moshe Pijade 1951 im Rückblick sagte: »In den Jahren 1936, 1937 und 1938 wurden in der Sowjetunion über drei Millionen Menschen getötet. Sie gehörten nicht der Bourgeoisie an, denn die war in diesem Lande schon lange liquidiert.« Aber der Text weckt auch die Erinnerung an weit ältere Zeiten und an viel harmlosere Vorgänge, die bloß in Gedanken und Projekten bestanden und sogar in wohlgemeinten und zum guten Teil sympathischen oder mindestens verständlichen Gedanken und Projekten, welche aus der Geschichte nicht wegzudenken sind, und die in mehr als nur einer Hinsicht unzweifelhaft eine positive Rolle gespielt haben. Da war Thomas Spence, der englische »Agrarreformer«, der einen Zustand der Gesellschaft als krankhaft ansah, in welchem der Pfarrgemeinde die »commons«, d. h. Gemeindeländereien, und die damit verknüpften Kompetenzen zugunsten der Klasse der Grundbesitzer und einer fernen Zentralinstanz entzogen wurden und der daher immer wieder, zuletzt in seiner Zeitschrift »The Giant-Killer«, zur Beseitigung der Klasse der Landlords und zur Wiederherstellung einer weitgehenden Souveränität der Pfarrgemeinden aufrief. Da war vor ihm bereits Morelly, der französische Frühsozialist, wie er manchmal genannt wird, der indessen in Wirklichkeit eher eine Art Dorf-Kollektivist war und der die durch die Entwicklung und Differenzierung der Landwirtschaft beschädigte Konformität aller Dorfgenossen in uneingeschränkter Weise wiederherstellen oder besser neubegründen wollte. Da war John Gray, der 1825 in seiner einflußreichen, von durchaus philanthropischen Motiven geprägten »Lecture on human happiness« alle Klassen und Schichten der Gesellschaft auf ihre »Nützlichkeit« hin untersuchte und etwa die »freeholders of the better sort« vollständig aus dem produktiven Bereich verstieß, während er von den »lesser freeholders and farmers« immerhin die Hälfte als notwendig anerkannte. Da war William Benbow, der 1832 das Konzept des »sacred month« entwickelte, mittels dessen die große Volksmehrheit der Armen den räuberischen Klassen der Reichen und der Staatsfunktionäre den enteigneten Überschuß ihrer Arbeitsleistung wieder abnehmen würde. Aber auch Männer wie Fourier und Owen gehören ins Bild, weil sie vom Ideal einer überschaubaren Gemeinschaft von Menschen geleitet sind, welche autark und wohl gar ohne fixierte Arbeitsteilung ein Leben führen, das nicht durch Krisen gefährdet, von Ereignissen in fremden Ländern abhängig oder durch den Lärm von Fabriken beunruhigt ist. Und schon Babeuf hatte die Bevölkerung der großen Städte auf das Land zurückführen und eine »landwirtschaftliche Republik ohne Geld« und ohne »künstliche Bedürfnisse« gründen wollen.

Man kann alle diese Projekte in ihrem Ausgangspunkte als kommunalistische Diagnosen charakterisieren, d. h. als Interpretation der gesellschaftlichen Entwicklung, welche aus der vorgestellten und doch noch in realen Verhältnissen begründeten Perspektive einer kleinen und kaum differenzierten Wohlfahrtsgemeinschaft die anhebende Geld- und Verkehrswirtschaft mit ihren Akkumulationen von Kapital, mit ihrer ungleichmäßigen und leidvollen Ersetzung manueller Arbeit durch Maschinen, mit ihren mehr und mehr undurchsichtigen Kreditoperationen, mit ihren weltweiten und nicht völlig reziproken Abhängigkeiten und den daraus resultierenden Krisen als eine lebensgefährliche Krankheit des Gesellschaftskörpers betrachtete. Tories wie Robert Southey und Samuel Taylor Coleridge unterschieden sich darin nur wenig von denjenigen, die als ihre schärfsten politischen Gegner gelten. Aber sie machten keine tiefgreifenden Therapievorschläge. Diese teilten sich in die beiden Hauptgruppen der friedlichen oder evolutionären einerseits und in die Vernichtungstherapien andererseits, so daß Fourier und Owen auf der einen und Spence, Babeuf, Benbow und Bronterre O'Brien auf der anderen Seiten stehen. Angesichts des weitverbreiteten Elends und der außerordentlichen Einkommensunterschiede gerade im England des frühen 19. Jahrhunderts, angesichts auch der Tatsache, daß das Neue, nämlich die individualistische Geldwirtschaft, eng mit dem Alten, nämlich der korporativen Adelsgesellschaft, verknüpft war, angesichts schließlich des Umstandes, daß etwa das neue Armengesetz von 1834 häufig als die »Poor Man's Destruction Bill« empfunden wurde, waren alle diese Diagnosen und auch diese Therapievorschläge sehr verständlich, und sie hatten als Voraussetzung der Herausbildung neuer Bewußtseinsformen positive Bedeutung. Gleichwohl war zu erwarten, daß erst der Versuch einer Verwirklichung der Vernichtungstherapien die Nagelprobe für die Richtigkeit oder Unrichtigkeit der Analyse sein würde und daß er möglicherweise zu unerwarteten und überaus gravierenden Konsequenzen führen würde. Wenn die »herrschenden Klassen« mehr als eine winzige Minderheit in der Gesellschaft bildeten, wenn sie von der Überzeugung erfüllt waren, daß sie keineswegs bloß »müßig« seien, sondern eine unentbehrliche und fortschrittliche Funktion zu erfüllen hätten, wenn beträchtliche Teile der »unterdrückten« Bevölkerung ihnen loyal gegenüberstanden – wenn, mit einem

Wort, die Gesellschaft schon viel zu komplex und bewegt geworden war, als daß sie sich mit den simplen und statischen Dichotomien von »Reichen« und »Armen«, von »Herrschenden« und »Beherrschten«, von »Unterdrückern« und »Unterdrückten« noch angemessen beschreiben ließ, dann würde die Vernichtungstherapie scheitern und in Krisenperioden möglicherweise auf ihre Protagonisten zurückschlagen oder aber diejenigen treffen, welche man für die Protagonisten hielt.

In der Tat zeigten sich sehr rasch schwerwiegende Differenzen zwischen den einzelnen Staaten. Die Französische Revolution machte das Konzept der Klassen- und Gruppenvernichtung erstmals in der neueren europäischen Geschichte zu einer Wirklichkeit, aber auch sie muß nach ihrem Endergebnis ebenso zu den »unvollendeten« oder synthetisierenden Revolutionen gezählt werden wie die amerikanische Revolution von 1776, wie die englische Reformbill von 1832 und wie die deutsche Revolution von 1918. Einen völlig anderen Charakter hatte die russische Revolution von 1917/18: hier war eine mehr babouvistisch-spenceanische als marxistische Vernichtungstherapie erfolgreich, teilweise wegen der Schwäche des erst embryonalen Bürgertums und teilweise wegen der besonderen Kriegsbedingungen. Und dieser Vorgang war so neuartig, so ungeheuerlich und so verstörend, daß ungemein gravierende Reaktionen zu erwarten waren.

Gleichwohl wäre es eine grobe Vereinfachung, wenn man in dem Vernichtungswillen des Nationalsozialismus weiter nichts als die Reaktion auf die Vernichtungsaktionen des Bolschewismus erblicken wollte. Er hatte vielmehr auch eigenständige, weit in die Geschichte zurückreichende Wurzeln, nämlich:

1. die Vernichtungslehren der frühesten Rechten, die sich als Reaktion auf den Terror und mehr noch die Programmerklärungen der Französischen Revolution ansatzweise in den Büchern von Männern wie Joseph de Maistre, dem Abbé Barruel oder dem schottischen Naturphilosophen Robison abzeichneten, wobei Termini wie »Gewürm« und »Ungeziefer« bald schon ebenso wie bei den Gegnern eine Rolle zu spielen begannen. Eine antijüdische Färbung hatten diese Postulate der Gegenvernichtung bis hin zur Dreyfus-Affäre nur selten, aber bereits Met-

ternich tendierte gelegentlich dazu, zwischen dem Liberalismus und den Juden eine enge Verbindung herzustellen.

2. die Vernichtungstherapie des radikalen Flügels des Malthusianismus, welche der Beängstigung durch die präzedenzlose Bevölkerungsvermehrung entwuchs und an einzelnen Stellen bis zu dem Vorschlag führte, die überzähligen Kinder auf schmerzlose Weise durch Gas zu beseitigen.

3. die ins Preußische umgesetzte militärische Vernichtungsstrategie Napoleons, die ihre Clausewitzschen Einschränkungen leicht verlieren konnte und spätestens während des Weltkrieges wirklich verlor.

Man könnte nun den folgenden Einwand machen: der Wille zur Vernichtung der Ungläubigen und Ketzer sei während des Mittelalters und noch in der frühen Neuzeit ganz selbstverständlich gewesen und man brauche sich da bloß der spanischen Inquisition oder der Aufhebung des Edikts von Nantes zu erinnern; von der Aufklärung an aber sei der liberale Fortschrittsoptimismus so sehr vorherrschend gewesen, daß die angeführten Tatbestände bloß als Korollarien betrachtet werden könnten und daß die nationalsozialistischen Vernichtungsmaßnahmen lediglich als ein unbegreiflicher Rückfall in die Barbarei angesehen werden müßten. Aber mir scheint, daß eine völlig neue Situation gerade dadurch entstanden ist, daß sich mit der Aufklärung und ihrer siegreichen Polemik gegen die Religionskriege der Vergangenheit eine Gesellschaft herausbildet, für die »Toleranz« die Grundlage zu sein schien und in der sich gerade deshalb der vorgangslose Prozeß der Industriellen Revolution abspielen konnte. Damit war indessen zugleich eine Bühne errichtet, auf der Feststellungen getroffen, Fragen gestellt, Drohungen ausgesprochen und Beängstigungen erfahren werden konnten, wie es insgesamt in geschlosseneren Gesellschaften nicht möglich gewesen war, so heftig und selbstverständlich der Haß gegen Abweichungen in ihnen sein mochte. Und die Rede vom Sieg des Lichtes über die Finsternis darf nicht auf naiv-optimistische Weise verstanden werden: erst im Licht ist das Helle hell und das Dunkle dunkel, nur im Licht kann gekämpft werden, bloß im Licht zeigt sich die Wunde als das, was sie ist. Das Licht, d. h. das schärfere und umfassendere

Bewußtsein, ist nicht gut, sondern die Voraussetzung des Guten wie des Bösen, und was in ihm erscheint, sind fast durchweg Mischungen von beidem. Und deshalb fasse ich den Gedankengang in der folgenden Weise zusammen und führe ihn zugleich fort:

Der umwälzende und verstörende Vorgang der Industriellen Revolution rief unter den am meisten betroffenen bzw. sensibelsten Schichten eine Interpretation hervor, die diesen Vorgang als Krankheitsprozeß verstand. Unter den Therapievorschlägen nahmen diejenigen einen prominenten, wenn auch nicht exklusiven Platz ein, welche eine Heilung durch Vernichtung ganzer gesellschaftlicher Gruppen postulierten. Je nach der gesellschaftlichen Struktur hat diese Therapie einen mehr oder weniger rationalen Charakter, sie braucht nicht von vornherein die Extermination von Individuen zu intendieren, und sie kann in jedem Fall von moralisch sehr respektablen Motiven geleitet sein. In einem entwickelten Land mit einer breiten und komplexen Mittelschicht wird ihre archaische Natur bald deutlich, in einem zurückgebliebenen Land kann die Beseitigung einer winzigen und überwiegend parasitären herrschenden Gruppe zur elementaren Voraussetzung der »Modernisierung« werden, auch wenn das ursprüngliche Motiv das radikalreaktionäre der Herstellung einer »reinen« Gesellschaft ist. Aber selbst hier mag sie zu außerordentlichen Leiden für große Teile der Bevölkerung führen. Und wenn sie infolge der Größe und Bedeutung des Landes eine ungewöhnliche Dimension hat, kann sie in den Nachbarländern überaus heftige und möglicherweise ganz irrationale Reaktionen hervorrufen. Genau dies war die Situation im Verhältnis zwischen Sowjetrußland und Deutschland nach dem Ersten Weltkrieg. Zwar war der Rote Terror nach der Zahl seiner Opfer schwerlich viel schlimmer als der Weiße Terror. Er gehörte gleichwohl einer grundsätzlich andersartigen Dimension an. Wenn die Klassenzugehörigkeit als solche für todeswürdig erklärt wurde, wenn Lenin die Säuberung der russischen Erde von den »Hunden und Schweinen der sterbenden Bourgeoisie« forderte, wenn Sinowjew kaltblütig die Ausrottung von 10 Millionen Menschen ins Auge faßte, wenn nach verbreiteten Berichten die Matrosen in Sewastopol oder Odessa jeden erschossen, der saubere Fingernägel hatte, dann mußte dadurch ein viel tieferes Entsetzen hervorgerufen werden als durch die Massenerschießungen von Kriegsgefangenen seitens der Weißen. Auch wenn es an gründlichen Untersuchungen meines Wissens noch fehlt, wird man trotzdem sagen dürfen, daß der Bürgerkriegsterror und die Kulakenvernichtung im entfernteren und gefestigteren Westen, nämlich in Frankreich, in England und in den USA keine besonders gravierenden Reaktionen gezeitigt haben, aber in dem so viel näher gelegenen, so viel tiefer und stärker von ökonomischen und geistigen Krisen heimgesuchten Deutschland war es anders und mußte es anders sein, so wenig von vornherein feststand, welche Form diese Reaktion annehmen würde. Die Klassenvernichtungen im sowjetisch besetzten Osteuropa nach 1945 erzeugten zwar zu ihrem Teil im Westen die Mentalität des Kalten Krieges, aber sie wurden doch häufig und sicherlich nicht ganz ohne Grund als die Beseitigung korrupter oder allzu vergangenheitsorientierter Regimes und Verhältnisse verstanden. Die Bestätigung des Stalinschen Terrors und seiner vielen Millionen von Opfern durch Chruschtschow im Jahre 1956 markierte gerade den Beginn der »Entspannung«. Aber die Ereignisse in Indochina sollten nun klar gemacht haben, was im Bereich der Klassen-, Völker- und Gruppenvernichtung das Original und was die Kopie war. Wer die Hitlersche Judenvernichtung nicht in diesem Zusammenhang sehen will, läßt sich möglicherweise von sehr edlen Motiven leiten, aber er verfälscht die Geschichte. Er übersieht bei der legitimen Suche nach unmittelbaren Ursachen die Hauptvorbedingungen, ohne die all jene Ursachen wirkungslos geblieben sein würden. Auschwitz resultiert nicht in erster Linie aus dem überlieferten Antisemitismus und war im Kern nicht ein bloßer »Völkermord«, sondern es handelte sich vor allem um die aus Angst geborene Reaktion auf die Vernichtungsvorgänge der Russischen Revolution. Diese Kopie war um vieles irrationaler als das frühere Original (denn es war einfach eine Wahnvorstellung, daß »die Juden« jemals die Vernichtung des deutschen Bürgertums oder gar des deutschen Volkes gewollt hätten), und es fällt schwer, ihr auch nur ein pervertiertes Ethos zuzugestehen. Sie war entsetzlicher als das Original, weil sie die Menschenvernichtung auf eine quasi industrielle Weise betrieb. Sie war abstoßender als das Original, weil sie auf bloßen Vermutungen beruhte und nahezu frei von jenem Massenhaß war, der innerhalb des Schrecklichen immerhin ein verständliches und insofern versöhnendes Element ist. Doch all das begründet zwar Singularität, ändert aber nichts an der Tatsache, daß die sogenannte Judenvernichtung des Dritten Reiches eine Reaktion oder verzerrte Kopie und nicht ein erster Akt oder das Original war.

Aus dieser Einsicht sind abschließend für die Geschichtsschreibung des Dritten Reiches die folgenden drei Postulate abzuleiten:

1. Das Dritte Reich sollte aus der Isolierung herausgenommen werden, in der es sich sogar dann noch befindet, wenn es im Rahmen der »Epoche des Faschismus« gesehen wird. Es muß vor allem in den Zusammenhang der durch die Industrielle Revolution ausgelösten Umbrüche, Krisen, Ängste, Diagnosen und Therapien hineingestellt und mithin geschichtlich-genetisch statt im bloßen Strukturvergleich untersucht werden; es muß insbesondere auf die Russische Revolution als seine wichtigste Vorbedingung bezogen werden; und sein zukunftsorientiertes Gesicht sollte immer von neuem aus der Analyse jener »Befreiungsbewegungen« eruiert werden, denen es in gewisser Weise selbst zugehörte und die ihrerseits mit den eigentümlichen »Verstaatlichungen« der »kommunistischen Weltbewegung« in Zusammenhang gebracht werden müssen.

2. Der Instrumentalisierung des Dritten Reiches, welcher es einen guten Teil seiner Lebendigkeit verdankt, sollte entgegengetreten werden. Wer das Dritte Reich deshalb kritisiert, weil er im Grunde die Bundesrepublik oder das kapitalistische System treffen will, muß als der Tor erscheinen, der er ist. Zwar ist es richtig, daß das Liberale System die Wurzel des Faschismus ist, weil ohne Freiheit des Einzelnen und die daraus resultierende Begrenztheit der Staatsgewalt kein Faschismus entstehen kann, aber ohne diese Freiheit und ohne diese Begrenztheit gibt es auch keine Kritik, keinen Protest, keinen Anarchismus und keinen Sozialismus. Und über die Bundesrepublik

mag man sehr viel Kritisches sagen, etwa, daß das künstlerische und geistige Leben dieser erfolgreichen Wirtschaftsgesellschaft überwiegend aus Clownereien intrikater oder provokativer Art bestehe, und man könnte mit mehr Gerechtigkeit hinzufügen, die westliche Gesellschaft sei viel zu komplex und in ihren Zusammenhängen zu ungreifbar geworden, als daß auch nur durch Klassen noch so etwas wie »Gemeinsinn« erzeugt werde, aber man sollte dabei nicht übersehen, daß Adolf Hitler nächst dem »bolschewistischen Chaos« keine Art von Gesellschaft so sehr haßte wie diejenige, die sich in der Weimarer Republik schon deutlich genug abzeichnete und die dann in der Bundesrepublik ihre vorläufige Vollendung erfuhr.

3. Die Dämonisierung des Dritten Reiches kann nicht akzeptiert werden. Sie liegt schon dann vor, wenn dem Dritten Reich die Menschlichkeit abgesprochen wird, die einfach darin besteht, daß alles Menschliche endlich ist und damit weder ganz gut noch ganz schlecht, weder ganz hell noch ganz dunkel sein kann. Gründliche Bestandsaufnahmen und eindringliche Vergleiche werden die Singularität des Dritten Reiches nicht beseitigen, aber sie werden es trotzdem als einen Teil der Menschheitsgeschichte erscheinen lassen, der nicht bloß Wesenszüge der Vergangenheit noch einmal in äußerster Konzentration zum Vorschein brachte, sondern der zugleich Zukünftiges vorwegnahm und in der Gegenwart Naheliegendes vollzog. Auch das Dritte Reich kann und muß ein Gegenstand der Wissenschaft sein, einer Wissenschaft, die nicht jenseits der Politik steht und die doch nicht eine bloße Dienerin der Politik ist.

Ganz gewiß ist das Dritte Reich aus dem Stoff, aus dem Legenden gemacht werden. Zu einer um so größeren Herausforderung wird es für eine Gesellschaft, mit deren Natur sich Legenden oder gar Geschichtsmythen nicht vertragen, weil in ihr Wissenschaft möglich ist, d. h. ständige Revision. Aber Revision ist mit bleibender Einsicht nicht unverträglich, und aus der Geschichte des Dritten Reiches muß unverlierbar die Einsicht resultieren, daß die Abwesenheit von Vernichtungsmaßnahmen gegenüber sozialen oder biologischen Gruppen die große Auszeichnung der Gesellschaft ist, die wir bei allen ihren Schwächen die liberale nennen. Und Revision muß nicht Revisionismus im engeren Sinne sein, d. h. ein von erklärten oder unerklärten Absichten geleiteter Versuch kontinuierlicher Uminterpretation. Weder Geschichtslegende noch Revisionismus, wohl aber Revision im Ausgang von der veränderten geschichtlichen Lage – das sollte, wie mir scheint, im Hinblick auf das Dritte Reich aus der Perspektive des Jahres 1980 das Postulat einer Wissenschaft sein, die sich von zeitbedingten Begrenzungen frei zu machen sucht und die insofern mehr sein muß als bloße Einzel- und Spezialwissenschaft.

Anmerkung des Verlags: Dieser Text lag einem Vortrag zugrunde, den der Autor 1980 in der »Carl-Friedrich-von-Siemens-Stiftung« (München) hielt; eine gekürzte Fassung erschien in der ›Frankfurter Allgemeinen Zeitung‹ vom 24. Juli 1980 unter dem Titel »Die negative Lebendigkeit des Dritten Reiches. Eine Frage aus dem Blickwinkel des Jahres 1980«. Eine vom Verfasser durchgesehene und dann vom Herausgeber überarbeitete Übersetzung erschien in: H. W. Koch (Ed.), Aspects of the Third Reich, London 1985, S. 17–38.
Anmerkung des Autors zu (a): – oder genauer gesagt, als Zivilinternierte nach dem Muster der Deutschen in England ab September 1939 oder der amerikanischen Staatsbürger japanischer Herkunft in den USA 1941–1945 – (Einfügung vom April 1986).

2

Michael Stürmer
Geschichte in geschichtslosem Land

In einem Land ohne Erinnerung ist alles möglich. Die Meinungsforschung warnt, daß unter allen Industrieländern die Bundesrepublik Deutschland die größte Schwerhörigkeit verzeichne zwischen den Generationen, das geringste Selbstbewußtsein der Menschen, den gründlichsten Wertewandel zwischen ihnen. Wie werden die Deutschen morgen ihr Land, den Westen, sich selbst sehen? Es bleibt anzunehmen, daß die Kontinuität überwiegt. Aber sicher ist es nicht.

Landauf, landab registriert man die Wiederentdeckung der Geschichte und findet sie lobenswert. Museen sind in Blüte, Trödelmärkte leben von der Nostalgie nach alten Zeiten. Historische Ausstellungen haben über mangelnden Zuspruch nicht zu klagen, und geschichtliche Literatur, vor zwanzig Jahren peripher, wird wieder geschrieben und gelesen.

Es gibt zwei Deutungen dieser Suche nach der verlorenen Zeit. Die einen sehen darin Erneuerung des historischen Bewußtseins, Rückkehr in die kulturelle Überlieferung, Versprechen der Normalität. Die anderen erinnern daran, daß der Blick, der in der Zukunft keinen Halt findet, in der Vergangenheit Richtung sucht und Vergewisserung, wohin die Reise geht. Beides bestimmt die neue Suche nach der alten Geschichte: Orientierungsverlust und Identitätssuche sind Geschwister. Wer aber meint, daß alles dies auf Politik und Zukunft keine Wirkung habe, der ignoriert, daß in geschichtslosem Land die Zukunft gewinnt, wer die Erinnerung füllt, die Begriffe prägt und die Vergangenheit deutet.

Daß die Ungewißheit erst 1945 begann, ist zu bezweifeln. Hitlers Aufstieg kam aus den Krisen und Katastrophen einer säkularisierten, von Aufbruch zu Aufbruch stürzenden Zivilisation, deren Signum Orientierungsverlust und vergebliche Suche nach Sicherheit war. »Es gibt nichts, was nicht fragwürdig wäre«, sagte Karl Jaspers 1930 in einer denkwürdigen Heidelberger Vorlesung. Von 1914 bis 1945 sind die Deutschen den Katarakten der Modernität ausgesetzt gewesen in einem Maße, das alle Überlieferung zerschlug, das Undenkbare denkbar machte und die Barbarei zur Staatsform. Deshalb konnte Hitler triumphieren, deshalb konnte er Preußen und den Patriotismus, den Staat und die bürgerlichen Tugenden erbeuten und verderben.

Aber schon vor dieser Epoche der Kriege und Bürgerkriege war unsere Geschichte eine Geschichte permanenten Umbruchs. Wer die Abwesenheit von Revolutionen darin beklagt, hat wenig begriffen von der Agrarrevolution, der demographischen Revolution, der industriellen Revolution, der halben Revolution von 1848 und der Revolution von oben, die mit Bismarck triumphierte. Jeder Generation seit 200 Jahren öffnete sich der Horizont der Hoffnungen neu, und fast jeder Generation stürzte er ein. Die deutsche Geschichte hat großen Verschleiß an Verfassungen zu verzeichnen, an Wertorientierung, an Bildern von Vergangenheit und Zukunft.

Lange Zeit war die deutsche Diktatur Anfang und Ende der Geschichtsbetrachtung – und wie hätte es anders sein dürfen? Dann öffneten sich, je mehr die Bundesrepublik sich von ihren Anfängen entfernte, zurückliegende Epochen wieder dem Blick. Seit 1973, als der Ölpreis hochschoß und »Tendenzwende« der Name eines neuen Bewußtseins wurde, entdeckten die Deutschen, daß auch die Bundesrepublik und das Weltsystem, von dem sie Teil ist, geschichtlicher Bewegung unterworfen bleiben. Heute ist die Geschichte des Nachkriegssystems Gegenstand politischer und wissenschaftlicher Studien.

Das aber hat zur Folge, daß die Leistung Konrad Adenauers deutlicher hervortritt, der alles tat, um den deutschen Sonderweg der moralischen und politischen Trennung vom Westen zu überwinden. Aber zur selben Zeit wird die berüchtigte Stalin-Note von 1952, die ebendies durchkreuzen sollte, als Mythos der verpaßten Einheitschance dargestellt und der russische Tyrann als Nikolaus, von dem die Deutschen nur zu wünschen brauchten, was sie wollten: Einheit, Freiheit, Wohlstand und Sicherheit dazu – in Wahrheit aber ging es doch nur um Vorformen von Sowjet-Deutschland. Und unter den Gespenstern der Vergangenheit wird man auch des Antifaschismus wieder gewahr: der Legende vom edlen Wollen der Kommunisten, vom Versagen der deutschen Sozialdemokraten und vom Segen der Volksfront. Daß der Partei Kurt Schumachers unlängst, es war der 40. Jahrestag der deutschen Kapitulation, der Kampf gegen die gesellschaftlichen Grundlagen des Faschismus in der Bundesrepublik als politische Hauptaufgabe von ihren Vordenkern zugewiesen wurde, verrät verborgene Gedanken über die Zukunft.

Wie auch immer: beim Betrachten der Deutschen vis-à-vis ihrer Geschichte stellt sich unseren Nachbarn die Frage, wohin das alles treibt. Die Bundesrepublik hat weltpolitische und weltwirtschaftliche Verantwortung. Sie ist Mittelstück im europäischen Verteidigungsbogen des atlantischen Systems. Doch es zeigt sich jetzt, daß jede der heute in Deutschland lebenden Generationen unterschiedliche, ja gegensätzliche Bilder von Vergangenheit und Zukunft mit sich trägt. Es erweist sich auch, daß die technokratische Geringschätzung der Geschichte von rechts und ihre progressive Erwürgung von links die politische Kultur des Landes schwer schädigten. Die Suche nach der verlorenen Geschichte ist nicht abstraktes Bildungsstreben: sie ist moralisch legitim und politisch notwendig. Denn es geht um die innere Kontinuität der deutschen Republik und ihre außenpolitische Berechenbarkeit. In einem Land ohne Erinnerung ist alles möglich.

Quelle: Frankfurter Allgemeine Zeitung, 25. April 1986

3

ERNST NOLTE
Vergangenheit, die nicht vergehen will
Eine Rede, die geschrieben,
aber nicht gehalten werden konnte

Mit der »Vergangenheit, die nicht vergehen will«, kann nur die nationalsozialistische Vergangenheit der Deutschen oder Deutschlands gemeint sein. Das Thema impliziert die These, daß normalerweise jede Vergangenheit vergeht und daß es sich bei diesem Nicht-Vergehen um etwas ganz Exzeptionelles handelt. Andererseits kann das normale Vergehen der Vergangenheit nicht als ein Verschwinden gefaßt werden. Das Zeitalter des Ersten Napoleon etwa wird in historischen Arbeiten immer wieder vergegenwärtigt und ebenso die Augusteische Klassik. Aber diese Vergangenheiten haben offenbar das Bedrängende verloren, das sie für die Zeitgenossen hatten. Eben deshalb können sie den Historikern überlassen werden. Die nationalsozialistische Vergangenheit dagegen unterliegt – wie kürzlich noch Hermann Lübbe hervorgehoben hat – anscheinend diesem Hinschwinden, diesem Entkräftigungsvorgang nicht, sondern sie scheint immer noch lebendiger und kraftvoller zu werden, aber nicht als Vorbild, sondern als Schreckbild, als eine Vergangenheit, die sich geradezu als Gegenwart etabliert oder die wie ein Richtschwert über der Gegenwart aufgehängt ist.

Schwarz-Weiß-Bilder

Dafür gibt es gute Gründe. Je eindeutiger sich die Bundesrepublik Deutschland und die westliche Gesellschaft überhaupt zur »Wohlstandsgesellschaft« entwickeln, um so befremdender wird das Bild des Dritten Reiches mit seiner Ideologie der kriegerischen Opferbereitschaft, der Maxime »Kanonen statt Butter«, der bei Schulfesten im Chor herausgeschmetterten Edda-

Zitate wie »Unser Tod wird ein Fest«. Alle Menschen sind heute Gesinnungspazifisten, aber sie können gleichwohl nicht aus sicherer Distanz auf den Bellizismus der Nationalsozialisten blicken, denn sie wissen, daß die beiden Supermächte Jahr für Jahr weitaus mehr für ihre Rüstung ausgeben, als Hitler von 1933 bis 1939 ausgegeben hatte, und so bleibt eine tiefe Unsicherheit, die den Feind lieber im Eindeutigen anklagt als in der Verwirrung der Gegenwart.

Ähnliches gilt für den Feminismus: Im Nationalsozialismus war der »Männlichkeitswahn« noch voll von provozierendem Selbstbewußtsein, und in der Gegenwart neigt er dazu, sich zu verleugnen und zu verstecken – der Nationalsozialismus ist also der gegenwärtige Feind in seiner letzten noch ganz unverkennbaren Erscheinungsform. Der Anspruch Hitlers auf »Weltherrschaft« muß sich um so ungeheuerlicher ausnehmen, je unzweideutiger sich herausstellt, daß die Bundesrepublik in der Weltpolitik allenfalls die Rolle eines Staates von mittlerer Größenordnung spielen kann – »Harmlosigkeit« jedoch wird ihr gleichwohl nicht attestiert, und an vielen Stellen ist die Befürchtung noch lebendig, sie könne zwar nicht zur Ursache, aber doch zum Ausgangspunkt eines dritten Weltkriegs werden. Mehr als alles andere trug indessen die Erinnerung an die »Endlösung« zum Nichtvergehen der Vergangenheit bei, denn die Ungeheuerlichkeit der fabrikmäßigen Vernichtung von mehreren Millionen Menschen mußte um so unfaßbarer werden, je mehr die Bundesrepublik Deutschland durch ihre Gesetzgebung sich der Vorhut unter den humanitären Staaten hinzugesellte. Aber Zweifel blieben eben auch hier, und zahlreiche Ausländer glaubten und glauben ebensowenig wie viele Deutsche an die Identität von »pays légal« und »pays réel«.

Aber war es wirklich nur die Verstocktheit des »pays réel« der Stammtische, die diesem Nichtvergehen der Vergangenheit widerstrebte und einen »Schlußstrich« gezogen wissen wollte, damit die deutsche Vergangenheit sich nicht mehr grundsätzlich von anderen Vergangenheiten unterscheide?

Steckt nicht in vielen der Argumente und Fragen ein Kern des Richtigen, die gleichsam eine Mauer gegen das Verlangen nach immer fortgehender »Auseinandersetzung« mit dem Nationalsozialismus aufrichten? Ich führe einige dieser Argumente oder Fragen an, um dann einen Begriff desjenigen »Verfehlens« zu entwickeln, das nach meiner Auffassung das entscheidende ist, und diejenige »Auseinandersetzung« zu umreißen, die von einem »Schlußstrich« ebenso weit entfernt ist wie von der immer wieder beschworenen »Bewältigung«.

Gerade diejenigen, die am meisten und mit dem negativsten Akzent von »Interessen« sprechen, lassen die Frage nicht zu, ob bei jenem Nichtvergehen der Vergangenheit auch Interessen im Spiel waren oder sind, etwa die Interessen einer neuen Generation im uralten Kampf gegen »die Väter« oder auch die Interessen der Verfolgten und ihrer Nachfahren an einem permanenten Status des Herausgehoben- und Privilegiertseins.

Die Rede von der »Schuld der Deutschen« übersieht allzu geflissentlich die Ähnlichkeit mit der Rede von der »Schuld der Juden«, die ein Hauptargument der Nationalsozialisten war. Alle Schuldvorwürfe gegen »die Deutschen«, die von Deutschen kommen, sind unaufrichtig, da die Ankläger sich selbst oder die Gruppe, die sie vertreten, nicht einbeziehen und im Grunde bloß den alten Gegnern einen entscheidenden Schlag versetzen wollen.

Die der »Endlösung« gewidmete Aufmerksamkeit lenkt von wichtigen Tatbeständen der nationalsozialistischen Zeit ab wie etwa der Tötung »lebensunwerten Lebens« und der Behandlung der russischen Kriegsgefangenen, vor allem aber von entscheidenden Fragen der Gegenwart – etwa denjenigen des Seinscharakters von »ungeborenem Leben« oder des Vorliegens von »Völkermord« gestern in Vietnam und heute in Afghanistan.

Das Nebeneinander dieser zwei Argumentationsreihen, von denen die eine im Vordergrund steht, aber sich doch nicht vollständig durchsetzen konnte, hat zu einer Situation geführt, die man als paradox oder auch als grotesk bezeichnen kann.

Eine voreilige Äußerung eines Bundestagsabgeordneten zu gewissen Forderungen der Sprecher jüdischer Organisationen oder das Ausgleiten eines Kommunalpolitikers in eine Geschmacklosigkeit werden zu Symptomen von »Antisemitismus« aufgebauscht, als wäre jede Erinnerung an den genuinen und keineswegs schon nationalsozialistischen Antisemitismus der Weimarer Zeit verschwunden, und um die gleiche Zeit läuft im Fernsehen der bewegende Dokumentarfilm »Shoah« eines jüdischen Regisseurs, der es in einigen Passagen wahrscheinlich macht, daß auch die SS-Mannschaften der Todeslager auf ihre Art Opfer sein mochten und daß es andererseits unter den polnischen Opfern des Nationalsozialismus virulenten Antisemitismus gab.

Zwar rief der Besuch des amerikanischen Präsidenten auf dem Soldatenfriedhof Bitburg eine sehr emotionale Diskussion hervor, aber die Furcht vor der Anklage der »Aufrechnung« und vor Vergleichen überhaupt ließ die einfache Frage nicht zu, was es bedeutet haben würde, wenn der damalige Bundeskanzler sich 1953 geweigert hätte, den Soldatenfriedhof von Arlington zu besuchen, und zwar mit der Begründung, dort seien auch Männer begraben, die an den Terrorangriffen gegen die deutsche Zivilbevölkerung teilgenommen hätten.

Für den Historiker ist eben dies die beklagenswerteste Folge des »Nichtvergehens« der Vergangenheit: daß die einfachsten Regeln, die für jede Vergangenheit gelten, außer Kraft gesetzt zu sein scheinen, nämlich daß jede Vergangenheit mehr und mehr in ihrer Komplexität erkennbar werden muß, daß der Zusammenhang immer besser sichtbar wird, in den sie verspannt war, daß die Schwarz-Weiß-Bilder der kämpfenden Zeitgenossen korrigiert werden, daß frühere Darstellungen einer Revision unterzogen werden.

Genau diese Regel aber erscheint in ihrer Anwendung auf das Dritte Reich »volkspädagogisch gefährlich«: Könnte sie nicht zu einer Rechtfertigung Hitlers oder mindestens zu einer »Exkulpation der Deutschen« führen? Zieht dadurch nicht die Möglichkeit herauf, daß die Deutschen sich wieder mit dem Dritten Reich identifizieren, wie sie es ja in ihrer großen Mehrheit mindestens während der Jahre 1935 bis 1939 getan haben, und daß sie die Lektion nicht lernen, die ihnen von der Geschichte aufgetragen worden ist?

Darauf läßt sich in aller Kürze und apodiktisch antworten: Kein Deutscher kann Hitler rechtfertigen wollen, und wäre es nur wegen der Vernichtungsbefehle gegen das deutsche Volk vom März 1945. Daß die Deutschen aus der Geschichte Lehren ziehen, wird nicht durch die Historiker und Publizisten garantiert, sondern durch die vollständige Veränderung der Machtverhältnisse und durch die anschaulichen Konsequenzen von zwei großen Niederlagen. Falsche Lehren können sie freilich immer noch ziehen, aber dann nur auf einem Wege, der neuartig und jedenfalls »antifaschistisch« sein dürfte.

Es ist richtig, daß es an Bemühungen nicht gefehlt hat, über die Ebene der Polemik hinauszukommen und ein objektiveres Bild des Dritten Reiches und seines Führers zu zeichnen; es genügt, die Namen von Joachim Fest und Sebastian Haffner zu nennen. Beide haben aber in erster Linie den »innerdeutschen Aspekt« im Blick. Ich will im folgenden versuchen, anhand einiger Fragen und Schlüsselworte die Perspektive anzudeuten, in der diese Vergangenheit gesehen werden sollte, wenn ihr jene »Gleichbehandlung« widerfahren soll, die ein prinzipielles Postulat der Philosophie und der Geschichtswissenschaft ist, die aber nicht zu Gleichsetzungen führt, sondern gerade zur Herausstellung von Unterschieden.

Erhellende Schlüsselworte

Max Erwin von Scheubner-Richter, der später einer der engsten Mitarbeiter Hitlers war und dann im November 1923 bei dem Marsch zur Feldherrnhalle von einer tödlichen Kugel getroffen wurde, war 1915 als deutscher Konsul in Erzerum tätig. Dort wurde er zum Augenzeugen jener Deportationen der armenischen Bevölkerung, die den Anfang des ersten großen Völkermordes des 20. Jahrhunderts darstellten. Er scheute keine Mühe, den türkischen Behörden entgegenzutreten, und sein Biograph schließt im Jahre 1938 die Schilderung der Vorgänge mit folgenden Sätzen: »Aber was waren diese wenigen Menschen gegen den Vernichtungswillen der türkischen Pforte, die sich sogar den direktesten Mahnungen aus Berlin verschloß, gegen die wölfische Wildheit der losgelassenen Kurden, gegen die mit ungeheurer Schnelligkeit sich vollziehende Katastrophe, in der ein Volk Asiens mit dem anderen nach asiatischer Art, fern von europäischer Zivilisation, sich auseinandersetzte?«

Niemand weiß, was Scheubner-Richter getan oder unterlassen haben würde, wenn er anstelle von Alfred Rosenberg zum Minister für die besetzten Ostgebiete gemacht worden wäre. Aber es spricht sehr wenig dafür, daß zwischen ihm und Rosenberg und Himmler, ja sogar zwischen ihm und Hitler selbst ein grundlegender Unterschied bestand. Dann aber muß man fragen: Was konnte Männer, die einen Völkermord, mit dem sie in nahe Berührung kamen, als »asiatisch« empfanden, dazu veranlassen, selbst einen Völkermord von noch grauenvollerer Natur zu initiieren? Es gibt erhellende Schlüsselworte. Eins davon ist das folgende:

Als Hitler am 1. Februar 1943 die Nachricht von der Kapitulation der 6. Armee in Stalingrad erhielt, sagte er in der Lagebesprechung gleich voraus, daß einige der gefangenen Offiziere in der sowjetischen Propaganda tätig werden würden: »Sie müssen sich vorstellen, er (ein solcher Offizier) kommt nach Moskau hinein, und stellen Sie sich den ›Rattenkäfig‹ vor. Da unterschreibt er alles. Er wird Geständnisse machen, Aufrufe machen...«

Die Kommentatoren geben die Erläuterung, mit »Rattenkäfig« sei die Lubjanka gemeint. Ich halte das für falsch.

In George Orwells »1984« wird beschrieben, wie der Held Winston Smith durch die Geheimpolizei des »Großen Bruders« nach langen Folterungen endlich gezwungen wird, seine Verlobte zu verleugnen und damit auf seine Menschenwürde Verzicht zu tun. Man bringt einen Käfig vor seinen Kopf, in dem eine vor Hunger halb irrsinnig gewordene Ratte sitzt. Der Vernehmungsbeamte droht, den Verschluß zu öffnen, und da bricht Winston Smith zusammen. Diese Geschichte hat Orwell nicht erdichtet, sie findet sich an zahlreichen Stellen der antibolschewistischen Literatur über den russischen Bürgerkrieg, unter anderem bei dem als verläßlich geltenden Sozialisten Melgunow. Sie wird der »chinesischen Tscheka« zugeschrieben.

Archipel GULag und Auschwitz

Es ist ein auffallender Mangel der Literatur über den Nationalsozialismus, daß sie nicht weiß oder nicht wahrhaben will, in welchem Ausmaß all dasjenige, was die Nationalsozialisten später taten, mit alleiniger Ausnahme des technischen Vorgangs der Vergasung, in einer umfangreichen Literatur der frühen zwanziger Jahre bereits beschrieben war: Massendeportationen und -erschießungen, Folterungen, Todeslager, Ausrottungen ganzer Gruppen nach bloß objektiven Kriterien, öffentliche Forderungen nach Vernichtung von Millionen schuldloser, aber als »feindlich« erachteter Menschen.

Es ist wahrscheinlich, daß viele dieser Berichte übertrieben waren. Es ist sicher, daß auch der »weiße Terror« fürchterliche Taten vollbrachte, obwohl es in seinem Rahmen keine Analogie zu der postulierten »Ausrottung der Bourgeoisie« geben konnte. Aber gleichwohl muß die folgende Frage als zulässig, ja unvermeidbar erscheinen: Vollbrachten die Nationalsozialisten, vollbrachte Hitler eine »asiatische« Tat vielleicht nur deshalb, weil sie sich und ihresgleichen als potentielle oder wirkliche Opfer einer »asiatischen« Tat betrachteten? War nicht der »Archipel GULag« ursprünglicher als Auschwitz? War nicht der »Klassenmord« der Bolschewiki das logische und faktische Prius des »Rassenmords« der Nationalsozialisten? Sind Hitlers geheimste Handlungen nicht gerade auch dadurch zu erklären, daß er den »Rattenkäfig« *nicht* vergessen hatte? Rührte Auschwitz vielleicht in seinen Ursprüngen aus einer Vergangenheit her, die nicht vergehen wollte?

Man braucht das verschollene Büchlein von Melgunow nicht gelesen zu haben, um solche Fragen zu stellen. Aber man scheut sich, sie aufzuwerfen, und auch ich habe mich lange Zeit gescheut, sie zu stellen. Sie gelten als antikommunistische Kampfthesen oder als Produkte des kalten Krieges. Sie passen auch nicht recht zur Fachwissenschaft, die immer engere Fragestellungen wählen muß. Aber sie beruhen auf schlichten Wahrheiten. Wahrheiten willentlich auszusparen, mag moralische Gründe haben, aber es verstößt gegen das Ethos der Wissenschaft.

Die Bedenken wären nur dann berechtigt, wenn man bei diesen Tatbeständen und Fragen stehenbliebe und sie nicht ihrerseits in einen größeren Zusammenhang stellte, nämlich in den Zusammenhang jener qualitativen Brüche in der europäischen Geschichte, die mit der industriellen Revolution beginnen und jeweils eine erregte Suche nach den »Schuldigen« oder doch nach den »Urhebern« einer als verhängnisvoll betrachteten Entwicklung auslösten. Erst in diesem Rahmen würde ganz deutlich werden, daß sich trotz aller Vergleichbarkeit die biologischen Vernichtungsaktionen des Nationalsozialismus qualitativ von der sozialen Vernichtung unterschieden, die der Bolschewismus vornahm. Aber so wenig wie ein Mord, und gar ein Massenmord, durch einen anderen Mord »gerechtfertigt« werden kann, so gründlich führt doch eine Einstellung in die Irre, die nur auf den *einen* Mord und den *einen* Massenmord hinblickt und den anderen nicht zur Kenntnis nehmen will, obwohl ein kausaler Nexus wahrscheinlich ist.

Wer sich diese Geschichte nicht als Mythologem, sondern in ihren wesentlichen Zusammenhängen vor Augen stellt, der wird zu einer zentralen Folgerung getrieben: Wenn sie in all ihrer Dunkelheit und in all ihren Schrecknissen, aber auch in der verwirrenden Neuartigkeit, die man den Handelnden zugute halten muß, einen Sinn für die Nachfahren gehabt hat, dann muß er im Freiwerden von der Tyrannei des kollektivistischen Denkens bestehen. Das sollte zugleich die entschiedene Hinwendung zu *allen* Regeln einer freiheitlichen Ordnung bedeuten, einer Ordnung, welche die Kritik zuläßt und ermutigt, soweit sie sich auf Handlungen, Denkweisen und Traditionen bezieht, also auch auf Regierungen und Organisationen aller Art, die aber die Kritik an Gegebenheiten mit dem Stigma des Unzulässigen versehen muß, von denen die Individuen sich nicht oder nur unter größten Anstrengungen lösen können, also die Kritik an »den« Juden, »den« Russen, »den« Deutschen oder »den« Kleinbürgern. Sofern die Auseinandersetzung mit dem Nationalsozialismus gerade von diesem kollektivistischen Denken geprägt ist, sollte endlich ein Schlußstrich gezogen werden. Es ist nicht zu leugnen, daß dann Gedankenlosigkeit und Selbstzufriedenheit um sich greifen könnten.

Aber das *muß* nicht so sein, und Wahrheit darf jedenfalls nicht von Nützlichkeit abhängig gemacht werden. Eine umfassendere Auseinandersetzung, die vor allem im Nachdenken über die Geschichte der letzten zwei Jahrhunderte bestehen müßte, würde die Vergangenheit, von der im Thema die Rede ist, zwar ebenso zum »Vergehen« bringen, wie es jeder Vergangenheit zukommt, aber sie würde sie sich gerade dadurch zu eigen machen.

Quelle: Frankfurter Allgemeine Zeitung, 6. Juni 1986
Anmerkung des Autors: Der von den ›Römerberg-Gesprächen‹ vorgeschlagene Vortragstitel lautete »Die Vergangenheit, die nicht vergehen will. Auseinandersetzung oder Schlußstrich?«.

4

CHRISTIAN MEIER

Verurteilen und Verstehen
An einem Wendepunkt deutscher Geschichtserinnerung

Unter den drei Staaten, in die das Großdeutsche Reich zerfallen ist, ist es allein die Bundesrepublik, deren Angehörigen die Erschießung und Vergasung von mehr als fünf Millionen Juden im Zweiten Weltkrieg in größerem Ausmaß zu schaffen macht. Das hat, wie ich vermute, vor allem drei Gründe. Die Bundesrepublik trat die Rechtsnachfolge des Deutschen Reiches an; der Weg, auf dem allein sie wieder einen geachteten Platz unter den Nationen gewinnen konnte, schloß die Wiedergutmachung und manches daran anknüpfende Nachdenken ein; schließlich hat die Negation dessen, was Deutschland zwischen 1933 und 1945 war, die neu entstehende Demokratie mit begründet. Die Verantwortung, die zur Freiheit gehört und wohl gerade bei neugewonnener Freiheit besonders empfunden wird, war ohne eine Verantwortung auch für die Vergangenheit nicht denkbar. So ist die Erinnerung an die deutschen Verbrechen in die Fundamente der Bundesrepublik tief installiert.

Wenn das richtig ist, so ergäbe sich ein eher überraschender Befund: Dann ist der bundesrepublikanischen Identität eine relativ starke Geschichtserinnerung eigen; eingegangen in unser Selbstverständnis, unsere Phantasie, sich äußernd in verschiedensten Formen, in Trauer, Scham, aber auch Ratlosigkeit, Obsessionen, Fluchtversuchen, Kompensationen – in Formen aber, die sich allesamt als Symptome ein und derselben Sache interpretieren lassen, einer im ganzen unbewältigten Geschichtserinnerung als Teil gemeinsamer Identität.

Eben aus der Stärke und Virulenz dieser Erinnerung ergibt sich aber zugleich die ganze Schwierigkeit unseres Verhältnisses zu unserer Geschichte. Denn die zwölf Jahre, auf die sie sich bezieht, schneiden uns von der vorangegangenen Zeit ab, sie bilden gleichsam ein Niemandsland in unserer Geschichte. Wolf Jobst Siedler beobachtete 1964 eine betäubte Empfindungslosigkeit der Deutschen. Es erstaunte ihn die Robustheit, die einerseits nach Auschwitz vom Unrecht an Deutschland zu sprechen wagte und andererseits nach Jalta und Potsdam in der Bundesrepublik ein »unter glücklichen Umständen« wiedergeborenes Weimar fand, wie wenn da nicht auch unendlich viel zu betrauern wäre. Letztlich hat sich daran bis 1986 nichts geändert – außer daß jenes Niemandsland heute offenbar viel stärker empfunden und daß an ihm gearbeitet wird. Aber es wird nicht nur daran gearbeitet, es arbeitet auch selbst.

Das hat wesentlich mit den Verbrechen gegen die Juden zu tun. Die anderen Völker, so schlimm sie zum Teil unter uns zu leiden hatten, stehen dahinter zurück. Und die weitere Problematik unseres Verhältnisses zu unserer Geschichte, die sich aus der Teilung Deutschlands ergibt, wird wirklich schwierig nur, weil eben in der Bundesrepublik die Jahre von 1933 bis 1945 zwischen uns und unserer Geschichte liegen. Sonst nämlich müßte die Teilung der Nation eher eine Herausforderung zur intensiven Bewußthaltung der Geschichte sein, welche unsere Gemeinsamkeit begründet. Eben das aber ist sie hierzulande bisher nur ganz bedingt gewesen; anders als in der DDR, die sich zunehmend auf die deutsche Geschichte besinnt.

Die alte Frage ist weiter offen, ob und wie wir anerkennen, was wir zwischen 1933 und 1945 angerichtet haben. Genauer gesagt geht es um die prägnante Bestimmung und das klare Bewußtsein dessen, was da geschah, sowie um das Subjekt, dem dieses Geschehen zuzurechnen ist: Waren wir das, also das deutsche Volk – oder nur unsere Eltern und Großeltern (die inzwischen tot oder an der Schwelle des Todes sind), das deutsche Bürgertum (oder eher Kleinbürgertum), »der Faschismus«, nur ein paar Verbrecher unter uns (in einer im ganzen »anständig« gebliebenen Nation), oder war es gar nur Hitler?

Die Weltgeschichte ist anders geworden

Die Frage, was in jenen zwölf Jahren geschah, betrifft nicht diese oder jene Häufung von Unrecht und Verbrechen, wie sie in der Weltgeschichte immer wieder einmal vorgekommen ist, auch nicht nur die Anerkennung des verbrecherischen Charakters des NS-Regimes, sondern das Einzigartige daran. Daß da ein Land, ein Volk, vertreten durch seine Regierung, sich die Entscheidung darüber anmaßt, ob ein ganzes anderes Volk (dessen Mitgliedschaft sie überdies willkürlich festsetzt) auf Erden leben darf oder nicht! Ein Volk nebenbei, das dem deutschen nie feindlich begegnet war, im Gegenteil vielfach geradezu mit Liebe. Das sich bis auf kleine Gruppen nicht einmal zur Wehr setzte, dessen Angehörige vielmehr – nach den Worten eines Zeugen – »wie Gliederpuppen in den Tod gingen«. Und dessen Vernichtung dann planmäßig als administrativer Massenmord nach Methoden, die für Ungeziefer indiziert sind, ins Werk gesetzt wurde. Dafür fehlt es an Parallelen. Das war ein völlig neuartiges Verbrechen gegen Rang und Stand der Menschheit.

Die Anerkennung dieser Einzigartigkeit der deutschen Verbrechen ist offenbar ungeheuer schwierig. Vieles kann man sagen, Fakten lassen sich letztlich einkapseln und isolieren. Um das Zugeständnis der Einzigartigkeit aber drückt man sich, wenn es irgend geht, herum. Man flüchtet sich gern in ein Aufrechnen mit Untaten, die wir erlitten. Allein, durch die Tatsache, daß diese unermeßlichen Verbrechen möglich waren (und das heißt möglich sind), ist die Weltgeschichte anders geworden. Dadurch, wie überhaupt durch den Zweiten Weltkrieg, haben wir unsere Opfer, haben wir die Welt tief in unsere Geschichte hineingezogen. Daher können wir unserer gefallenen Soldaten nicht auf einem nationalen Ehrenmal gedenken, ohne zugleich denen, die wir bekämpft, geschunden und gemordet haben, ein ehrendes, schamvolles und zum Teil sogar dankbares Gedenken zu widmen.

Da nun aber seit Kriegsende 40 Jahre vergangen sind, tritt zu der alten eine neue Problematik. Die weit überwiegende Mehrheit der heute lebenden Deutschen ist an den Verbrechen der

NS-Zeit nicht beteiligt gewesen. Darunter befinden sich mit wenigen Ausnahmen selbst die, deren Kinder heute mündig werden. Zudem leben wir geachtet, in einer recht stabilen Demokratie und bemühen uns nach Kräften und wohl auch erfolgreich, ein normales Volk zu sein.

Soll also, muß also nicht endlich Schluß gemacht werden mit den Vorwürfen und »Selbstbezichtigungen« (wie es gern heißt) wegen der Jahre 1933 bis 1945? Bei aller – freilich in Hinsicht auf die Einzigartigkeit eingeschränkter – Anerkennung dessen, was damals geschah: Sollen wir uns das immer wieder sagen und sagen lassen? Und sollen wir es uns von Nationen sagen lassen, die inzwischen selber manches getan haben, was uns als Kriegsverbrechen angerechnet wurde – ohne unbedingt die Schuldigen dafür zur Rechenschaft zu ziehen? Sollen wir uns von unserer Vergangenheit Beschränkungen auferlegen lassen, so daß etwa Stücke mit starken antisemitischen Äußerungen auf unseren Theatern nicht gespielt werden dürfen? Dürfen wir nicht auch – und gerade die Jungen unter uns – »stolz sein auf unser Land«? Diese Parole brachte die SPD mit einem Bild von Willy Brandt schon 1972 in den Wahlkampf. Die Frage wird drängender, je länger es dauert. 1983 erklärte der Fraktionsvorsitzende der CDU, die Deutschen sollten endlich »aus dem Schatten Hitlers heraustreten«.

Diese neue Weise, die Dinge zu sehen, hat viel für sich. Doch wird man uns aus der Verantwortung nicht entlassen. Immer wieder wird es Anlässe geben, bei denen die Erinnerung an den Holocaust hochkommt. Immer wieder ist auch ein neues, tiefes Erschrecken Heranwachsender vor den kaum faßlichen Untaten des NS-Regimes zu gewärtigen. Was damals geschah, wird – und darf – nie, jedenfalls nicht in den Zeiträumen, an die die heute Lebenden denken können, vergessen werden. So bleibt uns die Gegenwärtigkeit der Erinnerung und des Entsetzens. Verantwortung nötigt uns, diese Geschichte als die unsere anzunehmen. Das Bewußtsein der Verbrechen aber sperrt sich dagegen.

Das lehrt die Geschichte der vielen Versuche, dieser Erinnerung zu entkommen. Zunächst in Abwehr und Leugnung, als die Sieger, die Besatzer der eigenen Regierung, dem eigenen

Staat jene Untaten zusprachen. Da erstreckten sich die Zweifel am NS-Regime, die rasch um sich griffen, kaum auf dessen Untaten, eher schon auf Fehler. Und sie erstreckten sich kaum auf das, was das Gros des Volkes darin gewesen war: nicht auf den Staat, die Wehrmacht, die Nation, die Kirche, die Wirtschaft, die bürgerliche Wohlanständigkeit, die deutschen Tugenden. Für all das hatte man unsagbar vieles geopfert, das konnte so leicht nicht falsch sein. Gerade Unbeteiligte und Verfolgte des NS-Regimes, die damals vielfach politische Funktionen übernahmen, vermochten gutes Gewissen zu verbreiten.

Dann wurde alles Bisherige abzüglich dessen, was als nationalsozialistisch auszusondern war, in die neue Demokratie hineingenommen. Ein beachtlicher und wohl, wie Hermann Lübbe gezeigt hat, notwendiger Integrationsprozeß begann, in dem nicht viel gefragt wurde, was einer vor 1945 gewesen war, gedacht oder getan hatte. Rasch fand die Gesellschaft eine neue Einheit im Antikommunismus, der sich bald zum Antitotalitarismus erweiterte, womit dann Kommunismus und NS-Regime gleichermaßen auf die Gegenseite transportiert wurden.

Die erste größere Störung der weitgehenden Verdrängung der Vergangenheit geschah um 1960, zumal angesichts von Hochhuths ›Stellvertreter‹ und flankierenden Publikationen. Bald nach dem Eichmann-Prozeß in Jerusalem begann eine Serie von Anklagen. 1964/65 fand der Frankfurter Prozeß »gegen Mulka und andere«, der Auschwitz-Prozeß, statt, der stark in die Öffentlichkeit hineinwirkte. Damals kam es wohl zum ersten Mal zu einem größeren, breiteren Betroffensein. Gleichzeitig begann man, sich mit der nazistischen Vergangenheit von Richtern, Professoren, Wirtschaftlern und anderen zu beschäftigen.

Es folgte die studentische Aufbruchsbewegung von 1968, die in ihrer deutschen Spielart durchaus auch im Erschrecken vor dem Nationalsozialismus eine Triebkraft hatte, die sie freilich bald instrumentalisierte, um bürgerliche und deutsche Gesinnungsart, Lebensführung und Gesellschaftsordnung allgemein in Zweifel zu ziehen. Eben damit trat sie eine andere Flucht vor dieser Vergangenheit an, diesmal in den Wunsch nach einer besseren Zukunft oder in jenen moralischen Rigorismus, der dann so viel Schule machen sollte. So kam es zu der Übung, aus ungefährdeter Gegenwart heraus, die Taten der Eltern und Großeltern vom hohen Roß aus zu verurteilen. Da fand sich gleichsam jeder Soldat unter Rechtfertigungszwang, weil er überhaupt mitmarschiert war. Wenn die Totalitarismus-These die Einzigartigkeit der Verbrechen umging, indem sie das nazistische Deutschland mit der stalinistischen Sowjetunion in eins setzte, so tat es die Faschismus-These, indem sie es in der Reihe der anderen faschistischen oder gar kapitalistischen Systeme aufgehen ließ, um sich selbst auf die Gegenseite zu stellen. Eine bemerkenswerte Verharmlosung!

Insgesamt wird man festhalten können, daß es durchaus viel Trauer, Leiden und Scham im Bewußtsein des von uns zwischen 1933 und 1945 Angerichteten gegeben hat und gibt, daß aber weithin Verdrängung in der Form der Generalisierung oder der Flucht dazu verhalfen, mindestens der Einzigartigkeit der Verbrechen zu entrinnen. Ein ausgeprägteres Bewußtsein der Untaten des Regimes diente vielfach dazu, diese irgendwelchen Gruppen zuzuweisen, denen man selbst nicht zugehörte. Wir haben uns diese Geschichte nicht wirklich zu eigen gemacht.

Die Fortsetzung dieser Verdrängungsgeschichte erleben wir heute. Nur das Vorzeichen ist neu, unter dem sie geschieht: Das ist der Versuch, die Beziehung zur eigenen Geschichte zu normalisieren. Gewiß sollten wir wieder ein bewußteres, geordneteres Verhältnis zu unserer Geschichte haben. Es müßte uns ermöglichen, diese wieder mit den Augen der Identität zu sehen. Das ist aus vielen Gründen wichtig, nicht zuletzt, weil offenbar die Realitätsbeziehung einer Gesellschaft daran hängt. Es gibt, grob geschieden, zwei Quellen für Handlungsmaßstäbe: geschichtliche Erfahrung oder Vorbild und die Forderungen einer allgemeinen, im Extremfall rigorosen Moral. Zu jeder Lebenspraxis gehört der Kompromiß. Der aber steht regelmäßig in einer Spannung zu moralischen oder gesinnungsethischen Anforderungen. Da spielt es eine große Rolle, daß man am Eigenen, das heißt an den eigenen Eltern und Großeltern Lebenspraxis lernt, keineswegs abseits der allgemeinen

Moral, aber doch in einer Weise, die das Zurechtfinden erlaubt.

Wird nun die Lebenspraxis ganzer Generationen nachträglich verurteilt, wie das seit 1968 in der Bundesrepublik weithin geschieht, so gewinnen die Anforderungen rigoroser Moral in der Politik an Boden. Und entsprechend die Enttäuschungen. Man kann das verschieden beurteilen, aber es spricht mindestens einiges dafür, daß damit ein gewisser Realitätsverlust einhergeht, der seine politischen Konsequenzen hat.

Jede historische Besinnung sollte davon ausgehen, daß kein Versuch gemacht werden kann, zu leugnen oder auch nur in den Hintergrund zu drängen, was geschehen ist. Zum Geschichtsbewußtsein der Deutschen muß immer das Bewußtsein der Beispiellosigkeit der Verbrechen gehören, die wir in jenen zwölf Jahren begangen haben. Schon deswegen, weil es sonst unverständlich bliebe, warum von den Untaten jener Zeit nicht dasselbe gilt, was wir bei den unangenehmen Teilen der Geschichte anderer Völker beobachten, daß sie nämlich irgendwann abgelegt sind, so daß uns dann schon der Takt davon abhält, sie öffentlich daran zu erinnern.

Wir werden also zu unserer Geschichte nie wieder ein unbefangenes Verhältnis bekommen. Es nützt nichts, sondern schadet, wenn sich ein Bundeskanzler unter Hinweis auf die »Gnade der späten Geburt« wieder leicht mit der Geschichte tut, von der doch gerade Konservative ein Bewußtsein haben sollten. Die langen Diskussionen um die Frage, wie wir es mit dem 8. Mai 1985 halten wollen, aber auch die Fassbinder-Debatte sowie die um die Strafrechtsänderung (welche wieder dem Gedanken der Aufrechnung Vorschub leistete) haben nur allzu deutlich gezeigt, daß wir aus dem Schatten Hitlers noch lange nicht heraus sind. Und gerade die Geschichte um Bitburg hat deutlich gemacht, daß alles nur schlimmer wird, wenn wir einfach auf eine historische Normalität zusteuern.

Die Wahrheit auszuhalten lernen

So wenig es Kollektivschuld gibt, so sehr haben wir eine Verantwortung für das, was von uns und in unserem Namen geschah, wenn anders die deutsche Geschichte die unsere sein soll. Weil dem so ist, müssen auch die Jüngeren von uns das Gedächtnis an die Untaten wachhalten. Das sind wir den Opfern schuldig. Tun wir es nicht, beginnt dort eine Schuld für uns. Und wenn wir in irgendeiner Weise die Klarheit der Verurteilung dessen, was da geschehen ist, durch Relativierungen und Ausflüchte verwischen wollten, wäre jeder Versuch, ein neues Verhältnis zu unserer Geschichte zu gewinnen, auf Sand gebaut.

Diese Klarheit ist übrigens schon deswegen notwendig, weil ein enger Zusammenhang besteht zwischen unserem Umgang mit diesem Teil unserer Geschichte und der Weise, mit der man uns in wichtigen Teilen der Welt begegnet. Wenn wir uns besser erinnern, machen wir es den anderen leichter, uns zu schonen. Wer gewisse Vorwürfe, wie sie etwa anläßlich Bitburgs in amerikanischen Medien zu vernehmen waren, bedauert, sollte sie seinerseits nicht durch das Bestreben, historische Gesundheit vorzuweisen, provozieren.

Wir sind bei dem Versuch, uns zu unserer Geschichte wieder in ein besseres Benehmen zu setzen, in gewissem Maße darauf angewiesen, daß man es uns nicht zu schwer macht. Wohl muß es uns zugemutet werden, daß wir diese Geschichte tragen. Allein, ohne daß man Unvergleichliches vergleichen wollte, darf doch wohl gesagt werden, daß es auch schwierig ist, zu den Nachfahren der Täter des Holocaust zu gehören. Daher sollte man Verständnis aufbringen für die Nöte, die wir mit unserer jüngeren Geschichte haben. Das aber wird nur geschehen, wenn wir selbst nichts schuldig bleiben. Dieser Prozeß der Verständigung insbesondere mit den nachwachsenden Generationen der Juden scheint mir außerordentlich wichtig zu sein. Gelingt er nicht, so besteht die Gefahr neuer Verhärtung, die Gefahr auch, daß zu starke Vorhaltungen Abwehrreaktionen hervorrufen, die nicht weit von Antisemitismus entfernt bleiben werden.

Man muß dabei bedenken, daß mit den Jahrzehnten seit 1945 ein tiefer Wandel der zeitlichen Perspektive auf die NS-Verbrechen stattgefunden hat. Es mag sich damit die Rigorosität manches Urteils gemindert haben. Aber zugleich hat das Geschehen jener Jahre die Tendenz, immer größer und unfaßlicher, nämlich immer mehr unter dem Möglichkeits- als unter dem Wirklichkeitsaspekt zu erscheinen. Zunächst, nach dem Krieg, als die Generationen der unmittelbar Beteiligten das öffentliche Leben bestimmten, war man in der ursprünglichen Empörung, in Anklage und Verteidigung, Betroffensein und Verdrängung der Wirklichkeit des Geschehens selbst, also der ganzen Entsetzlichkeit und Grausamkeit des Krieges und der Verfolgung noch fast unmittelbar konfrontiert. Es war den Wissenden und zumal den Hassenden klar, wie einzigartig Einsatzkommandos, Konzentrationslager und Vergasung waren, doch sehr vieles andere, was uns heute im friedlichen Europa ebenfalls ungeheuerlich erscheint, galt damals nicht als gar so ungewöhnlich.

Jetzt hingegen, aus dem Abstand von vierzig Jahren, in einer zwar insgesamt nur wenig besser gewordenen Welt, in der jedoch wenigstens in Europa Frieden und im Westen Freiheit und Recht und ein sehr geringes Maß staatlicher Ansprüche sowie wenig materielle Not herrschen, jetzt macht uns schon die Möglichkeit des damaligen Krieges, des Schießens, der Bedrohung und raschen Verurteilung von Menschen, macht uns die Möglichkeit von Totalitarismus aufs schwerste zu schaffen. Nicht nur die Untaten selbst, sondern ihr ganzes engeres und weiteres Umfeld erscheinen als kaum begreiflich: das Geheimnis, das sie umgab, die exakte Befolgung, der Befehle, der Diensteifer, die offene Unmenschlichkeit, vielfältigste Gewalt und Bereitschaft, sie hinzunehmen.

Zugleich wirkt sich die Perspektive der Demokratie mit ihren Ansprüchen an die Verantwortung aller stärker aus. Von daher kommt man ja dazu, an die Stelle der alten Auffassung, daß da einige befohlen und andere gehorcht haben, die Frage nach dem ganzen Volk zu setzen, das Voraussetzungen geschaffen, geduldet und mitgetan hat.

So wird es heute dringend notwendig, alles zu versuchen,

um zu verstehen, was am Handeln unserer Großeltern und Eltern verstanden werden kann. Wir müssen unserer Vergangenheit nicht nur mit Verurteilen, sondern auch mit Verstehen begegnen. Wenn die Jüngeren, die Nachwachsenden, einen Zugang zur Geschichte zwischen 1933 und 1945 und zur deutschen Geschichte überhaupt gewinnen sollen, so darf man nicht alles in Bausch und Bogen verdammen. Wir müssen nicht nur der Wahrheit des Geschehens näher kommen, sondern dessen Anerkennung muß auch aushaltbar sein für Generationen, die nun bald Unbeteiligte zu Großeltern haben.

Wir wissen heute – oder könnten doch oder sollten wissen –, daß die Beteiligung an den Untaten sich sehr weit verzweigte. Hinter den Befehlshabern und Administratoren der Mordmaschinerie sowie den KZ-Schergen standen die Polizisten, die die Opfer sammelten, die Eisenbahner, die sie brachten; vor ihnen stand die ganze Deutsche Wehrmacht, die die Fronten verteidigte, hinter denen die Vernichtungsmaschinen arbeiten konnten: Soldaten, von denen viele auch zu Zeugen der Juden-Erschießungen, der Deportationen wurden, ohne dem zu wehren, ohne daraus praktische Konsequenzen zu ziehen. »Wenn das wahr ist« (was über Juden-Erschießungen erzählt wurde), sagte ein damals junger Offizier, »dann dürfen wir den Krieg nicht gewinnen.« Aber er kämpfte weiter, wie er es für seine Pflicht hielt, für sein Land, mit seinen Kameraden, die er nicht im Stich lassen wollte. Wie viele wirkten mit, um das weitere Umfeld der Verbrechen aufzubauen, das vielfache weitere Unrecht – etwa die Gefangenen-Erschießungen – und das tatenlose Zusehen geschehen zu lassen? Gewiß ein perfekter Unterdrückungsapparat, aber auch wie viel Bereitschaft oder wenigstens menschliche Schwächen, die ihm seine Arbeit erleichterten! Im Prozeß der gegenseitigen Bestärkungen im Unrecht mochten Lehrer wie Eltern, Anhänger wie Gegner des Regimes und mochten sehr wohl auch kleine Pimpfe, die 1945 nicht älter waren als der heutige Bundeskanzler, etwas beitragen, denn auch das Absingen blutrünstiger antisemitischer Lieder auf offener Straße, wie es damals nicht selten war, ging in das Geschehen ein. Insofern waren es also durchaus die Deutschen (und deutsche Juden darunter und noch zahlreiche Nichtdeutsche dazu), die das Regime am Laufen hielten und direkt oder indirekt an seinen Verbrechen beteiligt waren.

Weil dem aber so war, war der Charakter des Regimes im ganzen und derjenige derer, die in ihm lebten, zweierlei. Das Handeln der Mehrheit der Deutschen jener Zeit, die sich nicht der Mitwirkung an Verbrechen schuldig gemacht haben, ist nicht nur innerhalb des Ganzen zu sehen, dessen Teil es war und zu dem es beigetragen hat, vielmehr in den Dimensionen, in denen solch eine Mehrheit überhaupt nur handeln und denken kann – und vor allem im Rahmen ihrer Zeit.

Des Regimes wegen das Land verraten?

Sie konnten zwar von vornherein allerhand Unrecht am NS-Regime ausmachen, aber deswegen doch nicht schon wissen, zu welch riesigen, einmaligen Verbrechen ihr Land unterwegs war. Hätte man ihnen den Holocaust vorausgesagt, hätten sie ihn kaum für möglich halten können. Und das nicht nur, weil sie zumeist unpolitisch und mit besonderem Respekt vor dem Staat erzogen waren.

Viele waren mitgerissen von den Erfolgen, viele verführt von der Faszination des Regimes; auf dem Hintergrund der großen Arbeits-, der Hoffnungslosigkeit der Jahre zuvor. Wer gerade im rechten Alter dazu war, versuchte seinen Aufstieg zu machen, seine Chancen wahrzunehmen. Gewiß mochte das mit Konzessionen, mit Anpassungen, mit einigem Beiseitesehen verbunden sein; freiwillig, aber auch unter Druck oder in der von den meisten geteilten Meinung, daß man gegen das Regime wehrlos sei. Da gibt es gewiß nachträglich einiges zu fragen; vielerlei Schwächen und Schäbigkeiten, auch unnütze Beflissenheiten, um den Anschluß nicht zu verpassen, sind zu kritisieren oder zu verurteilen; nicht immer auch (obzwar oft genug) die Unterlassung von Hilfe im Einzelfall. Und doch: Berechtigt uns dies schon, das damalige Verhalten der meisten Deutschen – immer abgesehen von denen, die sich Vergehen oder Verbrechen zuschulden kommen ließen – als ungewöhnlich zu betrachten?

Harmlose Äußerungen konnten tödliche Konsequenzen haben, der Zorn auf Eltern oder Kollegen schon zur Denunziation geraten, wenn man ihm in der falschen Umgebung nur wenig freien Lauf ließ. Die Grenzen zwischen Erlaubtem und Verwerflichem waren angesichts der möglichen Konsequenzen oft kaum erkennbar, dies und jenes mochte sich dicht ineinanderschieben. Ehrgeiz, Eifer, Wichtigtuerei in einem so sehr auf Ordentlichkeit und Pflichterfüllung ausgerichteten Volk waren stärksten Versuchungen ausgesetzt, die überkommenen Maßstäbe auf die Situationen gar nicht eingerichtet. Äußerste Anforderungen also an Vernunft, Selbstbeherrschung, Entsagung, an die Fähigkeit zu unabhängigem Urteil, wenn man sich da stets bewähren, wenn man unter Umständen bösen Konsequenzen aus dem Wege gehen wollte.

Daß die Deutschen dann im Krieg ihre Aufgaben pünktlich, korrekt und tüchtig erfüllten, tapfer waren, ihr Leben aufs Spiel setzten, wird man ihnen im einzelnen kaum vorhalten können. Wie sollten sie, aufs Ganze gesehen, um des Regimes willen ihr Land im Stich lassen? Sie haben auch darin zumeist nicht anders – vermutlich auch nicht schlechter – gehandelt als ihre Gegner. Nur daß wohl die Zahl derer, die zu offensichtlich unrechten Taten kommandierten oder sich kommandieren ließen, auf deutscher Seite viel größer war als in anderen Armeen. Und daß vom Regime, insbesondere von seiner Rassenlehre her, nicht nur die großen Verbrechen, sondern auch zahlreiche kleinere Unrechtmäßigkeiten und Schikanen nahegelegt wurden, da die ethischen Normen erschüttert oder stark relativiert waren.

Überblickt man, was die dann immer noch sehr große Zahl derer, die sich an großen oder kleinen Verbrechen nicht beteiligten, in ihrem Bereich taten und ließen, wird man immer wieder finden, daß sie am Geschehen im damaligen Deutschland auf eine Weise beteiligt waren, die man ihnen kaum vorwerfen kann, die sehr oft gar Respekt verdient (in den Grenzen, in denen sie sich bewegten) – und die doch der Situation völlig unangemessen war und in der Summe zu Verbrechen unvorstellbaren Ausmaßes beitrug.

Eben darin aber lag das von heute her so schwer Begreifliche, der Punkt, an dem die Älteren nach heutigem Verständnis versagten: daß das normale Handeln in den Situationen, in denen Einzelne zu handeln pflegen, in einen großen Zusammenhang eingespannt war, den sie kaum recht wahrnahmen, schon gar nicht überblicken konnten und an dem sich so leicht nichts ändern ließ. Totalitäre Regime zeichnen sich ja dadurch aus, daß sie Handlungen und Absichten in einem geradezu unwahrscheinlichen Ausmaß in Anspruch, in Dienst nehmen können, unabhängig davon, ob sie sie erzeugen.

Man kann sich dem wohl nur entziehen, indem man sich bewußt auf die Gegenseite stellt, mindestens Sand ins Getriebe streut, statt tüchtig zu sein, möglichst aber Sabotage oder Widerstand leistet. Und selbst dann ist es schwierig abzumessen, ob man nicht durch die dabei notwendigen flankierenden Anpassungen zum Regime mehr beiträgt, als man ihm durch Widerstand schaden kann. Wie aber will man ein solch gefährliches Verhalten für die Mehrheit verbindlich machen?

Angesichts der Tatsache, daß in solchem Regime korrektes, vielleicht gar vorbildliches Handeln in begrenzten Bezirken als völlig unangemessen und hilflos erscheint, sobald man den Gesichtspunkt der öffentlichen Verantwortung für das Geschehen, zu dem es beiträgt, einbringt, wird zugleich deutlich, was für außerordentlich hohe Ansprüche ein solches Urteil stellt. Wann muß ein Lokomotivführer sich ernsthaft fragen lassen, welche Fracht er da eigentlich transportiert habe und warum? Wann ein Soldat, was für einem Regime er diente? Wann kann der eine wie der andere schuldig werden, indem er tut, was mehr oder weniger alle zu tun bereit waren und in allen Ländern? Wann bekommt und verdient ein Dirigent Vorhaltungen, indem er seine Kunst wundervoll ausübt, damit vielen Hörern in dunkler Zeit Freude bereitet – aber auch einem Unrechtsregime kulturellen Glanz leiht? Wann wird einer ganzen Generation nachträglich zugemutet, sie hätte ihre beruflichen Chancen nicht wahrnehmen dürfen, da sie dadurch oft notwendig in enge Berührung mit den Herrschenden kommen mußte?

Was eigentlich hätten wir Heutigen in solcher Lage getan? Nur wenn wir wüßten, daß wir es besser gemacht hätten, unter damaligen Verhältnissen und mit dem Wissensstand der Zeit, könnten wir die meisten der damaligen Deutschen – immer abgesehen von denen, die Vergehen und Verbrechen begingen – verurteilen. Vermutlich also brauchten wir uns unserer Eltern und Großeltern zumeist nicht zu schämen. Wir werden sie uns allerdings nur in relativ wenigen Fällen zum Vorbild nehmen können. Wir haben auch allen Anlaß, uns vorzunehmen, es besser zu machen; zumal wir heute wissen können, was ein totalitäres Regime ist und wie es entsteht. Doch gibt es keinen Grund, daß wir uns in unserer so viel glücklicheren Lage als Pharisäer aufspielen.

Die Mehrheit der Eltern und Großeltern zu verstehen, nicht zu verurteilen, aber auch die Verantwortung des Landes für seine beispiellosen Verbrechen bewußt zu halten; zu sein wie die anderen, je jünger wir sind, um so mehr, und doch auch Nachfahren der Täter des Holocaust – wie soll das möglich sein? Wir werden noch sehr viel Arbeit damit haben. Und die Aufgabe ist nicht an die Wissenschaft zu delegieren. Wir werden neue Kategorien nicht nur des Verstandes, sondern auch des Herzens brauchen. Vielleicht muß das Geschehen im großen und im kleinen und im Verhältnis von diesem zu jenem vor allem erzählt werden – in einer Weise etwa, wie Wassilij Grossman es in seinem »Leben und Schicksal« für die Sowjetunion zur Zeit von Stalingrad tat. Aber wenn wir es mit diesem Geschehen nicht aufnehmen, wenn wir meinen, damit einfach Schluß machen zu können, so wird es uns nur schlimmer heimsuchen und seine Streiche spielen. Und dann werden wir auch die Festigkeit nicht gewinnen, welche wir manchen Zumutungen gegenüber durchaus haben sollten.

Quelle: Frankfurter Allgemeine Zeitung, 28. Juni 1986
Anmerkung des Autors: Gekürzte Fassung eines am 8. 1. 1986 an der Universität Tel Aviv gehaltenen Vortrags.

5

Jürgen Habermas

Eine Art Schadensabwicklung
Die apologetischen Tendenzen
in der deutschen Zeitgeschichtsschreibung

Es ist ein auffallender Mangel der Literatur über den Nationalsozialismus, daß sie nicht weiß oder nicht wahrhaben will, in welchem Ausmaß all dasjenige, was die Nationalsozialisten später taten, mit alleiniger Ausnahme des technischen Vorgangs der Vergasung, in einer umfangreichen Literatur der frühen zwanziger Jahre bereits beschrieben war ... Vollbrachten die Nationalsozialisten, vollbrachte Hitler eine »asiatische« Tat vielleicht nur deshalb, weil sie sich und ihresgleichen als potentielle oder wirkliche Opfer einer »asiatischen« Tat betrachteten?

Ernst Nolte in der
›Frankfurter Allgemeinen Zeitung‹ vom 6. Juni 1986

I.

Der Erlanger Historiker Michael Stürmer bevorzugt eine funktionale Deutung des historischen Bewußtseins: »In einem geschichtslosen Land (gewinnt derjenige) die Zukunft, wer die Erinnerung füllt, die Begriffe prägt und die Vergangenheit deutet.« Im Sinne jenes neokonservativen Weltbildes von Joachim Ritter, das in den siebziger Jahren von seinen Schülern aktualisiert worden ist, stellt sich Stürmer Modernisierungsprozesse als eine Art Schadensabwicklung vor. Der einzelne muß für die unvermeidliche Entfremdung, die er als »Sozialmolekül« in der Umgebung einer versachlichten Industriegesellschaft erfährt, mit identitätsstiftendem Sinn kompensiert werden. Stürmer sorgt sich freilich weniger um die Identität des einzelnen als um die Integration des Gemeinwesens. Der Pluralismus der Werte und Interessen treibt, »wenn er keinen gemeinsamen Boden mehr findet... früher oder später zum sozialen Bürgerkrieg«. Es bedarf »jener höheren Sinnstiftung, die nach der Religion bisher allein Nation und Patriotismus zu leisten imstande waren«. Eine politisch verantwortungsbewußte Geschichtswissenschaft wird sich dem Ruf nicht versagen, ein Geschichtsbild herzustellen und zu verbreiten, das dem nationalen Konsens förderlich ist. Die Fachhistorie wird ohnehin »vorangetrieben durch kollektive, großenteils unbewußte Bedürfnisse nach innerweltlicher Sinnstiftung, (sie) muß diese aber« – und das empfindet Stürmer durchaus als ein Dilemma – »in wissenschaftlicher Methodik abarbeiten«. Deshalb macht sie sich auf die »Gratwanderung zwischen Sinnstiftung und Entmythologisierung«.

Beobachten wir zunächst den Kölner Zeithistoriker Andreas Hillgruber bei seiner Gratwanderung. Ohne fachliche Kompetenz traue ich mich an die jüngste Arbeit dieses renommierten Zeithistorikers nur heran, weil diese in einer bibliophilen Ausgabe unter dem Titel »Zweierlei Untergang« bei Wolf Jobst Siedler erschienene Untersuchung offensichtlich an Laien adressiert ist. Ich notiere die Selbstbeobachtung eines Patienten, der sich einer revisionistischen Operation seines Geschichtsbewußtseins unterzieht.

Im ersten Teil seiner Studie beschreibt Hillgruber den Zusammenbruch der deutschen Ostfront während des letzten Kriegsjahres 1944/45. Zu Beginn erörtert er das »Problem der Identifizierung«, die Frage nämlich, mit welcher der seinerzeit beteiligten Parteien der Autor sich in seiner Darstellung identifizieren solle. Da er die Situationsdeutung der Männer vom 20. Juli gegenüber der verantwortungsethischen Haltung der Befehlshaber, Landräte und Bürgermeister vor Ort als bloß »gesinnungsethisch« schon abgetan hat, bleiben drei Positionen. Die Durchhalteperspektive Hitlers lehnt Hillgruber als sozialdarwinistisch ab. Auch eine Identifikation mit den Siegern kommt nicht in Betracht. Diese Befreiungsperspektive sei nur für die Opfer der Konzentrationslager angebracht, nicht für die deutsche Nation im ganzen. Der Historiker hat nur eine Wahl: »Er muß sich mit dem konkreten Schicksal der deutschen Bevölkerung im Osten und mit den verzweifelten und opferreichen Anstrengungen des deutschen Ostheeres und der deutschen Marine im Ostseebereich identifizieren, die die Bevölkerung des deutschen Ostens vor den Racheorgien der Roten Armee, den Massenvergewaltigungen, den willkürlichen Morden und den wahllosen Deportationen zu bewahren und ... den Fluchtweg nach Westen freizuhalten suchten.«

Man fragt sich verdutzt, warum der Historiker von 1986 nicht eine Retrospektive aus dem Abstand von vierzig Jahren versuchen, also seine eigene Perspektive einnehmen sollte, von der er sich ohnehin nicht lösen kann. Sie bietet zudem den hermeneutischen Vorzug, die selektiven Wahrnehmungen der unmittelbar beteiligten Parteien in Beziehung zu setzen, gegeneinander abzuwägen und aus dem Wissen des Nachgeborenen zu ergänzen. Aus diesem, man möchte fast sagen: »normalen« Blickwinkel will Hillgruber jedoch seine Darstellung nicht schreiben, denn dann kämen unvermeidlich Fragen der »Moral in Vernichtungskriegen« ins Spiel. Die aber sollen ausgeklammert bleiben. Hillgruber erinnert in diesem Zusammenhang an die Äußerung von Norbert Blüm, daß, solange nur die deutsche »Ostfront« hielt, auch die Vernichtungsaktionen in den Lagern weitergehen konnten. Diese Tatsache müßte einen langen Schatten auf jenes »Bild des Entsetzens von vergewaltigten und ermordeten Frauen und Kindern« werfen, das sich beispielsweise den deutschen Soldaten nach der Rückeroberung von Nemmersdorf geboten hat. Hillgruber geht es um eine Darstellung des Geschehens aus der Sicht der tapferen Soldaten, der verzweifelten Zivilbevölkerung, auch der »bewährten« Hoheitsträger der NSDAP; er will sich in die Erlebnisse der Kämpfer von damals hineinversetzen, die noch nicht von unseren retrospektiven Kenntnissen eingerahmt und entwertet sind. Diese Absicht erklärt das Prinzip der Zweiteilung der Studie in »Zusammenbruch im Osten« und »Judenvernichtung«, zwei Vorgänge, die Hillgruber gerade *nicht*, wie der Klappentext ankündigt, »in ihrer düsteren Verflechtung« zeigen will.

II.

Nach dieser Operation, die man wohl dem von Stürmer erwähnten Dilemma sinnstiftender Historie zugute halten muß, zögert Hillgruber freilich nicht, das Wissen des nachgeborenen Historikers doch noch in Anspruch zu nehmen, um die im Vorwort eingeführte These zu belegen, daß die Vertreibung der Deutschen aus dem Osten keineswegs als eine »Antwort« auf die Verbrechen in den Konzentrationslagern zu verstehen sei. Anhand der alliierten Kriegsziele weist er nach, daß »für den Fall einer deutschen Niederlage zu keinem Zeitpunkt des Krieges Aussicht bestand, den größeren Teil der preußisch-deutschen Ostprovinzen zu retten«; dabei erklärt er das Desinteresse der Westmächte mit einem »klischeehaften Preußenbild«. Daß die Machtstruktur des Reiches mit der besonders in Preußen konservierten Gesellschaftsstruktur zu tun haben könnte, kommt Hillgruber nicht in den Sinn. Von sozialwissenschaftlichen Informationen macht er keinen Gebrauch – sonst hätte er beispielsweise den Umstand, daß Ausschreitungen beim Einmarsch der Roten Armee nicht nur in Deutschland, sondern zuvor auch schon in Polen, Rumänien und Ungarn vorgekommen sind, wohl kaum auf die barbarischen »Kriegsvorstellungen« der stalinistischen Epoche zurückführen können. Wie dem auch sei, die Westmächte waren durch ihr illusionär wahrgenommenes Kriegsziel, die Zerschlagung Preußens, verblendet. Zu spät erkannten sie, wie durch den Vormarsch der Russen »ganz Europa der Verlierer der Katastrophe von 1945« wurde.

Vor dieser Szene nun kann Hillgruber das »Ringen« des deutschen Ostheeres ins rechte Licht rücken – den »verzweifelten Abwehrkampf um die Bewahrung der Eigenständigkeit der Großmachtstellung des Deutschen Reiches, das nach dem Willen der Alliierten zertrümmert werden sollte. Das deutsche Ostheer bot einen Schutzschirm vor einem jahrhundertealten deutschen Siedlungsraum, vor der Heimat von Millionen, die in einem Kernland des Deutschen Reiches... wohnten.« Die dramatische Darstellung schließt dann mit einer Wunschdeutung des 8. Mai 1945: Vierzig Jahre danach sei die Frage einer

»Rekonstruktion der zerstörten europäischen Mitte ... so offen wie damals, als die Zeitgenossen als Mithandelnde oder Opfer Zeugen der Katastrophe des deutschen Ostens wurden«. Die Moral der Geschichte liegt auf der Hand: Heute wenigstens stimmt die Allianz.

Im zweiten Teil behandelt Hillgruber auf 22 Seiten den Aspekt des Geschehens, den er aus dem »tragischen« Heldengeschehen bis dahin ausgeblendet hatte. Schon der Untertitel des Buches signalisiert eine veränderte Perspektive. Der in der Rhetorik von Kriegsheftchen beschworenen »Zerschlagung des Deutschen Reiches« (die anscheinend nur an der »Ostfront« stattgefunden hat) steht das nüchtern registrierte »Ende des europäischen Judentums« gegenüber. Die »Zerschlagung« verlangt einen aggressiven Gegner, ein »Ende« stellt sich gleichsam von selber ein. Während dort »die Vernichtung ganzer Armeen neben dem Opfermut einzelner« stand, ist hier von den »stationären Nachfolgeorganisationen« der Einsatzkommandos die Rede. Während dort »manche Unbekannte in der hereinbrechenden Katastrophe über sich hinauswuchsen«, werden hier die Gaskammern als »effektivere Mittel« der Liquidation umschrieben. Dort die nicht-revidierten, unausgedünsteten Klischees eines aus Jugendtagen mitgeführten Jargons, hier die bürokratisch gefrorene Sprache. Der Historiker wechselt nicht nur die Perspektive der Darstellung. Nun geht es um den Nachweis, daß »der Mord an den Juden ausschließlich eine Konsequenz aus der radikalen Rassendoktrin« gewesen sei.

Stürmer interessierte sich für die Frage, »wie weit es der Krieg Hitlers gewesen war und wie weit der Krieg der Deutschen«. Hillgruber stellt die analoge Frage im Hinblick auf die Judenvernichtung. Er stellt hypothetische Überlegungen an, wie das Leben der Juden ausgesehen hätte, wenn nicht die Nazis, sondern Deutschnationale und Stahlhelmer 1933 an die Macht gekommen wären. Die Nürnberger Gesetze wären ebenso erlassen worden wie alle übrigen Maßnahmen, die den Juden bis 1938 »ein Sonderbewußtsein aufgezwungen« haben; denn diese standen »mit den Empfindungen eines großen Teils der Gesellschaft in Einklang«. Hillgruber bezweifelt aber, daß zwischen 1938 und 1941 bereits *alle* Funktionsträger eine forcierte Auswanderungspolitik als die beste Lösung der Judenfrage angesehen hätten. Immerhin seien bis dahin zwei Drittel der deutschen Juden »ins Ausland gelangt«. Was schließlich, seit 1941, die Endlösung anbetrifft, es war Hitler allein, der sie von Anbeginn ins Auge gefaßt hatte. Hitler wollte die physische Vernichtung aller Juden, »weil nur durch eine solche ›rassische Revolution‹ der angestrebten ›Weltmacht-Position‹ seines Reiches Dauerhaftigkeit verliehen werden konnte«. Da dem letzten Wort der konjunktivische Umlaut fehlt, weiß man nicht, ob sich der Historiker auch diesmal die Perspektive des Beteiligten zu eigen macht.

Jedenfalls legt Hillgruber einen scharfen Schnitt zwischen die Euthanasieaktion, der schon 100 000 Geisteskranke zum Opfer fielen, und die Judenvernichtung selbst. Vor dem Hintergrund einer sozialdarwinistischen Humangenetik habe die Tötung »lebensunwerten Lebens« in der Bevölkerung weithin Zustimmung gefunden. Dagegen sei Hitler mit der Idee der »Endlösung« sogar in der engsten Führungsclique, »einschließlich Görings, Himmlers und Heydrichs«, isoliert gewesen. Nachdem Hitler so als der alleinverantwortliche Urheber für Idee und Entschluß identifiziert worden ist, harrt nur noch die Durchführung einer Erklärung – aber auch die erschreckende Tatsache, daß die Masse der Bevölkerung – wie Hillgruber durchaus annimmt – bei alledem stillgehalten hat.

Freilich wäre das Ziel der mühsamen Revision gefährdet, wenn dieses Phänomen am Ende doch noch einer moralischen Beurteilung ausgeliefert werden müßte. An dieser Stelle bricht deshalb der narrativ verfahrende Historiker, der von sozialwissenschaftlichen Erklärungsversuchen nichts hält, ins Anthropologisch-Allgemeine aus. Nach seiner Meinung »weist die Hinnahme des zumindest dunkel geahnten grauenhaften Geschehens durch die Masse der Bevölkerung ... über die historische Einmaligkeit des Vorgangs hinaus«. Fest in der Tradition der deutschen Mandarine stehend, ist Hillgruber übrigens am tiefsten erschreckt über den hohen Anteil beteiligter Akademiker – als gäbe es nicht auch dafür ganz plausible Erklärungen. Kurzum, daß eine zivilisierte Bevölkerung das Ungeheuerliche geschehen ließ, ist ein Phänomen, das Hillgruber aus der Fachkompetenz des überforderten Historikers entläßt – und unverbindlich in die Dimension des Allgemeinmenschlichen abschiebt.

III.

Hillgrubers Bonner Kollege Klaus Hildebrand empfiehlt in der *Historischen Zeitschrift* (Bd. 242. 1986, 465 f.) eine Arbeit von Ernst Nolte als »wegweisend«, weil sie das Verdienst habe, der Geschichte des »Dritten Reiches« das »scheinbar Einzigartige« zu nehmen und »die Vernichtungskapazität der Weltanschauung und des Regimes« in die gesamttotalitäre Entwicklung historisierend einzuordnen. Nolte, der schon mit dem Buch über den »Faschismus in seiner Epoche« (1963) weithin Anerkennung gefunden hatte, ist in der Tat aus anderem Holz geschnitzt als Hillgruber.

In seinem Beitrag »Zwischen Mythos und Revisionismus« begründet er heute die Notwendigkeit einer Revision damit, daß die Geschichte des »Dritten Reiches« weitgehend von den Siegern geschrieben und zu einem »negativen Mythos« gemacht worden sei. Um das zu illustrieren, lädt Nolte zu dem geschmackvollen Gedankenexperiment ein, sich doch einmal das Israelbild einer siegreichen PLO *nach* der vollständigen Vernichtung Israels auszumalen: »Dann würde sich für Jahrzehnte und möglicherweise für Jahrhunderte niemand trauen, die bewegenden Ursprünge des Zionismus auf den Geist des Widerstandes gegen den europäischen Antisemitismus... zurückzuführen.« Selbst die Totalitarismustheorie der fünfziger Jahre habe keine veränderte Perspektive angeboten, sondern nur dazu geführt, in das negative Bild eben auch die Sowjetunion einzubeziehen. Ein Konzept, das derart vom Gegensatz zum demokratischen Verfassungsstaat lebt, genügt Nolte noch nicht; ihm geht es um die Dialektik wechselseitiger Vernichtungsdrohungen. Lange vor Auschwitz habe Hitler, meint er, gute Gründe gehabt für seine Überzeugung, daß der Gegner auch ihn habe vernichten wollen – »annihilate« heißt der Ausdruck im englischen Original. Als Beleg gilt ihm die »Kriegserklärung«, die Chaim Weizmann im September 1939 für den jüdischen Weltkongreß abgegeben und die Hitler dazu *berechtigt* habe, die deutschen Juden als Kriegsgefangene zu behandeln – und zu deportieren. Man hatte schon vor einigen Wochen in der ZEIT (allerdings ohne Namensnennung) lesen können, daß Nolte dieses abenteuerliche Argument einem jüdischen Gast, seinem Fachkollegen Saul Friedländer aus Tel Aviv, zum Abendessen serviert hatte – jetzt lese ich es schwarz auf weiß.

Nolte ist nicht der betulich-konservative Erzähler, der sich mit dem »Identifikationsproblem« herumschlägt. Er löst Stürmers Dilemma zwischen Sinnstiftung und Wissenschaft durch forsche Dezision und wählt als Bezugspunkt seiner Darstellung den Terror des Pol-Pot-Regimes in Kambodscha. Von hier aus rekonstruiert er eine Vorgeschichte, die über den »Gulag«, die Vertreibung der Kulaken durch Stalin und die bolschewistische Revolution zurückreicht bis zu Babeuf, den Frühsozialisten und den englischen Agrarreformern des frühen 19. Jahrhunderts – eine Linie des Aufstandes gegen die kulturelle und gesellschaftliche Modernisierung, getrieben von der illusionären Sehnsucht nach der Wiederherstellung einer überschaubaren, autarken Welt. In diesem Kontext des Schreckens erscheint dann die Judenvernichtung nur als das bedauerliche Ergebnis einer immerhin verständlichen Reaktion auf das, was Hitler als Vernichtungsdrohung empfinden mußte: »Die sogenannte Vernichtung der Juden während des Dritten Reiches war eine Reaktion oder eine verzerrte Kopie, aber nicht ein erstmaliger Vorgang oder ein Original.«

Nolte bemüht sich in einem anderen Aufsatz, den philosophischen Hintergrund seiner »Trilogie zur Geschichte moderner Ideologien« aufzuklären. Dieses Werk steht hier nicht zur Diskussion. An dem, was Nolte, der Heideggerschüler, seine »philosophische Geschichtsschreibung« nennt, interessiert mich nur das »Philosophische«.

Zu Beginn der fünfziger Jahre wurde in der philosophischen Anthropologie über die Verschränkung von »Weltoffenheit« und »Umweltverhaftung« des Menschen gestritten – eine Diskussion, die zwischen A. Gehlen, H. Plessner, K. Lorenz und

E. Rothacker ausgetragen worden ist. Daran erinnert mich Noltes eigentümlicher Gebrauch des Heideggerschen Begriffs der »Transzendenz«. Mit diesem Ausdruck verschiebt er nämlich seit 1963 die große Wende, jenen historischen Vorgang des Aufbrechens einer traditionalen Lebenswelt beim Übergang zur Moderne, ins Anthropologisch-Ursprüngliche. In dieser Tiefendimension, in der alle Katzen grau sind, wirbt er dann um Verständnis für die antimodernistischen Impulse, die sich gegen »eine vorbehaltlose Affirmation der praktischen Transzendenz« richten. Darunter versteht Nolte die angeblich ontologisch begründete »Einheit von Weltwirtschaft, Technik, Wissenschaft und Emanzipation«. Das alles fügt sich trefflich in heute dominierende Stimmungslagen – und in den Reigen der kalifornischen Weltbilder, die daraus hervorsprießen. Ärgerlicher ist die Entdifferenzierung, die aus dieser Sicht »Marx und Maurras, Engels und Hitler bei aller Hervorhebung ihrer Gegensätze dennoch zu verwandten Figuren« macht. Erst wenn sich Marxismus und Faschismus gleichermaßen als Versuche zu erkennen geben, eine Antwort zu geben »auf die beängstigenden Realitäten der Moderne«, kann auch die wahre Intention des Nationalsozialismus von dessen unseliger Praxis fein säuberlich geschieden werden: »Die ›Untat‹ war nicht in der letzten Intention beschlossen, sondern in der Schuldzuschreibung, die sich gegen eine Menschengruppe richtete, welche selbst durch den Emanzipationsprozeß der liberalen Gesellschaft so schwer betroffen war, daß sie sich in bedeutenden Repräsentanten für tödlich gefährdet erklärte.«

Nun könnte man die skurrile Hintergrundphilosophie eines bedeutend-exzentrischen Geistes auf sich beruhen lassen, wenn nicht neokonservative Zeithistoriker sich bemüßigt fühlten, sich genau dieser Spielart von Revisionismus zu bedienen.

Als Beitrag zu den diesjährigen Römerberggesprächen, die mit Vorträgen von Hans und Wolfgang Mommsen auch das Thema der »Vergangenheit, die nicht vergehen will« behandelten, bescherte uns das Feuilleton der FAZ vom 6. Juni 1986 einen militanten Artikel von Ernst Nolte – übrigens unter einem scheinheiligen Vorwand (das sage ich in Kenntnis des Briefwechsels, den der angeblich ausgeladene Nolte mit den

Veranstaltern geführt hat). Auch Stürmer solidarisierte sich bei dieser Gelegenheit mit dem Zeitungsaufsatz, in dem Nolte die Singularität der Judenvernichtung auf »den technischen Vorgang der Vergasung« reduziert und mit einem eher abstrusen Beispiel aus dem russischen Bürgerkrieg seine These belegt, daß der Archipel Gulag »ursprünglicher« sei als Auschwitz. Dem Film »Shoah« von Lanzmann weiß der Autor nur zu entnehmen, »daß auch die SS-Mannschaften der Todeslager auf ihre Art Opfer sein mochten und daß es andererseits unter den polnischen Opfern des Nationalsozialismus virulenten Antisemitismus gab«. Diese unappetitlichen Kostproben zeigen, daß Nolte einen Fassbinder bei weitem in den Schatten stellt. Wenn die FAZ mit Recht gegen die in Frankfurt geplante Aufführung dieses Stücks zu Felde gezogen ist, warum dann dies?

Ich kann mir das nur so erklären, daß Nolte nicht nur jenes Dilemma zwischen Sinnstiftung und Wissenschaft eleganter umschifft als andere, sondern für ein weiteres Dilemma eine Lösung parat hat. Dieses Dilemma beschreibt Stürmer mit dem Satz: »In der Wirklichkeit des geteilten Deutschlands müssen die Deutschen ihre Identität finden, die im Nationalstaat nicht mehr zu begründen ist, ohne Nation aber auch nicht.« Die Ideologieplaner wollen über eine Wiederbelebung des Nationalbewußtseins Konsens beschaffen, gleichzeitig müssen sie aber die nationalstaatlichen Feindbilder aus dem Bereich der Nato verbannen. Für diese Manipulation bietet Noltes Theorie einen großen Vorzug. Er schlägt zwei Fliegen mit einer Klappe: Die Nazi-Verbrechen verlieren ihre Singularität dadurch, daß sie als Antwort auf (heute fortdauernde) bolschewistische Vernichtungsdrohungen mindestens verständlich gemacht werden. Auschwitz schrumpft auf das Format einer technischen Innovation und erklärt sich aus der »asiatischen« Bedrohung durch einen Feind, der immer noch vor unseren Toren steht.

IV.

Wenn man sich die Zusammensetzung der Kommissionen ansieht, die die Konzeptionen für die von der Bundesregierung geplanten Museen, das Deutsche Historische Museum in Berlin und das Haus der Geschichte der Bundesrepublik in Bonn, ausgearbeitet haben, kann man sich nicht ganz des Eindrucks erwehren, daß auch Gedanken des Neuen Revisionismus in die Gestalt von Exponaten, von volkspädagogisch wirksamen Ausstellungsgegenständen umgesetzt werden sollen. Die vorgelegten Gutachten haben zwar ein pluralistisches Gesicht. Aber mit neuen Museen dürfte es sich kaum anders verhalten als mit neuen Max-Planck-Instituten: Die programmatischen Denkschriften, die einer Neugründung regelmäßig vorangehen, haben mit dem, was die ins Amt berufenen Direktoren dann daraus machen, nicht mehr viel zu tun. Das schwant auch Jürgen Kocka, dem liberalen Alibi-Mitglied in der Berliner Sachverständigenkommission: »Am Ende wird entscheidend sein, welche Personen die Sache in die Hand nehmen . . . auch hier steckt der Teufel im Detail.«

Wer wollte sich schon gegen ernstgemeinte Bemühungen stemmen, das historische Bewußtsein der Bevölkerung in der Bundesrepublik zu stärken. Es gibt auch gute Gründe für eine historisierende Distanzierung von einer Vergangenheit, die nicht vergehen will. Martin Broszat hat sie überzeugend vorgetragen. Jene komplexen Zusammenhänge zwischen Kriminalität und doppelbödiger Normalität des NS-Alltags, zwischen Zerstörung und vitaler Leistungskraft, zwischen verheerender Systemperspektive und unauffällig-ambivalenter Nahoptik vor Ort könnten eine heilsam objektivierende Vergegenwärtigung durchaus vertragen. Die kurzatmig pädagogisierende Vereinnahmung einer kurzschlüssig moralisierten Vergangenheit von Vätern und Großvätern könnte dann dem distanzierenden Verstehen weichen. Die behutsame Differenzierung zwischen dem Verstehen und dem Verurteilen einer schockierenden Vergangenheit könnte auch die hypnotische Lähmung lösen helfen. Allein, diese Art von Historisierung würde sich eben nicht wie der von Hildebrand und Stürmer empfohlene

Revisionismus eines Hillgruber oder Nolte von dem Impuls leiten lassen, die Hypotheken einer glücklich entmoralisierten Vergangenheit *abzuschütteln*. Ich will niemandem böse Absichten unterstellen. Es gibt ein einfaches Kriterium, an dem sich die Geister scheiden: Die einen gehen davon aus, daß die Arbeit des distanzierenden Verstehens die Kraft einer reflexiven Erinnerung freisetzt und damit den Spielraum für einen autonomen Umgang mit ambivalenten Überlieferungen erweitert; die anderen möchten eine revisionistische Historie in Dienst nehmen für die nationalgeschichtliche Aufmöbelung einer konventionellen Identität.

Vielleicht ist diese Formulierung noch nicht eindeutig genug. Wer auf die Wiederbelebung einer in Nationalbewußtsein naturwüchsig verankerten Identität hinauswill, wer sich von funktionalen Imperativen der Berechenbarkeit, der Konsensbeschaffung, der sozialen Integration durch Sinnstiftung leiten läßt, der muß den aufklärenden Effekt der Geschichtsschreibung scheuen und einen breitenwirksamen Pluralismus der Geschichtsdeutungen ablehnen. Man wird Michael Stürmer kaum Unrecht tun, wenn man seine Leitartikel in diesem Sinne versteht: »Beim Betrachten der Deutschen vis-à-vis ihrer Geschichte stellt sich unseren Nachbarn die Frage, wohin das alles treibt. Die Bundesrepublik... ist Mittelstück im europäischen Verteidigungsbogen des atlantischen Systems. Doch es zeigt sich jetzt, daß jede der heute in Deutschland lebenden Generationen unterschiedliche, ja gegensätzliche Bilder von Vergangenheit und Zukunft mit sich trägt... Die Suche nach der verlorenen Geschichte ist nicht abstraktes Bildungsstreben: sie ist moralisch legitim und politisch notwendig. Denn es geht um die innere Kontinuität der deutschen Republik und ihre außenpolitische Berechenbarkeit.« Stürmer plädiert für ein *vereinheitlichtes* Geschichtsbild, das anstelle der ins Private abgedrifteten religiösen Glaubensmächte Identität und gesellschaftliche Integration sichern kann.

Geschichtsbewußtsein als Religionsersatz – ist die Geschichtsschreibung mit diesem alten Traum des Historismus nicht doch etwas überfordert? Gewiß, die deutschen Historiker können auf eine wahrlich staatstragende Tradition ihrer Zunft zurückblicken. Hans-Ulrich Wehler hat kürzlich noch einmal an den ideologischen Beitrag zur Stabilisierung des kleindeutschen Reiches und zur inneren Ausgrenzung der »Reichfeinde« erinnert. Bis in die späten fünfziger Jahre unseres Jahrhunderts herrschte jene Mentalität, die sich seit dem Scheitern der Revolution von 1848/49 und nach der Niederlage der liberalen Geschichtsschreibung vom Typ Gervinus ausgebildet hatte: »Liberale, aufgeklärte Historiker konnte man fortan fast hundert Jahre lang nur mehr isoliert oder in kleinen Randgruppen finden. Die Mehrheit der Zunft dachte und argumentierte reichsnational, staatsbewußt, machtpolitisch.« Daß sich nach 1945, jedenfalls mit der Generation der nach 1945 ausgebildeten jüngeren Historiker, nicht nur ein anderer Geist, sondern ein Pluralismus von Lesarten und methodischen Ansätzen durchsetzte, ist aber keineswegs nur eine Panne, die sich schlicht reparieren ließe. Vielmehr war die alte Mentalität nur der fachspezifische Ausdruck eines Mandarinenbewußtseins, das die Nazizeit aus guten Gründen nicht überlebt hat: Durch erwiesene Ohnmacht gegen oder gar Komplizenschaft mit dem Naziregime war sie vor aller Augen ihrer Substanzlosigkeit überführt worden. Dieser geschichtlich erzwungene Reflexionsschub hat nicht nur die ideologischen Prämissen der deutschen Geschichtsschreibung berührt; er hat auch das methodische Bewußtsein für die Kontextabhängigkeit *jeder* Geschichtsschreibung verschärft.

Es ist jedoch ein Mißverständnis dieser hermeneutischen Einsicht, wenn die Revisionisten heute davon ausgehen, daß sie die Gegenwart aus Scheinwerfern beliebig rekonstruierter Vorgeschichten anstrahlen und aus diesen Optionen ein besonders geeignetes Geschichtsbild auswählen könnten. Das geschärfte methodische Bewußtsein bedeutet vielmehr das Ende jedes geschlossenen, gar von Regierungshistorikern verordneten Geschichtsbildes. Der unvermeidliche, keineswegs unkontrollierte, sondern durchsichtig gemachte Pluralismus der Lesarten spiegelt nur die Struktur offener Gesellschaften. Er eröffnet erst die Chance, die eigenen identitätsbildenden Überlieferungen in ihren Ambivalenzen deutlich zu machen. Genau dies ist notwendig für eine kritische Aneignung mehrdeutiger Traditionen, das heißt für die Ausbildung eines Geschichtsbewußtseins, das mit geschlossenen und sekundär naturwüchsigen Geschichtsbildern ebenso unvereinbar ist wie mit jeder Gestalt einer konventionellen, nämlich einhellig und vorreflexiv *geteilten* Identität.

Was heute als »Verlust der Geschichte« beklagt wird, hat ja nicht nur den Aspekt des Wegsteckens und des Verdrängens, nicht nur den des Fixiertseins an eine belastete und darum ins Stocken geratene Vergangenheit. Wenn unter den Jüngeren die nationalen Symbole ihre Prägekraft verloren haben, wenn die naiven Identifikationen mit der eigenen Herkunft einem eher tentativen Umgang mit Geschichte gewichen sind, wenn Diskontinuitäten stärker empfunden, Kontinuitäten nicht um jeden Preis gefeiert werden, wenn nationaler Stolz und kollektives Selbstwertgefühl durch den Filter universalistischer Wertorientierungen hindurchgetrieben werden – in dem Maße, wie das wirklich zutrifft, mehren sich die Anzeichen für die Ausbildung einer postkonventionellen Identität. Diese Anzeichen werden aus Allensbach mit Kassandrarufen bedacht; wenn sie nicht trügen, verraten sie nur eins: daß wir die Chance, die die moralische Katastrophe auch bedeuten konnte, nicht ganz verspielt haben.

Die vorbehaltlose Öffnung der Bundesrepublik gegenüber der politischen Kultur des Westens ist die große intellektuelle Leistung unserer Nachkriegszeit, auf die gerade meine Generation stolz sein könnte. Stabilisiert wird das Ergebnis nicht durch eine deutsch-national eingefärbte Natophilosophie. Jene Öffnung ist ja vollzogen worden durch Überwindung genau der Ideologie der Mitte, die unsere Revisionisten mit ihrem geopolitischen Tamtam von »der alten europäischen Mittellage der Deutschen« (Stürmer) und »der Rekonstruktion der zerstörten europäischen Mitte« (Hillgruber) wieder aufwärmen. Der einzige Patriotismus, der uns dem Westen nicht entfremdet, ist ein Verfassungspatriotismus. Eine in Überzeugungen verankerte Bindung an universalistische Verfassungsprinzipien hat sich leider in der Kulturnation der Deutschen erst nach – und durch – Auschwitz bilden können. Wer uns mit einer Floskel wie »Schuldbesessenheit« (Stürmer und Oppenheimer) die Schamröte über dieses Faktum austreiben will, wer die Deutschen zu einer konventionellen Form ihrer nationalen Identität zurückrufen will, zerstört die einzig verläßliche Basis unserer Bindung an den Westen.

Quelle: DIE ZEIT, 11. Juli 1986

6

MICHA BRUMLIK

Neuer Staatsmythos Ostfront
Die neueste Entwicklung der Geschichtswissenschaft der BRD

Zu berichten ist vom Niedergang deutscher Geschichtswissenschaft auf das Niveau von Landserheftchen. In der preziösen, viel zu teuren Geschenkreihe des Siedler Verlages, die verschmockt »Corso« getauft wurde, sind zwei überarbeitete, bereits anderswo gehaltene Vorträge und Aufsätze von Hillgruber unter dem Titel »Zweierlei Untergang« erschienen. Das Bändchen enthält einen längeren Aufsatz unter dem Titel »Der Zusammenbruch im Osten 1944/45 als Problem der deutschen Nationalgeschichte und der europäischen Geschichte« (59 Seiten) und eine wesentlich kürzere Ausarbeitung zum Thema »Der geschichtliche Ort der Judenvernichtung« (22 Seiten).

Ein neues Niveau

Zumal der erste Aufsatz stellt an Schamlosigkeit und Zynismus alles in den Schatten, was seitens »seriöser« Wissenschaft an pronazistischen Stellungnahmen erschienen ist, während der zweite Aufsatz sich seines Themas eher unlustig und gleichsam gepreßt entledigt.

Das Erscheinen von Hillgrubers Buch im Siedler Verlag stellt einen Einschnitt dar, der das Umschwenken deutscher Konservativer zum aggressiven Nationalismus signalisiert. Der Rahmen dieses Umschwenkens ist die Einsicht der Nationalisten in das Paradox ihres Versuchs, in Bitburg und später am Rhein die Versöhnung zwischen Opfern und Henkern zu erzwingen. Es scheint, als seien die Planer des kollektiven Gedenkens in patriotischer bzw. nationalistischer Absicht dieses Paradoxes gewahr geworden, weswegen sie auf den untauglichen Versuch einer Versöhnung mit den ermordeten Juden, Sinti und Slawen verzichten und sich ganz auf die im Kriege und während der Vertreibung umgekommenen Deutschen konzentrieren.

Beispielhaft dafür sind die Ausführungen des CDU-Fraktionsvorsitzenden Dr. Alfred Dregger, der während der Diskussion um das geplante Nationaldenkmal unmißverständlich hervorhob, daß er und ein großer Teil seiner politischen Freunde vor allem der deutschen Toten des Zweiten Weltkrieges gedenken wollten.

An dieser Stelle tut sich ein Zwiespalt auf, über den sich in der Bundesrepublik, aber auch anderswo ein Einverständnis kaum noch wird erlangen lassen. Nämlich in bezug auf die absolute Inkommensurabilität, d. h. Unvergleichlichkeit und Unvorstellbarkeit der industriellen Massenvernichtung der Nationalsozialisten mit sämtlichen anderen Formen organisierten Tötens: der Stalinschen Arbeitslager, der Bombardierung von Dresden und der Vertreibungsverbrechen. Die politische Kultur der Verdrängung wird dort am deutlichsten, wo Menschen der verständlichen Versuchung nicht widerstehen können, das unbegreiflich-welthistorisch Einmalige, das die Holocaust genannte Massenvernichtung darstellte, anderen, bekannten und nachvollziehbaren Tötungshandlungen zu assimilieren.

Auschwitz das kleinere Übel, um das größere, die sowjetischen Massaker, zu verhindern

Indem dies geschieht, wird die Shoah zu einer Art verständlichem Massaker umdefiniert, das um Vermeidung weiterer Massaker willen in Kauf zu nehmen war. Auf diese Art und Weise wird endlich der deutsche Abwehrkampf im Osten zu einem tragischen Ereignis, bei dem die Soldaten das Morden in den KZs schützen mußten, um ihre eigenen Landsleute vor sowjetischen Massakern zu bewahren. Die ansonsten so geschätzten Attentäter des 20. Juli geraten in dieser Perspektive zu Gesinnungsethikern, denen offenbar der Ernst der Lage nicht recht bewußt gewesen ist.

Vertreten werden derlei Thesen nicht etwa von der Deutschen National- und Soldatenzeitung, die dies schon immer vertrat, sondern von dem Repräsentanten der seriösen Universitätshistorik Andreas Hillgruber:

»Die Komplexität der Probleme, der man sich hier gegenübersieht, läßt sich bereits an einigen wenigen Beispielen, die immer wieder zu Brennpunkten der öffentlichen Diskussion werden, deutlich machen. Einen solchen neuralgischen Punkt hat vor einigen Jahren Norbert Blüm berührt, als er vor einer konsternierten, sich sogleich polarisierenden Öffentlichkeit die These vortrug, daß die ungeheuerlichen Verbrechen in den Vernichtungs- und Konzentrationslagern des nationalsozialistischen Regimes weitergehen konnten, solange die deutschen Fronten hielten.

Diese These ließ nur die Schlußfolgerung zu, daß es wünschenswert gewesen wäre, die Fronten, und das hieß auch die deutsche Ostfront – die bis zum Winter 1944/45 die Bevölkerung im Osten des Reiches vor der Überflutung der Heimat durch die Rote Armee schützte – möglichst schnell einstürzen zu lassen, um dem Schrecken in den Konzentrationslagern ein Ende zu setzen.

In der Tat ist ja auch und gerade nach jenem 24. Juli 1944, als das Lager Majdanek bei Lublin so schnell von der Roten Armee besetzt wurde, daß die Beseitigung der Stätten des Grauens den abziehenden SS-Einheiten nicht mehr möglich war (so daß zum ersten Mal die Weltöffentlichkeit von den Verhältnissen in einem solchen Lager erfuhr), der Massenmord an den europäischen Juden im Lager Auschwitz-Birkenau bis Anfang November 1944 fortgeführt worden, als Himmler seinen Einstellungsbefehl erließ.

Es wurde also bis zu jenem Zeitpunkt – Mitte Oktober 1944 – weitergemordet, zudem die deutsche Front vor dem Druck der Roten Armee schon ins östliche Ostpreußen zurückgewichen war und der sowjetische Ansturm nur unter größter Anstrengung noch einmal zum Stehen gebracht werden konnte.

In dem dabei von den deutschen Truppen zurückgewonnenen Ort Nemmersdorf südlich von Gumbinnen hatte sich den Soldaten ein Bild des Entsetzens von vergewaltigen und ermordeten Frauen und Kindern geboten. ›Nemmersdorf‹ wurde zum Begriff dafür, was die deutsche Bevölkerung zu erwarten hatte, wenn ›die Dämme brechen‹ würden...

Natürlich gibt es die von Blüm angesprochene strukturelle oder funktionale Problematik, daß das Halten der Front die Fortdauer der Verbrechen in den Konzentrationslagern ermöglichte. Auch der Betrachtende steht vor dem Dilemma der damals Handelnden. Auf der einen Seite die gesinnungsethische Haltung der Männer des 20. Juli, die sich in außenpolitisch längst aussichtsloser Konstellation zum Attentat auf Hitler entschlossen, um der Welt ein Zeichen der Existenz eines ›anderen Deutschlands‹ zu geben, und zwar zu einem Zeitpunkt, als die Heeresgruppe Mitte, die bisher das Ostpreußen schützende militärische Bollwerk gewesen war, im Zuge der sowjetischen Sommeroffensive seit dem 22. Juli 1944 zerschlagen war und der Roten Armee der Weg nach Ostpreußen schon fast frei erschien.

Auf der anderen Seite die verantwortungsethische Position der Befehlshaber, Landräte und Bürgermeister, aus deren Sicht alles darauf ankam, wenigstens einen schwachen Schleier von Sicherungen an der ostpreußischen Grenze aufzubauen, um das Schlimmste zu verhindern: die drohende Orgie der Rache an der deutschen Bevölkerung für alles, was in den Jahren 1941 bis 1944 in den von deutschen Truppen besetzten Teilen der Sowjetunion – von welchen deutschen Dienststellen auch immer – an Verbrechen begangen worden war.« (Hillgruber 1986, S. 18–21)

Tragisierende Worthülsen, um das Grauen zu verstecken

Ich habe aus dieser Darstellung so ausführlich zitiert, weil sie meines Erachtens – ähnlich wie Bitburg – einen Einschnitt im Geschichtsbewußtsein der Bundesrepublik Deutschland darstellt.

Zum ersten Mal gibt ein konservativer, renommierter und angesehener Historiker öffentlich zu Protokoll, daß die Ausrottung der Juden und Sinti unter gewissen Umständen, wenn schon nicht gebilligt, so doch legitimerweise billigend in Kauf genommen werden durfte!

Über Kohl und Dregger hinaus soll es nun nicht mehr nur

darum gehen, auch der Wehrmacht, also der Beschützer der Mörder zu gedenken, sondern auch ihr faktisches Schützen des industriellen Massenmordes ausdrücklich anzuerkennen.

Die Rekonstruktion der Nationalgeschichte mündet so – mit eiserner Konsequenz und auf abschüssiger Bahn – darin, die Shoah als eine von zwei etwa gleichbedeutenden Katastrophen anzusehen: Der Titel von Hillgrubers zwei Essays umfassenden Bändchen lautet: »Zweierlei Untergang. Die Zerschlagung des Deutschen Reiches und das Ende des europäischen Judentums.«

Schon der euphemistische Titel verkündet das Programm: Während das deutsche Reich zerschlagen wird, endet das europäische Judentum – ein Prozeß, dem nicht anzusehen ist, wer ihn verursacht hat. Raul Hilbergs Standardwerk über die Shoah trägt den präzisen Namen »Die Vernichtung der europäischen Juden«. Bei Hillgruber ist nur noch von einem theatralisch-tragischen »Untergang« die Rede, aus der Vernichtung wird das Ende, und aus den ermordeten Juden das Judentum. Die tragisierende Abstraktifizierung, die sich im Innern des Buches so nicht durchhalten läßt – hat nur die Funktion, das Grauen hinter Worthülsen verschwinden zu lassen, es abzubuchen, abzuschließen – zu verdrängen.

Wenn es möglich war, Millionen Menschen dadurch ermorden zu lassen, daß man sie zu abstrakten Nummern umdefinierte, dann stellt der Versuch, ihrem grauenhaften Schicksal in ebenso abstrakten Begriffen zu begegnen, nichts anderes dar, als sich zu der Erinnerung an die Ermordeten ebenso zu verhalten wie zu den Ermordeten selbst.

Der Antikommunismus als notwendiger Bestandteil der Verdrängung der Judenvernichtung

Ohne daß man dem stalinistischen Totalitarismus und seinen mörderischen Arbeitslagern, dem Expansionismus der Sowjetunion seit 1945 und den unverantwortlichen, blutigen und hegemonialen außenpolitischen Abenteuern der Sowjetunion, ihrem durch und durch repressiven Regime auch nur das mindeste nachsehen müßte, wird nun deutlich, welche Rolle der Antikommunismus in der politischen Kultur der Verdrängung spielte und spielt:

Nur wenn – wahrheitswidrig und gegen alle historische Erfahrung, die stalinistische Despotie und die Wut der von den Deutschen unsäglich drangsalierten Völker Osteuropas, die sich nach dem Krieg in Vertreibung, Mißhandlungen und auch Massakern äußerte – mit der kaltblütigen, geplanten, administrativ und industriell betriebenen, nur durch Sieg der Alliierten beendeten Massenvernichtung gleichgesetzt wird – nur wenn also in gewisser Weise unterstellt wird, es habe die Sowjetunion die Deutschen ausrotten wollen, läßt sich der Umstand, daß die kriegführende Nation die Vernichtungslager schützte, rechtfertigen. In dieser Hinsicht ist der Antikommunismus ein geradezu notwendiger Bestandteil von Verdrängung – beide sind wechselseitig aufeinander angewiesen.

Das Denken Heinrich Himmlers als neuer Staatsmythos der BRD

Wenn in diesen Tagen die konservative FAZ einen deutschjüdischen Emigranten ausführlich zu Bitburg, dem Nationalsozialismus und dem deutschen Antisemitismus zu Wort kommen läßt, wenn der französische Jude André Glucksmann den Bundesdeutschen empfiehlt, sich selbst mit Atomwaffen auszurüsten, dann zeigt das nur, daß auch viele Juden nicht in der Lage sind, die Einmaligkeit der Shoah zu erfassen und daß sie einen Widerstand, der damals nicht möglich war, heute an der Auseinandersetzung mit der Sowjetunion erproben wollen.

Wenn also Franz Oppenheimer, der selbst in Auschwitz Verwandte verlor, in der FAZ schreibt, daß die große Mehrheit der Deutschen im allgemeinen keine größere Schuld an Hitlers Verbrechen hatte, als andere an denen Stalins und Gorbatschows heute, so weiß er, daß er sich heftigen Anklagen aussetzt. »Man wird sagen, daß ich den Holocaust herunterspiele, seine Täter reinwasche, und gegenüber der Qual der Opfer ›Gefühllosigkeit‹ zur Schau trage... Nur der Teufel kann sich bei dem Bitburg-Zirkus der amerikanischen Medien unlängst amüsiert haben. Er will, daß die ermordeten Opfer der Vergangenheit uns die ermordeten und gequälten Sklaven eines Reiches vergessen lassen, das in unserer Gegenwart andauert.« (FAZ 14. 5. 86, S. 11)

Der Verdrängung entgeht nur, wer sich der Realität stellt. In dieser Hinsicht stellt der Antikommunismus eine Herausforderung dar – zumindest was die sogenannte Bewältigung des Nationalsozialismus und die Verdrängung der Shoah angeht. Er entläßt uns mit einer einfachen Frage: Gab oder gibt es in der Sowjetunion Gaskammern? Und wenn nicht – heißt das, daß sie dennoch mit dem Nationalsozialismus vergleichbar ist? Sind also – und darauf kommt es an – die Gaskammern, Eisenbahnbetriebe und Bürokratien der Massenvernichtung in moralischer und politischer Hinsicht zufälliges Beiwerk eines beliebigen Totalitarismus oder nicht doch Ausdruck, nein Wesen eines weltgeschichtlich einmaligen Verbrechens, dessen Dimensionen sich unserem moralischen Fassungsvermögen je und je wieder entziehen, so daß wir stets versucht sind, es in vertraute und bekannte Kategorien zurückzuholen?

Hillgrubers Versuch jedenfalls, die Massenvernichtung gegen die Ostfront aufzuwiegen, stellt nichts anderes dar als das Programm Himmlers aus den letzten Kriegsmonaten. (Sonderfrieden im Westen / Weiter »kämpfen« und Morden im Osten). Sollte also das Denken Heinrich Himmlers der neue Staatsmythos der Bundesrepublik werden?

Quelle: taz, 12. Juli 1986
Anmerkung des Autors: Diesem Artikel lag ein Vortrag zugrunde, den der Verfasser am 28. 5. 1986 in Augsburg vor einer Fachtagung der Bundeszentrale für politische Bildung zum Thema »Zwei Generationen nach Holocaust…« gehalten hat. Der Vortrag »Die Spätfolgen eines Menscheitsverbrechens – Über die politische Kultur in der Bundesrepublik Deutschland« findet sich in der Tagungsdokumentation der Bundeszentrale, Bonn 1986.

7

KLAUS HILDEBRAND

Das Zeitalter der Tyrannen

Geschichte und Politik: Die Verwalter der Aufklärung, das Risiko der Wissenschaft und die Geborgenheit der Weltanschauung. Eine Entgegnung auf Jürgen Habermas

Jürgen Habermas' am 11. Juli 1986 in der »Zeit« unter dem Titel »Eine Art Schadensabwicklung« erschienener Artikel über die angeblich »apologetischen Tendenzen in der deutschen Zeitgeschichtsschreibung« ist ein trübes Gebräu aus Politik und Wissenschaft, aus Weltanschauung und Geschichtsbetrachtung, aus Vorurteilen und Tatsachen. Daß die Hamburger Wochenzeitung seiner sogenannten »Kampfansage« sogleich toposartig die »beste aufklärerische Tradition« testiert, ändert nichts daran, daß hier unter dem Rubrum der Aufklärung Gegenaufklärung betrieben wird. Und wie immer in Fällen einer Vermischung von Wissenschaft und Politik betrügt das eine das andere und bleibt schließlich die Wissenschaft vollends auf der Strecke.

Auch der obligatorische Hinweis auf die Wertbehaftetheit aller Wissenschaft hilft da kaum weiter und wird fadenscheinig, wenn man sich auf Kosten der Wahrheitssuche ins Politisieren begibt. Wer einen ins Gewand des Philosophischen gehüllten Artikel verfaßt, der mit dem Eigentlichen der Wissenschaft, sich über Verlangen und Widerwillen hinwegzusetzen und um Objektivität bemüht zu sein, nichts mehr zu tun hat, erweist der Politik einen schlechten Dienst und verleugnet die Wissenschaft allemal.

Falsche Zitate

Das Anliegen dieser Entgegnung ist es nicht, sich mit den weltanschaulichen und politischen Urteilen auseinanderzusetzen, die in Habermas' Artikel dominieren. Verzichtet wird auch darauf, fehlerhafte Zitate seiner Abhandlung im einzelnen nachzuweisen. Mit Schmunzeln übergangen werden ridiküle Einschätzungen des Autors (zum Beispiel: Jürgen Kocka als Liberaler), und der Auseinandersetzung nicht wert erscheinen die wütenden Rundumschläge gegen Michael Stürmers Anschauungen über Geschichte und Politik. Eine den Sinn eines Textes nahezu verfälschende Zitation muß jedoch erwähnt werden, da sie für die tendenziöse Machart des Artikels typisch ist.

Dem Kölner Historiker Andreas Hillgruber wird unterstellt, er habe »Die Zerschlagung des Deutschen Reiches und das Ende des europäischen Judentums« (»Zweierlei Untergang«, Corso bei Siedler, Berlin 1986) unter anderem »aus der Sicht der tapferen Soldaten, der verzweifelten Zivilbevölkerung, auch der ›bewährten‹ Hoheitsträger der NSDAP« darstellen wollen. Postume Mohrenwäsche also für Hitlers »Goldfasanen« durch einen renommierten Vertreter der bundesdeutschen Geschichtswissenschaft – so suggeriert es der »Aufklärer« Habermas seinem Leser. Ein Blick in Hillgrubers Studie belehrt einen jedoch umgehend des Besseren.

Denn dessen Ausführungen bemühen sich um ebenjene Differenzierungen, die Jürgen Habermas fremd bleiben müssen, da seine aus Vergröberungen zusammengefügte »Kampfansage« ansonsten in sich zusammenfiele. Hillgruber jedenfalls schreibt: »Von den Hoheitsträgern der NSDAP bewährten sich manche in der Not von letzter, verzweifelter Verteidigung, von Zusammenbruch und Flucht, andere versagten, zum Teil in erbärmlicher Weise« – und auf weiteren sechzehn Zeilen wird diese Feststellung über das Versagen der anderen sodann beispielhaft illustriert. Da dies aber das von Habermas gezeichnete Schwarzweißgemälde über Fortschritt und Reaktion in der deutschen Historiographie so offensichtlich stört, übergeht er es geflissentlich und schiebt Hillgruber eine Würdigung der »bewährten Hoheitsträger« der NSDAP unter.

Der Sachverhalt spricht für sich und wird dazu noch durch den schnoddrigen Vorwurf abgerundet, Hillgrubers Abhandlung erinnere in ihrem ersten Teil an die »Rhetorik von Kriegsheftchen«. Man male sich die Reaktionen der »kritischen« Sozialwissenschaftler aus, wenn ihren Arbeiten der Jargon eines einst modischen und inzwischen arg in die Jahre gekommenen Halbstarken-Marxismus bescheinigt würde. Solche Polemik würde bei denen, die, von der Wahrheit ganz zu schweigen, Moral und »Sensibilität« gepachtet haben, wieder einmal zu tiefster »Betroffenheit« führen: »Faschismus« ante portas! Daher soll es mit der Benennung dieses Beispiels sein Bewenden haben, um nunmehr zu den zentralen Problemen der »Kampfansage« überzugehen, die Habermas' gestörtes Verhältnis zu Wissenschaft und Forschung betreffen.

Demgemäß soll Andreas Hillgruber in der bereits erwähnten Studie über »Die Zerschlagung des Deutschen Reiches und das Ende des europäischen Judentums« den Versuch unternommen haben, die »deutsche Katastrophe« (Friedrich Meinecke) sozusagen aufzuteilen und die Darstellung über die Vernichtung des europäischen Judentums abzusondern von einer Glorifizierung des Endkampfes der deutschen Soldaten im Osten während der Jahre 1944/45. Die Suggestion ist irreführend. Vom zweiten Teil des »Corso«-Bandes ganz abgesehen, in dem Hillgruber die Positionen der Forschung und seine Deutung der nationalsozialistischen Rassenpolitik in extenso darlegt, durchzieht das – stets beim Namen genannte – Bewußtsein von dieser moralischen Untat sein Buch (vergleiche beispielsweise die Seiten 45 und 64).

Nicht zuletzt vor einem solchen Hintergrund wird ja überhaupt Hillgrubers Beurteilung der deutschen und europäischen Geschichte dieser Jahre als einer Tragödie verständlich, war doch in ihr das historische Geschehen nunmehr reduziert auf die propagandistisch von den Nationalsozialisten bereits von Anfang an fälschlich beschworene, jetzt aber zur Wirklichkeit gewordene Alternative der Deutschen, sich zwischen den Erzübeln des Jahrhunderts, zwischen Hitler und Stalin, zwischen einer Vernichtung im Zeichen der Rasse oder der Klasse eingepfercht zu sehen.

Dabei geht es Hillgruber nicht, wie die »Kampfansage« durchgehend nahelegt, darum, das böse Tun der Russen aufzurechnen gegen das der Deutschen. Aber das ist Habermas entgangen, vielleicht aus Mangel an Sachkenntnis, vielleicht auch aus Unvertrautheit mit dem Gang historischer Forschung. In Solschenizyns »August Vierzehn« hat die Mediävistin Olda Orestowna einmal zu Recht bemerkt, man solle sich von Zeit zu Zeit daran erinnern, daß Geschichte nicht Politik sei, wo einer das nachplappere oder widerlege, was ein anderer von sich gegeben habe: »Der Stoff der Geschichte sind nicht die Ansichten, sondern die Quellen.«

Geschichte als Utopie

In diesem Sinne gelangt der Kölner Historiker vor allem an Hand der in den letzten Jahren zugänglich gewordenen britischen Akten zu der Einsicht, daß weitausgreifende Kriegsziele mit großen, ja erschreckenden territorialen und bevölkerungspolitischen Verschiebungen nicht nur von seiten des Hitler in vielem ebenbürtigen und gleichenden Stalin, sondern auch von seiten der britischen Führung lange vor dem Bekanntwerden der nationalsozialistischen Untat des Genozids und nicht als Reaktion darauf entworfen wurden. Daß in dieser Beziehung nach den Hintergründen, Motiven und Zielen noch ausgiebig geforscht werden muß, liegt auf der Hand. Immer wieder tauchte auf englischer Seite in solchem Kontext die Abneigung gegenüber Preußen auf, dessen Geschichte und Existenz für Hitlers gewalttätige Politik als verursachend und verantwortlich angesehen wurden.

Warum Habermas sich über diese Tatsachenfeststellung mokiert, wird nicht recht plausibel. Daß er sozialwissenschaftliche Erklärung fordert, ist sein gutes Recht. Was er sodann freilich in anderem Zusammenhang über die Ausschreitungen der Roten Armee als sozialwissenschaftliche Interpretation anzudeuten versucht, bleibt eher dunkel: »Von sozialwissenschaftlichen Informationen macht er [= Hillgruber, K. H.] keinen Gebrauch – sonst hätte er beispielsweise den Umstand, daß Ausschreitungen beim Einmarsch der Roten Armee nicht nur in Deutschland, sondern zuvor auch schon in Polen, Rumänien und Ungarn vorgekommen sind, wohl kaum auf die barbarischen ›Kriegsvorstellungen‹ der stalinistischen Epoche zurückführen können.« Zu unterscheiden ist doch zwischen spontanen Ausschreitungen und punktuellen Kriegsverbrechen einerseits sowie langfristigen Kriegszielprogrammen und planmäßigem Völkermord andererseits. Letztere verfolgten und verwirklichten Hitlers Deutschland im Zeichen der Rassen- und Stalins Sowjetunion im Zeichen der Klassenherrschaft.

Daß Hillgruber zudem in Würdigung des gesinnungsethischen Widerstandes und in Erwähnung der »Haltebefehle« Hitlers das Schicksal und die Empfindungen der 1944/45 im Osten kämpfenden deutschen Soldaten untersucht, die für Hitler gegen Stalin fochten, erscheint ganz im Gegensatz zu Habermas' Verdächtigungen über eine angebliche Verherrlichung und falsche Rechtfertigung solchen Tuns nicht zuletzt vor dem Hintergrund der von Hillgruber präsentierten Forschungslage legitim und notwendig. Die Tragödie dieser Soldaten, deren Kampf gegen die Rote Armee unsägliches Leid verhinderte und doch gleichzeitig die Existenz des nationalsozialistischen Unrechtsregimes verlängerte, tritt in diesem Band Seite um Seite deutlicher hervor.

Sich damit im Bemühen um Verständnis auseinanderzusetzen gehört zweifellos zu den vornehmsten Aufgaben des Historikers. Weicht er solchem Bemühen, womöglich durch allzu optimistisches Vertrauen auf sozialwissenschaftliche Erklärung, vorzeitig aus, verfehlt er mit Gewißheit eine zentrale Dimension humaner und geschichtlicher Existenz; zurück bleiben dann allein die einseitig fordernde Gebärde des Propheten und der trügerische Glaube an die säkulare Erlösung. Freilich gilt in dieser Hinsicht nach wie vor, was André Malraux schon 1937 so kennzeichnete: »Wenn der Mensch auf die Revolution zählt, um seine Tragik aus der Welt zu schaffen, denkt er einfach verkehrt.«

Unter solcher Perspektive aber formuliert Hillgruber das Urteil, wonach, »auf das Schicksal der deutschen Nation als Ganzes bezogen«, es nicht angebracht ist, das Kriegsende vom Mai 1945 allein als Befreiung zu beurteilen: »Befreiung umschreibt nicht die Realität des Frühjahres 1945.« Auf diesem Feld weiterzuarbeiten und zu differenzierenden Ergebnissen zu gelangen ist eine Aufgabe, die Habermas nicht in das ihm vertraut gewordene Geschichtsbild paßt. Daran aber möchte er ungeachtet neuer Quellen, neuer Erkenntnisse und neuer Fragen, die nun einmal den Fortgang der Wissenschaft konstituieren, beharrlich festhalten. Damit aber würden Geschichte und Geschichtsschreibung in einen Endzustand überführt, der einer Utopie gliche und dem wie jeder Utopie in vielerlei Hinsicht gefährliche, sogar totalitäre Züge anhafteten. Geschichte als erklärte Feindin der Dauer ist das Gegenteil von Utopie; recht verstandene Geschichtsschreibung ist somit stets Abwehr des Totalitären.

Selbst einschlägige wissenschaftliche Fragen, die immer ein gewisses Maß an Behauptungen enthalten, erscheinen Habermas unsympathisch und verdächtig. Wer solche Sperren im Dienste des ein für allemal Etablierten aufrichtet, behindert die Forschung und huldigt dem Dogma. Insofern bringen Habermas' platte Politisierungen gegenüber den von Ernst Nolte, unabhängig von politischen Gezeiten und Wenden, seit vielen Jahren vorgelegten Fragen und Thesen zum Problem der Singularität und Vergleichbarkeit des nationalsozialistischen Völkermordes in der Weltgeschichte nichts Weiterführendes. Habermas stemmt sich gegen die drohende Einsicht, daß historische Tatsachen möglicherweise stärker sein könnten als eine unkritische Philosophie.

Wohlgemerkt: Eine noch nicht als einleuchtend zu vollziehende, vielmehr ein großes Maß an Forschung und Erörterung voraussetzende Historisierung des nationalsozialistischen Genozids würde nicht automatisch zu den politischen Folgen führen, die manche damit verbinden mögen, wie andere aus der Singularität des Phänomens zwingend politisches Handeln ableiten wollen. Denn das eine, die politischen Konsequenzen, läßt sich eben nicht aus dem anderen, dem wissenschaftlichen Befund, schlüssig postulieren. Da es aber keine liberalen oder reaktionären Foschungsergebnisse gibt, ist nicht einzusehen, warum wir mit den Füßen im Zement irgendeines Geschichtsbildes stehen und uns Frageverbote auferlegen sollen, die es untersagen, nach Parallelen zwischen der Vernichtungsqualität des Kommunismus und des Nationalsozialismus zu fragen beziehungsweise den Vorbildern und Spuren des »Judenmords« in der Geschichte nachzugehen.

Gewiß muß man nicht mit allen Deutungsvorschlägen Ernst Noltes über die »Pluralität der Hitlerzeit« übereinstimmen. Gleichwohl ist die Verpflichtung unerläßlich, sich mit seinen Anregungen intensiv und nicht allein verweigernd auseinanderzusetzen. Die lange Zeit mit viel Berechtigung und in weitverbreiteter Form als singulär angesehene rassenpolitische Untat des »Dritten Reiches« erklärt – beziehungsweise dient zur Erklärung für – die Deutschland treffenden und ebenfalls nicht selten als unvergleichbar gekennzeichneten Kriegsfolgen. Mit voranschreitender Forschung sehen wir nun allerdings, daß Hitlers Reich nicht allein zu dem Zweck besiegt wurde, um die Deutschen zu befreien, zu zähmen und zu erziehen. Die Eigenständigkeit der sowjetischen Kriegsziele, teilweise aber auch die der Briten und Amerikaner, ging weit darüber hinaus.

Die Bösen und die Guten

Vom deutschen Vorgehen unabhängig, hat vor allem Stalin seine weitgespannten außenpolitischen Ziele verfolgt und – von den Vereinigten Staaten von Amerika toleriert – die Nachkriegsentwicklung maßgeblich zu seinem Nutzen gestaltet. Daß die ehemaligen Alliierten jedoch so handelten und ihre ideologischen Differenzen angesichts der als einzigartig eingeschätzten »braunen« Vergangenheit der Deutschen immer wieder zurückstellten, hat auch entscheidend damit zu tun, daß Hitlers Politik zuvor mit allen Maßstäben des Praktischen und Prinzipiellen jäh gebrochen hatte.

Die Deutschen sind mit der Erbschaft Hitlers bis heute belastet. Nicht zuletzt der Vergleich mit der Vernichtungsqualität des sowjetischen Kommunismus und die Erkenntnis über die antagonistische Verwandtschaft zwischen Nationalsozialismus und Kommunismus führen aber zu der Einsicht, daß, ganz anders, als Ranke sich das vorzustellen vermocht und gemeint hat, in den einmal zur Herrschaft gekommenen Ideen eine nötigende Gewalt liegt, die das in der Rassen- und Klassendiktatur hervorgetretene Phänomen solch »unvermuteter Gemeinheit der Menschennatur« (Wilhelm Röpke) mitzuerklären imstande ist. Totalitarismus, Völkermord und Massenvertreibung gehören zur Signatur des 20. Jahrhunderts, wenn sie auch, Gott sei Dank, nicht seine Norm und auch nicht seine Normalität beschreiben.

Solche Feststellung redet keineswegs einer Verharmlosung der nationalsozialistischen Vergangenheit das Wort, im Gegenteil. Selbst der Totalitarismus des 20. Jahrhunderts, der die scheinbare Absurdität menschlicher Existenz so grausam zu versinnbildlichen vermag, braucht nicht als Schicksal blind hingenommen zu werden. Davon befreit nicht zuletzt die erkennende und darstellende Arbeit des Historikers. Seine Suche nach Wahrhaftigkeit wirkt der Herrschaft des Terrors entgegen, so wie sein wissenschaftliches Tun, sogar in der Gewißheit des Scheiterns, individuellen und allgemeinen Sinn stiftet – zumal wir uns heute, anders als in der Antike, »Sisyphus als einen glücklichen Menschen vorstellen« (Albert Camus) können. Oder weniger »existentiell«, vielmehr eher »aufklärerisch«, weniger »philosophisch« und eher »praktisch« gesagt: Erfolgreiche Therapie setzt die *umfassende* Diagnose voraus.

Über dem Drang nach Therapie, so ist Jürgen Habermas einmal in anderem Zusammenhang vorgehalten worden, komme seine Diagnose zu kurz. Daher sollte er auch nicht aus falsch verstandener Sorge den Historikern das anraten, was ihm vorzuwerfen war: also im Banne eines fixierten Geschichtsbildes der Forschung zu mißtrauen und dafür schwammige Konzepte wie »postkonventionelle Identität« zu benutzen, ohne zu sagen, ob sich dahinter der »unauffindbare Sozialismus« (Raymond Aron) oder was immer verbirgt, und ohne geschichtliche Tatsachen zur Kenntnis zu nehmen, die eben nicht bündig in politische Qualität umschlagen, sondern lediglich die Freiheit des Denkens behaupten und des Handelns erweitern. Eben davor aber scheint Habermas ebenso Angst zu empfinden wie vor einem umfassenden Offenbarwerden der Schrecken eines Jahrhunderts, das schon recht früh als »Zeitalter der Tyrannen« (Elie Halévy) und ihrer Untaten bezeichnet worden ist. Der Raum dieser Schrecken ist eben nicht auf Deutschland begrenzt geblieben.

Wie immer muß allerdings, wer sein Geschichtsbild und

seine Macht auf Kosten der Wahrheitsfindung retten will, zu Simplifizierungen Zuflucht nehmen und zur Forschung auf Distanz gehen. Die Folgen artikulieren sich als Wirklichkeitsverlust und Manichäismus. Dann zerfällt die deutsche Welt wieder einmal, charakteristisch für das Land der Reformation, in Böse und Gute, in Schwarz und Weiß, in, wenn die Einfalt es will, sogenannte »Regierungshistoriker« und Jürgen Habermas. Auf seine »Kampfansage« trifft die Sentenz des Boethius zu, daß er besser geschwiegen hätte – philosophus mansisses!

Quelle: Frankfurter Allgemeine Zeitung, 31. Juli 1986

8

ERNST NOLTE

Leserbrief an »DIE ZEIT«, 1. August 1986

Ein Leserbrief ist nicht der richtige Ort, um einen Kampf aufzunehmen, zu dem die »neokonservativen Zeithistoriker« von Herrn Habermas »in die Schranken gefordert« worden sind. Sogar über Geschmack und Geschmacklosigkeiten, Zulässigkeit von Vergleichen, legitime Kritik und bösartige Unterstellungen läßt sich in wenigen Sätzen nichts Gehaltvolles sagen. Ich beschränke mich darauf, zwei Aussagen von Herrn Habermas richtigzustellen und daraus einige Folgerungen abzuleiten.

Herr Habermas nimmt auf das Interview mit Saul Friedländer Bezug, das in der ZEIT vom 16. Mai 1986 veröffentlicht worden ist. Hier berichtet Herr Friedländer von Äußerungen des Gastgebers bei einer kleinen Abendgesellschaft, die ihn veranlaßt hätten, die Runde demonstrativ zu verlassen. Herr Habermas hält es nun für guten Stil, auch noch den letzten Schleier zu heben, der im Interview den privaten Bereich verdeckt hatte, und er nennt den Namen, den meinen. Aber in dem Interview wird von einem zweiten Vorgang erzählt, der Herrn Friedländer kaum weniger verstört haben soll als der erste. Es könnte also nach weiteren Namen geforscht werden. Wenn Herr Habermas sich bei Berliner Freunden erkundigt hätte, wäre ihm sofort klargeworden, wie sehr die Brille gefärbt war, durch welche jedenfalls der zweite Vorgang – und also vermutlich auch der erste – gesehen wurde. Herr Habermas spricht zwar viel von »Aufklärung« (zu viel, wie ich meine), aber deren elementarstes Element, das Bemühen um die Aufklärung eines Sachverhalts sowie um kritische Distanz gegenüber ein-seitigen Darstellungen, ist ihm mindestens in diesem Falle fremd gewesen.

Herr Habermas glaubt ferner, aufgrund seiner Kenntnis der

Unterlagen versichern zu dürfen, die Begründung für die Veröffentlichungen meiner in Frankfurt nicht gehaltenen Rede sei
ein »scheinheiliger Vorwand«. Es ist richtig, daß nicht durch
ein offizielles Schreiben die Einladung zu den Römerberggesprächen als solche zurückgezogen wurde. Wohl aber wurde
die Einladung, dieses Thema zu übernehmen, rückgängig gemacht, und zwar durch einen sonntäglichen Telefonanruf von
seiten der federführenden Mitarbeiterin. Ich weiß nicht, ob
Herr Habermas als Mitglied des Kuratoriums dafür verantwortlich war. Aber ich erinnere mich sehr gut an einen entsprechenden, jedoch weit gravierenderen Vorgang vor mehreren
Jahren, der mich betraf, obwohl ich nicht der Initiator war, und
der ebenfalls aus »Akten« nicht rekonstruierbar ist. Daher sehe
ich meine alte Vermutung bestärkt, daß derselbe Mann, welcher in der Theorie ein Vorkämpfer der »herrschaftsfreien Diskussion« ist, in der Praxis die formellen und informellen Macht-
positionen, welche er in Gremien und Verlagen innehat, mit
Energie und Geschick zu benutzen weiß, um ein Zensorenamt
besonderer Art auszuüben.

Quelle: DIE ZEIT, 1. August 1986

JÜRGEN HABERMAS

Leserbrief an die »Frankfurter Allgemeine Zeitung«, 11. August 1986

Zu Klaus Hildebrand »Das Zeitalter der Tyrannen« (F. A. Z. vom 31. Juli): Bezeichnenderweise schlüpft Klaus Hildebrand unter die Fittiche der F. A. Z. und antwortet auf meinen Artikel nicht dort, wo er erschienen ist und gelesen werden konnte – in der »Zeit« (11. Juli). Um die Substanz seiner »Entgegnung« würdigen zu können, müßten sich die Leser der F. A. Z. andernorts über deren Gegenstand informiert haben. Die schiefe Situation wird auch nicht dadurch besser, daß Hildebrand sich getroffen fühlt und diffus reagiert. Durch die Milchglasscheibe einer trüb-ungekonnten Polemik verschwimmen die Konturen dessen, worum der Streit geht.

1. Zunächst geht es um den angeblichen »Verlust des Geschichtsbewußtseins« und um die Bildungsaufgabe der Geschichtswissenschaft in der Öffentlichkeit. Nach Michael Stürmers Auffassung soll diese durch einen identifikatorischen Zugriff auf die Nationalgeschichte »deutsche Identität« herstellen helfen. Eine narrativ verfahrende, geopolitisch ernüchterte und an der nationalen Frage orientierte Geschichtsschreibung soll unter dem Stichwort »Identitätssuche« beherzt Aufgaben »innerweltlicher Sinnstiftung« anpacken. Demgegenüber hatte ich den Zweifel angemeldet, ob nicht die Geschichtsschreibung mit diesem Programm – Geschichtsbewußtsein als Religionsersatz – etwas überfordert sei.

2. Sodann geht es um die methodische Frage, in welchem Sinn die NS-Periode auch im öffentlichen Bewußtsein »historisiert« werden kann – und soll. Ein distanzierendes Verstehen fördert allemal eine kritische Einstellung zu ambivalenten Überlieferungen. Eine derart problematisierende Vergegenständlichung würde aber der aus neokonservativer Sicht erwünschten Identi-

fikation zuwiderlaufen. Deshalb werden die verharmlosenden Varianten eines in der NS-Zeitgeschichtsschreibung aufgekommenen Revisionismus wichtig für eine andere Art der »Historisierung« – von der Einfühlung über die Relativierung zur Überbrückung unterbrochener Kontinuitäten.

In diesem Zusammenhang gehe ich auf die merkwürdige Überlegung ein, die Andreas Hillgruber seiner Darstellung des Geschehens an der Ostfront im Jahre 1944/45 voranstellt (Zweierlei Untergang, Berlin 1986). Er will sich nicht mit Hitler, nicht mit den Widerständlern, nicht mit den Insassen der Konzentrationslager identifizieren, sondern »mit dem konkreten Schicksal der Bevölkerung im Osten«. Das wäre vielleicht ein legitimer Blickwinkel für die Memoiren eines Veteranen – aber nicht für einen aus dem Abstand von vier Jahrzehnten schreibenden Historiker. Unter jenen Akteuren, mit deren Schicksal Hillgruber sich nach eigenem Bekunden identifiziert, finden sich neben Soldaten und Zivilisten auch die »bewährten« Hoheitsträger der NSDAP – die Anführungszeichen, die ich für diesen einen zitierten Ausdruck verwendet habe, schließen doch nicht aus, daß Hillgruber für die nicht so bewährten Goldfasane herbe Worte findet.

3. Schließlich geht es um Beispiele für apologetische Tendenzen. Ich bin davon überzeugt, daß Hillgruber vor den Naziverbrechen den gleichen Abscheu empfindet wie die meisten von uns – und er sagt es auch. Sein Büchlein wirkt gleichwohl apologetisch. Das beginnt beim Untertitel. Ein deutscher Leser müßte schon eine gehörige Portion sprachlicher Insensibilität mitbringen, um sich nicht beeindrucken zu lassen von der Gegenüberstellung einer aggressiven »Zerschlagung des Deutschen Reiches« durch äußere Feinde und einem sich gleichsam automatisch einstellenden »Ende des europäischen Judentums«. Dieser erste Eindruck bestätigt sich vor allem durch die Kompilation der beiden in Darstellungsstil und erklärter Parteinahme so ungleichen Teile. Und die These des letzten Teils fügt sich nahtlos in das bekannte Muster: »Je größer die Rolle Hitlers und seines Herrschaftssystems, um so entschuldbarer die deutsche Gesellschaft.« (K. E. Jeismann)

Von anderem Kaliber ist das zweite Beispiel, ein Aufsatz

über »Mythos und Revisionismus«, in dem sich Ernst Nolte auch mit der »sogenannten« Judenvernichtung beschäftigt (in: H. W. Koch [Hg.], Aspects of the Third Reich, London 1985). Chaim Weizmanns Erklärung Anfang September 1939, die Juden der ganzen Welt würden an Englands Seite kämpfen, habe – so meint Nolte unter anderem – Hitler dazu »berechtigt«, die deutschen Juden als Kriegsgefangene zu behandeln und zu internieren. Von allen anderen Einwänden abgesehen: ich kann die Unterstellung des Weltjudentums als eines völkerrechtlichen Subjekts von üblichen antisemitischen Projektionen nicht unterscheiden. Und wär's wenigstens bei Deportationen geblieben. Das alles hindert Klaus Hildebrand nicht daran, in der »Historischen Zeitschrift« (Bd. 242, 1986) Noltes »wegweisenden Aufsatz« zu empfehlen, weil er »gerade das scheinbar Einzigartige aus der Geschichte des ›Dritten Reiches‹ vor den Hintergrund der europäischen und globalen Entwicklung zu projizieren... versucht«. Daß Nolte die Singularität der NS-Verbrechen leugnet, hat es Hildebrand angetan.

Auf diese drei Komplexe geht Hildebrand nicht ernsthaft ein. Seine Ausführungen illustrieren allenfalls, wie sehr er noch in den suggestiven Feindbildern eines »Bundes Freiheit der Wissenschaft« befangen ist. Man fragt sich übrigens, mit welchen Maßstäben Hildebrand eigentlich hantiert, wenn er meine Einschätzung seines liberalen Kollegen Kocka als liberal nur für eine »ridiküle Fehleinschätzung« halten kann.

Quelle: Frankfurter Allgemeine Zeitung, 11. August 1986
Anmerkung des Verlags: Der Leserbrief erschien unter dem Titel: »Geschichtsschreibung und Geschichtsbewußtsein«.

10

Michael Stürmer

Leserbrief an die »Frankfurter Allgemeine Zeitung«, 16. August 1986

Zum Leserbrief »Geschichtsschreibung und Geschichtsbe-wußtsein« von Professor Jürgen Habermas (F. A. Z. Nr. 183): Habermas kann entweder ernstgenommen werden, oder er kann fortfahren, schludrige Recherche und geklitterte Zitate zu verbinden, um Historiker auf seine Proskriptionsliste zu setzen. Beides zusammen kann er nicht. Im einzelnen zu seinen Behauptungen:

1. Nationale Frage? Er verwechselt das mit der deutschen Frage, die ich nicht erfunden habe und die in der Tat heute vielfach gestellt wird. Das hat mit Geopolitik nichts zu tun, wohl aber mit dem wirtschaftlichen, geistigen und strategischen Bedingungsgefüge Europas in Geschichte und Gegenwart. Meine Antwort liegt nicht in der sozialistischen Nostalgie des Jürgen Habermas, sondern in Bestätigung und Entwicklung der atlantisch-europäischen Bindungen unseres Landes.

2. Identitätsstiftung? Was immer Identität sein mag, es befindet sich offenbar jedermann auf der Suche nach derselben. Inwieweit die Historie als Wissenschaft dazu beizutragen hat, ist umstritten. Identitätsstiftung sollte sie anderen überlasen. Jürgen Habermas hat dies lange genug, und glücklicherweise vergeblich, unternommen.

3. Innerweltliche Sinnstiftung? Ob die Historie dazu berufen sei, hatte ich unlängst gefragt (»Dissonanzen des Fortschritts«, Piper Verlag 1986) und dem Leser die Antwort nicht vorenthalten: die Historie müsse »von allem Anfang der Legende, dem Mythos, der parteiischen Verkürzung entgegentreten. Das bleibt ihr Dilemma: sie wird vorangetrieben durch kollektive, großenteils unbewußte Bedürfnisse nach in-

nerweltlicher Sinnstiftung, muß diese aber in wissenschaftlicher Methodik abarbeiten.«

Was ist nach alledem von einer Anklage zu halten, die sich selbst ihre Belege fabriziert? Dem Vorwurf, sagen wir, phantasievoller Erfindung wird Habermas sich nicht entziehen können. Er hat die Aufklärung gepachtet und läßt den Zweck die Mittel heiligen. Schade um einen Mann, der einmal etwas zu sagen hatte.

Quelle: Frankfurter Allgemeine Zeitung, 16. August 1986
Anmerkung des Verlags: Der Leserbrief erschien unter dem Titel »Eine Anklage, die sich selbst ihre Belege fabriziert«.

11

JOACHIM FEST

Die geschuldete Erinnerung
Zur Kontroverse über die Unvergleichbarkeit der nationalsozialistischen Massenverbrechen

Ein amerikanischer Zeithistoriker hat unlängst den unfreien Stil der akademischen Debatte in der Bundesrepublik beklagt. Wann immer die Rede auf die Hitlerzeit und ihre moralische Bewertung komme, ändere sich unversehens die Tonlage. Entweder dränge man mit formelhaften Captationen und Schuldbeteuerungen, die so inhaltsleer wie unglaubwürdig seien, auf die Seite der kompakten Moralität, oder alles ende in moralischer Denunziation.

Daran ist, wie jeder weiß, manches zutreffend. Aber richtig ist auch, daß die Öffentlichkeit, allen Ermunterungen von politischer Seite zum Trotz, aus dem Schatten, den Hitler und die unter ihm verübten Verbrechen geworfen haben, noch lange nicht heraus ist, und unvermeidlicherweise fällt er nach wie vor über alle ernsthafteren Versuche historischer Erörterung und Analyse. Zur wissenschaftlichen Integrität des Historikers zählt auch das Bewußtsein, daß seine Tätigkeit nicht im Leeren stattfindet, sondern vor einer Öffentlichkeit mit vielfältig unberechenbaren Verstärker- und Schwundeffekten. Er kann diese Wirkungen nicht ignorieren und muß dennoch versuchen, in Frage und Antwort weiterzukommen. Wie schwierig das sein kann, hat Christian Meier unlängst in einem Beitrag für diese Zeitung auf bewegende Weise gezeigt. Es verlangt Verantwortungsbewußtsein und innere Unabhängigkeit. Was es nicht verlangt, sind die Rituale einer falschen Unterwürfigkeit.

Diese Rituale werden von einem Konformismus dekretiert, der jede Position, die sich die Freiheit des Fragens bewahrt, unter moralischen Verdacht stellt. Spätestens seit dem Ende der sechziger Jahre wurde es üblich, jede historische Wahrnehmung, die nicht der damals herrschend werdenden Vorstellung folgte, der heimlichen Komplizenschaft mit dem »Faschismus« zu zeihen. Nicht auf den wissenschaftlichen Befund, das, wie versuchsweise auch immer, vorgetragene Ergebnis arbeitender Erkenntnis kam es an; entscheidend wurden vielmehr die häufig bloß vermuteten Motive dessen, der sie vorlegte.

Für diese elende Praxis gibt es seit kurzem eine neue Variante. Sie stammt von Jürgen Habermas. In einem Artikel in der »Zeit«, der verschiedene historische Publikationen jüngeren Datums zu einer neokonservativen Tendenz bündelt, stellte er einige renommierte Historiker der Bundesrepublik unter Nato-Verdacht. Aus Schriften und Artikeln, von denen das eine oder andere auch in dieser Zeitung erschienen ist, las er allen Ernstes die Strategie heraus, »über eine Wiederbelebung des (deutschen) Nationalbewußtseins... die nationalstaatlichen Feindbilder aus dem Bereich der Nato (zu) verbannen« und neue Feindbilder im Osten an deren Stelle zu setzen. Vor allem ein Artikel von Ernst Nolte (F.A.Z. vom 6. Juni 1986) diente als Beweisstück. Darin leugne Nolte, so Habermas, die Singularität der Naziverbrechen dadurch, das er sie »als Antworten auf (heute fortdauernde) bolschewistische Vernichtungsdrohungen mindestens verständlich« mache; und Auschwitz vermindere er auf »das Format einer technischen Innovation«.

Nun leugnet Nolte die Singularität der nationalsozialistischen Vernichtungsaktionen überhaupt nicht. Ausdrücklich vermerkt er, daß sie sich »trotz aller Vergleichbarkeit... qualitativ von der sozialen Vernichtung unterscheiden, die der Bolschewismus vornahm«; dennoch, fährt er fort, dürfe man nicht allein auf den einen Massenmord sehen und den anderen ignorieren, zumal ein kausaler Zusammenhang zwischen beiden Untaten wahrscheinlich ist. Man fragt sich, wie dieser zentrale Gedanke, auf den die ganze Beweisführung Noltes zuläuft, von Habermas übersehen werden konnte. Falls es sich nicht um eine Form akademischer Legasthenie handelt, bleibt nur die Annahme, daß hier ein ideologisches Vorurteil sich die Dinge erst zurechtrückt, um sie dann attackieren zu können. Für die zweite Annahme spricht, daß Habermas seine These mit gestückelten Zitaten belegt, daß er den angegriffenen Autoren

Äußerungen Dritter oder eigene Flüchtigkeiten unterschiebt und die Dinge mit einer Unbekümmertheit verdreht, für die es seit langem kein Beispiel gibt. Die Beschuldigten haben inzwischen kurz darauf geantwortet.

Nicht so sehr um diesen Versuch eines wissenschaftlichen und womöglich persönlichen Rufmords geht es hier. Die Auseinandersetzung birgt aber einen Kern, der die ganze Schwierigkeit der Fragen offenbart, die durch die Hitlerzeit aufgeworfen wurden. Dabei geht es vor allem um die These von der Singularität der Naziverbrechen. Es empfiehlt sich, die Begründungen, die dafür ins Feld geführt werden, einen Augenblick lang näher zu betrachten. Zunächst wird behauptet, das Ungeheuerliche, Nie-Dagewesene an der sogenannten Endlösung sei, daß deren Betreiber nicht nach Schuld oder Unschuld fragten, sondern die rassische Zugehörigkeit zur ausschließlichen Ursache der Entscheidung über Leben oder Tod machten. Aber Ende 1918 erklärte einer der ersten Chefs der Tscheka, der Lette Martyn Latsis, in einer Rede vor Kommissaren, daß im Zuge der bolschewistischen Revolution nicht mehr die Frage der Schuld, sondern die soziale Zugehörigkeit Strafe und Liquidation nach sich ziehe: »Wir sind dabei, die Bourgeoisie als Klasse auszurotten. Sie brauchen nicht nachzuweisen, daß dieser oder jener gegen die Interessen der Sowjetmacht gehandelt hat. Das erste, was Sie einen Verhafteten zu fragen haben, ist: Zu welcher Klasse gehört er, wo stammt er her, was für eine Erziehung hat er gehabt, was ist sein Beruf? Diese Fragen sollen das Schicksal des Angeklagten entscheiden. Das ist die Quintessenz des roten Terrors.« Und bei Alexander Solschenizyn kann man nachlesen, wie buchstäblich danach verfahren wurde, sofern überhaupt ein Nachweis erbracht und nicht einfach »nach Listen« erschossen wurde. Anders als ein berühmtes Wort meint, konnte man die Klasse gerade nicht »wählen«, sondern war ihr, wenigstens zu jener Zeit, durch Geburt und Herkunft unwiderruflich verhaftet. Stand aber, wenn es sich so verhält, die gleiche Auffassung nicht hinter den »Schuldsprüchen« des Reichssicherheitshauptamtes, nur daß hier nicht ein soziales, sondern ein biologisches Sein als todeswürdig angesehen wurde? Im einen wie im anderen Falle gab es keine Möglichkeit der Rechtfertigung oder des Unschuldbeweises, weil es um Schuld oder Unschuld gar nicht ging, sondern um bloße Zugehörigkeiten. Hier zu einer Klasse, dort zu einer Rasse.

Zur Begründung der Singularität von Auschwitz und allem, wofür es steht, wird ferner die administrative und mechanische Form angeführt, in der das Massenmorden vollzogen wurde. Das in der Tag ungeheuerliche Bild des bürokratischen Vollstreckers, der ungerührt, fern von den Leiden der Opfer, mit Akten und Sichtvermerken dem Vernichtungsgeschäft nachgeht, hat zu einem erheblichen Teil den Schock mitverursacht, der in uns allen nachwirkt. Im Begriff des Schreibtischmörders ist etwas vom Erschrecken des sich sträubenden Einsichtsvermögens festgehalten, das so viel Kälte und Pedanterie nur schwer mit der Verzweiflung, der Angst und den Todeskämpfen zusammenbringen kann, die auf seiten der Opfer dagegenstehen. Aber kann man glauben, daß das Ausrottungswerk Stalins auf wesentlich andere, weniger administrative Weise vollbracht wurde? Habermas wirft Andreas Hillgruber ein beschönigendes Vokabular vor, weil er in einem Buchtitel von der »Zerschlagung« des Reiches einerseits und vom »Ende« des europäischen Judentums andererseits spricht. Aber was er selber in schwerlich überbietbarer Verharmlosung »die Vertreibung der Kulaken durch Stalin« nennt, bedeutete in Wirklichkeit den Tod für Millionen. Kann man, sofern man es nicht aus den zugänglichen Quellen weiß, im Ernst annehmen, es habe dafür keine weitverzweigte Bürokratie mit Akten, Sichtvermerken und Schreibtischtätern gegeben? Gewiß bedeuten die Gaskammern, mit deren Hilfe die Exekutoren der Judenvernichtung zu Werke gingen, eine besonders abscheuerregende Form des Massenmords, und mit Recht sind sie zu einem Symbol für die technizistische Barbarei des Hitlerregimes geworden. Aber läßt sich wirklich sagen, daß jene Massenliquidierungen durch Genickschuß, wie sie während des Roten Terrors über Jahre hin üblich waren, etwas qualitativ anderes sind? Ist nicht, bei allen Unterschieden, das Vergleichbare doch stärker?

Wir kennen die grauenerregenden Bilder der Leichenhaufen, der zu größeren und kleineren Bergen zusammengetragenen Schuhe, Brillen, Koffer und anderen Habseligkeiten der Opfer. Doch was berechtigt uns, zu denken, es habe dergleichen in den Mordfabriken der Stalin-Ära nicht gegeben? Wir haben es nicht gesehen. Es gibt keine Fotos oder Filme davon. Aber ist es mehr als ein Mangel an humaner Phantasie, daß auch die Vorstellung kein Bild davon hat? Sind nicht, aufs Ganze gesehen, die Vorgänge hier wie dort in den entscheidenden Merkmalen vergleichbar? Beide Male geht es um mechanische, mit technischen Mitteln massenhaft »reproduzierbare« und gleichsam abstrakte Tötungspraktiken, auf administrativem Wege geplant und von Exekutoren vollstreckt, die im Dienste einer vorgeblich größeren Sache ungerührt ihre Aufgabe verrichteten. Was sie taten, geschah jedenfalls ohne innere Beteiligung, ohne irgendeinen Affekt, in dem doch, wenn auch in äußerster Perversion, zumindest der Widerschein dessen sich andeutete, was man der »menschlichen Natur«, ihren gemeinen und abstoßenden Zügen zurechnen könnte.

Das dritte Argument schließlich, mit dem die Singularität der NS-Verbrechen begründet wird, stützt sich auf die Behauptung, daß es um vieles erschreckender sei, wenn solche Rückfälle ins Entmenschte sich in einem alten Kulturvolk ereigneten. In der Tat ist dieser Bruch nur schwer oder gar nicht überbrückbar. Als zumindest stummes Motiv begleitet die anhaltende Bestürzung darüber alles immer wiederkehrende Fragen, wie das möglich war, und die Fassungslosigkeit vieler angesichts des Geschehenen hat gerade damit zu tun, daß Deutsche das Massenmorden erdacht, geplant und ausgeführt haben; daß es sich vor dem Hintergrund einer jahrhundertelang gewachsenen deutsch-jüdischen Symbiose ereignete, die zu den großen Kulturleistungen der Geschichte zählt. Die Erschütterung darüber kann der Ursprung sehr persönlicher Empfindungen der Scham, auch der Kränkung sein, die dem Namen der eigenen Nation zugefügt wurde. Aber sollte es wirklich zulässig sein, damit vor alle Welt hinzutreten, auch wenn es immer wieder geschieht? Denn strenggenommen setzt dieses Argument die alte Nazi-Unterscheidung fort, wonach es höhere Völker gibt und Völker auf primitiverer Stufe, die nicht einmal vom Tötungsverbot wissen.

Wer empfindlicher ist, wird den Hochmut erkennen, der darin steckt, die alte Herrenvolkgesinnung, wenn auch verborgen unter einer Demutsgeste.

Die These von der Singularität der NS-Verbrechen wird zuletzt auch durch die Überlegung in Frage gestellt, daß Hitler selber immer wieder die Praktiken der revolutionären Gegner von links als Lehre und Vorbild bezeichnet hat. Doch kopierte er sie nicht nur. Durchweg entschlossen, sich radikaler zu zeigen als sein erbittertster Widersacher, überbot er sie zugleich auch. Das läßt sich insbesondere zu Beginn auf allen Ebenen nachweisen und blieb nicht etwa auf die Auftrittsformen und Rituale beschränkt, durch die sich die NSDAP als Partei neuen Typs darstellte. Weit wesentlicher war der bürgerkriegsähnliche Zuschnitt, den Hitler der politischen Auseinandersetzung gab, bereit, wie er versicherte, »jedem Terror des Marxismus noch einen zehnfach größeren entgegenzusetzen«.

Man muß nicht der Auffassung sein, daß Hitlers Vernichtungswille ganz überwiegend von der Vernichtungsdrohung der russischen Revolution inspiriert war; er kam, dem Ursprung nach, doch eher aus den frühen Ängsten und Überwältigungsphantasien des Deutsch-Österreichers. Aber daß er ganz und gar unbeeinflußt davon blieb, läßt sich schwerlich denken, und jedenfalls ist die Resonanz, die seine lange Zeit einsamen Wahnideen fanden, ohne die panischen Empfindungen, die sich von Rußland her ausbreiteten und München im Frühjahr 1919 immerhin gestreift hatten, nicht zu begreifen. Die Berichte über das Deportieren, Morden und Austilgen ganzer Bevölkerungsgruppen waren sicherlich übertrieben. Doch enthielten sie einen zutreffenden Kern, der durch das Pathos der nahenden Weltrevolution zusätzlich an Glaubwürdigkeit gewann. In aller Verzerrung gaben sie Hitlers Ausrottungskomplexen einen realen Hintergrund. Und daß unter denen, die der schon bald in Chaos und Schrecken auslaufenden Münchner Räterepublik vorgestanden hatten, nicht wenige Juden gewesen waren, verschaffte überdies seinen antisemitischen Obsessionen eine scheinbare und jedenfalls agitatorisch nutzbare Bestätigung. Er ebenso wie die verängstigten Massen mochten glauben, daß eine Rettung, wenn überhaupt, nur durch den

Entschluß möglich sei, in der Gegenwehr genauso zu verfahren, wenn auch »zehnmal« terroristischer. Es kann nicht unzulässig sein, diese Überlegung vorzutragen und einen Zusammenhang herzustellen zwischen den Greuelmeldungen von Osten und Hitlers Bereitschaft zum Exzeß. Wenn das aber so ist, fragt man sich doch nach den wirklichen Gründen für die Ungehaltenheit, die Noltes Bemerkung ausgelöst hat, die Ereignisse in Rußland seien »das logische und faktische Prius« zu Auschwitz und zwischen beidem sei ein »kausaler Nexus wahrscheinlich«.

Gegen diese gedankliche Verknüpfung meldet sich ein verbreiteter Einwand. Er verweist auf den grundsätzlichen, kaum ausmeßbaren Unterschied der Ideologien. Der Kommunismus, so wird behauptet oder stillschweigend vorausgesetzt, reiche selbst in der sowjetrussischen Ausprägung, sofern man sich der Ursprünge erinnert, auf einen großen humanitären Ideenbestand zurück. Ein unverbrauchbarer Rest davon bleibe ihm immer erhalten. Weder die Leiden, die er verursacht, noch die ungezählten Toten, die er gefordert habe, löschten diese Herkunft aus. Demgegenüber entstamme der Nationalsozialismus dem inferioren Gedankenmüll völkischer Sektierer, wie er um die Jahrhundertwende in Traktaten und Groschenheften unter die Leute kam.

Der Hinweis ist nicht ohne Gewicht. Und wenn in den vehementen Kampfansagen der einen wie der anderen Seite das Wort »Vernichtung« auftaucht, kann auch nicht außer acht bleiben, daß die radikale Linke darunter zumeist nicht die physische, sondern offenbar die gesellschaftliche oder historische Ausschaltung des Gegners im Auge hatte. Aber der parareligiöse Anspruch, mit dem sie ihre Parolen auflud, die manichäische Unversöhnlichkeit, mit der sie die Welt wieder schroff in Gut und Böse, die Menschen in Gerechte und Verworfene unterteilte, verwischte zwangsläufig die Grenzen, die noch dem geschworenen Feind das Recht zu leben gewährleisteten, und die Erinnerung an die Religionskriege und den Fanatismus, den sie entbunden hatten, lag noch nicht weit genug zurück, um sicherzugehen, daß solche Postulate nicht wortwörtlich genommen und die »gesellschaftliche Vernichtung« in die buchstäblich physische umschlüge. In allem Reden gibt es einen Automatismus, der aus den Worten die Taten hervorgehen läßt und dem Gedanken die Unschuld nimmt, auf die er sich gern rechtfertigend beruft. Wenn Lenin verlangte, die russische Erde von den »Hunden und Schweinen der sterbenden Bourgeoisie« freizumachen, und Sinowjew ungerührt über die Auslöschung von zehn Millionen Menschen sprach, war das jedenfalls nicht mehr bloß metaphorische Radikalität, sondern schon die Konsequenz daraus. Schwerlich ist aber nachzuweisen, daß es sich beim Nationalsozialismus anders verhält, und wer will entscheiden, ob er sich mit seinen Untaten nicht auch im Netz verbaler Exzesse verstrickte? Martin Broszat und Hans Mommsen jedenfalls haben in einem Diskussionsbeitrag zum Mord an den Juden ebendiese Überlegung auf das NS-Regime angewendet und behauptet, dessen Führung habe nicht von vornherein und zielgerichtet auf die sogenannte Endlösung hingewirkt. Vielmehr seien sie zu Gefangenen eines Prozesses geworden, den sie selber durch ihre Phraseologie, durch die Gesetzgebung und einen Komplex sich gegenseitig bedingender und verschärfender Aktivitäten erst in Gang gesetzt hätten.

Zweifellos räumt diese Überlegung den Hinweis auf die unterschiedliche Abkunft der Ideologien noch nicht aus. Aber liegt nicht, gerade wenn man diesen Hintergrund ernst nimmt, die Frage nahe, warum von dem großen Geschichtsgedanken des Kommunismus, wie rudimentär auch immer, in der Wirklichkeit so gut wie nichts bewahrt blieb? Warum auch die Auseinandersetzungen in den Führungsspitzen, bei allem Kommen und Gehen, so gut wie nie im Namen humanitärer Prinzipien, sondern um taktischer Gegensätze willen ausgetragen wurden und aller Widerstand aus jenem ideellen Beweggrund nur immer die verlorene Sache namenloser oder namenlos gemachter Einzelner blieb? Und welchen Unterschied macht es auf seiten der Täter, ob sie sich durch eine korrumpierte Menschheitsidee oder durch eine von allem Anfang an verderbte »Weltanschauung« gerechtfertigt glaubten? Läuft es auf mehr hinaus, als daß die einen mit allenfalls gutem, die anderen mit nicht so gutem Gewissen dem Mordgeschäft folgten?

Noch mehr verflüchtigt sich die ideelle Divergenz im Blick

auf die Opfer. Seltsamerweise tun sich gerade die Vertreter jenes modernen Geschichtsbildes damit leicht, die vorgeben, nicht mehr so sehr die Mächtigen auf ihrem Gang durch die Historie zu verfolgen, sondern das leidende Subjekt. Aber welchen Unterschied kann es für die Gemordeten machen, ob sie einem historischen Prinzip von einst intellektuellem und humanitärem Rang oder »nur« einem von Phantomängsten durchsetzten Wahn zum Opfer fielen? Ernst Nolte hat in dem Werk »Der Faschismus in seiner Epoche«, mit dem Schlußsatz des Kapitels über den Nationalsozialismus, diese Unterscheidung gleichwohl gemacht und, von seinem gedanklichen Ansatz aus, einen Trost darin erkennen wollen, daß die von Hitler gemordeten Millionen nicht »als unglückliche Objekte eines widerwärtigen Verbrechens starben, sondern als Stellvertreter bei dem verzweifeltsten Angriff, der je gegen das menschliche Wesen... geführt wurde«. Aber ist das mehr als ein Gedanke, und welche Verzweiflung könnte er abwehren?

Fragen jedenfalls über Fragen, und es soll in diesem Rahmen keine Antwort, in welcher Richtung auch immer, insinuiert werden. Viel eher geht es darum, Zweifel an der monumentalen Einfalt und Einseitigkeit der vielfach herrschenden Vorstellung über die vorbildlose Besonderheit der NS-Verbrechen zu wecken. Die These steht, nimmt man alles zusammen, auf schwachem Grund, und überraschend ist weniger, daß sie, wie Habermas unter Hinweis auf Nolte fälschlich behauptet, in Frage gestellt wird. Weit erstaunlicher mutet an, daß dies auf ernsthafte Weise bisher gerade nicht geschehen ist. Denn es bedeutet zugleich auch, daß die ungezählten anderen Opfer, vor allem – wenn auch gewiß nicht nur – die des Kommunismus, nicht mehr in der Erinnerung sind. Arno Borst hat einmal in anderem Zusammenhang erklärt, daß keine Gruppe der heutigen Gesellschaft so rücksichtslos unterdrückt werde wie die Toten. Das gilt insbesondere für die Millionen Toten dieses Jahrhunderts, angefangen von den Armeniern bis hin zu den Opfern des Archipels GULag oder den Kambodschanern, die vor unser aller Augen ermordet wurden oder werden – und doch aus dem Gedächtnis der Welt gefallen sind.

Vielleicht nicht so sehr aus dem Gedächtnis der Welt wie aus dem der Deutschen. Hat man sich je gefragt, warum die Enthüllungen Solschenizyns unter den Intellektuellen in der Bundesrepublik, anders als beispielsweise in Frankreich oder Italien, so gut wie nichts in Gang gesetzt, sondern nur dazu geführt haben, den Verfasser, ihn auch, ideologisch zu verdächtigen? Wer dies mit der Scham der Henkerssöhne oder -enkel erklären will, die sich scheuen, vom Strick im Haus des anderen zu sprechen, irrt sicherlich. Schon angesichts der französischen Massaker in Algerien, später angesichts von Vietnam und dann von Chile oder Argentinien, blieb, mit guten Gründen, die Zurückhaltung aus. Die Vermutung ist nicht hergeholt, daß die moralische Irritation politischen Absichten folgt. Und mit einer Empfindungslosigkeit, die schlimmste Erinnerungen heraufbeschwört, macht man sich an irgendwelchen Professoren-Schreibtischen daran, die Opfer zu selektieren.

Wer die These in Frage stellt, daß die nationalsozialistischen Massenverbrechen einzigartigen Charakter hatten, muß sich überdies mit dem Einwand auseinandersetzen, daß der Hinweis auf die gleichartigen Verbrechen anderer den Vorwurf, dem man selber gegenübersteht, verringere. Immer sei das »Tu quoque!« nichts anderes als ein Versuch, aus den Untaten überall in der Welt Entlastung für die eigenen zu ziehen. In einer umfassenden Aufrechnung würde dabei der Genozid gleichsam der historischen Normalität zugeschlagen, in die jede Nation mit einem Verbrechensanteil verstrickt sei, am Ende, eher spät sogar, eben auch die Deutschen.

Unbestreitbar ist, daß das geschehen kann. Aber gegen den vorsätzlichen Mißbrauch, die Verfälschung nach dieser oder jener Seite, ist kein Gedanke gesichert, der Anlaß dieser Betrachtung ist zuletzt auch ein Beispiel dafür. Man kommt an den Tatsachen nicht vorbei, und manchmal rühren sie Empfindlichkeiten auf. Aber sie sind keine Verfügungsmasse, die man nach Belieben einsetzen kann, solange es um historische Wahrnehmung geht und nicht um Gesinnungswedelei. Den Hinweis Noltes auf einen »virulenten Antisemitismus« unter den polnischen Opfern des Nationalsozialismus nennt Habermas »unappetitlich«, als ob die Fakten eine Sache des Geschmacks seien. In Marc Hillels Buch »Le massacre des survivants en Pologne 1945–1947« kann man, wie inzwischen auch einer Besprechung im »Merkur« zu entnehmen ist, als Beispiel unter anderen nachlesen, wie sich im Juli 1946, anderthalb Jahre nach der Befreiung von Auschwitz durch die Rote Armee, im polnischen Kielce ein Pogrom ereignete, bei dem die Täter, den Augenzeugen zufolge, mit dem Ruf vorgingen: »Wir vollenden Hitlers Werk.« Wo es dem Erkenntnisbemühen angezeigt scheint, muß es darauf verweisen können. Vielleicht hat der gegenwärtige Streit auch damit zu tun, daß der Historiker sich, anders als es in der Sozialwissenschaft vielfach üblich ist, an einen Zusammenhang nachprüfbarer Fakten gebunden sieht; sie sind der Grund, auf dem er steht.

Zur Auseinandersetzung über die Frage der Unvergleichbarkeit der NS-Verbrechen ist aber auch zu sagen, daß Schuld schlechterdings nicht aufrechenbar ist. Kein fremdes Vergehen verkleinert das eigene, und kein Mörder hat sich je mit dem Hinweis auf den anderen exkulpieren können. Das sind Einsichten von so schlichtem Charakter, daß man sich scheut, daran zu erinnern. Und dennoch steht die Sorge, sie könnten außer Kraft geraten und alle historisch zurechenbare Schuld sich in einem allgemeinen Kompensationswirrwarr verflüchtigen, hinter vielen, auch ernst zu nehmenden Überlegungen zur Singularitätsthese.

Jenseits allen Lärms und Bezichtigungsgeschrei im Vordergrund ist die derzeitige Auseinandersetzung womöglich von ganz anderen Gegensätzen beherrscht. Jürgen Habermas, tief gefangen in den Geisterkämpfen von gestern und vorgestern, sieht die Grenze, die die Widersacher trennt, noch immer zwischen konservativen und fortschrittlichen, deutschnationalen und liberalen Historikern. Er sieht Strategien der moralischen Relativierung, die dem Ziel eines entlasteten Geschichtsbildes dienen und damit auf ihre Weise zu jener schimärischen »Wende« beitragen sollen, deren Helfer er überall am Werke sieht, Nolte und Hildebrand und Stürmer und Hillgruber – alle über einen Leisten. Es läuft auf die platteste Verschwörungstheorie hinaus, die hier, wie übrigens immer, nichts anderes als ein Ausdruck unbegriffener Verhältnisse ist. Vielleicht brächte es die Diskussion weiter, wenn man sie aus diesem Richtungsstreit und seinen fossilen Kategorien herausführte.

110

Fragen ließe sich beispielsweise, ob nicht eine andere Unterscheidung vorzuziehen wäre: auf der einen Seite die pessimistische Sicht auf die Dinge, die in der Geschichte nicht viel anderes wahrzunehmen vermag als den mörderischen Prozeß, der immer war, beherrscht von Haß, Angst und Ausrottung, sinnlos und ohne Ziel, aber aufgrund der technischen Mittel der Gegenwart mit einer nie gekannten Leidenschaftslosigkeit und zugleich unendlich viel opferreicher ablaufend als je in der Vergangenheit. Unter diesem Blick schrumpft Auschwitz dann in der Tat auf den Rang einer »technischen Innovation«. Und den Pessimisten gegenüber stehen diejenigen, die aus den moralischen Katastrophen des Jahrhunderts die Hoffnungen von einst über die »Perfektibilität« des Menschen sowie seine Erziehbarkeit hinübergerettet haben und im Holocaust die eine und singuläre Abirrung sehen, nach der es zum Besseren weitergehen wird. Am Horizont, in irgendeiner Zukunft, erhebt sich hier, ramponiert zwar, aber nicht aufgegeben, das Bild vom »neuen Menschen«. Für die andere Seite dagegen bleibt der Mensch immer der alte, mit dem Bösen als Teil der »condition humaine«, und keine Utopie kam je dagegen an. Die einen halten sich für überzeugt, daß Hitler ein schrecklicher Fehltritt im Geschichtsprozeß war, der nie vergessen werden darf, die anderen beugen sich der Einsicht, daß der Genozid, den er ins Werk setzte, nicht der erste war und auch nicht der letzte; daß man den Opfern hier wie dort Erinnerung schulde und damit leben müsse.

Beide Auffassungen haben ihre Gründe, und es ist nicht einmal ausgemacht, ob es in die Entscheidung des Einzelnen gegeben ist, wo er steht. Räumte man dies dem jeweiligen Gegenspieler ein, würde der Disput vermutlich seinen zänkischen, von herabsetzenden Einwürfen begleiteten Charakter verlieren und Ernst sowie Substanz gewinnen. Habermas hält sich und seiner Generation zugute, die Bundesrepublik vorbehaltlos gegenüber der politischen Kultur des Westens geöffnet zu haben, und macht sich zum Anwalt der »Pluralität der Lesarten«. Das kann und soll zwar, sofern es irgend etwas zu bedeuten hat, den Streit nicht ausschließen, aber doch die persönliche Verunglimpfung. Keine gedankliche Leistung jedenfalls, kein historisch-literarisches Lebenswerk, das von ebensoviel wissenschaftlichem Ernst wie moralischer Beunruhigung zeugt und inzwischen weltweite Reputation besitzt, hat Ernst Nolte oder Andreas Hillgruber vor dem Vorwurf bewahren können, Handlanger eines reaktionären und amoralischen Interesses zu sein. Statt dessen sehen sie sich als »Revisionisten« in Verruf gebracht. Als ob die Wissenschaft, genauso wie das Denken überhaupt, nicht entweder dauernde Revision oder gar nicht ist.

Einmal mehr zeigt sich hier, daß die Siegelbewahrer der neuen Aufklärung, wenn Umstände und Interessen es nahelegen, zugleich die »Mandarine« der Mythen sind. Denn Hitler und der Nationalsozialismus sind noch immer, aller jahrelangen Gedankenmühe zum Trotz, mehr Mythos als Geschichte, und die öffentliche Erörterung zielt nach wie vor mehr auf Beschwörung als auf Erkenntnis. Zwar ist die Sorge nicht unbegreiflich, die zunehmende Akademisierung des Geschehenen könnte den moralischen Impuls gegenüber der Vergangenheit schwächen. Gerechtfertigt ist sie nicht. Viel eher ist zu erwarten, daß neue Überlegungen sowie differenziertere und zugleich auf breiteren Grund gestellte Einsichten den zerredeten, in häufig bloß noch rituellen Formen abgehandelten Gegenstand auch moralisch neu zugänglich machen.

Quelle: Frankfurter Allgemeine Zeitung, 29. August 1986

12

KARL DIETRICH BRACHER

Leserbrief an die »Frankfurter Allgemeine Zeitung«, 6. September 1986

Die neuerliche Großdiskussion (siehe F.A.Z. vom 29.8.) über die Vergleichbarkeit von nationalsozialistischer und kommunistischer Massenmordpolitik enthält wissenschaftlich nichts wirklich Neues. Fast alle wesentlichen Fakten und Argumente sind schon in Büchern der vierziger und fünfziger Jahre erörtert worden – nicht zuletzt die jeweils »totalitäre«, den ganzen Menschen erfassende, verführende und versklavende Macht der beiden radikalen Ideologien. Diese Einsichten sind freilich fatalerweise durch die Tabuisierung des Totalitarismusbegriffs und die Inflationierung der Faschismusformel (an der übrigens sowohl Ernst Nolte wie Jürgen Habermas seinerzeit nicht ganz unschuldig waren) in den letzten zwei Jahrzehnten weitgehend verdrängt worden. Denn mit der Ächtung des Totalitarismusbegriffs wurde das Gemeinsame rechts- und linksdiktatorischer Unterdrückungssysteme ausgeblendet, und der Gebrauch des Wortes als antikommunistisch verdächtigt, mit den gängigen Faschismustheorien zugleich die zentrale Bedeutung der nationalsozialistischen Rassenideologie und -politik unterbewertet.

Wir haben dieser Verbiegung und Vernebelung der Fragestellung mit leider nur begrenztem Erfolg entgegenzuwirken versucht (so auch mein Buch »Zeit der Ideologien«). Es ist bedauerlich, daß in den tagespolitisch polarisierten Kontroversen um die Vergleichbarkeit der Systeme nun wieder so getan wird, als existiere nicht längst eine seriöse, gewiß erweiterungsbedürftige Erforschung totalitärer Bewegungen und Regime unseres Jahrhunderts, die natürlich auch stets die nationalen Unterschiede zu bedenken hatte. Aber wesentlich bleibt, daß jenen Ideologien und Diktaturen, die das Furchtbare erst möglich machen, durch Vergleiche nichts von ihrer jeweils »singulä-

ren« Unmenschlichkeit genommen wird. Weder eine nationale, noch eine sozialistische Apologetik ist darauf zu stützen.
Die Scham über das Versagen gerade eines Kulturvolkes, das
sich durch die Werte von Christentum, Humanismus und Aufklärung geprägt glaubt, kann helfen, die Gefahren totalitärer
Manipulation zu erkennen. Hinweise auf ähnliche Phänomene
bei anderen Völkern sollten diese Erfahrung nicht relativieren,
vielmehr erweitern und allgemeingültig machen. Das bedeutet
nicht nur ein Erinnern an Vergangenes, sondern eine Warnung
vor Gegenwärtigem und Künftigem.

Quelle: Frankfurter Allgemeine Zeitung, 6. September 1986
Anmerkung des Verlags: Der Leserbrief erschien unter dem Titel »Das Gemeinsame wurde ausgeblendet«.
Anmerkung des Autors: Ich habe die Gesamtproblematik gleichzeitig in zwei
größeren Artikeln behandelt:
1. »Das Modewort Identität und die deutsche Frage«, in: Frankfurter Allgemeine Zeitung, 9. August 1986, Beilage »Bilder und Zeiten«
2. »Zeitgeschichtliche Erfahrungen als aktuelles Problem«, in: »Aus Politik
   und Zeitgeschichte«, Beilage zu Das Parlament, 28. 2. 1987.

13

EBERHARD JÄCKEL

Die elende Praxis der Untersteller
Das Einmalige der nationalsozialistischen Verbrechen läßt sich
nicht leugnen

Es gibt Diskussionen, die ihren Reiz dadurch erhalten, daß
nicht klar ausgesprochen wird, was gemeint ist. Statt Fragen zu
stellen und Antworten zu geben, um sie alsdann zu überprüfen,
werden Aussagen in Frageform vorgetragen, um anzudeuten,
was nicht belegt werden kann oder soll, und wer bei dem Spiel
ertappt wird, erwidert mit Empörung und unschuldiger Miene,
man werde ja noch fragen dürfen. In Wahrheit aber war die
Frage gar keine Frage gewesen, sondern eine verdeckte Aussage, und der scheinbare Fragesteller hatte sich nur der Mühe
entzogen, sie zu begründen, und die Überzeugungsarbeit einigen verklausulierten Andeutungen überlassen. Ein solches
Verwirrspiel wird derzeit bei uns aufgeführt.

Es begann mit dem Beitrag der *Frankfurter Allgemeinen Zeitung* vom 6. Juni 1986, in dem Ernst Nolte dafür plädierte, nicht
immer »nur auf den *einen* Mord«, nämlich den nationalsozialistischen, hinzublicken, ohne auch den anderen, nämlich den
bolschewistischen, zur Kenntnis zu nehmen. Es entsprach den
Spielregeln, daß er, wörtlich genommen, gar nicht plädiert,
sondern lediglich gesagt und auch das noch durch einen Nebensatz eingeschränkt hatte, *eine Einstellung*, die nur auf den einen
Mord hinblicke, führe in die Irre, das aber »gründlich«. Wer
eine solche Einstellung eingenommen haben sollte, verriet
Nolte nicht. Er unterstellte, daß es jemand getan hatte.

Sollte das zutreffen, wäre es offensichtlich unsinnig. Was
wäre Geschichte, wenn sie so einäugig wäre? Statt aber diese
einfache Einsicht mit ein paar einfachen Worten noch einsichti-
ger zu machen, deutete Nolte in einem weiteren Nebensatz an,
zwischen den beiden Morden sei »ein kausaler Nexus wahrscheinlich«. Das war, zumal aus dem Munde eines angesehenen

Historikers, aufregend, und man konnte erwarten, daß Nolte seine These begründet und die Diskussion sich darauf zugespitzt hätte.

Nichts von dem aber trat ein. Statt dessen antwortete Jürgen Habermas in der *ZEIT* vom 11. Juli, indem er Nolte und einigen anderen deutschen Historikern apologetische Tendenzen vorwarf. Der Verdacht lag angesichts von Noltes Argumentation, von der noch die Rede sein wird, in der Tat nahe, und Habermas belegte ihn auch, indem er die Wortwahl einiger Historiker mit guten Gründen beanstandete. Zur Sache indessen und zu Noltes These sagte er nichts. Das tat auch Klaus Hildebrand nicht, der, nun wieder in der *Frankfurter Allgemeinen* vom 31. Juli, Habermas entgegnete und dabei vor allem seinen Kollegen Andreas Hillgruber in Schutz nahm, dem Habermas auch nach meinem Empfinden Unrecht getan hatte. Über Nolte aber sagte er wenig mehr, als daß nicht einzusehen sei, warum wir »uns Frageverbote auferlegen« sollten. Wer uns solche Verbote auferlegen will, verriet er nicht. Er führte das Spiel fort, indem er unterstellte, daß es jemand getan hatte.

So ging es mit ein paar Leserbriefen und Artikeln weiter, bis Joachim Fest in die Diskussion eingriff und in derselben Zeitung vom 29. August ausführlich »Zur Kontroverse über die Unvergleichbarkeit der nationalsozialistischen Massenverbrechen« Stellung nahm. Zunächst nannte er die Ausführungen von Habermas »eine neue Variante« der »elenden Praxis«, die spätestens seit dem Ende der sechziger Jahre üblich geworden sei, nämlich nicht die Ergebnisse von Historikern zu erörtern, sondern deren Motive. Daß dies seit dem ominösen Datum üblich geworden sein soll, begründete Fest nicht und hätte es auch nicht begründen können. Denn es ist unbestreitbar, daß seit jeher sowohl die Ergebnisse als auch die Motive der Historiker erörtert werden. Daß etwa Tacitus »sine ira et studio« zu schreiben behauptete, es aber in Wahrheit nicht tat, weil er Motive hatte, ist nun wirklich eine alte Einsicht. Man nennt die Überprüfung Ideologiekritik, und sie ist ebenso legitim wie die fachliche. Fest hingegen nennt sie eine »elende Praxis« und schiebt sie nebenbei durch eine chronologische Insinuation auch noch den Linken in die Schuhe.

Doch während man schon befürchten mußte, die Diskussion gerate abermals ins Abseits, kam Fest verdienstvollerweise zur Sache. Freilich griff er ein Thema auf, das bisher nicht diskutiert worden war. Er sagte, Nolte leugne »die Singularität der nationalsozialistischen Vernichtungsaktionen überhaupt nicht«. Das hatte dieser ausdrücklich in der Tat nicht getan. Nur Habermas hatte den Begriff einmal verwendet. Doch auch das gehört zum Spiel: Man greift auf, was nicht gesagt wurde, weil man ahnt, was gemeint war, und spricht von einer Kontroverse, wo noch gar keine stattgefunden hat. Darauf führte Fest seinerseits drei Argumente an, die angeblich gegen die Singularität sprechen, und schloß sich dann Nolte an, indem er sagte, es könne nicht unzulässig sein, »einen Zusammenhang herzustellen zwischen den Greuelmeldungen von [sic] Osten und Hitlers Bereitschaft zum Exzeß«, und man frage sich »nach den wirklichen Gründen für die Ungehaltenheit, die Noltes Bemerkung ausgelöst hat, die Ereignisse in Rußland seien ›das logische und faktische Prius‹ zu Auschwitz und zwischen beidem sei ein ›kausaler Nexus wahrscheinlich‹«.

Damit trieb Fest das Spiel auf einen neuen Höhepunkt. Er sagt nicht, es gebe einen kausalen Zusammenhang. Er sagt nur, es könne nicht unzulässig sein, ihn herzustellen. Und wenn die Bemerkung Ungehaltenheit auslöst, fragt er nicht, ob das vielleicht damit zu erklären sei, daß sie dem Quellenbefund widerspreche. Nein, er wendet die von ihm selbst gerade noch gegeißelte »elende Praxis« an und fragt nach den Motiven.

Nun scheint es an der Zeit, das Spiel abzubrechen. Ich will es jedenfalls nicht weiterspielen. Ich will auch nicht nach den Motiven der Beteiligten fragen, obwohl man das dürfte und könnte. Ich will von der Sache reden, und dann lassen sich aus dem künstlichen Nebel der Verklausulierungen und Latinismen wie Prius und Nexus, logisch, faktisch und kausal in einfacher Sprache zwei Behauptungen herauslösen. Die erste, die zwar, wie Fest zu Recht feststellt, nicht Nolte, wohl aber er selbst aufstellt, lautet: Der nationalsozialistische Mord an den Juden war nicht einzigartig. Und die zweite, die Nolte für wahrscheinlich und Fest für nicht unzulässig hält: Es besteht ein ursächlicher Zusammenhang zwischen diesem Mord und dem der Bolschewisten.

117

Was die erste Behauptung angeht, zitiert Fest drei Argumente, die, so sagt er, angeführt würden, um die These von der Einzigartigkeit des Mordes an den Juden zu begründen, und bestreitet sie mit Gegenargumenten. Erstens hätten die Betreiber nicht nach Schuld oder Unschuld ihrer Opfer gefragt, aber das hätten die Bolschewisten auch nicht getan. Zweitens sei der Mord administrativ und mechanisch vollzogen worden, aber das sei bei den Bolschewisten auch der Fall gewesen. Drittens habe sich der Mord »in einem alten Kulturvolk« ereignet, aber dieses Argument könne man nicht anerkennen, denn in ihm stecke »die alte Herrenvolkgesinnung«.

Fest sagt nicht, wer die von ihm zitierten Argumente angeführt hat. Ich kann keines von ihnen stichhaltig finden. Unschuldige sind immer wieder getötet worden, auch administrativ und mechanisch, und wo sich das ereignet hat, ist für die Frage, ob es einzigartig war, offensichtlich unerheblich. Ich behaupte dagegen (und nicht erst hier), daß der nationalsozialistische Mord an den Juden deswegen einzigartig war, weil noch nie zuvor ein Staat mit der Autorität seines verantwortlichen Führers beschlossen und angekündigt hatte, eine bestimmte Menschengruppe einschließlich der Alten, der Frauen, der Kinder und der Säuglinge möglichst restlos zu töten, und diesen Beschluß mit allen nur möglichen staatlichen Machtmitteln in die Tat umsetzte. Dieser Befund ist so offensichtlich und so bekannt, daß es sehr erstaunen muß, wie er der Aufmerksamkeit von Fest entgehen konnte. (Auch die Massaker an den Armeniern im Osmanischen Reich während des Ersten Weltkrieges waren, nach allem, was wir wissen, eher von Morden begleitete Deportationen als geplanter Völkermord.)

Was die bolschewistischen Morde betrifft, so zitiert Fest einen Chef der Tscheka, der Ende 1918 erklärte: »Wir sind dabei, die Bourgeoisie als Klasse auszurotten.« Aber damit ist nicht gesagt, daß er meinte, jeder einzelne Bourgeois werde getötet, geschweige denn die Frauen und Kinder, und Fest bleibt jeden Beweis schuldig, daß dies die Praxis war. Viel klarer war da der Chef der SS, Heinrich Himmler, der am 6. Oktober 1943 erklärte, und jeder, der es wissen will, kann wissen, daß er die Wahrheit sprach: »Es trat an uns die Frage heran:

118

Wie ist es mit den Frauen und Kindern? Ich habe mich entschlossen, auch hier eine ganz klare Lösung zu finden. Ich hielt mich nämlich nicht für berechtigt, die Männer auszurotten – sprich also, umzubringen oder umbringen zu lassen – und die Rächer in Gestalt der Kinder für unsere Söhne und Enkel groß werden zu lassen. Es mußte der schwere Entschluß gefaßt werden, dieses Volk von der Erde verschwinden zu lassen.«

Im übrigen ist die Frage nach der Einzigartigkeit am Ende so entscheidend nicht. Was eigentlich würde sich denn ändern, wenn der nationalsozialistische Mord nicht einzigartig gewesen wäre? Soll die Bundesrepublik dann etwa keine Wiedergutmachungszahlungen mehr leisten, der Bundeskanzler sich nicht mehr in Yad Vashem verneigen oder der Bürger sich besser fühlen? Es ist doch nicht so, als ob diese Gesellschaft gramgebeugt darniederliege und Trost brauchte. Sie lebt im Gegenteil gut und soll es meiner Meinung nach auch dürfen. Das Problem ist doch allenfalls, was den Mord angeht, daß sie wenig davon weiß. Wenn selbst der Bundespräsident in seiner so ehrenhaften Rede zum 8. Mai 1985 von sechs Millionen in Konzentrationslagern ermordeten Juden sprach, dann können die Historiker erkennen, eine wie geringe Geltung sie ihren Forschungsergebnissen verschafft haben. In Konzentrationslagern wurden nämlich nach unseren inzwischen recht genauen Schätzungen 150 000 Juden ermordet, weitere fünf Millionen in Vernichtungslagern, bei Erschießungen und in den Gettos.

Niemand bestreitet doch, daß es in der Geschichte seit jeher Verfolgungen, Vertreibungen und Morde gegeben hat, und wer bestreitet denn, daß alle diese Vorgänge historisch untersucht werden können und sollen? Man möge uns doch Namen nennen, statt Andeutungen zu verbreiten. Unstreitig aber müßte eigentlich ferner sein, daß der von unserem Lande ausgegangene Völkermord bei uns ein besonderes Interesse beanspruchen darf und nicht durch unklar angedeutete Parallelen relativiert werden sollte.

Viel wichtiger und aufregender ist die zweite Behauptung, die Nolte für wahrscheinlich erklärt, und die Fest aufgreift, nämlich die von einem ursächlichen Zusammenhang zwischen den bolschewistischen und den nationalsozialistischen Morden. Freilich ist ein rationaler Diskurs darüber außerordentlich schwierig. Die Geschichtswissenschaft kennt keine schwierigere Aufgabe als die Vermittlung von historischen Ursachen. Sie existieren ja nicht irgendwo, wo man sie suchen und finden könnte. Überdies werden darunter zwei verschiedene Dinge begriffen, nämlich einerseits Motive, die jemanden zu einer Handlung veranlassen, und andererseits Bedingungen, ohne die ein Vorgang nicht gedacht werden kann. Um eine Verständigung darüber allerdings bemühen die Historiker sich immer wieder.

Nolte erleichtert diese Bemühung nicht. Er gibt nur, wie er sagt, »erhellende Schlüsselworte«. Sie beginnen mit einer Äußerung Hitlers vom 1. Februar 1943, in Moskau kämen die in Stalingrad gefangenen deutschen Offiziere in den »Rattenkäfig«, wo sie alles unterschrieben. Nolte bemerkte dazu, die Kommentatoren (in Wahrheit war es der Herausgeber dieser stenographischen Niederschrift) gäben die Erläuterung, mit »Rattenkäfig« sei die Lubjanka gemeint, und fährt fort: »Ich halte das für falsch.« Es entgeht ihm oder stört ihn doch nicht, daß Hitler selbst in der Besprechung sogar zweimal erklärte, er meine die Lubjanka. Nolte weiß es besser und spricht nun von Orwells bekanntlich erst 1949 erschienenem Roman »1984«, in dem auch ein Rattenkäfig vorkommt. Diese Geschichte, so Nolte, habe Orwell nicht erdichtet. Sie fände sich in der antibolschewistischen Literatur über den russischen Bürgerkrieg, »unter anderem bei dem als verläßlich geltenden Sozialisten Melgunow«, und werde der »chinesischen Tscheka« zugeschrieben.

Was das alles mit der im Juni 1941 begonnenen Tötung der Juden zu tun haben soll, muß Nolte noch erklären. Es ist bezeichnend, daß er seine Schlußfolgerung denn auch fast gar nicht aus dieser abstrusen Assoziationskette ableitet. Nach ein paar selbstgemachten Einwänden schreibt er vielmehr: »Aber gleichwohl muß die folgende Frage als zulässig, ja unvermeidbar erscheinen: Vollbrachten die Nationalsozialisten, vollbrachte Hitler eine ›asiatische‹ Tat vielleicht nur deshalb, weil sie sich und ihresgleichen als potentielle oder wirkliche Opfer einer ›asiatischen‹ Tat betrachteten? War nicht der ›Archipel

GULag‹ ursprünglicher als Auschwitz? War nicht der ›Klassen-mord‹ der Bolschewiki das logische und faktische Prius des ›Rassenmords‹ der Nationalsozialisten? Sind Hitlers geheimste Handlungen nicht gerade auch dadurch zu erklären, daß er den ›Rattenkäfig‹ *nicht* vergessen hatte?« Und dann schließt Nolte mit dem schon zitierten Satz, daß »ein kausaler Nexus wahr-scheinlich« sei.

Eine rationale Begründung wird man das nicht nennen kön-nen. Post hoc, ergo propter hoc. Auf diesen zweifelhaftesten aller logischen Schlüsse scheint die These vom »kausalen Ne-xus« hinauszulaufen, es sei denn, es gelinge der Nachweis, daß Hitlers Entschluß, die Juden zu töten, von solchen Ängsten be-stimmt war. In der Tat argumentieren Nolte und Fest so. Doch sind ihre Argumente nicht nur nicht überzeugend. Sie lassen sich sogar verhältnismäßig sicher widerlegen.

Hitler hat nämlich viele Male gesagt, warum er die Juden zu entfernen und zu töten wünschte. Seine Erklärung ist ein kom-pliziertes und in sich schlüssiges Gedankengebäude, das man in allen Einzelheiten rekonstruieren kann. Ein Rattenkäfig, die Morde der Bolschewisten oder eine besondere Angst vor ihnen kommen darin nicht vor. Im Gegenteil war Hitler immer der Ansicht, Sowjetrußland sei, gerade weil es von Juden be-herrscht werde, ein wehrloser Koloß auf tönernen Füßen. Der Arier hatte keine Angst vor slawischen und jüdischen Unter-menschen. Der Jude, schrieb Hitler schon 1926 in *Mein Kampf*, »ist kein Element der Organisation, sondern ein Ferment der Dekomposition. Das Riesenreich im Osten ist reif zum Zusam-menbruch«. Das glaubte Hitler noch 1941, als er seine Soldaten ohne Winterausrüstung in Rußland einmarschieren ließ.

Dagegen verstand er es vorzüglich, die antibolschewistischen Ängste der Bourgeoisie für seine Zwecke zu mobilisieren. In der Öffentlichkeit sprach er gern von den asiatischen Hor-den, die Europa bedrohten, und stellte seine Lebensraumer-oberung ja auch fälschlich als Präventivkrieg hin. Nur darf man diese taktischen Äußerungen nicht mit seinen wahren Motiven verwechseln. Diese Verwechslung scheint der These vom »kau-salen Nexus« zugrunde zu liegen. Was man uns suggerieren will, ist die These von einem Präventivmord. Aber sie ist so falsch wie die vom Präventivkrieg, die, obwohl hundertmal widerlegt, auch immer wieder einmal aus Hitlers Arsenal hervorgeholt wird.

Quelle: DIE ZEIT, 12. September 1986
Anmerkung des Autors: Der Text trug ursprünglich den Titel: »Faktisches Prius und kausaler Nexus. Trübes Verwirrspiel um den Mord an den Juden.«

14

HELMUT FLEISCHER

Die Moral der Geschichte

Zum Disput über die Vergangenheit, die nicht vergehen will

Eine »Großdiskussion« nennt der Zeithistoriker K. D. Bracher den neubelebten Disput um die deutsche NS-Vergangenheit inzwischen schon. Die Frankfurter Römerberg-Gespräche im Juni hatten einen neuen Anstoß gegeben, indem sie eben diese Vergangenheit, die auch nach über 40 Jahren »nicht vergehen will«, auf ihre Tagesordnung setzten. Der Disput gewann auch gleich volle Schärfe, als die Rede von Ernst Nolte, die dort »nicht gehalten werden konnte« als Aufsatz in der FAZ erschien. Um die gleiche Zeit erschien im Siedler Verlag ein Essay-Bändchen von Andreas Hillgruber über »Zweierlei Untergang«: über den militärischen Zusammenbruch des Deutschen Reiches 1944/45 und über den Mord an den europäischen Juden. Diese und noch ein paar andere Historiker-Äußerungen forderten den Sozialphilosophen Jürgen Habermas dazu heraus, in der »ZEIT« eine scharfe »Kampfansage« gegen »revisionistische Tendenzen« in der deutschen Zeitgeschichtsschreibung zu publizieren. Habermas argwöhnt, derartige »Revisionen« des Geschichtsbildes verfolgten die Absicht, den Bundesdeutschen ein ruhiges geschichtliches Gewissen zu verschaffen, ihnen die moralische Hypothekenlast aus jener schrecklichen Vergangenheit von den Schultern zu nehmen, so daß sie wieder ungebrochen ja zur deutschen Geschichte sagen können – zu einer Geschichte, die sich von derjenigen anderer Nationen gar nicht so »grundsätzlich« unterscheidet. Ein neuerliches und abschließendes »Aufrechnen« also – mit dem Ergebnis: Nun sind wir aber quitt, einen Schlußstrich darunter, und mit neuer Unbefangenheit heran an die Aufgaben, vor die uns die Selbstbehauptung der westlichen Welt angesichts der handgreiflich-gegenwärtigen Bedrohungen von heute und morgen stellt? Ist das der Tenor der anstehenden Geschichtsrevision? »Eine Art Schadensabwicklung« – so hat Habermas seinen Aufsatz vom 11. 7. überschrieben, und unter demselben Datum erschien in der FAZ bereits eine scharfe Replik. Die Kontroverse nahm ihren Lauf.

Worum geht es? Zunächst um einiges Vordergründige, allzu Vordergründige, das in den bisherigen Stellungnahmen unverhältnismäßig viel Raum in Anspruch nimmt: die Frage, ob die Untaten der NS/SS-Gewaltherrschaft nicht doch so »einzigartig« sind, daß sie »unvergleichbar« neben allen anderen Schrecklichkeiten der älteren und jüngeren Weltgeschichte dastehen. Wenn von »Einzigartigem« die Rede ist, richten sich alle Blicke auf den Massenmord an den europäischen Juden, für den oft das einzige Wort »Auschwitz« steht. Es gilt weithin als die Quintessenz der NS-Epoche im Ganzen. Doch der moralische Ernst dieses Gedenkens kann zweifelhaft werden, wenn Auschwitz für manch einen das einzige ist, das von alledem in der Erinnerung haften bleibt. (Und steckt nicht in dem Wort von der »Einmaligkeit« ungewollt das Beruhigende, daß etwas »Vergleichbares« dann auch nicht wiederkehren wird?) Sollte man nicht meinen, daß die Gewaltgeschichte unseres Jahrhunderts auch ohne Auschwitz schon furchtbar genug war? – die Sowjetunion hat 20 Millionen Menschen verloren! E. Nolte jedenfalls dringt darauf, daß nicht nur das eine »Einzigartige«, sondern das Ganze von Vernichtungspolitik in unserer Zeit zum Thema wird. Liegt darin die höhere Moralität im Verhältnis zur NS-Vergangenheit beschlossen, daß jemand von der Einzigartigkeit und Unvergleichbarkeit dieses eindeutigsten Kriegsverbrechens überzeugt ist?

Damit sind wir bei dem eigentlichen Problemkern, um den es in der Kontroverse geht: der Frage nach dem *moralischen* Urteil über die NS-Vergangenheit, und der nach der moralischen »Hypothek«, die auf den Erben Hitlers und Himmlers lastet.

J. Habermas macht sich zum Anwalt des Reiches der Moralität in der Provinz der Geschichte, darum besorgt, daß die dortigen Provinz-Statthalter dem höchsten Recht der Moral Abbruch tun könnten. Die eine Hauptkritik zielt auf den Historiker A. Hillgruber, der sich mit den ethischen Antinomien der

»heillosen Situation« 1944/45 an der Ostfront vor Ostpreußen abmüht und ein wenigstens partikulares ethisches Recht für diejenigen geltend macht, die um des Überlebens der ostdeutschen Zivilbevölkerung willen die Ostfront noch ein wenig zu halten versucht haben. Die andere zielt auf E. Noltes Versuch, einen genealogischen Zusammenhang zwischen der früheren sozialen Vernichtungspolitik der bolschewistischen Revolution und der späteren, biologisch definierten Massenvernichtung der Nationalsozialisten plausibel zu machen, sogar durch die Person von Hitler hindurch. Damit, so Habermas, verlieren die Nazi-Verbrechen ihre Singularität, und sie erscheinen als Reaktion auf vorausgegangene Untaten derselben Art. »Auschwitz schrumpft auf das Format einer technischen Innovation und erklärt sich aus der ›asiatischen‹ Bedrohung durch einen Feind, der immer noch vor unseren Toren steht.« Darin erblickt Habermas die Quintessenz des »Revisionismus« eines Nolte und Hillgruber: daß sie sich »von dem Impuls leiten lassen, die Hypotheken einer glücklich entmoralisierten Vergangenheit abzuschütteln«.

Wer hier in der Sache und Person gegen Person »recht hat«, will ich nicht weiter verhandeln. Inzwischen hat in der FAZ Joachim Fest den Streit um die ominöse »Einzigartigkeit« mit einem Tatsachenaufgebot zu entscheiden gesucht. Die nahezu verabschiedete »Totalitarismus«-Theorie, die ja immer schon einen gemeinsamen Nenner für Kommunismus und Faschismus geboten hat, meldet sich mit K. D. Bracher neuerlich zu Wort. Doch alles, was auf eine »historische Komparatistik« der Menschenverachtung zielt, erreicht nach meinem Dafürhalten noch nicht das Terrain, auf dem neue Erschließungen für unser historisches Bewußtsein anstünden: das Terrain einer wirklichen »Historisierung« von Nationalsozialismus und Sowjetkommunismus, ihre Einordnung in die Gesamtgeschichte ihrer jeweiligen historischen Räume und die wechselseitigen Durchdringungen und Kollisionen zwischen ihnen. Darauf werden wir dann noch zu sprechen kommen. Daß der Disput sogleich zur Fehde zwischen Matadoren geraten ist, geht wohl auf die ungerechten Vergröberungen von Habermas zurück. Er mag damit »ins Schwarze« irgendwelcher Alte-Kameraden-Ressentiments treffen, mit Nolte und Hillgruber jedoch hat er die Adressaten verfehlt.

Nun war für die »Großdiskussion«, die sich da entzündet hat, eigentlich schon von langer Hand ein weit größeres Format als das einer Fehde angesetzt: Martin Broszat, der Münchner Zeithistoriker, hat zum 8. Mai 1985 im »Merkur« (Heft 435) ein »Plädoyer für eine Historisierung des Nationalsozialismus« vorgetragen, das sich jeder Interessierte anhören sollte. Man wird Broszat wahrscheinlich zum »Obergutachter« bestellen müssen, wenn man in der Sache weiterkommen will. An den Aufsatz von Broszat schließt sich übrigens auch Habermas an, obwohl sich dabei die Linien schon wieder etwas verschieben.

»Das Besondere an unserer Situation«, schreibt Broszat, »ist die Notwendigkeit und zugleich Schwierigkeit, den Nationalsozialismus in die deutsche Geschichte einzuordnen.« (Das ist es, was mit »Historisierung« gemeint ist, nicht das Ablegen im historischen Archiv.) Noch größer aber dürfte dabei die andere Schwierigkeit sein, für das »moralische« Urteil über den Nationalsozialismus einen neuen Bezugsrahmen zu finden. »Das zur Stereotypie verflachte Diktum der ›nationalsozialistischen Gewaltherrschaft‹ kann wohl nur durch stärker differenzierende Einsicht auch moralisch neu erschlossen werden.« Was dieses »Moralische« angeht, so konstatiert Broszat ganz nüchtern eine Sachlage, die im Lauf der vier Jahrzehnte entstanden ist. Der Nationalsozialismus hatte immer als Negativ-Maßstab der politischen Erziehung figuriert, als Gegenmodell von Recht, Freiheit und Friedensordnung. Jedoch: »Dem steht gegenüber, daß die Moralität der Betroffenheit von der NS-Vergangenheit sich mittlerweile stark erschöpft hat. Sie hat durch neue weltgeschichtliche Gewalt- und Katastrophenerfahrungen an Singularität eingebüßt und ist inzwischen vielfach zu einem etablierten Set ebenso risikoloser wie vager Gesinnungsbekenntnisse ohne moralische Kraft geworden.« Der Name »Auschwitz« kommt in dem Aufsatz von Broszat kein einziges Mal vor, und dies gewiß nicht darum, weil es nicht wesentlich wäre. Doch Auschwitz ist nicht der Angelpunkt für die historisch-ethische Auseinandersetzung mit dem Phänomen Nationalsozialismus – es ist ein Gipfelpunkt der Menschenverachtung, den der nationale Egozentrismus in einem eng abgezirkelten Kreis der Führungsschicht (und gegen das übrige Volk sorgsam abgeschirmt) erreichte, als man sich in die ungewisse Ungeheuerlichkeit des Angriffs auf Sowjetrußland stürzte. Die Vernichtung der europäischen Juden ist etwas wie ein eisiger Gipfel, der herausragt aus einem Gebirgsmassiv, das sich über einem weiten Hochplateau erhebt. Es kostet wirklich das ernsteste Nachdenken, wo wir die Zentralfelder für so etwas wie die »ethische Urteilsbildung« über die NS-Epoche finden oder ansetzen.

Wie der Nationalsozialismus ein Gliedstück in unserer jüngeren Geschichte ist, das erschließt sich nicht »von oben nach unten«, von einer Führungsideologie zu ihren wirklichen oder vermeintlichen Ausführungs-Konsequenzen hin, sondern umgekehrt »von unten nach oben«. Es begann damit, daß aus dem 1. Weltkrieg heraus enorme soziale Schubkräfte in hochnervös politischer Gestalt sich durch die Nachkriegszeit hindurch bewegten und dann in der Wirtschaftskrise einen höchsten Massierungsgrad erreichten. Broszat verweist darauf, »wie unterschiedlich das politisch-soziale Profil der NSDAP von Fall zu Fall war ... und wie sehr der Führerwille von oben nur in Bewegung setzen konnte, was unten sehr konkret motiviert war durch zum Teil schon lange aufgestaute, infolge der Wirtschaftskrise aber reizbarer, abrufbarer gewordener sozialer Ängste und Veränderungsungeduld.« Von der »vagen populistischen Attraktivität des Nationalsozialismus« ist die Rede, und dann von den »tausendfachen kleinen und großen Führerpositionen«, die das Dritte Reich zu vergeben hatte, Spielräume, »in denen junge dynamische Kräfte aus dem Mittelstand sich im harten Konkurrenzkampf mit anderen ›Führern‹ bewähren, ihre Energie durch Improvisationsfähigkeit erfolgreich einüben konnten«. Den Bewegungskern freilich bildeten die harten Typen einer aus den »Stahlgewittern« heraus in ein Vakuum geratenen Kriegergesellschaft. Die Entschlossenheit zur Wiederaufnahme des abgebrochenen Krieges ist weit mehr als der ideologische Antisemitismus die Seele der NS-Bewegung. E. Nolte gab zu bedenken, daß der Antisemitismus auch ein Seitenzweig des Antikommunismus sein könnte.

Unter dem Blickwinkel der »Bewegung« erschließt sich der

Nationalsozialismus weit eher als unter dem der ideologisch zementierten Gewaltherrschaft einer sozialgeschichtlichen Betrachtung.

In seinem Aufsatz nimmt J. Habermas ganz im Vorbeigehen darauf Bezug, daß sein anderer Kontrahent, Michael Stürmer, sich für die Frage interessiere, wieweit der 2. Weltkrieg der Krieg Hitlers gewesen sei, und wieweit ein Krieg des deutschen Volkes. Damit beschäftigt er sich nicht weiter, sondern kommt gleich auf A. Hillgrubers Prüfung der Verantwortlichkeiten für die »Endlösung« zu sprechen, wo sich ja wieder die Frage stellt, wieweit sie von Teilen der Nation mitgetragen war. Hillgruber spricht vom Führungsentschluß über die Ermordung von über fünf Millionen Juden, von denen, die zur Ausführung des Verbrechens dienstbereit waren, von der »Hinnahme des zumindest geahnten grauenhaften Geschehens durch die Masse der Bevölkerung«. Daß unter zivilisatorischen Bedingungen des 20. Jahrhunderts so viele Menschen dafür zu gewinnen waren, andere Menschen nahezu teilnahmslos umzubringen, empfindet Hillgruber als das Beunruhigendste, und als das »am tiefsten Erschreckende« den Anteil humanistisch gebildeter Akademiker wie des Dr. Mengele am Vernichtungswerk. Nun aber nimmt Habermas' Diskurs eine unglaubliche Wendung. Auf einer Nebenlinie moniert er, daß Hillgruber anthropologisch statt sozialwissenschaftlich nach Deutungen ausschaut. Auf der moralischen Hauptlinie der Verhandlung geht es bei Habermas aber so weiter: Er setzt an bei der Tatsache, daß die Masse der deutschen Bevölkerung stillgehalten hat; und nun zu dem, was Hillgruber damit macht: »Freilich wäre das Ziel der mühsamen Revision gefährdet, wenn dieses Phänomen am Ende doch noch einer moralischen Beurteilung ausgeliefert werden müßte. An dieser Stelle bricht deshalb der narrativ verfahrende Historiker ... ins Anthropologisch-Allgemeine aus.« Das heißt klipp und klar: Hillgruber muß, um seiner revisionistischen Absicht willen, einer moralischen Stellungnahme ausweichen. Denn, so heißt es weiter unten, er ist (wie Nolte) von dem Impuls geleitet, »die Hypotheken einer glücklich entmoralisierten Vergangenheit abzuschütteln«.

Hier offenbart sich eine Art Zwangsvorstellung des historischen Moralismus: Das Moralische kann für Habermas nur Sache eines Sondergerichts sein, dem die Beschuldigten in aller Form überstellt, »ausgeliefert« werden müssen. Daß sich die amoralische Verstocktheit eines Historikers ausgerechnet am eindeutigsten aller denkbaren Fälle, an dem der Judenvernichtung offenbaren könnte, ist »a priori« schon eine abenteuerliche Annahme. Und dann speziell A. Hillgruber: Er spricht von Mord, von Verbrechen, äußert sich beunruhigt und tief erschrocken. Muß man dann noch fragen, wo denn die moralische Beurteilung bleibt? Eine lebendige historische Darstellung hat, wenn sie nicht einem soziologisch »restringierten Code« folgt, in ganz ausgezeichneter Weise die Möglichkeit, zusammen mit dem Handlungs- und Leidensgeschehen auch das hohe, mittelmäßige oder gemeine Ethos der beteiligten Figuren und Formationen so eindringlich hervortreten zu lassen, daß Moralität und Humanität danach keinen eigenen Gerichtshof nebst besonderem Auslieferungsverfahren mehr nötig haben. Überhaupt hat Humanität ihren angemessenen Platz am ehesten unaufdringlich »zwischen den Zeilen« eines historischen Texts, der aus dem Ethos des betreffenden Historikers lebt. (Hillgrubers Abhandlung ist übrigens ein Referat von einer Fachtagung.)

Worauf will Habermas mit seinen moralistischen Monierungen hinaus? Er sieht (im Einklang mit M. Broszat) sehr wohl ein, daß eine »kurzatmig pädagogisierende Vereinnahmung einer kurzschlüssig moralisierten Vergangenheit« (jener von Vätern und Großvätern) nicht das Wahre sein kann. Es wäre also eine schmale Zone zwischen dieser kurzschlüssigen Moralisierung und jener »Entmoralisierung« zu besetzen, die Habermas seinen Kontrahenten unterstellt. Darüber erfahren wir in dem Aufsatz nichts Hilfreiches. Vielleicht geht es gar nicht um eine Zwischenzone von moralischer Urteils-Gerichtsbarkeit, sondern um etwas ganz anderes?

M. Broszat fragte ja nach einer moralischen Neuerschließung durch differenzierende historische Einsicht (»Einsicht«

ist bekanntlich nicht nur Wissen und Rationalität); und er denkt an eine »Hinwendung zur Authentizität und Konkretheit des Moralischen auch in der Geschichte«. Der Versuchung zu kurzschlüssiger Moralisierung des Geschichtlichen liefe dann eine weitläufige Historisierung des Moralischen entgegen. Moral und Geschichte, Moral und Politik – das ist immer schon eine schmerzlich-leidvolle Konjunktion gewesen. Die traditionelle Moralität stammt aus den sozialen Kleinräumen von Familie, Nachbarschaft, Freundschaft, und ihr Raum reicht allenfalls noch so weit wie eine staatlich-rechtlich geordnete Staats- und Staatengemeinschaft in Friedenszeiten. Das *factum brutum* des Krieges war und blieb ihre Grenze, an der sie ohnmächtig trauernd stehenbleiben mußte. Nun sind wir mit unserer traditionellen Moralität geschichtlich in einer Grenzzone angelangt. Die Bildungskräfte einer zivilen Gesellschaft haben im 20. Jahrhundert noch einmal einen furchtbaren Rückschlag erlitten. Sie sind auch jetzt noch lange nicht »über den Berg«. Doch es gibt inzwischen eine breite Basis, vielleicht schon eine tragfähige Mehrheitsbasis für ein *ziviles Ethos*, das sich vor dem Ethos der archaisch-modernen Kriegergesellschaft nicht mehr von vornherein geschlagen geben muß. Dieses lebendigpraktische Ethos – und nicht ein abstrakt-übergeschichtliches »Moralprinzip« zur Be- und Verurteilung vergangener Geschichten – ist der Bezugsrahmen für eine entschiedene Abstandnahme von der Gewaltgeschichte jener Vergangenheit, die in der Tat noch nicht vergangen, sondern noch Gegenwart ist.

Darin ist J. Habermas zuzustimmen, daß diejenigen Deutschen auf dem Weg zur zivilen Gesellschaft in unserem Land weitergekommen sind, die ein gebrochenes, depotenziertes Verhältnis zu ihrer angestammten nationalen Identität, zu ihrem »Deutschtum« gewonnen haben. Nur halte ich es für eine recht seltsame Umschreibung, wenn Habermas sagt, hier seien nationaler Stolz und kollektives Selbstwertgefühl »durch den Filter universalistischer Wertorientierungen hindurchgetrieben« worden. Ist dieser bescheidene Gewinn an »Weltbürgerlichkeit« damit historisch richtig eingeordnet, wenn man darin (mit Habermas) ein Anzeichen dafür sieht, daß »wir« also eine

»Chance, die die moralische Katastrophe auch bedeuten konnte, nicht ganz verspielt haben«? Erst nach – *und durch* Auschwitz, meint Habermas, habe sich in der Kulturnation der Deutschen eine »in Überzeugungen verankerte Bindung an universalistische Verfassungsprinzipien« bilden können. Die moralische Katastrophe als moralische Katharsis? Indessen, daß Auschwitz es erwirkt haben und noch weiter befördern könnte, die Nachkriegsdeutschen ehrbarer werden zu lassen als vordem die Kriegsdeutschen es waren, das wäre füglich zu bezweifeln. Es könnte sein, daß für ein »Weiterkommen« die anhaltende moralische Betroffenheit nicht mehr ausreicht, wenn sie nicht durch ein *historisches Begreifen* dessen eingeholt wird, was da in unserem Jahrhundert geschehen ist, zumal durch ein Begreifen der breitgelagerten »sozialen Schubkräfte«, die durch die NS-Zeit hindurch bis in unsere Gegenwart wirken.

Quelle: Nürnberger Zeitung, 20. September 1986

15

JÜRGEN KOCKA

Hitler sollte nicht durch Stalin und Pol Pot verdrängt werden

Über Versuche deutscher Historiker, die Ungeheuerlichkeit
von NS-Verbrechen zu relativieren

Anders als in den 60er und 70er Jahren braucht die Relevanz
der Geschichte heute nicht besonders bewiesen zu werden. Gegenwärtig besteht kein Mangel an historischem Interesse. Historische Ausstellungen erfreuen sich großer Beliebtheit. Die
Regierungen haben Geld für historische Museen. In renommierten Taschenbuchreihen florieren »Historische Bibliotheken«. Kulturhistorisches verkauft sich gut, die Nachfrage nach
Soziologie ist gesunken. Alternative Bewegungen versuchen,
ihre gegenwartskritische Identität durch Umgang mit der
Geschichte zu festigen – wie sie sie verstehen. Prominente Historiker schreiben Leitartikel in vielgelesenen Zeitungen.
Kontroversen um historische Themen stehen im Zentrum
grundsätzlicher intellektueller Auseinandersetzungen von Sozialwissenschaftlern (wie Habermas), Journalisten (wie Fest)
und Historikern (wie Nolte). Es wäre falsch, über Geschichtsvergessenheit zu klagen.

Die Gründe des Interesses an Geschichte haben sich verschoben. Nicht so sehr Aufklärung, Kritik von Selbstverständlichkeiten und Beiträge zur Emanzipation erwartet die öffentliche Diskussion von der Beschäftigung mit der Geschichte,
vielmehr: Hilfen zur Identitätsfindung oder gar Beiträge zur
Sinnstiftung. »Zustimmungsfähige Vergangenheit« ist gewünscht, Geschichte als Tradition zur Stärkung der kollektiven
Identität und Konsensbildung. Die Suche nach zustimmungsfähiger Vergangenheit und die Pflege identitätsfördernder Erinnerung treten in sehr verschiedenen Formen auf. Drei davon
seien kurz diskutiert.

Der Ort des Nationalsozialismus

Da gibt es den Versuch, die Ungeheuerlichkeit der national-sozialistischen Verbrechen zwar nicht zu leugnen, aber doch zu relativieren und ihren Ort in der Geschichte neu zu definieren. Zwar ist es wenig verwunderlich und an sich nicht zu kritisieren, daß man auch an jenen dunkelsten Abschnitt unserer Geschichte aus dem zeitlichen Abstand eines halben Jahrhunderts andere Fragen richtet als unmittelbar nach ihrem Ende. Dies schon deshalb, weil man heute die Kurz- und Langzeitfolgen (zu denen auch teilweise die Stabilität der Bundesrepublik gehört) besser und anders übersieht als unmittelbar nach der Katastrophe.

Aber wenn Hermann Lübbe die Verdrängung jener Vergangenheit und den Verzicht auf grundsätzliche Auseinandersetzung um die Verantwortung für sie nach 1945 als Bedingungen einer Versöhnung lobt, die die Bundesrepublik zu ihrem Überleben und ihrer Stabilität brauchte, dann muß man nicht den wahren Kern dieser These leugnen, um doch dagegenzuhalten, daß diese Verdrängungsstrategie gleichzeitig tiefgreifende politisch-moralische »Kosten« hatte und mit ihr neue Glaubwürdigkeitsdefizite eingehandelt wurden, ohne die die Schärfe der Protestbewegungen der späten 60er/frühen 70er Jahre nicht verstanden werden kann und die dieses Gemeinwesen bis heute belasten. Man sollte – anders als Lübbe – die nüchterne Einsicht in die teilweise heilenden Folgen jener Verdrängung mit der Empörung über die Ungerechtigkeit verbinden können, die jener Verzicht auf Abrechnung mit den Verbrechen für deren Opfer bedeutet hat – und zwar nicht nur aus moralischen Gründen, die ja auch im historisierenden Diskurs des Philosophen nicht ganz fehlen müssen, sondern auch im Interesse einer dann zwar kurzfristig weniger leicht »zustimmungsfähigen«, aber letztlich wahrscheinlich tragfähigeren Geschichtssicht.

Die Relativierung der nationalsozialistischen Periode hat Ernst Nolte in seinem kontrovers diskutierten Aufsatz »Vergangenheit, die nicht vergehen will« (FAZ vom 6. 6. 86) ein ganzes Stück weiter getrieben. Zwei Argumentationsstränge sollte man in seinem Beitrag auseinanderhalten:

a) Zum einen will er »die sogenannte Vernichtung der Juden während des Dritten Reiches« ihrer scheinbaren Einzigartigkeit entkleiden: andere Völkermorde seien ihr vorausgegangen (türkische Armenierverfolgung, stalinistischer Massenterror) und gefolgt (Pol Pot z. B.). Gegen historische Vergleiche ist nun nichts einzuwenden, ganz im Gegenteil. Sie sind auch nicht neu. Mit dem Begriff des Totalitarismus hat man unleugbare Ähnlichkeiten zwischen Nationalsozialismus und Stalinismus herausgearbeitet, so ihre gemeinsame Feindschaft gegenüber dem liberal-demokratischen Verfassungsstaat, ihre ähnlichen Unterdrückungsformen und eben auch in der Tat die Massenvernichtungen.

Dies anzuerkennen, bedeutet keine Verharmlosung der »deutschen Katastrophe«, bedeutet auch keine Diskreditierung des Faschismusbegriffs, der die ebenfalls unleugbaren tiefen Unterschiede zwischen Nationalsozialismus und Stalinismus herauszuarbeiten erlaubt: wichtige Unterschiede der Ideologie und der jeweiligen Zukunftsvorstellungen, der sozialen Ursachen und Folgen, des Ortes und Stellenwertes im historischen Entwicklungsprozeß.

Auch auf die gesamteuropäische Dimension der nationalsozialistischen Judenvernichtung im Unterschied zur innersowjetischen Dimension der stalinistischen Kulakenvernichtung hat man zu Recht verwiesen. Und es bleibt ein qualitativer Unterschied zwischen der bürokratisierten, leidenschaftslosen, perfekten Systematik des Massenmords im durchindustrialisierten, vergleichsweise hochorganisierten Reiche Hitlers und der brutalen Mischung von Bürgerkriegsexzessen, Massen-»Liquidierungen«, Sklavenarbeit und Verhungernlassen im rückständigen Reiche Stalins.

Wie gesagt, für Vergleiche, die immer nach Ähnlichkeiten und Unterschieden fragen müssen, wird man auch bei diesem Thema als Historiker eintreten, so sehr sich das Gefühl, der Takt, der Respekt vor den Millionen Toten gegen das »Aufrechnen« von Ungeheuerlichkeiten sträuben mögen. Aber zugleich empfiehlt sich der Vergleich mit den Gesellschaften der westlichen Welt, mit denen wir uns sonst traditionell gern vergleichen, die uns nach Entwicklungsstand, Gesellschaftsstruktur und politischen Ansprüchen verwandter, ähnlicher sind und die nicht faschistisch bzw. totalitär pervertierten. Die sich in diesem Vergleichsfeld ergebende Singularität der deutschen Entwicklung sollte durch Vergleich mit Stalin und Pol Pot nicht verdrängt werden; sie bleibt wichtig, bedrohend und beschämend.

Warum sprechen Nolte und Joachim Fest, der ihn gegen die Kritik Habermas' erstaunlich radikal verteidigt (FAZ, 29. 8. 86), davon so wenig? Was sind die Absichten und die Funktionen dieser Selektion? Zweifellos ist es bei der Suche nach Ursachen, Charakter und Folgen des deutschen Nationalsozialismus ertragreicher, angemessener und gerechter, Weimar-Deutschland und Hitler-Deutschland mit dem zeitgenössischen Frankreich oder England zu vergleichen als mit dem Kambodscha Pol Pots oder mit Idi Amins Uganda. Das hat nichts mit »Hochmut« und »Herrenvolkgesinnung« zu tun, wie Fest unterstellt, sondern mit dem zivilisationsgeschichtlichen Wissen über den Zusammenhang von ökonomischem Entwicklungsstand und Möglichkeiten gesellschaftlich-politischer Organisation wie auch mit dem Ernstnehmen unserer europäischen Tradition, aus der die Aufklärung, Menschenrechte und Verfassungsstaat nicht weggedacht werden können. Wie könnte man es rechtfertigen, die nationalsozialistische Vernichtungspolitik nicht auf diesem Hintergrund einmal erreichter, nunmehr tief verletzter Ansprüche einzuordnen? In Grundentscheidungen historischer Argumentation verknüpfen sich immer Wissenschaft, Moral und Politik. Das erklärt die Schärfe mancher Kontroversen und warnt zugleich vor ihrer Verschärfung.

b) Zum anderen legt Nolte nahe, die »asiatische« Vernichtungspolitik der Nationalsozialisten als doch nicht ganz unverständliche Reaktion auf die vorgängige Vernichtungsdrohung zu verstehen, als deren potentielle oder wirkliche Opfer sich Hitler und die Nationalsozialisten angeblich nicht ganz zu Unrecht sahen. »War nicht der ›Archipel GULag‹ ursprünglicher als Auschwitz? War nicht der ›Klassenmord‹ der Bolschewiki das logische und faktische Prius des ›Rassenmords‹ der Nationalsozialisten?« Und an anderer Stelle verweist er auf die vorgängige »Kriegserklärung«, die seitens des jüdischen Weltkongresses 1939 gegen Deutschland abgegeben worden sei. (a)

Diese Bemerkungen Noltes, die Fest verteidigt, haben nun nichts mehr mit nüchterner historischer Motivations- und Kausalanalyse zu tun. Die wirklichen Ursachen des Antisemitismus in Deutschland sind weder in Rußland noch beim jüdischen Weltkongreß zu finden. Und wie kann man im Lichte der Tatsachen die nationalsozialistische Judenvernichtung als ein auch nur irgendwie konsequentes, wenn auch antizipierendes Abwehrmittel gegen drohende Vernichtung aus der Sowjetunion deuten, mit der man bis 1941 paktiert und die man dann angreift? Hier würde die nüchterne geschichtswissenschaftliche Frage nach realhistorischen Zusammenhängen, nach Ursachen und Folgen, nach wirklichen Motiven und deren Bedingungen ausreichen, um sich und die Leser vor abstrus-spekulativen Deutungen zu schützen. Nolte unterläßt solche Fragen. Wenn »zustimmungsfähige« Vergangenheit nur durch intellektuelle Bocksprünge dieser Art zu gewinnen ist, dann sollten wir darauf verzichten.

Geschichten statt Geschichte

Mit solchen Revisionen unseres nationalen Geschichtsbilds haben die »Alltagshistoriker« in den »Geschichtswerkstätten« in der Regel nichts zu tun, so vielfältig die Strömungen auch sind, die sich in der »neuen Geschichtsbewegung« (so die Sprache der Medien) finden. Politisch, moralisch und intellektuell ist die Arbeit dieser wenig professionellen, institutionell kaum abgestützten Lokalhistoriker meist anders zu verorten: eher kritisch gegenüber der nationalgeschichtlichen Tradition, eher links in vielen Beziehungen.

Trotzdem, auch sie betreiben Geschichte häufig zu identifikatorischen Zwecken. Grab, wo du stehst (wozu? – um die eigenen Wurzeln zu finden). Rekonstruktion der Betroffenheitserfahrungen und Lebensweisen der kleinen Leute im eigenen Raum, auch um sich selbst in der Geschichte »wiederzufinden«. Lebensweltbezogene Mikrogeschichte als Mittel zur

Fundierung und Absicherung der Identität im kleinen, überschaubaren Raum des Stadtteils, der jeweiligen Bewegung, vielleicht auch der Landschaft.

Dies soll hier nicht grundsätzlich angegriffen werden, wie dies überhaupt nicht der Ort ist, die unbestreitbaren Vorzüge und Leistungen der Alltagsgeschichte und der Geschichtswerkstätten gegenüber ihren unübersehbaren Defiziten, Illusionen und Einseitigkeiten umfassend abzuwägen. Hier sei nur auf einen Preis hingewiesen, der für diese Form von Mikrogeschichte meistens zu zahlen ist: der Verzicht auf die Erkenntnis der Zusammenhänge, die Ignorierung der »großen Fragen« nach Staats- und Klassenbildung, nach Religionen und Kirchen, nach Industrialisierung und Kapitalismus, nach Nation und Revolution, nach den grundsätzlichen Ursachen und Folgen des Nationalsozialismus, nach den deutschen Besonderheiten im internationalen Vergleich.

Solche Fragen lassen sich nämlich über Betroffenheitsgeschichte und oral History nicht recht erschließen. Zu ihrer Beantwortung braucht man komplizierte Begriffe und breite Lektüre, Theorien und sehr langen Atem – eben das, was am ehesten die professionelle Geschichtswissenschaft bieten kann, die sich dazu der Freiräume und Mittel der Hochschulen bedienen, auf langwierige Ausbildungsprozesse zurückgreifen und die Vorteile der Arbeitsteilung ausnutzen kann. Einen direkten, schnellen, unprofessionellen Weg zur Erkenntnis der langzeitlichen Zusammenhänge von Wirtschaft, Gesellschaft, Kultur und Politik gibt es leider nicht.

Aber es müßte auch aus der Perspektive der Alltagshistoriker dringend sein, diese mit ihren Methoden nicht zu erwerbenden Zusammenhangserkenntnisse nicht zu ignorieren. Denn einerseits sind die sich wandelnden Strukturen und Erfahrungen noch im kleinsten Raum in hohem Maße Ergebnis jener größeren Zusammenhänge und Prozesse, also ohne Rekurs auf diese nicht zu begreifen. Andererseits spielt sich ein großer Teil unserer Politik und damit der Weichenstellungen, die die einzelnen Personen und die kleinsten Gruppen betreffen, notwendig im überlokalen, überregionalen Raum ab. Ein Verzicht auf die »großen Fragen« der Geschichte bedeutet leicht: Verlust der Politikfähigkeit (so Richard Löwenthal).

Schließlich ist zwar nichts gegen die Existenz mehrerer, auch nicht-kompatibler »Geschichtsbilder« zu sagen. Aber im Interesse an ihrer Geltung oder Wahrheit und im Interesse am immer neu zu erarbeitenden Konsens in wichtigen Fragen, der in der Tat zu einer demokratisch-liberalen politischen Kultur gehört, sollten sie sich nicht gegenseitig ignorieren. Durch Abblendung der »großen Fragen« leisten die Alltagshistoriker dem Vorschub. Sie puzzlen vor sich hin. Eine Infragestellung anderer Geschichtsbilder bedeuten sie deshalb ebensowenig, wie sie sich durch diese selbst in Frage stellen lassen. Eine Partialisierung des Geschichtsverständnisses ist zu konstatieren. Kleinräumige Identifikation durch Abblendung der Zusammenhänge – dies ist intellektuell nicht befriedigend und politisch letztlich problematisch.

Mittellage (b)

Schließlich soll auf einen dritten – nationalgeschichtlichen – Versuch eingegangen werden, die Frage der Identität zu beantworten. Er ist politisch ambivalent, intellektuell anregend, aber letztlich unbefriedigend. Ich meine die zeitgemäß modifizierte Wiederaufnahme der alten These vom deutschen Sonderweg in der Mitte Europas.

»Daß das Maß von Freiheit, das in einem Staate vernünftigerweise stattfinden kann, umgekehrt proportional dem militärisch-politischen Druck sei, der auf seine Grenzen vom Ausland her ausgeübt wird«, diese Überzeugung des Engländers J. R. Seeley teilten bis 1918 viele deutsche Historiker. Sie begründeten und rechtfertigten damit, daß Deutschland in seiner außenpolitisch exponierten Mittellage – und mit seinen spezifischen Traditionen – sich kaum Parlamentarisierung leisten könne, sondern militärisch-bürokratisch geprägter Obrigkeitsstaat bleiben, also insofern (im Vergleich zu Westeuropa) einen »Sonderweg« gehen müsse.

Kluge Historiker wie Otto Hintze gaben diese Sichtweise nach 1918 auf. Nach dem Zweiten Weltkrieg fand sie kaum noch Verteidiger. Erst Ende der 70er Jahre wurde sie in einer kritischen Variante wieder aufgenommen, und zwar von dem Amerikaner D. P. Calleo, der die historischen Schwierigkeiten und seines Erachtens weiter bestehenden Unberechenbarkeiten der Deutschen nicht sehr überzeugend aus ihrer geographischen Mittellage zu erklären versuchte. Dann bedienten sich Michael Stürmer und Hagen Schulze in ihren bei Siedler veröffentlichten, gewichtigen Büchern über »Das ruhelose Reich. Deutschland 1866–1918« und »Weimar« der neuen geohistorischen Hypothese, und seitdem macht diese Sicht eine gewisse Karriere, bis hinein in die früheren Reden des gegenwärtigen Bundespräsidenten v. Weizsäcker. Die Sicht paßt eigentlich gut zum Wunsch nach Äquidistanz gegenüber Osten und Westen (einem Wunsch, der von Stürmer, Schulze und v. Weizsäcker allerdings nicht vertreten, sondern abgelehnt wird). Diese Sicht ließe sich gut zur Begründung neuer deutscher Sonderwege benützen, wer weiß, auf welchen Gebieten. Darin steckt ihre politische Brisanz.

»Die große Konstante der deutschen Geschichte ist die Mittellage in Europa; Deutschlands Schicksal ist die Geographie« (H. Schulze). Dahinter steckt die Überzeugung, daß das europäische Gleichgewicht eine schwache Mitte voraussetzte und insofern die staatsrechtliche Vielgliedrigkeit des Alten Reiches und des Deutschen Bundes im Grunde die angemessenere Lösung gewesen sei. Die Gründung des Deutschen Reiches im »Herzen Europas« habe dann 1871 eine tiefgreifende Gleichgewichtsstörung bedeutet. Diese sei nur vorübergehend den europäischen Mächten durch die maßvolle Außenpolitik Bismarcks akzeptabel gemacht worden, die aber nur gelingen konnte, solange sie mit einer, die innere Dynamik des Kaiserreichs in Schranken haltenden obrigkeitsstaatlichen Verfassungs- und Repressionspolitik verbunden war. »Deutschland wird von seinen Nachbarn so lange und gerade eben noch ertragen, wie der Deckel fest auf seinem brodelnden Innern sitzt. Aus diesem Grund wird der Weltkrieg früher oder später unvermeidlich, als Bismarcks Nachfolger dessen Politik der strikten Beschränkung... aufgeben und die Macht der alten preußischen Oberschicht... zunehmend unterhöhlt wird. Das Aufkommen organisierter Verbandsinteressen, nationalistischer und imperialistischer Massenorganisationen, der allmähliche Parlamentarisierungsprozeß und der schleichende Machtverlust des preußischen Staatsministeriums... – alles das hängt miteinander zusammen und zerstört unaufhaltsam die Begrenzungen, die das europäische System der Existenz des deutschen Nationalstaats setzt. Der Konflikt ist unter diesen Umständen so absehbar wie die deutsche Niederlage, und wahrscheinlich ist auch die anschließende Auflösung des Deutschen Reichs.«

Es ist klar, daß sich diese Sichtweise gegen die lange vorherrschende liberale Interpretation des Kaiserreichs wendet, wie sie u. a. von Hans Rosenberg, Ernst Fraenkel, Fritz Fischer, Gerhard A. Ritter, Hans-Ulrich Wehler, Hans-Jürgen Puhle, Heinrich August Winkler, Wolfgang Mommsen, Gordon Craig und früher auch von Karl-Dietrich Bracher vertreten wurde – in jeweils anderen Varianten. Während aus dieser liberalen Sicht die obrigkeitsstaatlich-vorparlamentarische Struktur des Kaiserreichs als konfliktverschärfende Belastung und langfristig wirkendes Hindernis liberaler Demokratisierung in Deutschland begriffen wurde, erscheint der vorparlamentarisch-obrigkeitsstaatliche Charakter des Reichs bei Stürmer und Schulze als berechtigte Konsequenz der geographischen Mittellage und als Garant des Friedens, der nur leider auf Dauer den Kräften der Bewegung nicht gewachsen war.

Während die verhinderte Parlamentarisierung und die fortdauernde Dominanz traditionaler Eliten aus Adel, Militär und Bürokratie zumeist als Strukturdefizite des Kaiserreichs angesehen wurden, hätten nach Stürmer und Schulze eine frühere Parlamentarisierung und gründlichere Demokratisierung die Politik des Reiches nur noch maßloser gemacht; ihrer Meinung nach litt das Reich eher unter einem Zuviel an Demokratisierung, Mobilisierung und Dynamik, weniger an seiner obrigkeitsstaatlichen Starre. Eine besondere Gefahr stellte dieses Reich nicht deswegen dar, weil es etwa expansiver und aggressiver war als seine westlichen Nachbarn, sondern weil die an sich »normale« Expansivität dieses Reiches nicht mit seiner geographischen Lage vereinbar war.

Aber diese Sichtweise kann nicht überzeugen. Mit ihr kann man nicht erklären, warum und mit welcher Notwendigkeit dieses Reich in der Mitte seine innere Dynamik entwickelte und schließlich nach außen lenkte. Und sie übersieht, daß es gerade die obrigkeitsstaatlich-vorparlamentarische Unbeweglichkeit der Reichsverfassung war, die die auf Partizipation dringenden sozialen und politischen Kräfte ins Abseits drängte und so irrational-destruktive Strömungen hervorbringen half, die dann destabilisierend wirkten, nach innen und außen.

Grundsätzlicher noch: Die Geographie als solche erklärt wenig. Auch die Schweiz und Polen liegen »in der Mitte«, und doch haben sie eine ganz andere Geschichte. Mit der geographischen Lage Deutschlands sind im Laufe der Jahrhunderte ganz unterschiedliche Verfassungsstrukturen und Bündniskonstellationen vereinbar gewesen. Die Definition der Mitte ist selbst ein historisches Phänomen und ändert sich mit der Zeit. Auf dem Wiener Kongreß z. B. war das geschlagene und als gefährlich erachtete Frankreich der Staat in der Mitte zwischen England einerseits, dem entstehenden Deutschen Bund und dem Zarenreich andererseits. Die Geographie ist weder Schicksal noch erklärt sie viel. Auch so läßt sich die Frage nach der deutschen Identität nicht beantworten, wenn es sich auch gut macht, bedeutungsschwer von der Lage im Herzen Europas und der damit verbundenen schicksalhaften Erbschaft zu munkeln.

Kritik als Identität

Weder durch relativierende Einebnung der nationalsozialistischen Periode und anderer dunkler Punkte unserer Vergangenheit noch durch die liebevolle Zeichnung alltagshistorischer Miniaturen, noch durch einen neuen kurzschlüssigen Geographismus sollten die Historiker auf die Zumutung reagieren, Identität zu stiften. Ihre Aufgabe ist die Beschreibung, Erklärung und Darstellung vergangener Wirklichkeit mit wissenschaftlichen Mitteln unter den sich wandelnden und nie einheitlichen, zukunftsorientierten Problemstellungen der Gegenwart. Indem sie die Gegenwart in ein möglichst aufgeklärtes – und das heißt zutreffendes, umfassendes, gemeinsames und kritisches – Verhältnis zu ihrer Vergangenheit zu setzen helfen, erfüllen sie wichtige gesellschaftliche Bedürfnisse und tragen in einem grundsätzlichen und vermittelten Sinn zur Identitätsfindung bei, vorausgesetzt, man benutzt einen Begriff von Identität, der Selbst-Distanzierung und Reflexion ebenso einschließt wie ständigen Wandel und immer erneute Kritik.

Quelle: Frankfurter Rundschau, 23. September 1986

Anmerkung des Autors: Titel und Untertitel wurden dem Text von der Redaktion der Frankfurter Rundschau hinzugefügt. Eine Langfassung des Beitrags erschien unter dem Titel »Kritik und Identität. Nationalsozialismus, Alltag und Geographie«, in: Die Neue Gesellschaft/Frankfurter Hefte, Oktober 1986, S. 890 – 897.

Zu (a): Diese Formulierung ist zu Recht als ungenau kritisiert worden. Der Bezug ist auf E. Nolte, Between Myth and Revisionism? The Third Reich in the Perspective of the 1980s, in: H. W. Koch (Hg.), Aspects of the Third Reich, London 1985, S. 17 – 38, hier S. 27 f., vgl. Text Nr. 1 in diesem Bd. Nolte erwähnt »Chaim Weizmann's official declaration in the first days of September 1939, according to which Jews in the whole world would fight on the side of England«. Nolte zitiert dies nach der ungenauen Wiedergabe im »Archiv der Gegenwart« 1939. Der volle Wortlaut dieses von Weizmann am 29. August 1939 an den britischen Premierminister Neville Chamberlain geschriebenen Briefes findet sich in: Letters and Papers of Chaim Weizmann. Series A: Letters, vol. XIX, January 1935 – June 1940, Jerusalem 1977, S. 145. Weizmann bot darin für die Jewish Agency (damals eine als öffentliche Körperschaft anerkannte Vertretung der »World Zionist Organization« für Palästina, die u. a. die britische Mandatsregierung in Palästina beriet) die Beteiligung der Juden an militärischen Maßnahmen unter britischer Leitung an. »In this hour of supreme crisis... the Jews ›stand by Great Britain and will fight on the side of the democracies‹«. Nolte interpretiert die Stellungnahme Weizmanns als »something like a declaration of war« und folgert unhaltbarerweise: »...it might justify the consequential thesis that Hitler was allowed to treat the German Jews as prisoners of war and by this means to intern them«. – Weizmann war 1929–31 und 1935–46 Präsident der World Zionist Organization (WZO), die regelmäßig den Zionistischen Weltkongreß abhielt. Der Brief dürfte im Rahmen des 21. Zionistischen Weltkongresses 1939 in Genf geschrieben worden sein. Zwischen WZO und Jewish Agency bestanden enge Verknüpfungen. Der Brief ist im Zusammenhang der Beziehungen zwischen der britischen Mandatsregierung in Palästina und der Jewish Agency zu sehen. Das wird am Wortlaut des Briefes deutlich.

Zu (b): Der mit »Mittellage« überschriebene Abschnitt findet sich teils wörtlich, teils sinngemäß bereits in meiner Rezension der Bücher »Das ruhelose Reich. Deutschland 1866 – 1918« von M. Stürmer und »Weimar« von H. Schulze in: Geschichtsdidaktik 9 (1984), S. 79 – 83.

16

HAGEN SCHULZE
Fragen, die wir stellen müssen
Keine historische Haftung ohne nationale Identität

Aufklärung hat mit Klarheit zu tun, und klar scheint, was Jürgen Habermas in seinem *ZEIT*-Artikel vom 11. Juli 1986 über neue Tendenzen der deutschen Zeitgeschichtsschreibung mitteilt. Die Probleme gestalten sich übersichtlich: hier die Gemeinschaft der aufgeklärten Liberalen, die aus einer verfehlten deutschen Geschichte gelernt haben und einem »Pluralismus der Lesarten«, wenn auch in einheitlich emanzipatorischer Absicht, huldigen; dort eine kleine, aber vom Wohlwollen herrschender konservativer Kreise geförderte Clique fragwürdiger Historiker, die in unguten Traditionen älterer nationaler und affirmativer deutscher Geschichtsschreibung stehen und sich daranmachen, im Interesse der Stabilität von Bundesregierung und Nato-Bündnis ein staatstragendes Geschichtsbild in identitätsstiftender Absicht zu entwerfen. Zu diesem Zweck bedienen sie sich eines Tricks, indem sie dem entscheidenden Bezugspunkt unserer demokratischen Verfassungsordnung, dem Nationalsozialismus, die Einzigartigkeit absprechen, ihn mit anderen totalitären Systemen wie denen Stalins oder Pol Pots in Vergleich setzen und auf diese Weise die deutsche Vergangenheit »entsorgen«.

Das ist hübsch übersichtlich, die Moral versteht sich von selbst, und das *écrasez l'infâme* steht zwischen allen Zeilen. Wieder einmal erweist sich Habermas als virtuoser Vereinfacher, was ja unter Umständen dem Verstehen eines komplexen Sachverhalts dienlich sein kann. Aber die Klarheit verwischt sich bei näherem Zusehen, die Beweisführung changiert auf irritierende Weise. Habermas geht es im Kern um Politik, ja eigentlich um Moral, der Angriff zielt auf wissenschaftspraktische und wissenschaftstheoretische Positionen. Nun kann sich aber eine Frage auf einer dieser Ebenen anders darstellen als auf einer anderen; denn Wissenschaft hat mit der Welt des Seins, Moral und Politik mit der des Sollens zu tun. Man kann moralische Urteile nicht wissenschaftlich, wissenschaftliche Sätze nicht politisch begründen. Eben dies tut aber Habermas fortwährend.

Wer glaubt, Aufklärung über neue Fragestellungen und deren Schwierigkeiten zu gewinnen, ist betrogen, denn die Probleme, um die es geht, stehen quer zu den von Habermas eingerichteten Frontstellungen. Die Singularität der nationalsozialistischen Gewaltverbrechen, der Beruf der Geschichtswissenschaft zur »innerweltlichen Sinnstiftung«, die Frage nach der Identität der Deutschen, die Spannung zwischen Verfassungs- und Nationalpatriotismus – das sind Probleme, die zu wichtig sind, als daß sie es verdient hätten, auf Stichworte für ideologische Kampfzwecke verkürzt zu werden.

Sind die nationalsozialistischen Verbrechen singulär? Auf der Ebene der Geschichtswissenschaft beantwortet sich die Frage von selbst – jede geschichtliche Erscheinung ist singulär oder muß uns jedenfalls so vorkommen. Denn jeder einzelne historische Fall steht im Kreuzungspunkt von unbestimmbar vielen Ursachenketten, die ihrerseits aus einer ungewissen Zahl anderer miteinander verknüpfter Fälle bestehen und in ihrer Gesamtheit weder beschreibbar noch analysierbar sind. Das heißt aber nicht, daß ein beliebiger historischer Fall nicht vergleichbar wäre.

Dabei geht es dem Historiker keineswegs darum, die Gleichheit zweier historischer Erscheinungen zu behaupten, sondern um ein rein formales Verfahren, bei dem zwei oder mehr Einzelfälle auf einen übergeordneten Gesichtspunkt bezogen werden, der aus gemeinsamen Aspekten konstruiert ist. Auf diese Weise werden sowohl Ähnlichkeiten als auch Unterschiede sichtbar. Im Fall der nationalsozialistischen Judenmorde ergeben sich beispielsweise gemeinsame Aspekte mit den Kulaken-Ausrottungen in der Sowjetunion und den Massenvernichtungen des Pol-Pot-Regimes in der mechanischen Massenhaftigkeit des Tötens, der Zugehörigkeit der Ermordeten zu einer bestimmten Gruppe als ausreichender Mordgrund sowie in der vorwiegend ideologischen Motivierung der Mörder.

Indem der Historiker Ähnlichkeiten dieser Art aufdeckt, kann er Theorien formulieren, mit deren Hilfe Ursachen und Zusammenhänge von politischen Massenverbrechen über den Einzelfall hinaus analysiert werden können, und diese Analysen können helfen, vergleichbare Vorgänge in der Zukunft zu verhindern. Auf der anderen Seite wird aber erst im historischen Vergleich das Besondere jedes Einzelfalls sichtbar; die Rationalität und Technizität der nationalsozialistischen Judenmorde finden weder in Stalins Rußland noch in Pol Pots Kambodscha ihre Entsprechungen – die Industrialisierung des Massenmordes ist eine deutsche Erfindung.

Singularität und Vergleichbarkeit historischer Erscheinungen sind also für die Geschichtswissenschaft keine sich gegenseitig ausschließenden Alternativen, sondern Komplementärbegriffe, und die Behauptung, ein Historiker wie Ernst Nolte oder Andreas Hillgruber leugne das Besondere an Auschwitz, weil er nach Vergleichbarkeiten sucht, geht von falschen Voraussetzungen aus. Natürlich sind Nolte oder Hillgruber widerlegbar, wenn nämlich ihr Vergleich auf empirisch oder logisch falschen Grundlagen beruht; aber diesen Beweis hat Habermas nirgendwo angetreten.

Aber auch auf moralisch-politischer Ebene ist die Frage nach der Einzigartigkeit der nationalsozialistischen Gewaltverbrechen nicht ohne Fußangeln. Hängt denn die besondere Verantwortung der Deutschen für die in ihrem Namen begangenen Untaten von deren Singularität ab? Sind die Massenmorde nur eine Spur weniger verabscheuungswürdig, ist die Verpflichtung der Deutschen, aus den Untaten der nationalsozialistischen Zeit Lehren zu ziehen, geringer, wenn vergleichbare Untaten anderswo und zu anderen Zeiten auch begangen worden sind? Eine merkwürdige Unsicherheit ist da im Spiel; denn wie die geschichtswissenschaftliche Frage nach den Vergleichbarkeiten nicht moralisch zu beantworten ist, so ist die Antwort der Historiker auf diese Frage moralisch völlig unerheblich. Wer das eine mit dem anderen in Verbindung bringt, begibt sich auf eine auch politisch-pädagogisch gefährliche Bahn. Man erinnert sich der Anfangsjahre unserer Republik, als Historiker wie Friedrich Meinecke, Michael Freund oder Gerhard Ritter den Nationalsozialismus als Einbruch des Dämonischen, als den Austritt der Deutschen aus der Geschichte zu erklären suchten, eben als schlechthin singulär.

Nun hat man ja in den letzten Jahren den interessanten Prozeß des Übergangs *weiter Themenfelder* und Interpretationsmuster aus dem konservativen in das linke Lager verfolgen können, und daß Jürgen Habermas sich bisher diesem Vorgang entschlossen, wenn auch ohne großen Erfolg, entgegengestellt hat, ist sein Verdienst. Gerade er sollte vorsichtig sein, das Stichwort von der Einzigartigkeit des Nationalsozialismus in Umlauf zu setzen. Damit wird weder die Rationalität der historischen Erkenntnis noch die Einsicht in die Notwendigkeit einer kulturellen wie politischen Westbindung der Bundesrepublik Deutschland gefördert. Das Singuläre ist unhistorisch und kann deshalb auch für die Zukunft nichts lehren.

Und wie steht es mit einem weiteren Habermasschen Reizwort, der »innerweltlichen Sinnstiftung«, der die angegriffenen Historiker, namentlich Michael Stürmer, sich verpflichtet sähen? Hier graust es den Philosophen Habermas auf seiner wissenschaftstheoretischen Seite; er beschwört das »Dilemma zwischen Sinnstiftung und Wissenschaft« und beschuldigt seine Kontrahenten, Geschichtswissenschaft in den Dienst einer »deutsch-national eingefärbten Nato-Philosophie« stellen zu wollen. Das wäre nun in der Tat schlimm, und zwar nicht, weil es sich um »Nato-Philosophie« handelte, sondern weil Wissenschaft prinzipiell keine normative Kompetenz besitzt und dort, wo sie sich diese anmaßt, zur ideologischen Stichwortproduzentin verkommt. Aber wer tut das? Es ist interessant, wie Habermas diese Behauptung belegt: Er mischt virtuos direkte mit indirekten Zitaten, und die inkriminierenden Aussagen über die angeblichen Absichten jener vier »Regierungshistoriker« finden sich fast durchweg im indirekten Teil. Die Betroffenen haben mittlerweile klargestellt, daß die indirekten Zitatteile in der Regel nicht von ihnen stammten, sondern die Interpretationen des Jürgen Habermas darstellen. Hält man sich an die authentischen Aussagen, dann ergibt sich eine ganz andere Fragestellung: Um die jedem Historiker nur zu geläufige Tatsache, daß an die Geschichtswissenschaft zunehmend Erwartungen politisch-legitimierender Art gestellt werden, und zwar nicht nur von Regierungen und Oppositionen, sondern von vielen einzelnen bis hin zu den Geschichtsstudenten in den Seminaren.

Was soll der Historiker in diesem Fall tun? Auf der einen Seite kennt seit Max Webers Vortrag über die »Wissenschaft als Beruf« jeder die Gefahren, die mit dem Auftreten der »Katheder-Propheten« verbunden sind; auf der anderen Seite hat Geschichte immer mit Politik zu tun: Sie hat Politik zum Gegenstand, politische Erkenntnisinteressen wirken auf ihre Fragestellungen, ihre Ergebnisse können politische Konsequenzen haben. Und so ergibt sich die Frage nach der politischen Verantwortung des Historikers. Das ist es, was Michael Stürmer die »Gratwanderung zwischen Sinnstiftung und Entmythologisierung« nennt, eine Wanderung, die Jürgen Habermas selbst sehr vertraut ist.

Nun sind wir hier in Bereichen, die der Wissenschaftsethik angehören, und die Frage, wie weit man sich auf seiner Wanderung nach der einen oder anderen Seite neigen darf, ist im Einzelfall nicht stracks zu beantworten. Wie weit kann der Wissenschaftler in der Beratung von Politikern gehen? Bis zu welchem Grad kann er seine Ergebnisse auf den Markt bringen, ohne wissenschaftliche Standards zu verraten? Welche politischen Folgen ergeben sich aus den Konstruktionen und Interpretationen der Historiker, und welche Folgen darf man wollen? Das sind Fragen, die gestellt und diskutiert werden müssen, und es ist ein Verdienst Michael Stürmers, daß er sie stellt.

Daß ein Historiker darüber hinaus sein eigenes Bild von der Geschichte besitzt und die ihm sich bietenden Möglichkeiten nutzt, dieses Bild zu verbreiten, ist daneben eine blanke Selbstverständlichkeit. In einem Land wie dem unseren, in dem auch eine regierungsfreundliche Meinung keinen privilegierten Zugang zur Öffentlichkeit besitzt, sondern in offener Konkurrenz steht, ist ein vereinheitlichtes und regierungsfrommes Geschichtsbild gar nicht möglich, wie gerade die von Habermas ausgelöste Diskussion am besten zeigt. Der Pluralismus der Deutungen ist gesichert, nicht nur gegen Stürmer, sondern auch gegen Habermas: Denn trotz seines moralschweren Verdikts werden es sich Historiker auch in Zukunft nicht nehmen lassen, »die Gegenwart aus Scheinwerfern beliebig rekonstruierter Vorgeschichten anzustrahlen und aus diesen Optionen ein besonders geeignetes Geschichtsbild auszuwählen«, sofern »beliebig« sich lediglich auf die Fragestellung bezieht.

Auch die »konventionelle Form nationaler Identität«, um die es den »revisionistischen« Historikern angeblich geht, hat es Habermas angetan. Er glaubt, dahinter verberge sich der Versuch, den Nationalsozialismus zu einer belanglosen Episode der deutschen Geschichte zu verkleinern, die für die heutige Eigendefinition und Erinnerung der Deutschen unerheblich sei. Auch in diesem Fall treten geschichtswissenschaftliche und politische Problematik auseinander.

»Nationale Identität« heißt in diesem Zusammenhang einfach, daß die Gegenwart der Bundesrepublik nicht ausreicht, um hinreichend zu erklären, weshalb dieser Staat so und nicht anders ist und weshalb die »deutsche Frage« sich nicht nur den Deutschen, sondern auch den übrigen Europäern in dieser und keiner anderen Form stellt. Das So-und-nicht-anders-Sein oder einfacher: Die Identität der Deutschen ist nur dann hinreichend zu erklären, wenn man ihre historischen Entwicklungsbedingungen kennt. Deshalb ist es wichtig, daß Historiker die nationale Identität der Deutschen neben anderem zu ihrem Gegenstand machen. Der politische Effekt einer solchen Identitätsbeschreibung ist im übrigen ein ganz anderer, als Habermas meint: Die notwendige Verbindung zwischen dem Nationalsozialismus und der Gegenwart verläuft gerade über die kollektive Vergewisserung nationaler Identität, denn nur als Teilhaber an der gemeinsamen historischen Identität der deutschen Nation haften wir auch heute für unsere nationale Geschichte wie für deren Folgen – eben das ist ja der Grund dafür, daß die DDR ihre Identität mit der gesamten deutschen Geschichte leugnet.

Und schließlich die Habermassche Gegenüberstellung von »konventioneller Form nationaler Identität« versus »einer in Überzeugungen verankerte Bindung an universalistische Verfassungsprinzipien«. Hier kann ich nur warnen. So richtig und begrüßenswert die Berufung auf den Verfassungspatriotismus als *raison d'être* der Bundesrepublik Deutschland ist, so problematisch ist es, ihn polemisch und kategorisch gegen »nationale Identität« abzusetzen. Es geht ja eigentlich um das alte, sehr deutsche Thema von Freiheit und Einheit und um die Erfahrung, daß man das eine stets nur um den Preis der Verkümmerung des anderen haben konnte. Aber unsere Geschichte hat noch eine andere einschlägige Erfahrung bereit: daß nämlich die Verfassungspatrioten der ersten deutschen Republik dem mächtigen emotionalen Appell der Nationalisten nichts Wirksames entgegenzusetzen hatten. Gewiß, die Erfahrung des »Dritten Reiches« hat die deutsche Neigung zu nationalistischen Extremen erheblich gedämpft. Aber ob diese Dämpfung länger als eine oder zwei Generationen anhalten wird, ist trotz aller politischen Pädagogik, über deren Wirksamkeit man keine Illusionen haben sollte, zweifelhaft. Die Frage nach der deutschen Einheit und nach nationaler Identität ist nach wie vor gestellt, und es ist nicht nur Sache des wissenschaftlichen Interesses, sondern auch der politischen Prävention, wenn Historiker sich dieser Frage annehmen und nüchtern und rational dazu Stellung beziehen, um nicht anderen und vielleicht gefährlichen Kräften das Thema zu überlassen. Wir müssen auch deshalb immer wieder die *ganze* Geschichte erzählen und erklären. Dazu gehören Freiheit *und* Einheit, Verfassung *und* Nation, aber auch Auschwitz *und* Weimar.

Nichts spricht gegen eine saftige Polemik. Aber die Diskussion darf nicht mit den Mitteln manichäischer Wirklichkeitsreduktion und künstlicher Feindbilder geführt werden. (a) Andernfalls ist die Auseinandersetzung unfair – ein Verdikt, das im Bereich westlicher politischer Kultur, allerdings nur dort, vernichtet. Die von Habermas gepriesene »große intellektuelle Leistung unserer Nachkriegszeit«, die »vorbehaltlose Öffnung der Bundesrepublik gegenüber der politischen Kultur des Westens«, ist jedenfalls, was den Debattenstil deutscher Gelehrter angeht, noch keineswegs restlos erbracht.

149

Quelle: DIE ZEIT, 26. September 1986

Anmerkung des Autors: Anstelle des mit (a) gekennzeichneten Satzes stand im Original-Manuskript folgende Passage:

»Die Diskussion, die Jürgen Habermas eröffnet hat, ist gut wie jede Auseinandersetzung, die auf die Grundlagen zurückführt. Und nichts spricht gegen eine saftige Polemik, im Gegenteil – unser Wissenschaftsbetrieb wird dadurch erfreulich belebt. Aber die Diskussion darf nicht mit den Mitteln manichäischer Wirklichkeitsreduktion, künstlicher Feindbilder und eigenwillig bearbeiteter Zitate geführt werden, wenn die Klärung von Problemen und Sachverhalten und nicht nur der Austausch politischer Pamphlete gewollt ist. Es geht darum, dem Gegner die Chance der sachlichen Widerlegung zu geben – und die gibt es nur dann, wenn alle Beteiligten auf den Gebrauch des moralischen Vorschlaghammers verzichten und bereit sind, dem Gegenüber wissenschaftspluralistische Legitimität zuzugestehen.«

17

HANNO HELBLING

Suchbild der Vergangenheit
Was vom deutschen Geschichtsbuch erwartet wird

Geht ein Gespenst um? Oder blüht die Geisterseherei? Das eine schließt das andere nicht aus. Jürgen Habermas hat vor drei Monaten in der »Zeit« von »apologetischen Tendenzen in der deutschen Zeitgeschichtsschreibung« gesprochen. Da sind Zitate aus Büchern von Andreas Hillgruber, Michael Stürmer, Ernst Nolte, Klaus Hildebrand so zusammengestellt, daß man glauben könnte, es habe sich eine Phalanx von deutschen Historikern zusammengeschlossen, um das Bild der nationalsozialistischen Vergangenheit ihres Landes und Volkes zu revidieren; das heißt: aufzuhellen.

Nun klingen einige der dort zitierten Sätze gewiß abenteuerlich. Die Geschichte des Dritten Reichs sei weitgehend von den Siegern geschrieben worden und zu einem »negativen Mythos« gemacht worden. Die »sogenannte« Vernichtung der Juden habe begreifliche Intentionen auf allerdings überbordende Weise verwirklicht. »Opfer« des Systems seien nicht bloß seine Gegner geworden, sondern auch seine Handlanger. Jene zwölf Jahre müsse man in eine gesamttotalitäre Entwicklung einordnen; so könne man ihnen das »scheinbar Einzigartige« nehmen.

Daß Historiker sich bemühen sollten, vergangenem Geschehen seine Einzigartigkeit zu bestreiten, ist allerdings schon merkwürdig genug. Gilt ihre Anstrengung nicht gemeinhin gerade dem Gegenteil, und laufen sie sonst nicht viel eher Gefahr, das Außergewöhnliche der von ihnen geschilderten Vorgänge allzusehr zu betonen? Eine Geschichtsschreibung, die uns versichern will, etwas gar so Besonderes sei es nicht, was sie darstelle – sie muß doch von vornehrein ein bißchen verkrampft wirken? Und nun wäre es ausgerechnet die deutsche Geschichte zwischen 1933 und 1945, die man »einordnen«, einebnen sollte.

Daß der Nationalsozialismus 1933 vom Himmel gefallen sei (welch unwahrscheinliche Provenienz auch), hat nie ein vernünftiger Mensch, ob »Sieger« oder nicht, behauptet. Kontinuitäten münden in die Hitlerbewegung, kein Zweifel. Doch die Annahme, es habe sich über Jahrzehnte hinweg zusammengebraut, was dann zu historisch überzeugender Einheit gelangt sei, ist ihrerseits abwegig, mag sie auch immer wieder mit einigem Geschick – und das heißt auch: mit mildernder Differenzierung – vertreten werden. Daß sich ein Zug ins Totalitäre seit längerem angekündigt und da und dort durchgesetzt habe, nicht nur in Deutschland, wenn auch bei weitem nicht überall, ist zwar richtig. Aber die Kontinuitäten, die in den Nationalsozialismus hineinführten, haben sich ausschließlich hier so zusammengefügt (nämlich auch: so sehr aus Gegensätzen) und eine durchaus einmalige Form des Totalitarismus geschaffen. »1933 bedeutet nicht nur eine Steigerung und Radikalisierung, sondern eine neue Kombination von Kontinuitäten, bedeutet etwas Neues« (Thomas Nipperdey).

Revisionisten, die das Unwesen des Nationalsozialismus beschönigen, seine Untaten leugnen, haben in letzter Zeit viel Lärm auf der Gasse gemacht. Was sie behaupten, ist wissenschaftlich gegenstandslos und kann auf die Dauer das Geschichtsbild nicht prägen. Es mag ihnen aber gelingen, über die Massenmedien einigen Zweifel an leider völlig gesicherten Tatsachen zu säen: bei Menschen, die sich mit diesen Tatsachen nicht abfinden können. Wer möchte sich denn auch mit ihnen abfinden – moralisch? Und daß man moralisch nicht Annehmbares am liebsten schon faktisch nicht annähme, leuchtet wohl ein. Auf die Verquickung des Faktischen mit dem Moralischen deutet der unselige Begriff der Vergangenheits»bewältigung« hin. Warum nur konnte man nicht von Verarbeitung sprechen?

Die Verarbeitung aber wird heute nicht bloß, nicht in erster Linie, von den Narren behindert, die uns weismachen wollen, es sei um die Juden im Dritten Reich ja nicht halb so übel bestellt gewesen. Sondern von Leuten, die ihrer Sinne mächtig und im Rahmen des Akademischen bei Verstand sind. Sie machen sich anheischig, den »negativen Mythos« des Dritten Reiches zu überwinden. Nicht durch direkte Revision des Bildes, das man sich von dieser Schreckensherrschaft nun einmal zu machen hat, sondern durch einen Akt der Wiederherstellung, durch Restauration der nationalen Vergangenheit. Man habe dem deutschen Volk »seine Geschichte genommen«, so oder ähnlich wird geklagt; und nur in historischer Rückbesinnung könne es sich geistig erneuern.

Was Günther Rohrmoser und andere da erstreben, ist eine Geschichte, auf die man im großen und ganzen denn doch (wieder) stolz sein könnte. Eine deutsche Geschichte, die nicht als Vorgeschichte des Nationalsozialismus zu lesen wäre. Wie bewußt sich diese Tendenz gegen die kontinuitätbetonende Einebnung der Jahre 1933 bis 1945 wendet, ist schwer auszumachen. Jedenfalls, wenn die Vergangenheit Deutschlands mit Hitler nichts oder möglichst wenig zu tun haben soll, dann muß die von anderen Patrioten bezweifelte Einzigartigkeit seines Regimes um so schärfer hervortreten. Aber wie immer, man sucht – besser: viele suchen – die Geschichte immer noch oder wieder dort, wo man sie schon vor einem Jahrhundert gesucht und natürlich gefunden hat, nämlich in Deutschland. Die Restauration greift, mit anderen Worten, hinter die breite, vergleichende Betrachtung zurück, durch die das Geschichtsbild aus seinen nationalen, zugleich auch staatlichen und politischen Einengungen befreit worden ist. Man will seine »eigene« Vergangenheit haben – als ob es das gäbe.

Mythenbildung, man sieht sie am Werk, wo man argwöhnt, es werde Geschichte geschrieben, damit sich bestimmte Thesen, auch einfach Wunschvorstellungen bestätigen. Der Argwohn ist oft berechtigt – er war es im Zusammenhang mit Beweisgängen zur Frage der Schuld am Ausbruch des Ersten Weltkriegs oder mit Behauptungen über die Ursachen der deutschen Niederlage von 1918. Selten ist er so unberechtigt wie gegenüber der vorherrschenden Einschätzung des Hitlerregimes. »Negativer Mythos«, als ob es einer Mythologisierung bedurft hätte, damit unser Bild vom Nationalsozialismus negativ wurde.

Auch hüten sich ja die Vergangenheitsrestauratoren vor Ent-
mythologisierungsversuchen; die würden ins Leere greifen.
Dafür aber wollen sie einen Gegenmythos aufbauen, den »positiven Mythos« einer ehrenreichen Nationalgeschichte, die
dann der unehrenhaften Geschichte des Dritten Reiches zumindest die Waage hielte. Wer aber hält denn die Waage – hie-
nieden?

Oder man hilft sich mit Gegenmythen negativer Art und nähert sich damit wieder der Einebnungsstrategie. Wie manche
Schreckenskunde aus ferner Vergangenheit kann nicht dem
Nachweis dienen, daß es auch damals und dort sehr mörderisch
zugegangen sei. Und wie sieht es in der jüngeren und jüngsten
Vergangenheit aus: hat nicht auch Stalin... sind nicht auch in
Kambodscha... Traurige Rechnungen; die sich aber auf merkwürdige Weise in die politische Gegenwartsbetrachtung hinein
fortsetzen. Denn wenn nun schon alle Katzen grau sein sollen,
was bedeutet das umgekehrt für die heutige Differenzierung
zwischen den großen Mächten? Darüber haben sich Peter Graf
Kielmansegg und Ralf Dahrendorf in der »Zeit« gestritten.
Während der erste die Unterschiede hervorhebt, die es nun
einmal macht, wenn in einem Land die Regierung gewählt
wird, wenn das Forum einer öffentlichen Auseinandersetzung
frei ist und wenn die Gerichte unabhängig sind, schlägt der
zweite einen Gedankengang ein, der sich – mit Vorbehalten –
der Vorstellung nähert, daß solche Unterschiede an Bedeutung
verlieren, daß eine Konvergenz zwischen Osten und Westen
heranwachsen und so die Notwendigkeit einer mehr als realpolitischen Entscheidung für die eine oder für die andere Seite
sich erübrigen könnte.

Besteht Übereinstimmung, oder eine Verwandtschaft, zwischen dieser Konvergenztheorie und der Kontinuitätsthese,
von der vorhin die Rede war? Um Einebnung geht es in beiden
Fällen. Dort wurde gelehrt, daß der Irrweg ins Hitlerreich,
wenn man ihn allgemeiner betrachte, der deutsche Weg in den
Totalitarismus gewesen sei, parallel zu Italiens Weg in den Faschismus, Spaniens Weg zur Falange und namentlich Rußlands
so gründlich ausgeschrittenem Weg in den Bolschewismus.
Also fast unausweichlich – könnte man davon absehen, daß die

anderen europäischen Staaten ihre Freiheit bewahrten oder allein durch äußeren Zwang verloren. Doch was ist Freiheit, sagt der Konvergenztheoretiker; wie frei sind wir wirklich, und wie unfrei die anderen? Was dauert, sind die Kontinuitäten der Machtgegensätze und der je eigenen Selbstbehauptung. So scheinen sich Nationalismus und Neutralismus zu finden.

Erwartet eine Mehrzahl von Lesern in Deutschland, daß historische Bücher nationalistisch seien? gewiß nicht; aber daß sie von großer deutscher Vergangenheit handeln, ist vielen nicht unlieb. Erwartet man, daß die – naturgemäß »negative« – Betrachtung des Dritten Reiches zurücktrete? nicht unbedingt; aber ein gewisser Sättigungsgrad wird wohl schließlich erreicht. Erwartet man, anderseits, eine positive Revision? nein; aber die Massenmedien sorgen dafür, daß dem Thema des Nationalsozialismus durch die Auseinandersetzung mit den Revisionisten noch einmal wieder etwas abgewonnen werden kann. Erwartet man weitere Bücher über den Widerstand gegen Hitler? ganz gewiß. Herrschen die »apologetischen Tendenzen in der deutschen Zeitgeschichtsschreibung«, vor denen Habermas warnt, heute vor? oder morgen? Ja, wer das wüßte.

Quelle: Neue Zürcher Zeitung, 26. September 1986 (Fernausgabe)

18

HANS MOMMSEN

Suche nach der »verlorenen Geschichte«?
Bemerkungen zum historischen Selbstverständnis
der Bundesrepublik

Jüngsthin hat Michael Stürmer in der Wochenzeitung *Das Parlament* (Nr. 20/21, 17./24. Mai 1986) das Trauma der sich konsolidierenden konservativen Rechten beredt zum Ausdruck gebracht, das in der Einsicht besteht, sich nicht länger auf ein hinreichend verbindliches nationales Geschichtsbild abstützen zu können. Er befürchtet von der »verlorenen Erinnerung« einen Mangel an Kontinuität und außenpolitischer Berechenbarkeit der Bundesrepublik. Ob ein geschlossenes Geschichtsbild unter den Bedingungen einer raschen Veränderungen unterworfenen Welt wirklich wünschenswert ist, mag dahingestellt bleiben, desgleichen die Hypothese, eine stärkere Bindung an historische Traditionen gewährleiste ein höheres Maß außenpolitischer Verläßlichkeit. Hingegen stellt sich die Frage, ob die hierzulande beinahe zum Stereotyp geratene Klage vom Verlust der historischen »Identität« berechtigt und ob sie nicht eine Widerspiegelung der von konservativer Seite bestrittenen Tatsache ist, daß sich in der Bundesrepublik ein neues politisches Selbstverständnis entfaltet hat, das von einem grundlegenden historischen Paradigmenwechsel begleitet ist.

Anders als im ökonomischen und politischen Bereich vollzieht sich die Umschichtung des historisch-politischen Denkens in einem langsameren Rhythmus. Daraus mag sich erklären, daß die Debatte über das historische Selbstverständnis der Bundesrepublik zu einem Zeitpunkt aufbricht, der eher durch politische Stagnation als durch rasche Veränderung gekennzeichnet ist. Sie ist indessen der Ausdruck einer schleichenden Legitimitätskrise des politischen Systems der Bundesrepublik, die aus der Phase eines ungebrochenen und unhinterfragten Wirtschaftswachstums herausgetreten ist und aus den unbestreitbaren Wiederaufbauleistungen der frühen Nachkriegszeit keinen Vertrauensbonus mehr ableiten kann. Die sich verschärfende politische Polarisierung, die nicht zuletzt zentrale sozialpolitische Fragen betrifft, erfaßt in zunehmendem Umfang das Politikverständnis selbst, und es ist nicht verwunderlich, daß damit auch die geschichtliche Überlieferung zum Gegenstand grundsätzlicher Kontroversen wird.

Es mag überraschen, daß angesehene Historiker wie Michael Stürmer die Bundesrepublik als geschichtsloses Land apostrophieren, obwohl im Unterschied zu den fünfziger Jahren das geschichtliche Interesse an Breite und Intensität zugenommen hat und selbst die Tagespolitik immer häufiger auf historische Vorgänge Bezug nimmt. Für die frühen Nachkriegsjahre konnte von einer Auslöschung der historischen Erinnerung nicht die Rede sein; die Spuren der Katastrophe des Zweiten Weltkriegs standen jedermann deutlich vor Augen. Trotz des als tiefer Einschnitt empfundenen Verlustes der nationalen Einheit gab es keinen grundlegenden Bruch der historischen Kontinuität. Die von Helmuth James von Moltke erhoffte Stunde X, die eine Tabula rasa für einen epochalen Neuanfang schuf, gab es nicht. Die Hoffnungen, den Untergang des Dritten Reiches für eine grundlegende gesellschaftliche Umwälzung benützen zu können, erwiesen sich als verfehlt.

Die Rekonstruktionsperiode orientierte sich durchweg an politischen Normen, die auf die Weimarer Zeit zurückgingen, und nur in Einzelfällen setzte sich die alliierte Politik der Reeducation gegenüber den angestammten Strukturen in der öffentlichen Verwaltung, im Parteiensystem und im Wirtschaftsleben durch. Es fehlte ursprünglich auch nicht an ausgeprägt konservativ-nationalen Parteirichtungen, die jedoch ihr Wählerpotential zunehmend an die CDU/CSU abgaben, die sich als Auffangbecken für zur älteren konservativen Rechten gehörende Gruppierungen erwies. Das trug dazu bei, daß die politische Rechte keine klar abgrenzbare politische Gruppierung bildete, wenn man von den neofaschistischen Splitterparteien und Teilen der Vertriebenenverbände absieht. Innerhalb des Parteienfeldes übernahm die CSU diesen Part, ohne als konservative Partei definiert zu sein.

Im Unterschied zu der Gründungsphase der Weimarer Republik besaß die politische Rechte kein Reservoir überlieferter konservativer Werthaltungen, an das sie ungebrochen anknüpfen konnte. Die schwachen Versuche der Kanzlerdemokratie, das Erbe Bismarcks, so anläßlich von dessen 100. Todestag, neu zu beleben, verliefen im Sande. Desgleichen verlor die Beschwörung der christlich-abendländischen Überlieferung in dem Maße an Überzeugungskraft, als die unterschiedlichen Strategien des Kalten Krieges den auf den alliierten Kriegs- und Nachkriegskonferenzen vereinbarten Status quo in Mitteleuropa nicht zu ändern vermochten. Der von Konrad Adenauer innenpolitisch wirkungsvoll in Szene gesetzte Antibolschewismus konnte zwar nach wie vor mit Erfolg für die Einbindung rechtsstehender Wählergruppen instrumentalisiert werden. Außenpolitisch war er bereits 1961 mit dem Bau der Berliner Mauer gescheitert; bezeichnenderweise war es Washington, das damals auf eine Détente drängte. Auf die Dauer ließ sich eine konservative Position mit Reminiszenzen an den Kalten Krieg nicht mehr wirkungsvoll begründen.

Die in den Spätjahren Ludwig Erhards von Rüdiger Altmann geprägte Wendung von der »formierten Gesellschaft« stellte einen ersten Versuch dar, bestimmte Vorstellungen des Weimarer Neokonservativismus auf das parlamentarische System der Bundesrepublik zu übertragen und dem ordo-liberalen Schlagwort von der »sozialen Marktwirtschaft« gesellschaftspolitischen Rückhalt zu verleihen. Zu einer Wiederbelebung neokonservativer Ideengänge fehlten jedoch wichtige Voraussetzungen. Der offenkundige Erfolg des industriegesellschaftlichen Ausbaus widerlegte die im wesentlichen von vorindustriellen Strukturen ausgehenden Ideen der neokonservativen Ideologen der zwanziger Jahre. Wenngleich unter dem Stichwort des Korporativismus berufsständische Ideen vereinzelt aufgegriffen wurden, schloß die betont antiparlamentarische Ausrichtung des Konservativismus der Weimarer Zeit direkte Anknüpfungen daran aus.

Es kam hinzu, daß die politische Rechte, indem sie sich zum rückhaltlosen Fürsprecher des Atlantischen Bündnisses machte, in eine gleichsam seitenverkehrte politische Frontstellung geriet. Außenpolitische Rücksichten verschlossen ihr die Möglichkeit, sich zum Fürsprecher der nationalen Souveränität zu machen und eine größere außen-, wirtschafts- und militärpolitische Eigenständigkeit der Bundesrepublik im Rahmen der NATO zu fordern. Das Schreckgespenst der Neutralisierung Mitteleuropas nahm ihr die Möglichkeit, als Anwalt spezifischer nationaler Interessen gegenüber den westeuropäischen Partnern hervorzutreten; sie überließ dies notgedrungen der SPD und den neo- bzw. postfaschistischen Splittergruppen. Solange sich die Bundesrepublik gänzlich im außenpolitischen Windschatten der westlichen Alliierten befand, blieb dieses theoretische Dilemma des Konservativismus von untergeordneter Bedeutung. Angesichts des offenen Hervortretens einer spezifischen Interessenpolitik der USA unter der Präsidentschaft Ronald Reagans schlägt es in eine ungewöhnlich anmutende Rigidität um, mit der das Festhalten am westlichen Bündnis, das von der Opposition nicht ernsthaft bestritten ist, zum innenpolitischen Dogma stilisiert wird.

Der Fluchtweg konservativen Denkens in der Bundesrepublik war gleichzeitig dadurch verbaut, daß es sich allzu vorbehaltlos auf die Theorie der »totalitären Diktatur« eingelassen hatte. Die damit vollzogene prinzipielle Gleichsetzung von nationalsozialistischer Diktatur und kommunistischer Herrschaft kam während des Kalten Krieges dem Bedürfnis entgegen, eine handfeste ideologische Plattform zu besitzen, die sich sowohl mit dem Epitheton des Antifaschismus schmücken konnte als auch linksgerichtete Bestrebungen ausgrenzte und kriminalisierte. Die Abgrenzung von totalitären Diktaturen diente seitdem als Grundmuster zur Rechtfertigung einer »kämpferischen« Demokratie und zur Abstützung der unter dem Begriff der »freiheitlich-demokratischen Grundordnung« im formal rechtsstaatlichen Sinne umgedeuteten demokratischen Idee.

Die Berufung auf die Theorie der »totalitären Diktatur« diente zugleich als theoretische Abstützung der Ausklammerung der Periode des Dritten Reiches aus der Kontinuität der deutschen Geschichte, die bereits Friedrich Meinecke in seiner *Deutschen Katastrophe* 1946 postulierte und die sich in der

Phase der Kanzlerdemokratie auf breiter Front durchsetzte. Die Interpretation des Dritten Reiches als ein dem deutschen Volk aufgezwungenes Willkürregime, das auf die dämonische Verführungskunst Hitlers und seine erfolgreiche Manipulation »atomisierter Massen« zurückgeführt wurde, enthielt eine indirekte Exkulpierung der vorwiegend konservativ eingestellten Funktionselite, deren maßgebende Mitverantwortung für die Entstehung und Stabilisierung der nationalsozialistischen Diktatur dadurch in den Hintergrund trat. Sie entsprach der von Hermann Lübbe als Mittel der psychologischen Selbstbehauptung gerechtfertigten Verdrängung der verbrecherischen Politik des Dritten Reiches.[1] Diese schlug sich in der Unterlassung der strafrechtlichen Verfolgung von Kriegsverbrechen durch die bundesrepublikanische Justiz nieder. Sie kam erst in Gang, als der Ulmer Einsatzgruppen- und der Eichmannprozeß einen verstärkten Druck der ausländischen Öffentlichkeit auf die Bundesregierung hervorriefen.

Die Deutung des Nationalsozialismus als Resultat der »Stimmzetteldemokratie« hielt sich bis tief in die fünfziger Jahre hinein. Noch heute gehört die These, daß der Aufstieg der NSDAP in erster Linie der Massenarbeitslosigkeit der frühen dreißiger Jahre zuzuschreiben sei und die »Machtergreifung« ohne die Auswirkungen der Weltwirtschaftskrise undenkbar gewesen wäre, zum klassischen Repertoire konservativen Geschichtsdenkens. Es ist bezeichnend, daß die Weimarer Republik in den unmittelbaren Nachkriegsjahren als von vornherein gescheitertes Experiment betrachtet wurde; erst mit dem Erfolg der Kanzlerdemokratie hellte sich dieses Bild auf und wurde die Weimarer Erfahrung zur zusätzlichen Legitimierung der Bundesrepublik herangezogen, wobei freilich die prinzipielle Überlegenheit der Bonner Republik stets herausgestellt wurde. Dabei muß nachdenklich stimmen, daß von der politischen Rechten die Bundesrepublik herablassend als »demokratischste« und »freiheitlichste« Verfassungsordnung attributiert zu werden pflegt, gegen die Kritik von links allemal unstatthaft sei.

Für die innenpolitische Profilierung konservativer Positionen gewann die im Alleinvertretungsanspruch kulminierende

Pauschalablehnung der DDR eine zentrale Bedeutung. Der Wiedervereinigungsanspruch wurde überwiegend innenpolitischen Zwecken dienstbar gemacht, bis sich herausstellte, daß dies bei der Mehrheit der Bevölkerung auf Widerspruch stieß, die die durch Brandt eingeleitete Ostpolitik mit Erleichterung aufnahm. Die Nichtanerkennung der DDR und deren Funktion als Gegenklischee zur »freiheitlich-demokratischen Grundordnung« hatten zur Folge, daß die als Konstante betrachtete nationale Solidarität der Westdeutschen mit der Bevölkerung der DDR zunehmend ausgehöhlt wurde. In gleichem Maße verlor die nationalstaatliche Tradition des Kaiserreiches an psychologischer Bindekraft. Für große Teile der westdeutschen Bevölkerung, insbesondere die nachwachsenden Generationen, erwies sich die Berufung auf die Bismarcksche Reichsgründung als historisch blind und versiegte als Legitimationsquelle des gesamtdeutschen Anspruchs.

Das Dilemma konservativer Politik besteht nicht zuletzt darin, durch die Fixierung auf den Wiedervereinigungsanspruch an der Artikulierung spezifisch nationaler Interessen der Bundesrepublik gehindert zu sein. Die Reservierung des Begriffs der Nation für beide deutschen Staatsvölker verleiht jedem Versuch, an nationale Gesinnung zu appellieren, eine Ambivalenz und wirft die Frage der Abgrenzung gegenüber rechtsnationalistischen und neofaschistischen Tendenzen auf. Die in den letzten zwei Jahrzehnten anwachsende neokonservative Publizistik vermischte den Anspruch auf die Rückkehr zur »deutschen Nation« vielfach mit schwerlich einlösbaren Revisionsforderungen. Die Abgrenzung zu eindeutig neofaschistischen Positionen erwies sich als fließend. Ein Vergleich der Veröffentlichungen des von Ministerpräsident a. D. Hans Filbinger gleichsam als Alterssitz geleiteten Studienzentrums Weikersheim e. V. mit den Beiträgen der *Deutschen Nationalzeitung* macht dies allzu deutlich.

Die von der neuen Rechten propagierte Revisionspolitik war schwerlich mit der Festschreibung des deutschlandpolitischen Status quo zur Deckung zu bringen, die die Bundesregierung als Satellit im Atlantischen Bündnis, aber auch mangels konkreter Alternativen zu treiben gezwungen war. Desgleichen wagten sich neokonservative Autoren mit der Kritik an der alliierten Umerziehung in den Jahren nach 1945 zu weit vor, als daß dies mit dem Fortbestand des einvernehmlichen politischen Verhältnisses mit den Vereinigten Staaten verträglich erschien. Abgesehen von den mit schöner Regelmäßigkeit stattfindenden Beschwörungen gesamtdeutscher Visionen, die ihren peinlichsten Höhepunkt mit dem Besuch des Schlesiertreffens durch Bundeskanzler Helmut Kohl fanden, blieb der konservativen Politik die Zuflucht zu betont nationalen Positionen versperrt. Die weitgehend politisch steril gewordene Debatte über die deutsche Frage verlagerte sich daher nicht zufällig auf die Ebene konfligierender Geschichtsbilder.

Für das Selbstverständnis der überwiegend auf Wirtschaftswachstum ausgerichteten Bundesrepublik blieb bis zum Ende der sechziger Jahre kennzeichnend, daß der historischen Legitimitätsfrage zunächst untergeordnetes Gewicht beigelegt wurde. Die Auseinandersetzung mit der kritischen Linken veränderte dies und führte nun zu dem Ruf nach einer Intensivierung der historischen Bildung, von der sich die CDU/CSU eine Abstützung des gefährdeten innenpolitischen Konsenses erhoffte. Größere Bedeutung erhielt die Legitimationsdebatte jedoch erst seit der Proklamation der Politik der »Wende«. Es erwies sich rasch, daß die Wiederanknüpfung an Auffassungen der fünfziger Jahre keine hinreichende Resonanz in der öffentlichen Meinung besaß. Nachdem die Schonfrist beendet war, die der Regierung Kohl/Genscher erlaubte, sich auf Kosten des in den letzten Amtsjahren Bundeskanzler Helmut Schmidts innerlich zerstrittenen sozialliberalen Kabinetts zu profilieren, trat der Mangel eines integrativen politischen Konzepts offen zutage, das der »Wende«-Politik den Makel bloßer Restauration nahm. Gegenüber der sozialliberalen Reformpolitik und dem Programm, »mehr Demokratie zu wagen«, vermochte die neue Regierung sich nur auf ein höheres Maß wirtschaftspolitischer Verläßlichkeit zu berufen. Zwar fehlte es nicht an Anstrengungen rechtsstehender oder zur Rechten übertretender Intellektueller, dieses ideologische Vakuum zu füllen, und sie scheuten nicht vor Anleihen bei den amerikanischen Neokonservativen zurück. Aber letztlich vermochten diese von einer betont konservativen Kulturpolitik begleiteten Bemühungen keine langfristige Perspektive zu zeichnen, die geeignet war, der vordringenden nackten Interessenpolitik einen ideologischen Deckmantel zu verschaffen.

Exakt in dieser Konstellation verschärfte sich der bis dahin eher schwelende Streit um die Konturen des westdeutschen Geschichtsbilds. Während dieser sich zuvor im wesentlichen in der Klage über die angeblich weitverbreitete Geschichtsverdrossenheit der westdeutschen Bevölkerung niederschlug, füllte er sich nunmehr inhaltlich auf. Im Mittelpunkt stand die Bewertung der Geschichte des Dritten Reiches, für die die Gedenkfeiern zu dem von außen aufgedrängten und von der Bundesregierung zunächst nur widerwillig akzeptierten 40. Jahrestag der deutschen Kapitulation den äußeren Anlaß gaben. Die Ungeschicklichkeiten der Bundesregierung anläßlich des Besuchs von Präsident Reagan in Bitburg machten überraschend klar, daß die Belastungen des Zweiten Weltkrieges nach wie vor traumatische Bedeutung besaßen. Sie störten die Dramaturgie des Bitburg-Spektakels, das unter der Fiktion der endgültigen Versöhnung zwischen Bundesgenossen den Kreuzzugsgedanken der Alliierten gegen die Hitler-Diktatur durch den Kreuzzugsgedanken gegen die kommunistische Weltherrschaft ersetzen sollte. Folgerichtig wurde in den offiziellen Reden der Zweite Weltkrieg in die Reihe der Normalkriege zurückgedrängt und erschien das Dritte Reich als eine tragische, aber angesichts der Bedrohung durch die bolschewistische Aggression begreifliche Verstrickung.

Die an die Bitburg-Episode anschließenden innerpolitischen Auseinandersetzungen machten deutlich, daß die bis dahin in der Politischen Bildung und den Geschichtslehrbüchern tonangebende Sicht der nationalsozialistischen Periode keine hinreichende Verbindlichkeit mehr besaß. Letztere war von der problematischen Annahme der inneren programmatischen Konsequenz der Herrschaftsideologie Hitlers geprägt, die mit dem ursprünglich gerade nicht personalistisch gewendeten Totalitarismus-Theorem kombiniert worden war. Die Hervorhebung Hitlers als maßgeblichem Initiator der verbrecherischen Politik des NS-Regimes entsprang einerseits dem Reflex auf die schon vor der Machteroberung in den herrschenden Eliten prädominierende, 1945 bitter enttäuschte Annahme, daß Hitlers gutwillige Absichten von seinen Unterführern in das Gegenteil verkehrt worden seien – eine Sehweise, die in dem Maße zur nationalen Notlüge wurde, indem der Diktator das Monopol nationaler Identifikation usurpierte, wodurch jede Abkehr vom »Hitler-Kult« als antinational gebrandmarkt war; andererseits zielte der Hitlerismus darauf ab, die konservativen Führungsgruppen moralisch zu entlasten, indem die Komplexität des innen- und außenpolitischen Entscheidungsprozesses als bloßes Derivat des omnipotenten Führerwillens hingestellt wurde. Das ermöglichte die für die ersten Nachkriegsjahrzehnte bestimmende pauschale Ablehnung des Dritten Reiches als einer Art geschichtlichem Fremdkörper. Die Ursachenanalyse verlagerte sich demzufolge auf die Fehleinschätzungen des Nationalsozialismus durch Parteien und Interessengruppen vor 1933. Hingegen verzichtete man auf die Aufschlüsselung der unterschiedlichen und häufig inhomogenen Motivationen, die insbesondere die Vertreter der oberen Mittelschicht zur Loyalität gegenüber Hitler auch dann bewogen, wenn sie der NSDAP und SS, insbesondere, wie es charakteristischerweise hieß, den »Methoden« Himmlers, Heydrichs und Goebbels' innerlich ablehnend gegenüberstanden. Daß auch das Dritte Reich unter der Decke der monolithischen Stilisierung durch einen offenen politischen Prozeß geprägt war, trat darüber zurück. Hingegen suchte man die »Schuld« für die Katastrophe der Weimarer Demokratie bei der extremen Opposition von »links« und »rechts«, die die politische Mitte von Weimar erdrosselt hätte. Das außenpolitische Pendant für diese bequeme und didaktisch allzu leicht zu handhabende Modellerklärung bestand in der grotesken Schlußfolgerung, der britischen Appeasement-Politik, insbesondere den englischen Pazifisten der dreißiger Jahre, die Verantwortung für die verhängnisvolle Eskalation der nationalsozialistischen Gewaltpolitik anzulasten.

Die Bewertung des Dritten Reiches als in sich kontingentes, mit der Weimarer Republik nur bedingt in Verbindung stehendes Geschehen spiegelte sich auch in der von konservativen Historikern vollzogenen Gleichsetzung der Oktoberrevolution mit der in Übernahme des nationalsozialistischen Vokabulars als »revolutionäre« Erhebung apostrophierten Machteroberung. Tendenziell wurde die Geschichte des Dritten Reiches zum schicksalhaften Verhängnis stilisiert, aus dem es kein Entrinnen gab, von dem aber auch konkrete politische Impulse auf die Gegenwart nicht ausgehen. Ebenso reagierte man auf Judenverfolgung und Holocaust primär mit moralischer Betroffenheit und beließ die damit verknüpften, von der westdeutschen Forschung nur unzulänglich aufgearbeiteten Vorgänge auf der Ebene einer bloß traumatischen Erfahrung. Bundeskanzler Kohl faßte die darin sichtbar werdende politische Folgenlosigkeit der nationalsozialistischen Erfahrung in die Formel von der »Gnade der späten Geburt«.

Exakt gegen die allenthalben hervortretende Tendenz, »die Hypotheken einer glücklich entmoralisierten Vergangenheit abzuschütteln« (Jürgen Habermas), richtet sich Martin Broszats Plädoyer für eine »Historisierung« des Nationalsozialismus.[2] In der internationalen wie in der westdeutschen Zeitgeschichtsschreibung hat sich eine weit offenere Sicht des Dritten Reiches seit längerem durchgesetzt, die sich vor allem von der ursprünglich vorherrschenden dualistischen Interpretation freimachte, welche dem Terrorzentrum des SS-Staates die Traditionen des »anderen Deutschland« gegenüberstellte und sich im übrigen einem ideologiegeschichtlichen Determinismus verschrieb. Bezeichnenderweise waren es gerade außenpolitische Forschungen, insbesondere die grundlegenden Arbeiten Andreas Hillgrubers, die den Blick für die Kontinuitäten der deutschen Politik vom Spätwilhelminismus bis zur Kapitulation öffneten. Zugleich trat immer deutlicher hervor, daß die Verfügbarkeit weiter Teile der überwiegend konservativ orientierten Funktionseliten für die Politik des NS-Regimes weniger auf ideologischer Indoktrination als vielmehr auf den dann von diesem nur unzureichend eingelösten Versprechen beruhte, die im Zuge der vorschreitenden gesellschaftlichen Nivellierung eingetretenen Statuseinbußen wieder rückgängig zu machen.

Es ist kennzeichnend, daß diese von der konkreten Forschung längst aufgegriffene Linie in der Bundesrepublik weniger mit fachwissenschaftlichen als mit ordnungspolitischen Argumenten bekämpft wird. Die hochemotionalisierte Debatte über die Frage, ob es eines förmlichen Befehls Hitlers zur Implementierung der Genozidpolitik bedurfte, beleuchtet diese bis an die Schwelle des Agnostizismus reichende Tendenz zur Verweigerung unbequemer, weil nicht einfach ideologisch kompensierbarer Tatsachen. Dies ließe sich analog mit der Erforschung des Widerstands gegen Hitler belegen, die bei abflauendem inhaltlichen Interesse der Entmythologisierung gezogen wird, wofür keinerlei Berechtigung besteht. Gleichwohl zeichnet sich nicht zuletzt angesichts der Einstellung der jüngeren Generation, welche sich schwerlich mit einer Deutung der nationalsozialistischen Periode abspeisen läßt, die diese primär auf eine schicksalhafte Verstrickung zurückführt, eine zunehmende Aufweichung des erstarrten NS-Bildes ab.

Folgerichtig tendieren konservative Fachvertreter dazu, an die Stelle der Ausklammerung des Dritten Reiches aus der geschichtlichen Kontinuität dessen geschichtliche Relativierung treten zu lassen. Mit der Forderung, den Nationalsozialismus in größere geschichtliche Zusammenhänge einzuordnen, stimmt Ernst Nolte mit stärker progressiv eingestellten Historikern überein, ebenso in der Warnung vor »volkspädagogisch« motivierten Tabus. Wenn er indessen den Genozid als bloße psychologische Gegenreaktion auf den als »asiatische Tat« hingestellten »weißen Terror« Lenins begreift und in die Tradition der »Tyrannei kollektivistischen Denkens« einreiht, die er mit der »entschiedenen Hinwendung zu *allen* Regeln einer freiheitlichen Ordnung« beantwortet sehen will,[3] bewegt er sich jedoch in ein Feld, in dem alle irgendwie gegen den Bolschewismus gerichteten Handlungen als solche gerechtfertigt erscheinen und jede konkrete politische Verantwortung hinter epochenspezifisch bedingten Dispositionen verschwindet.

Mag man diese Argumentation als inakzeptable ideengeschichtliche Konstruktion ohne eigentliche politische Absicht begreifen, die ihm wegen seiner relativen Rechtfertigung der Deportation der Juden und der Betrachtung von Auschwitz als bloßem Auswuchs einer anomalen politischen Konstellation schon vor Jahren den Vorwurf eines »gewöhnlichen deutschen

Nationalisten« (Felix Gilbert) eintrug, so gilt dies nicht für die Schützenhilfe, die er von seiten konservativer Fachvertreter in dieser Frage erhält. Klaus Hildebrand ist Nolte in dieser Sehweise ausdrücklich zur Seite getreten, indem er die vorher zäh behauptete Singularität des Nationalsozialismus (diese zu mißachten war bekanntlich der Standardvorwurf gegen die Verfechter der vergleichenden Faschismus-Theorie) preisgab.[4] Ähnlich plädierte Michael Stürmer, der sich hierbei auf Franz Oppenheimer als unverdächtigen Zeugen bezog, welcher in der »Frankfurter Allgemeinen Zeitung« die Deutschen dazu aufrief, sich endlich vom traumatischen Ballast dieses Teils ihrer Vergangenheit zu lösen, gegen das Festhalten an der »kollektiven deutschen ›Schuldbesessenheit‹«.[5]

Es verwundert nicht, daß diese neue Sicht der Dinge wohlmeinenden Applaus aus Washington findet. In einem *Jenseits der Stunde Null: Die Schaffung einer staatsbürgerlichen Kultur im Nachkriegsdeutschland* betitelten, anläßlich eines Nürnberger Symposiums gehaltenen Vortrag beschwor am 23. Mai 1986 der US-Botschafter in Bonn, Richard Burt, die Deutschen, ein größeres Selbstbewußtsein und höheren Nationalstolz im Hinblick auf ihre Leistungen seit 1945, die ihre Wurzeln in der nationalen Geschichte hätten, zu entfalten. Für ihn, betonte Burt, gebe es eine »Stunde Null«, nicht: der Mai 1945 bedeute vielmehr nur »die Wiederbelebung und Konsolidierung der deutschen Demokratie«, die in Weimar vor allem infolge widriger ökonomischer Verhältnisse und ohne innere Notwendigkeit gescheitert sei. Die Deutschen müßten sich von »der Tragödie der Zeit von 1933–1945« freimachen und sich auf die positiven Elemente der deutschen Geschichte besinnen, die seit jeher demokratische Züge getragen habe.

Die Washingtoner Ermahnungen, endlich das Verhältnis der Deutschen zu ihrer Geschichte, wie bei anderen Nationen auch, ins reine zu bringen, lassen aufhorchen. Sie berühren sich mit der Besorgnis des von Burt ausdrücklich angeführten Michael Stürmer, daß ohne eine Konsolidierung des deutschen Geschichtsbilds die außenpolitische Bindung der Bundesrepublik an den Westen in Frage gestellt sei. Sie stehen zugleich im Zusammenhang mit seiner Klage über die angebliche »Geschichtslosigkeit« der Bundesrepublik und seiner Forderung, das verlorene Terrain aufzufüllen. Nur durch die vermittels der Historiographie bewirkte kollektive Sinnstiftung könne der gefährdete innenpolitische Konsensus langfristig gesichert werden. Die Alternative sei, betont Stürmer, daß der Konflikt zwischen gegensätzlichen Interessen und Werthaltungen, »wenn er keinen gemeinsamen Boden mehr finde«, notwendigerweise »früher oder später zum sozialen Bürgerkrieg« führen müsse.[6] Damit wird der instrumentale Charakter der von den Regierungsparteien geforderten Restituierung »der tausend Jahre heiler Geschichte jenseits des Nationalsozialismus« (so eine CDU-Äußerung von 1978 zur Reform des Geschichtsunterrichts) offen aufgedeckt.

Man wird der westdeutschen Geschichtswissenschaft als ganzer schwerlich unterstellen können, sich dieser politisch motivierten Tendenz zu verschreiben. Dazu ist sie trotz starker konservativer Prägung zu apolitisch eingestellt. Wohl aber kommt sie einer breiten Strömung innerhalb des Faches entgegen, die dem Trend zur Sozial- und Regionalgeschichte und der Alltagsforschung skeptisch gegenübersteht und zur klassischen Politik- und Ideengeschichte zurücktendiert. Es ist schwer abzuschätzen, inwieweit die vor allem von Stürmer und Hildebrand verfochtene neorevisionistische Tendenz Zustimmung finden wird. Jedenfalls dürfte deren technokratische Instrumentalisierung auch bei konservativ eingestellten Fachvertretern auf Ablehnung stoßen, wenngleich bei ihnen, wie im Falle Hillgrubers, eine gewisse Affinität zu einer stärkeren Betonung nationaler Faktoren anzutreffen ist. Dessen historiographische Zuordnung von Vertreibung und Holocaust unterstützt indirekt die von den erstgenannten offensiv beschrittene Ebene der Relativierung der Verbrechen des Dritten Reiches und läßt mit der Forderung »einer Rekonstruktion der zerstörten europäischen Mitte« revisionistische Mißverständnisse zu.[7]

Indem die Verteter des Neorevisionismus die Erfahrungen des Dritten Reiches ausschließlich als nationale Bürde betrachten und die Betroffenheit über die Verbrechen der nationalsozialistischen Herrschaft überwiegend der Kategorie der »Schuld« zuordnen, verstellen sie in der Tat einer angemessenen Verarbeitung dieser Epoche den Weg. Das Schlagwort von der »kollektiven Schuldbesessenheit« lenkt, abgesehen von seiner apologetischen Tendenz, von den tatsächlichen Konsequenzen ab, die nicht primär moralischer, sondern politischer Natur sind. Wenn es 1986 in einer Denkschrift des Bundesbauministers zur Errichtung des Hauses der Geschichte in Bonn heißt, der »Hypothek des Dritten Reiches« müsse das »Kapital weit zurückreichender parlamentarischer und demokratischer wie insbesondere auch föderalistischer Traditionen« der deutschen Geschichte gegenübergestellt werden, als ließe sich die jüngste Vergangenheit mit einfachen Aufrechnungsschritten neutralisieren, belegt dies nur, daß die konstitutive Bedeutung der Erfahrungen der nationalsozialistischen Epoche für das historisch-politische Selbstverständnis der westdeutschen Gesellschaft schlicht geleugnet wird.

Tatsächlich aber entspringt dieser Erfahrung die Einsicht, am parlamentarisch-demokratischen Prinzip festzuhalten und rechtsstaatliche Grundsätze selbst um den Preis verringerter staatlicher Effizienz zu verteidigen. Denn nur vor dem Hintergrund der Auflösung des staatlichen Normen- und Institutionengefüges war der Absturz in eine durch zynische Menschenverachtung und Gewaltanwendung ohne Grenzen geprägte politische Struktur denkbar, die durch die bis in die spätimperialistische Phase zurückreichende Einübung der deutschen Eliten in eine zunehmende moralische Indifferenz zusätzlich begünstigt wurde. Die eben nicht erst im Nationalsozialismus vollzogene Wendung gegen westliche Verfassungstraditionen, die unter Beschwörung des nationalen Machtstaatsgedankens und antikommunistischer Ressentiments erfolgte, hat Hitler den Weg frei gemacht; eben nicht so sehr die Fortwirkung älterer demokratischer Traditionen begründet den demokratischen Konsensus in der Bundesrepublik.

Das in der Bundesrepublik unabhängig von der jeweiligen Parteizugehörigkeit anzutreffende Mißtrauen gegen jedweden staatlich verordneten Gemeinschaftskult, gegen Appelle an die nationale Opferbereitschaft, gegen nationales Pathos und nationale Embleme wurzelt in der politischen Ernüchterung, die unweigerlich der Bilanzierung der Erfahrungen im Dritten

Reich entsprang. Wer immer darin einen Mangel vaterländischer Gesinnung erblicken will, sollte sich darüber klar sein, daß es gleichwohl nicht an einer bemerkenswerten Bereitschaft zu demokratischer Partizipation fehlt, obwohl diese vielfach außerhalb der personell verfilzten Bahnen der großen Parteien tätig wird. Wenn Theodor Mommsen in seinem Politischen Testament den Deutschen verbittert vorwarf, über den »Dienst im Gliede« nicht hinauszugelangen, hat sich dies, trotz einer wachsenden Neigung zu äußerer Anpassung, in den vergangenen Jahrzehnten entscheidend geändert. Dies spiegelt sich auch im Mißtrauen gegen die Ausweitung staatlicher Kontrollapparate, des Datenaustausches und der polizeilichen Überwachung, wenngleich Anzeichen der Resignation unübersehbar sind.

Es ist daher absurd, durch die historische Relativierung des Nationalsozialismus ältere obrigkeitsstaatliche Einstellungen wieder hoffähig machen zu wollen und die an den Fehlentwicklungen der Zwischenkriegszeit, die ja keineswegs die deutsche Nation allein betreffen, abgelesenen Handlungskonsequenzen als Irrweg hinzustellen. Die pazifistische Grundströmung, die sich jüngst in der allgemeinen Kritik an dem libyschen Kommandounternehmen der Vereinigten Staaten geltend machte, mag zwar der Regierung unbequem sein, ist aber die notwendige Konsequenz aus den Erfahrungen zweier Weltkriege, denen aus heutiger Perspektive jede innere Rechtfertigung mangelt. Der Rüstungswettlauf der Weltmächte begegnet daher in beiden Teilen Deutschlands unverhülltem Mißtrauen. Dies hat nicht das geringste mit der Annahme zu tun, daß die Deutschen durch die »Erinnerung an vergangenes Unrecht« daran gehindert seien, ihre wahren Interessen zu vertreten. Umgekehrt sind sie dadurch erst in die Lage versetzt, diese zu erkennen und indoktrinären Einflüsterungen, von welcher Seite sie immer kommen, mit Skepsis zu begegnen. Die weitgehende Zurückdrängung nationalistischer Ressentiments, die zu einer Normalisierung des Verhältnisses zu den Nachbarvölkern geführt hat und selbst die Ausländerfeinschaft eng begrenzt, wird von konservativer Seite als potentielle Gefahr politischer Stabilität und als angeblicher »Identitätsverlust« qualifiziert. Indessen sind es nicht primär nationale Gefühle, sondern interessenpolitische Motive, die Neokonservative wie Michael Stürmer zu erwägen geben, daß mit dem Verlust der religiösen Bindungen allein »von Nation und Patriotismus« *(Kein Eigentum der Deutschen: die deutsche Frage)* klassenübergreifende Konsensstiftung ausgehen könne. Die Hilflosigkeit des Neorevisionismus wird an diesem Punkt deutlich. Denn beide Größen sind nur um den Preis, die Kontrolle darüber zu verlieren, manipulierbar, wie die Geschichte der Weimarer Republik eindrücklich zeigt. Zudem ist die Ausfüllung des von neorevisionistischer Seite erhobenen nationalen Anspruchs notwendig diffus und politisch irreal.

Kennzeichnend für dieses Dilemma ist, daß die angestrebte Konsolidierung des Nationalgefühls auf dem Umweg über die Stärkung des Geschichtsbewußtseins vorgenommen werden soll. Dies ist der tiefere Sinn der Pläne der Bundesregierung, in Bonn und Berlin historischeMuseen einzurichten. Ginge es ihr darum, den demokratischen Konsens durch die kritische Aufarbeitung der nationalen Geschichte zu verstärken, hätte sie schwerlich gezögert, in die von der Opposition angebotene Kooperation einzuwilligen.[8] Wie selbstherrlich der Bundeskanzler in diesem Bereich vorgeht, beweist die ohne Rücksichtnahme auf die bereits konkretisierten Berliner Planungen zur Errichtung eines Forums für Geschichte und Gegenwart im Martin-Gropius-Bau beschlossene Gründung eines Deutschen Historischen Museums[9], das dem Land Berlin aus Anlaß des 750. Stadtjubiläums als »Geburtstagsgeschenk« eingerichtet und gebaut werden soll. Der in der Nähe des Reichstagsgebäudes geplante Museumsneubau soll, den Vorschlägen des vom zuständigen Bundesbauminister eingesetzten Sachverständigengremiums zufolge, die ganze deutsche Geschichte vom 9. Jahrhundert bis zur Gegenwart zur Anschauung bringen. Wie stark äußerer Repräsentationswille und neokonservative Interessen an einer Revitalisierung der deutschen Nationalgeschichte ineinanderfließen, erhellt aus den Vorbildern, die vom mexikanischen Nationalmuseum in Mexico City, dem Diaspora-Museum in Tel-Aviv, dem Air-and-Space-Museum in Washington bis zum Centre Pompidou in Paris reichen.

Der Plan für ein historisches Mammutmuseum in West-Berlin, das im Unterschied vom räumlich nur wenig entfernten Ostberliner Museum für deutsche Geschichte über keinerlei authentische Exponate verfügt, stellt trotz aller Sachkunde der daran bereitwillig mitarbeitenden Fachhistoriker letztlich ein künstliches Fossil des nationalstaatlichen 19. Jahrhunderts dar und soll das verwirklichen, was der deutschen Einheitsbewegung seit den Freiheitskriegen mißlang: die Stiftung eines repräsentativen nationalen Geschichtsbilds. Zwar hat sich die Sachverständigenkommission bei der Vorlage ihres ersten Konzepts darauf verständigt, keine »nationale Weihestätte« schaffen zu wollen und pluralistischen Geschichtsansichten Rechnung zu tragen, desgleichen keine Geschichte des deutschen Nationalstaats, sondern diejenige der Deutschen in Europa in wechselnden Grenzen auszuleuchten. Was immer man angesichts der objektiven Zwänge des gewählten Mediums von derlei Versicherungen halten mag, jedenfalls wird von den Verantwortlichen der Bundesregierung ähnlich wie beim Bonner Haus der Geschichte die Absicht verfolgt, den Deutschen ihre nationale »Identität« gleichsam nachzuliefern. Während der Forums-Gedanke unterschiedlichen Sehweisen und Interpretationen offen war, wird das Deutsche Historische Museum unweigerlich zu einer bildungsbürgerlichen Veranstaltung und zugleich zu einer Selbstdarstellung des fachhistorischen Metiers geraten.

Die Zuflucht zum Museum, zur abgeschlossenen Präsentation der nationalen Überlieferung, ist in doppelter Weise für die Absichten der Bundesregierung und der ihr nahestehenden beratenden Fachhistoriker kennzeichnend. Nicht Problematisierung durch Forschung, sondern Bilanzierung ist gefragt. Zugleich geht es darum, die Geschichte der Zwischenkriegszeit auszudünnen. In Bonn fungiert sie als schmal geratener Vorspann, in Berlin umfaßt sie weniger als ein Zehntel der Ausstellungsfläche. Beide Vorhaben zielen auf Flucht in vergangene Normalität. In beiden Fällen soll ein historisch gegründetes Wertbewußtsein vermittelt werden, das die Bundesrepublik wieder in die Lage versetzt, sich den Wegen nationaler Machtpolitik zu nähern, zwar nicht, wie seit den Tagen Bismarcks, als stärkste Führungsmacht in Europa, wohl aber als »Mittelstück im europäischen Verteidigungsbogen des atlantischen Systems« (Michael Stürmer). Dazu bedarf es in der Tat eines neuen Geschichtsbilds, das das Menetekel der nationalsozialistischen Epoche in den Wind schlägt und die Erfahrungen des Holocaust und des Unternehmens Barbarossa unter dem Stichwort der »Normalisierung« vergessen machen will. Mit dem im Nachkriegsdeutschland schrittweise herangewachsenen Geschichtsverständnis, das abseits von der klassischen Monumentalhistorie und vielfach unabhängig von der Fachwissenschaft entstanden ist, hat dieses Vorhaben nichts zu tun.

Anmerkungen:

1 Vergleiche Hermann Lübbe, *Der Nationalsozialismus im deutschen Nachkriegsbewußtsein.* In: *Historische Zeitschrift*, Nr. 236, 1983.

2 Martin Broszat, *Plädoyer für eine Historisierung des Nationalsozialismus.* In: *Merkur,* Nr. 435, Mai 1985.

3 Ernst Nolte, *Vergangenheit, die nicht vergehen will.* In: *FAZ* vom 6. Juni 1986; außerdem: *Between Myth and Revisionism. The Third Reich in teh Perspective of the 1980s.* In: Hans W. Koch (Hrsg.), *Aspects of the Third Reich.* London: Macmillan 1985.

4 Siehe die Besprechung von Noltes Beitrag in der *Historischen Zeitschrift*, Nr. 242, 1986.

5 Siehe den Leserbrief Stürmers in der *Süddeutschen Zeitung* vom 25. Juni 1986.

6 Michael Stürmer, *Kein Eigentum der Deutschen: die deutsche Frage.* In: Werner Weidenfeld (Hrsg.), *Die Identität der Deutschen*, München: Hanser 1983.

7 Siehe Andreas Hillgruber, *Zweierlei Untergang. Die Zerschlagung des Deutschen Reiches und das Ende des europäischen Judentums.* Berlin: Siedler 1986: »Ob über regionale Ansätze im Westen Europas hinaus jemals eine Rekonstruktion der zerstörten europäischen Mitte – als Voraussetzung für eine Rekonstruktion ganz Europas oder aber als Konsequenz einer in Gang kommenden Rekonstruktion des ganzen Europa – möglich sein wird«, sei auch heute offen. Habermas' Kritik *Eine Art Schadensabwicklung* in: *Die Zeit* vom 11. Juli 1986 schießt bezüglich Hillgruber über das Ziel hinaus.

8 Vergleiche Hans Mommsen, *Verordnete Geschichtsbilder? Historische Museumspläne der Bundesregierung.* In: *Gewerkschaftliche Monatshefte*, Nr. 1, Januar 1986.

9 Vergleiche Dieter Hoffmann-Axthelm, *Geschichte ohne Ort und Schatten. Deutsches historisches Museum in Berlin.* In: *Die Neue Gesellschaft,* Nr. 7, Juli 1986.

Quelle: Merkur, September/Oktober 1986, S. 864–874

19

HANS MOMMSEN

Neues Geschichtsbewußtsein und Relativierung des Nationalsozialismus

Die Schlachtordnung konservativen Denkens in der Bundes-republik hat sich verändert. Jahrzehntelang bestand man dar-auf, den Nationalsozialismus als singulären Einbruch in die Kontinuität der deutschen Geschichte zu deuten. Deutschland als das erste vom Nationalsozialismus besetzte Land – diese Wendung spiegelt die schon nach 1945 einsetzende, sich zuneh-mend verfestigende Tendenz, die Katastrophe des Dritten Rei-ches und dessen verbrecherische Politik vornehmlich auf das Wirken Adolf Hitlers zurückzuführen und letzten Endes als Hitlerismus zu deuten. Anhänger der vergleichenden Theorie des Faschismus wurden barsch zurückgewiesen, es sei mit der Einmaligkeit des Nationalsozialismus nicht vereinbar, ihn un-ter den Begriff des Faschismus zu subsumieren, ja dies laufe auf eine »Verharmlosung« des revolutionären Charakters des NS-Herrschaftssystems hinaus. Allerdings hinderte dies konserva-tive Autoren nicht, die seit den Stalinschen Säuberungen ins westliche Denken fest eingeprägte Gleichung von National-sozialismus und Bolschewismus als zentrales Erklärungsmuster herauszustellen und mit der Theorie der »totalitären Diktatur« zu garnieren.

Seit einiger Zeit liest man es anders. Plötzlich wird nicht nur die »Singularität« des Nationalsozialismus, sondern auch sei-ner Verbrechen geleugnet. Die Debatte entzündet sich an der Bewertung des »Holocaust«. Ernst Nolte ging hierin schon vor Jahren voran, indem er hervorhob, daß die Liquidierung von Millionen europäischer Juden kein Unikum der Weltgeschichte darstelle, sondern in universalgeschichtlicher Perspektive »re-lativiert« werden müsse. Damals fielen ihm anerkannte Histo-riker wie Peter Gay und Felix Gilbert in die Zügel. Die deutsche Öffentlichkeit schwieg. Es war ohnehin ein verdrängtes Randproblem für sie. Jetzt hat Nolte diese These erneut vorgetragen, erst in einer englischsprachigen Aufsatzsammlung, dann in einem ursprünglich für die Römerberggespräche bestimmten Beitrag in der FAZ. Anders als zuvor rief Kritik daran prominente Verteidiger auf den Plan, unter ihnen Joachim C. Fest und Klaus Hildebrand. Charakteristisch richtet sich die Polemik gegen Jürgen Habermas, der in der »Zeit« den Bemühungen entgegentrat, ein ganz im Sinne Helmut Kohls equilibriertes deutsches Geschichtsbild zu präsentieren und dem deutschen Volk zu neuem »Nationalstolz« zu verhelfen (sie finden darin die ausdrückliche Unterstützung des U.S.-Botschafters in Bonn, Richard Burt). Hildebrands Einlassungen mag man beiseite schieben; Habermas »Wirklichkeitsverlust und Manichäismus« vorzuwerfen und subjektive Aufrichtigkeit abzusprechen, zeugt von dem Selbstbewußtsein einer selbst ernannten Historikerelite, die sich anschickt, die Umrisse des vonnöten scheinenden neuen Geschichtsbilds abzustecken.

Ernsthafter ist die Antikritik von Joachim C. Fest in der FAZ, auch wenn sie auf weite Strecken zu einer Verteidigung Ernst Noltes gerät und nicht zögert, Habermas den Versuch des »persönlichen Rufmords« und Flüchtigkeit und Unbekümmertheit des Umgangs mit den kritisierten Texten zu unterstellen. Die Empfindlichkeit, mit der auch Fest auf den Vorwurf reagiert, es handele sich keineswegs um isolierte Diskussionsbeiträge ernstzunehmender Wissenschaftler, sondern um die »Büchse der Pandora«, die die auf weite Strecken von einer zeitgeschichtlichen Enttabuisierung begleitete Wendepolitik geöffnet hat und der hinter die Fortschritte der westdeutschen politischen Kultur zurückfallende Geschichtsdeutungen entspringen, gibt zu denken. Seine Behauptung, Habermas verrenne sich in eine »plattteste Verschwörungstheorie«, die, so Fest, »nichts anderes als ein Ausdruck unbegriffener Verhältnisse ist«, übersieht nicht nur, daß die FAZ sich zunehmend zur Plattform für Vertreter der Revision des »Geschichtsbilds« gemacht hat. Sie abstrahiert zugleich von dem Tatbestand, daß derartige Bestrebungen keineswegs isoliert sind. Dies überrascht um so mehr, als Michael Stürmer, Leitartikler dieses Blattes, ein solches Programm wiederholt verkündet hat, und das unter dem Slogan, daß der, der der Herr der Geschichte ist, auch die Zukunft für sich habe. Es mag sein, daß Joachim C. Fest nichts mit dem im Sinne hat, was damit intendiert ist: daß die Fixierung des Geschichtsbilds auch die Funktion hat, politische Macht zu konsolidieren. Der Bundeskanzler, der eben dieser Rekonsolidierung eines nationalen Geschichtsbilds in Form eines »Deutschen Historischen Museums«, das er als »nationale Aufgabe von europäischem Rang« herausstellte, seine volle politische Unterstützung verlieh, und mit ihm führende Repräsentanten der CDU/CSU griffen jedenfalls Stürmers entsprechende Anregungen exakt in diesem Sinne auf.

Allerdings hat Fest damit recht (und Habermas hat dies nie behauptet), daß von einer Verschwörung keine Rede sein kann. Dazu ist das Wohlwollen, mit dem derartige Bestrebungen in der deutschen Bildungsschicht rechnen können, viel zu groß. Was stattfindet, ist vielmehr die Freisetzung bis dahin zurückgehaltener, weil politisch fragwürdig erscheinender Denkschritte: die Gleichstellung von »Holocaust« und Vertreibung, die Hinterfragung der Zweckmäßigkeit des Attentats vom 20. Juli 1944 angesichts der herandrängenden »Roten Armee«, die Abschiebung der deutschen Verantwortung für den Zweiten Weltkrieg und Auschwitz auf die britische Appeasement-Politik und deren pazifistische Träger, schließlich die Auffassung, daß Weimar primär wegen der Fesseln des Friedensvertrages, des »Diktats« von Versailles gescheitert war, daß das fehlende Nationalbewußtsein der Deutschen auch eine Folge der Reeducation sei, daß es schließlich vor allem die Kommunisten gewesen seien, die das republikanische System (zusammen mit den Nationalsozialisten) untergraben hätten. Gewiß wird das in kruder Form nicht von der Fachwissenschaft vertreten; implizit aber wird dies hingenommen und jedenfalls nicht weiter beachtet.

Dieser Revisionismus neokonservativen Zuschnitts ist als solcher nicht neu. Er blühte in den konservativen Nischen der westdeutschen Gesellschaft seit langem und spiegelt sich in einem verbreiteten Schrifttum, ob es nun von der Siemens-

Stiftung oder von Ministerpräsident Filbingers Studienzentrum Weikersheim e. V. oder aus anderen steuerbegünstigten Quellen finanziert ist. Daß der renommierte Ullstein-Verlag inzwischen auch eine Serie dieser Provenienz unter sein Dach gezogen hat, findet nicht einmal Beachtung durch die FAZ, obwohl es gespenstisch anmutet, daß dieser ehemals repräsentative jüdische Verlag heute Publikationen fördert, die ihre Nähe zu postfaschistischen Positionen nicht verleugnen können und wollen. Finanzielle Transaktionen im Verlagsgeschäft sind nun einmal der Lauf der Welt. Da gibt es die größte Aufregung wegen eines »linken« Literaturfunds in der Bibliothek des Goetheinstituts in Kyoto; daß aber diese fragwürdige Literaturgattung neokonservativer oder neonationaler Provenienz vollständig in den Literaturlisten der Goetheinstitute verzeichnet ist, kümmert niemanden. Was sich gegenwärtig vollzieht, ist keine Verschwörung: vielmehr finden seit langem aufgestaute und in marginaler Literatur sichtbar hervortretende nationale Ressentiments und eine zu neuen Ufern drängende Geschichtsschreibung sich in einer unheiligen Allianz wieder zusammen.

Daß Joachim C. Fest, einer der hervorragendsten Historiographen für die NS-Zeit, mit derlei Tendenzen nichts im Sinn hat, ist evident, ebenso wie die letztlich ressentimenthafte und von internalisiertem Antibolschewismus geprägte Sprache der amerikanischen Neokonservativen kaum in sein Vokabular paßt. Aber es wäre gut, etwas mehr Bedachtsamkeit auf diese sich subkutan abzeichnende Tendenz zu verwenden, als den Außenseiter Habermas der intellektuellen Unredlichkeit und als »Mandarin der Mythen« zu bezichtigen. Das gilt um so mehr, als Fest damit die Tendenz einiger »herrschender« Historiker übernimmt, offene Gegner in die Ecke des Abseitigen zu drängen. In Hildebrands FAZ-Entgegnung geschieht dies indirekt: Habermas wird nachgesagt, die deutsche Welt in »Regierungshistoriker« und Habermas zu trennen. Implizit beansprucht der Bonner Historiker mit diesem Vorwurf, die gesamte deutsche Historie zu vertreten. Dazu paßt, Habermas als Nichthistoriker mangelnden Sachverstands zu bezichtigen. Diese Technik hat Methode: grundsätzliche Polemik, zumal wenn sie sich außerhalb der Fachzeitschriften (wo denn sonst?) abspielt, wird als »Unkollegialität«, der Gegner als hoffnungsloser Außenseiter, als »Manichäer« apostrophiert. Wer glaubt, daß dies ein Einzelfall sei, möge die Kritik von »Dagens Nyheter« an Karl Dietrich Brachers von der Bundeszentrale veröffentlichter Arbeit »Nationalsozialistische Diktatur. Eine Bilanz 1933–1945« lesen.

Im Kontext der gegenwärtigen Debatte wird man vor solchen »Haltet den Dieb«-Parolen warnen müssen. Gerade deshalb ist zu bedauern, daß Joachim C. Fest die methodisch schwierige Frage der Singularität der NS-Verbrechen davon nicht abtrennt. Denn die Vereinnahmung der Position Noltes durch Historiker wie Hildebrand und Stürmer, denen es um unmittelbare politische Schlußfolgerungen zu tun ist, nämlich darum, um den FAZ-Autor Franz Oppenheimer zu zitieren, die notorische »deutsche Schuldbesessenheit« abzubauen, hat diese Frage von vornherein auf eine schiefe Ebene gerückt. Der von Karl Dietrich Bracher in bezug auf den Nationalsozialismus hervorgehobene Begriff der »Singularität« ist für den Historiker zunächst eine Trivialität, da geschichtliche Vorgänge schwerlich identische Strukturen und verursachende Bedingungsrahmen aufweisen. »Unvergleichbarkeit« in diesem Sinne gibt es methodologisch nicht, vielmehr muß sich jeder Vergleich an seiner erkenntnistheoretischen Fruchtbarkeit legitimieren, während es ein Kriterium, diesen a limine für illegitim zu halten, nicht gibt. Es ist daher ebenso gerechtfertigt, den Nationalsozialismus als spezifische Form des Faschismus zu deuten, als ihn mit kommunistischen Regimen in Beziehung zu setzen. Die Frage ist vielmehr, ob aus einem solchen Vergleich richtige oder irreführende Schlußfolgerungen gezogen werden.

Bezüglich der »Genozid«-Politik ist ein solches Vorgehen begreiflicherweise besonders kontrovers. Von der zionistischen Position her, die den Antisemitismus als den allein entscheidenden Faktor für die Implementierung des »Holocaust« betrachtet, erscheint die Parallelisierung mit der Ermordung von sowjetischen Kriegsgefangenen und Zigeunern als problematisch. Mit Recht kann darauf verwiesen werden, daß die Mordaktionen gegen Juden der irrealen Vorstellung vom »Weltfeind« entsprachen, der gegenüber interessenpolitischen Motiven, so sehr sie im ursprünglichen Antisemitismus und auch der Judenverfolgung vor 1938 mitschwangen, völlig untergeordnete Bedeutung beizumessen ist. Unter der Perspektive, daß Massenmord aus rassischen oder ethnischen Gründen keineswegs auf den »Holocaust« beschränkt war und heute ist, rückt die Genozidpolitik demgegenüber in den Horizont der in der bisherigen Geschichte extremsten Form zynischer und systematischer Vernichtung von mißliebigen Völkern oder Minderheiten. Hannah Arendt hat daher nach der Erfahrung des Eichmann-Prozesses dafür plädiert, einen völkerrechtlich wirksamen Straftatbestand des Völkermords zu schaffen.

Von dieser Überlegung her wird es wichtig, die Mechanismen aufzudecken, die es unter den Bedingungen einer weitgehenden, aber keineswegs vollständigen ideologischen Indoktrination ermöglicht haben, die Liquidationsträume der völkischen Antisemiten in die politische Realität umzusetzen. Auch hier spielt der Gedanke der Vergleichbarkeit eine wichtige Rolle, jedoch in anderem Sinne, als dies etwa für die Anklage im Eichmannprozeß galt, die in dem nationalsozialistischen Genozid nur die Endstufe des durch Christen angestrebten antijüdischen Völkermords seit vielen Jahrhunderten erblickte, eine Auffassung, gegen die Hannah Arendt leidenschaftlich protestierte, weil diese im Prinzip die Rolle des Antisemitismus als geschichtlichem Faktor verewigte.

Gleichwohl gibt es eine Singularität des »Holocaust« in einem relativen Sinne. Fest spricht dies indirekt an, wenn er den »Hochmut« der »alten Herrenvolkgesinnung« in dem Argument erkennt, daß Verbrechen dieser Größenordnung einem alten »Kulturvolk« stärker anzurechnen seien, als das für »Völker auf primitiverer Stufe« gelte. Gewiß findet sich das Entsetzen darüber, daß die Nation des »deutschen Idealismus« auf die Stufe einer nicht mehr zu überbietenden zynischen Menschenverachtung und -vernichtung herabgesunken war, gerade bei den Opfern, und das Tagebuch Jochen Kleppers, der über die nicht abzuwendende Deportation seiner angeheirateten jüdischen Tochter den Freitod wählte, legt dies eindrücklich dar. Gerade jenen, die der Regenerierung der deutschen

Identität aus der Bewußtmachung von »tausend Jahren heiler Geschichte jenseits des Nationalsozialismus« das Wort reden, sollte ein Argument freilich fremd sein, das darauf hinausläuft, daß, terroristische Diktatur und propagandistische Indoktrination vorausgesetzt, früher erreichte Stufen der politischen und moralischen Kultur nicht für die Bewertung der Ermordung der europäischen Juden in Anschlag zu bringen sind. Die Akte schreiender Ungerechtigkeit resignierend hinzunehmen und deren gesellschaftliche Voraussetzungen zu verdrängen, indem man sich auf gleichartige Vorgänge anderswo beruft und sie der bolschewistischen Weltbedrohung als Auslöser in die Schuhe zu schieben, erinnert an eben die Denkhaltungen, die den Genozid implementierbar gemacht haben.

Als Historiker, der sich gerade mit der Beantwortung der Frage der Reaktion der Bevölkerung (keineswegs nur der deutschen) auf den »Holocaust« herumquält, ist das Erschreckende an der von Fest fortgeführten Debatte, daß Hitlers »Vernichtungswille« als maßgebliche Endursache des Geschehens genügt. Das eigentliche Problem besteht doch darin, warum die vielen, die an der Ausgrenzung der Juden aus dem deutschen Lebensbereich, die am Anfang des »Holocaust« stand, aktiv beteiligt waren, sich der Mitwirkung nicht zu entziehen versucht haben, von der Mitgliedschaft in den Einsatzgruppen, der technischen Durchführung der Deportation, der Verwertung der jüdischen Vermögen und der Einschmelzung des Zahngolds ganz zu schweigen. Dies ist sicherlich nicht ein Problem der Mentalität der Deutschen allein, obwohl eine bestimmte Form der Autoritätshörigkeit und eine fehlgeleitete Ordnungsliebe zusätzliche Faktoren darstellten, ohne die das Ausmaß der moralischen Indifferenz und menschlichen Apathie nicht erklärt werden kann.

Wenn aber schon der Zusammenhang zwischen Bolschewismus und Nationalsozialismus zur Diskussion gestellt wird, der, wie erörtert, ein durchaus vermittelter, im wesentlichen sozialpsychologischer gewesen ist, dann muß zunächst einmal festgestellt werden, daß nicht die Oktoberrevolution selbst, auch nicht die Übernahme einzelner Machttechniken, sondern die Hyperreaktion der politischen Eliten dafür maßgebend waren, daß die politische Kultur von Weimar durch eine geradezu selbstverständliche Akzeptanz von Gewalt in den politischen Auseinandersetzungen geprägt worden ist, und diese Gewalt kam, um an Josef Wirth zu erinnern, überwiegend von rechts. Der hybride Antibolschewismus, auf dessen Welle Hitler an die Macht kam, trug in erheblichem Umfang dazu bei, selbst moralanaloge Hemmungen bei denen auszuschalten, die den SS-Schergen Hilfsdienste leisteten, darunter eben auch und nicht zuletzt der deutschen Wehrmacht.

Im Licht dieser alle Denkenden immer wieder in ihren Bann schlagenden Fragen erscheint die Einengung der Diskussion auf die Frage, die Ernst Nolte aufgebracht hat, inwieweit es Beziehungen zwischen dem nationalsozialistischen Massenmord und dem Archipel Gulag gab, aufgesetzt und unaufrichtig. In das zeitgenössische Bewußtsein übersetzt, liefe dies darauf hinaus, Katyn Auschwitz gegenüberzustellen, aber mit gleichsam umgekehrter Blickrichtung gegenüber jenen mutigen Oppositionellen, die diese Gleichung auf die Mauerwände schrieben. Wenn man auf die Meinung der Volksopposition im Dritten Reich irgend etwas gibt, dann sollte man deren Reaktion auf die Goebbelssche Katyn-Propaganda nicht vergessen, die darin bestand, dem Regime angesichts der Judenmorde die Berechtigung abzusprechen, die bolschewistischen Morde zu durchsichtigen Zwecken hochzuspielen. Trotz aller Verdrängung und allen Nichtwahrnehmen-Wollens gab es bei der breiten Masse der Bevölkerung – sicherlich nicht bei der vergleichsweise kleinen Zahl fanatisierter Nazis – ein Schuldbewußtsein darüber, daß man Deportationen und Gewaltanwendung passiv hingenommen und sie gutenteils gebilligt hatte.

Die psychologischen und institutionellen Mechanismen, die die Nicht-Reaktion der Bevölkerung erklären, müssen Gegenstand sorgfältiger Erforschung sein, schon unter dem Gesichtspunkt, das Mögliche zu tun, um die Wiederkehr von Vergleichbarem zu verhindern, auch wenn die Größenordnung der systematischen Ausrottung des europäischen Judentums, insbesondere die nahezu lückenlose und perfekte Durchführung, einzigartig dasteht. Denn die Forschung ist sich darin einig, daß das eigentliche Explanandum in der Spannung zwischen mißlungener Geheimhaltung des Genozid, vielleicht mit Ausnahme der weitgehend unbekannten Existenz der Vernichtungslager, und dem ausbleibenden Protest weniger der Öffentlichkeit als der maßgebenden Positionsinhaber besteht. Alle Vergleiche mit dem Stalinismus helfen in dieser Beziehung überhaupt nicht weiter, da die Bedingungen verschieden waren und immerhin erklärliche feindselige Gefühle eine Rolle spielten, während der abstrakte »Antisemitismus ohne Juden« im Dritten Reich einen Sonderfall darstellt.

Von alledem ist bei Fests Verteidigung der Argumente Ernst Noltes gerade nicht die Rede. Zwar nimmt er insoweit die von Martin Broszat und von mir unterbreiteten Argumente auf, als er einräumt, daß Hitler selbst gleichsam zum Gefangenen eines von ihm eingeleiteten komplexen Handlungszusammenhanges wurde. Aber er baut diese Überlegung in seine Argumentation ein, die einen »kausalen Zusammenhang« zwischen den bolschewistischen Verbrechen und dem »Holocaust« als wahrscheinlich hinstellt. Letzteres ist bekanntlich die Position Noltes, der Hitlers radikalen Antisemitismus als fehlgeleitete Gegenreaktion auf die »asiatische Tat« des Bolschewismus deutet. Kausalität in diesem Sinne ist indessen ohnehin nicht zu behaupten, allenfalls ließe sich auf historisch notwendige psychologische Handlungsbedingungen verweisen. Die Stipulierung einer kausalen Verbindung zwischen Archipel Gulag und Auschwitz ist jedoch nicht nur methodisch unhaltbar, sondern auch in ihren Prämissen und Schlußfolgerungen absurd, ohnehin unhaltbar. Geht man aber einmal auf diese Hypothese ein, gelangt man zu folgender Feststellung: Der hybride Antibolschewismus, als dessen »Opfer« Hitler aus solcher Sicht erscheint (er ging bekanntlich den stalinistischen Maßnahmen gegen die Kulaken voraus, und es ist schwer zu sehen, daß er sich aus der Gewaltsamkeit des russischen Bürgerkriegs erst ableitete), zwang Hitler subjektiv dazu, die gleichen Methoden anzuwenden (also die Methoden, die er den Juden als solchen anlastete); er erlag also der Selbsttäuschung, den Bolschewismus für eine jüdische Erfindung zu halten. Subjektiv also, würde sich folgern lassen, war Hitlers Antisemitismus begreiflich, wenngleich seine Methoden aus anderen Gründen nicht gerechtfertigt. Es ist besser, solche Konstrukte nicht weiter zu denken...

Daß sich der Antibolschewismus der deutschen Rechten, aber auch der bürgerlichen Mitte, schon 1918 der Gleichsetzung von Bolschewismus und Judentum bediente und daß beispielsweise der Alldeutsche Verband schon im Ersten Weltkriege fest entschlossen war, den Antisemitismus zur antisozialistischen Massenmobilisierung zu benützen, genügt hinreichend, um zu erklären, warum Hitler in der unmittelbaren Nachkriegszeit im bürgerkriegsgeschüttelten München den völkischen Antisemitismus mit seiner typisch antibolschewistischen Ausrichtung aufnahm. Er war in dieser Beziehung alles andere als ein Sonderfall. Noltes personenbezogene ideengeschichtliche Herleitung wirkt gegenüber diesen unabweislichen Bedingungsfaktoren selbst für die Erklärung des Hitlerschen Antisemitismus eigentümlich konstruiert. Daß der Faschismus, und so der Nationalsozialismus, aber auch die völkische Bewegung, nur als Reaktion auf die Oktoberrevolution, als Nutznießer der durch letztere entfesselten hybriden antikommunistischen Ressentiments, die tief in die SPD hineinreichten, breitere Akzeptanz erreichen konnten, ist unbestritten, obwohl es schließlich anderer bedingender Faktoren bedurfte, um die NSDAP zur Massenbewegung zu machen.

Wenn man schon diesen unbestreitbar wichtigen Zusammenhang isoliert hervorhebt, sollte man ihn doch nicht durch das Nadelöhr der keineswegs originären Hitlerschen »Weltanschauung« pressen, um daraus die Existenz von Auschwitz abzuleiten. Die Frontstellung zwischen der politischen Rechten in Deutschland und den Bolschewiki war längst in äußerster Schärfe entbrannt, bevor der Stalinismus politische Methoden anwandte, die zum Tode von Millionen Menschen führten. Die Denkfigur der Ausrottung der Juden war seit langem geläufig, und dies nicht nur bei Hitler und seinen engeren Satrapen, die vielfach aus dem vom Alldeutschen Verband ins Leben gerufenen Deutschvölkischen Schutz- und Trutzbund zur NSDAP stießen. Daß Hitler – und so müßte man Noltes Konstrukt, für das er biographische Nachweise nicht beizubringen vermag, umkehren – den Schritt vom verbalen Antisemitismus zur praktischen Implementierung getan hat, wäre danach erst in Kenntnis und in Reaktion auf die Untaten der Stalinisten geschehen. Als Hitler-Biograph distanziert sich Fest behutsam von derartiger Einseitigkeit, indem er auf die »Überwältigungsphantasien des Deutsch-Österreichers« Hitler verweist. Nicht ganz konsequent räumt er gleichwohl ein, daß die Berichte über die terroristischen Methoden der Bolschewiki Hitlers »Ausrottungskomplexen« einen »realen Hintergrund« verschafft hätten.

Im Grunde ist die von Nolte aufgeworfene Fragestellung in ihrer ideengeschichtlichen Einseitigkeit wenig hilfreich, um das Geschehene sowohl zu erklären wie zu würdigen. Denn der antisemitisch garnierte Antibolschewismus insbesondere der herrschenden Eliten und keineswegs nur der Nationalsozialisten bewirkte, daß Hitlers Programm des rassischen Vernichtungskriegs auf keinerlei ernsthaften Widerstand stieß, daß sich die Wehrmachtsführung vielmehr bereitwillig zum Komplizen der Ausrottungspolitik machte, indem sie den Komplex der »verbrecherischen Befehle« selbst formulierte und deren Implementierung, wenngleich mit gewissen Vorbehalten um der Manneszucht willen und bei isolierten Protesten, keineswegs nur passiv unterstützte. Darüber einen engeren »kausalen Nexus« im Gehirn Hitlers zu konstruieren, heißt faktisch doch, von der maßgeblichen Mitverantwortung der militärischen Führung und der bürokratischen Eliten abzulenken.

Hitlers fanatischer Kampf gegen die angebliche »Verschwörung des Weltjudentums« war zudem ein ideologisches Konstrukt, das keineswegs der Blutzufuhr durch konkrete historische Geschehnisse, wie der stalinistischen Verbrechen, bedurfte. Ebenso ist der Prozeß, der bewirkte, daß Hitler, bei zunehmender Realitätsflucht, die niemand anschaulicher beschrieben hat als Joachim C. Fest, alle Hemmungen bei der Verfolgung tatsächlicher und angeblicher Gegner fallenließ, nicht mit der Wahrnehmung von Lenins »asiatischen Methoden« zu erklären, ganz abgesehen davon, daß Hitler ideologisch weit mehr im völkisch-antisemitischen Denken der Vorkriegszeit wurzelte, als es die meisten Biographen beschreiben. Der komplexe Prozeß, der über die soziale Entrechtung, die forcierte Auswanderung und die Ghettoisierung schließlich

1941 zur systematischen Liquidation hintrieb, ist nicht einfach ideologisch zu erklären, wie auch Fest einräumt, sondern hängt mit der selbstentfesselten Dynamik zusammen, die die totale Ausgrenzung der Juden aus dem Lebensbereich ihrer Mitbürger, zusammen mit der Siedlungspolitik Himmlers, notwendig entfaltete.

Es soll hier auch nicht im einzelnen der grundlegende Unterschied zwischen kommunistischen Systemen und dem NS-Regime, desgleichen zwischen bolschewistischen und faschistischen Parteien erörtert werden. Die spezifische Form der Politik, d. h. deren Reduzierung auf machtpolitische Mobilisierung und Gewaltanwendung, die faschistische Bewegungen kennzeichnet, ist schwerlich mit dem kommunistischen Politikverständnis, trotz allerlei äußerer Affinitäten, desgleichen der Ähnlichkeit des Stalinkultes mit dem Hitlerkult, über einen Kamm zu scheren. Die innere Grenzenlosigkeit, die insbesondere für den Nationalsozialismus kennzeichnend war und die keinerlei Kompromisse zuließ (und daher notwendig in die Judenvernichtung trieb), ist in dieser Form für kommunistische Herrschaftssysteme, so tyrannisch sie zeitweise entgegentraten, nicht typisch. Dies erklärt auch, warum das Dritte Reich mit innerer Folgerichtigkeit der Selbstzerstörung anheimfiel, während die kommunistischen Regime das Verhältnis zwischen Ressourcen und machtpolitischen Ambitionen in der Regel beachteten. Die Analogie zwischen Bolschewismus und Nationalsozialismus ist vielmehr geeignet, bloß äußerliche Gemeinsamkeiten für die konstitutiven zu halten.

Fests streckenweise polemisch geratene Entgegnung erweckt den Eindruck, als ginge es darum, die Verbrechen des Stalinismus zu rechtfertigen, diejenigen des Nationalsozialismus als ewige moralische Menetekel stehen zu lassen. Nun sind erstere nie bestritten worden, es drängt sich allerdings die Frage auf, ob es angemessen ist, den heutigen Kommunismus am moralischen Maßstab der Geschehnisse der 20er und 30er Jahre zu messen und damit pauschal zu verurteilen. Verhängnisvoll aber ist es, diese Überlegung mit der Nolteschen Konstruktion zu verbinden, daß Hitler die Idee des »Holocaust« dem bolschewistischen Schrifttum entlehnt und gleichsam aus einer psychopathologischen Zwangslage heraus gehandelt habe, ohne daß mindestens die Frage aufgeworfen wird, welche sozialpsychologischen, interessenpolitischen und institutionellen Faktoren es erst ermöglicht haben, daß Hitler sich zum Vollstrecker der Ressentiments nicht bloß der »Massen«, sondern nicht zuletzt der herrschenden Eliten machen und diese ihn in dieser Rolle geradezu anbeten konnten.

Die FAZ hat sich, indem sie Noltes geplanten Beitrag zu den Römerberggesprächen in polemischer Absicht veröffentlichte, nun freilich selbst zum Werkzeug derjenigen gemacht, die ein Interesse daran haben, diese auf den ersten Blick esoterisch anmutende Ableitung des Holocaust aus der instinktiven Furcht vor den »asiatischen Horden« (dieses in Deutschland noch immer sentimentsbeladene Syndrom ist bekanntlich ein Produkt des völkischen Rassismus) an eine Debatte anzuketten, die durch das Vorprellen Michael Stürmers primär politischen Charakter gewann. Es ist wohl bezeichnend, daß Fest den von letzterem so gern strapazierten Begriff der »conditio humana« anführt, um denjenigen, die aus der nationalsozialistischen Erfahrung die Verpflichtung ziehen, die gesellschaftlichen Grundlagen, die zur Ermöglichung des »Holocaust« beitrugen, zu verändern, als realitätsferne »Optimisten« zu klassifizieren, während realistische Denker sich mit der Einsicht begnügen, »daß der Genozid, den er (Hitler) ins Werk setzte, nicht der erste war und auch nicht der letzte«, als ob nach der Erfahrung des nachgerade unbegreiflichen Grauens zur weltgeschichtlichen Tagesordnung übergegangen werden könne.

Es geht dabei doch nicht, wie Fest suggeriert, um die »Perfektibilität« des Menschen und dessen Erziehbarkeit. Es geht darum, Institutionen zu bewahren, die einen Verfallsprozeß wie denjenigen des Dritten Reiches in den Anfängen aufhalten können. Es geht darum, den Sinn für individuelle Verantwortlichkeit im politischen und moralischen Sinne zu schärfen, damit nicht erst Konstellationen entstehen, in denen terroristische Gewalt möglichen Widerstand auslöscht. In Deutschland zumal geht es darum, die Neigung zu autoritärer Anpassung als Norm des Sozialverhaltens zu bekämpfen. »Holocaust« ist dafür ein ständiges Menetekel, denn er bezeichnet das Versagen der Bürgertugenden in allen entscheidenden Momenten. Gerade diese Erfahrung lehrt, mit dem Syndrom des Antibolschewismus behutsam umzugehen. Das erklärt die Sensibilität, auf die Noltes generalisierende Ableitung von Auschwitz aus dem Archipel Gulag nicht nur bei den Hinterbliebenen der Opfer, sondern auch bei denjenigen stößt, die ihre Lebensaufgabe darin sehen, den Keim zu ähnlichen Entwicklungen zu zerstören.

Die Emotion überdies findet sich durchaus auf Seiten derjenigen, die Fest davon ausnehmen will. Die Polemik Hildebrands läßt deutlich spüren, daß er die Konsequenzen wenig bedacht hat, die darin lagen, die Konstrukte Noltes zum Werkstück eines neudeutschen Konservatismus zu machen, dem viel daran gelegen ist, die nationalsozialistische Erfahrung zu relativieren und zu einer angeblichen historischen »Normallage« zurückzufinden, die für jeden, der die Epoche des Dritten Reiches in ihren politischen und moralischen Folgen würdigt, nicht ohne Gewaltsamkeit herbeigezwungen werden kann. Der Geist der Intoleranz, der sich breitmacht, spiegelt sich in den Vorwürfen gegen Habermas, er habe, indem er scharf in der Sache argumentierte, persönlich verunglimpft. Jetzt plötzlich ist der Vorwurf des »Revisionismus« beleidigend; als er gegen die strukturalistischen Interpreten des Nationalsozialismus, in bewußt polemischer Absicht und in Analogie zu der Position David Hoggans, gemünzt wurde, gab es solche Empfindlichkeiten bei der FAZ nicht. In der Tat geht es den selbsternannten Ideologen der »Wende« wie Michael Stürmer und Klaus Hildebrand darum, Kontrahenten auszugrenzen, weil sie hinter sich die Mehrheit der zu konservativen Positionen neigenden, im übrigen tagespolitisch indifferenten Fachkollegen wittern, die Auseinandersetzungen dieser Art als störend empfinden.

Hinsichtlich der historiographischen Behandlung des Nationalsozialismus spricht Joachim C. Fest nicht grundlos von Ritualen einer »falschen Unterwürfigkeit«. Das Wort von den »volkspädagogisch« unerwünschten Erkenntnissen stammt freilich nicht aus dem Lager derjenigen, die mit Habermas' grundsätzlicher Warnung vor einem zu nationalem Wohlverhalten drängenden historischen Neorevisionismus sympathisieren. Die Hitleristische Fixierung des NS-Bildes, zu dem Fest weniger als Autor denn als Mitherausgeber beigetragen hat, gehört ebenso zu dem von ihm gerügten Konformismus, der mir bis heute den beliebten Vorwurf der »Verharmlosung« des Nationalsozialismus einträgt. Zu diesen Ritualen gehört aber auch die weitgehende Verdrängung der fatalen Mitverantwortung der deutschen Gesellschaft dafür, daß es möglich war, den »Holocaust« binnen anderthalb Jahren zur Wirklichkeit werden zu lassen.

Über die historische Dimension des »Holocaust« zu schreiben und den Eindruck entstehen zu lassen, als sei mit Hitlers Bolschewismusbild die Entscheidung darüber gefallen und der Rest terroristisch gehandhabter Zwang, reflektiert eine Konstellation, in der auf die erste, von Hermann Lübbe beschriebene Verdrängung der nationalsozialistischen Erfahrung, die sich des Schlagworts der durch Hitler bedingten Einmaligkeit bediente, eine weitere Verdrängungsperiode folgt, die nach den Ansätzen zur wirklichen Aufarbeitung dieses schwersten Kapitels der deutschen, sicherlich auch der europäischen Geschichte seit den ausgehenden 60er Jahren die Wirklichkeit der Judenverfolgung in universalistischen Betrachtungen über »Totalitarismus, Völkermord und Massenvertreibung als Signatur des 20. Jahrhunderts« (Hildebrand) verschwinden läßt und die »Scham« über das Geschehene mit dem Hinweis darauf verdeckt, daß jedes Volk nun einmal seinen Hitler gehabt habe und zur Tagesordnung zurückkehren müsse. Obwohl der Antibolschewismus und der Antisemitismus stets als Dioskuren auftraten, sieht diese Form der »Vergangenheitsbewältigung« ihre Bestätigung darin, in der Sowjetunion die Wurzel allen Übels aufgesucht zu haben. Wenn es eine Lehre aus der nationalsozialistischen Katastrophe gibt, dann ist es diejenige, sich von allen Ansätzen »kollektiver« Feindbilder freizumachen.

Quelle: Blätter für deutsche und internationale Politik, Oktober 1986, S. 1200–1213

20

MARTIN BROSZAT

Wo sich die Geister scheiden

Die Beschwörung der Geschichte taugt nicht
als nationaler Religionsersatz

Angesichts des rücksichtsvoll-kollegialen Umgangsstils, der in
der akademischen Zunft der Historiker nicht nur aus Opportunität eingehalten wird, lag es auf der Hand, daß die unbe-
kümmerte Angriffslust der Habermas-Polemik vom 11. Juli
nicht nur als frischer Luftzug zur Reinigung der Atmosphäre
begrüßt, sondern auch als gleichsam fremdbestimmte Denunziation zurückgewiesen wurde. Bestand eine der schwächsten
Stellen der Attacke des Frankfurter Philosophen darin, daß er
politisch so agile Hochschullehrer wie Michael Stürmer und
Klaus Hildebrand mit dem behäbigen Andreas Hillgruber und
dem großen Eigenbrötler der Zeitgeschichte, Ernst Nolte, in
einen Topf warf, so scheint sich diese, laut Joachim Fest, »platteste Verschwörungstheorie« inzwischen partiell zu bestätigen.
In diesen Tagen tritt nämlich in auffälliger Weise unter dem
Protektorat der Schleyer-Stiftung ein gesinnungsmäßig weitgehend geschlossener Kreis von Neuzeit-Historikern in Berlin zu
einem Symposium zusammen (»Wem gehört die deutsche Geschichte?«) – unter der Stabführung von Klaus Hildebrand als
wissenschaftlichem Veranstaltungsleiter und mit Stürmer und
Hillgruber als weitere Referenten.

Die Auswahl der aktiven Teilnehmer wie der Zeitpunkt der
Veranstaltung, eine Woche vor Beginn des Trierer Historikertages, deuten auf die programmatische Absicht, mit den ver-
teilten Stimmen nur einer Partei über den bösen Störenfried
Habermas Gericht zu halten.

Wichtiger aber ist es, im Gedächtnis zu behalten, daß die von
Habermas ausgelöste Kontroverse im Kontext einer alten Diskussion über mehrere Kernfragen steht: Wie verhält sich die
neumodische Klage über den Verlust der Geschichte und das

Verlangen nach Identitätsstiftung durch Historie zum kritisch-aufklärerischen Zug, der sich nach 1945 in der historischen Wissenschaft der Bundesrepublik herausgebildet hat, aufgrund leidvoller Erfahrungen mit politischer Inszenierung von Geschichte? Welches neue Verhältnis von Historisierung und moralischer Sensiblität ergibt sich für den Historiker 40 Jahre nach Hitler bei der Betrachtung der NS-Zeit? Und machen die immer wieder strapazierte nationale Frage sowie das Bedürfnis, die Pflege der nationalen Geschichte nicht der DDR allein zu überlassen, nicht allmählich blind für das Postulat des bundesrepublikanischen Verfassungspatriotismus, über dessen Vorrangigkeit man sich bisher weitgehend einig war?

Zum jüngsten Streit: Hypersensibilität hat Habermas in einem Fall zur Überreaktion getrieben. Der Kölner Historiker Andreas Hillgruber verdient den Vorwurf der Verharmlosung des Nationalsozialismus gewiß nicht. Dies muß gesagt werden, auch wenn die von dem Berliner Verleger Wolf Jobst Siedler für ein neues Bändchen der Corso-Reihe schnell zusammengeleimten Hillgruber-Vorträge über zwei ganz heterogene Themen (den Zusammenbruch der deutschen Ostfront und den nationalsozialistischen Judenmord) in dieser Verbindung, die Habermas zur Zielscheibe diente, kein Meisterwerk darstellen. Die im Titel (»Zweierlei Untergang«) angekündigte Erklärung der Interdependenz beider Vorgänge blieb aus. Durch diese irreführende Verknüpfung zu einem großen Thema geriet der ursprüngliche Ansatz Hillgrubers, sein Verständnis auch für die »Verantwortungsethik« der deutschen Soldaten, Zivilisten und Parteifunktionäre, die gegen Ende des Krieges im Osten die Überflutung durch die Rote Armee zum Schutze der deutschen Bevölkerung wenigstens verzögern wollten, ins Abseits einer zumindest verquer, wenn nicht apologetisch wirkenden Perspektive. Für das Skandalon, das Habermas daraus gemacht hat, reicht der Stoff aber nicht aus.

Spitzfindige Apologetik

Um so fassungsloser macht, was Ernst Nolte, nicht zum ersten Mal, in jüngster Zeit zur historischen Einordnung und Relativierung des nationalsozialistischen Genozids formuliert hat. Auch wenn man weitherzig konzediert, daß dem Wissenschaftler eine nicht durch Empfindlichkeiten beengte Freiheit experimentellen Fragens selbst auf diesem Themengebiet einzuräumen ist, bleibt doch das Kriterium gewissenhafter Argumentation als A und O der Beurteilung ihrer Wissenschaftlichkeit. Daß Ernst Nolte solche Grenzen in hochmütiger Verachtung empirisch-historischer Vorgehensweisen immer wieder überschreitet, bringt manche Argumentation des renommierten Gelehrten in die fatale Nähe querulatorischer Spitzfindigkeit. Sie mag alle diejenigen, mich eingeschlossen, besonders erschrecken, die Ernst Noltes Denken vielerlei Anregung verdanken.

Das vielleicht Anstößigste hat Nolte bisher nur in einem 1985 in London erschienenen Sammelband (W. Koch, *Aspects of the Third Reich*) veröffentlicht. Hitler, so schreibt er hier, hatte schon lange bevor eine Nachricht über Auschwitz zur Kenntnis der Welt gelangte, gute Gründe, davon überzeugt zu sein, daß seine Gegner ihn vernichten wollten. In diesem Zusammenhang stellt Nolte die Anfang September 1939 abgegebene Erklärung des damaligen Leiters der *Jewish Agency*, Chaim Weizmann, die Juden auf der ganzen Welt würden auf der Seite Englands gegen Hitler kämpfen; er folgert daraus, dies könnte die These rechtfertigen, Hitler sei berechtigt gewesen, die Juden als Kriegsgefangene zu behandeln und zu internieren.

Ernst Nolte macht sich damit die These von der »Kriegserklärung der Judenheit an Deutschland« zu eigen, die seit Jahren stereotypes Propagandagut rechtsradikaler Broschürenliteratur in der Bundesrepublik ist. Daß der Weltkongreß der Zionisten, in dessen Namen und Auftrag Weizmann im September 1939 nur sprechen konnte, kein Völkerrechtssubjekt war und deshalb die von Weizmann übermittelte Botschaft des Kongresses niemals die völkerrechtliche Bedeutung und Qualität einer »Kriegserklärung« haben konnte, mag ein rechtsradikaler Publizist mit mangelnder Schulbildung übersehen, der Universitätsprofessor Ernst Nolte darf es nicht.

Hier ist ein Punkt objektiver Apologie erreicht, der unabhängig von der Motivation des Verfassers und auch unabhängig davon, daß jedermann weiß, daß er kein vorsätzlicher Apologet ist, eine Bagatellisierung nicht mehr erlaubt, erst recht nicht eine Hinaufstilisierung, wie sie Joachim Fest unter wohlweislicher Verschweigung solcher Fehlleistungen seines Autors versucht. Solche Argumente dürfen nicht hingenommen, gar salonfähig gemacht werden – gerade, weil sie von einem so angesehenen Gelehrten stammen.

Auch Klaus Hildebrand sollte deshalb wenigstens eingestehen, daß er die zitierte These Noltes entweder insgeheim mißbilligt oder einfach überlesen hat, als er sich dieses Frühjahr in der *Historischen Zeitschrift* (Nr. 242, S. 466) über den Beitrag Noltes besonders lobend äußerte, weil dieser es »in außerordentlich anregender und weitführender Art und Weise« unternehme, »für die Geschichte des Nationalsozialismus und des Dritten Reiches zentrale Elemente der Vernichtungskapazität der Weltanschauung und des Regimes historisierend einzuordnen«. Es ist ja wohl nicht anzunehmen, daß mangelndes Wahrnehmungsvermögen vorliegt oder politischer Opportunität gefolgt wird. Nur aus der Tatsache, daß Hildebrand den ohnehin in Berlin lebenden Ernst Nolte nicht als Referenten zu dem Berliner Symposium der Schleyer-Stiftung eingeladen hat, mag man auf leichte, diplomatische Distanzierung schließen.

Über allem Streit freilich haben die meisten den Schlußstein in Habermas' Polemik übersehen – sein Bekenntnis zur Westintegration der Bundesrepublik. Die Hauptpassagen verdienen es, wiederholt zu werden: »Die vorbehaltlose Öffnung der Bundesrepublik gegenüber der politischen Kultur des Westens«, diese »große intellektuelle Leistung unserer Nachkriegszeit«, so Habermas, sei ja gerade »vollzogen worden durch Überwindung genau der Ideologie der Mitte«, die neuerdings von Michael Stürmer und anderen mit ihrem »geopolitischen Tamtam von der alten europäischen Mittellage der Deutschen« wieder aufgewärmt wird. »Der einzige Patriotismus, der uns dem Westen nicht entfremdet«, bestehe in jenem bundesrepublikanischen

»Verfassungspatriotismus«, der sich leider in der Kulturnation der Deutschen erst nach Auschwitz hat bilden können. Deshalb sei es schwer erträglich, wenn neuerdings mit Floskeln wie »Schuldbesessenheit« den Deutschen die Schamröte über dieses Faktum ausgetrieben werden solle und sie wieder zur »konventionellen Form ihrer nationalen Identität« zurückgerufen werden. Das zerbreche »die einzige verläßliche Basis unserer Bindung an den Westen«.

Nüchternheit fehlt

Auch hier stellt sich die Frage, ob Stürmer diesen vehementen Angriff verdient. Habermas weiß natürlich, daß der Erlanger Historiker kein Deutsch-Nationaler und kein politischer Romantiker ist. Aus seiner kürzlich veröffentlichten Aufsatzsammlung (»Dissonanzen des Fortschritts«, München 1986) lassen sich mühelos Zitate aneinanderreihen, die ihn als Protagonisten skeptischer Rationalität und vor allem auch als entschiedenen Befürworter des Atlantischen Bündnisses ausweisen. So verteidigt und zitiert sich Stürmer auch selber gegen Habermas (*FAZ* vom 16. 8. 86), freilich ohne ganz anders klingende Zitate entkräften zu können, auf die Habermas gezielt hatte. Es fällt nicht schwer, ihnen noch einige weitere hinzuzufügen (sämtlich aus der Aufsatzsammlung »Dissonanzen des Fortschritts«):
● »Geschichte verspricht Wegweiser zur Identität, andere Plätze in den Katarakten des Fortschritts.«
● »Ein Gemeinwesen, das sich von seiner Geschichte abspaltet, wird im Bewußtsein seiner Bürger nicht überdauern.«
● »Es ist nicht zu verkennen, daß der Verlust der Geschichte und die Zerstörung des Verfassungskonsens zu den Gefahren zählen, die die Gegenwart bedrohen.«
● »Wenn es uns nicht gelingt... uns auf einen elementaren Lehrplan der Kultur zu einigen, damit Kontinuität und Konsens im Land fortzuarbeiten und Maß und Mitte des Patriotismus wieder zu finden, dann könnte es sein, daß die Bundesrepublik Deutschland den besten Teil ihrer Geschichte hinter sich hat.«
Wenn nicht neokonservative »Ideologieplanung«, wie Ha-

bermas interpretiert, so spricht aus solcher kulturpessimistischer Kassandrarhetorik doch zumindest ein gravierender Mangel an gedanklicher Nüchternheit und Präzision, verbrämt oder begründet in einer prätentiösen Sprache, die Tiefsinn und Bedeutung mehr suggeriert als enthält. Der Leser vor allem der jüngsten Artikel Stürmers steht vor einem Denken und Reden, das zwischen rationaler Bejahung des demokratischen Pluralismus und der universalistischen Prinzipien des westlichen Verfassungs- und Rechtsstaates einerseits und der Beschwörung vormoderner gemeinschaftsstiftender Eliten, Konventionen, Kulturen und Geschichtsüberlieferungen andererseits mit priesterlicher Gebärde, aber vergeblich, zu vermitteln sucht.

Geschichte ist in diesem Dunstkreis weit mehr als die schlichte Erlebnis- und Leidensgeschichte des Menschen; sie hat zugleich die Funktion eines Religionsersatzes und muß von Staats wegen um des demokratischen Konsenses willen forciert werden, zumal wenn die Auseinandersetzungen mit den tyrannischen Systemen des Totalitarismus und ihren Geschichtsmythen erfolgreich bestanden werden sollen.

Überforderte Historie

Unbestreitbar wird bei Stürmer der Historie eine Leitfunktion gesellschaftlicher und staatlicher Integration zugemutet, die sie weit überfordert. Alfred Dregger hat in der Haushaltsdebatte des Bundestages am 10. September erklärt: »Besorgt machen uns Geschichtslosigkeit und Rücksichtslosigkeit der eigenen Nation gegenüber. Ohne einen elementaren Patriotismus, der anderen Völkern selbstverständlich ist, wird auch unser Volk nicht überleben können. Wer die sogenannte ›Vergangenheitsbewältigung‹, die gewiß notwendig war, mißbraucht, um unser Volk zukunftsunfähig zu machen, muß auf unseren Widerspruch stoßen.« Wenn Stürmer von dem »aufrechten Gang« redet, der den Deutschen wieder ermöglicht werden solle, meint er im Grunde dasselbe; Habermas hat es treffend formuliert: Den Deutschen soll die Schamröte ausgetrieben werden.

Hier scheiden sich die Geister. Wer den Bürgern der Bundesrepublik den selbstkritischen Umgang mit ihrer älteren und jüngeren Geschichte wegschwatzen will, raubt ihnen eines der besten Elemente politischer Gesittung, das seit den späten fünfziger Jahren allmählich in diesem Staatswesen entwickelt worden ist. Am verräterischsten ist dabei die fundamentale Verkennung, als sei die durch die Not erworbene moralische Sensibilität gegenüber der eigenen Geschichte ein kultureller und politischer Nachteil verglichen mit anderen Nationen, und als gelte es, deren aus historischen Gründen oft robusteres oder naiveres und politisch meist schädliches historisches Selbstbewußtsein zu kopieren.

In solchen Perversionen patriotischen Geschichtsverlangens droht der einzige Gewinn verspielt zu werden, der der Erfahrung der Hitlerzeit zu danken ist. War es doch gerade auch diese Erfahrung, die die Westdeutschen in den Stand gesetzt hat, sich auch ohne national-emotionale Nachhilfe allmählich in der Rechts-, Sozial- und Zivilisationsgesellschaft der Bundesrepublik heimisch zu machen. Zum erstenmal in der deutschen Geschichte haben sie die politische Realität bejaht – nicht in einem großartigen nationalen Sonderbewußtsein, sondern in schlichtem zivilisatorischen Wohlgefühl.

Die Klage darüber, daß dies nicht genügend tragfähig sei und durch nationale Geschichte kompensiert werden müsse, hat, so scheint mir, mit der Realität des Empfindens der jüngeren Generation in der Bundesrepublik wenig zu tun, es reflektiert weit mehr den Kulturträger-Ehrgeiz politisch ambitionierter Eliten in unserem Land, die bei ihrer angemaßten ordnungspolitischen Führungsrolle glauben, ohne nationalpädagogisches Wächteramt nicht auskommen zu können.

Quelle: DIE ZEIT, 3. Oktober 1986

21

RUDOLF AUGSTEIN

Die neue Auschwitz-Lüge

Man hätte es vor fünf Jahren noch kaum für möglich gehalten,
was sich derzeit unter Historikern, Philosophen und Soziologen abspielt. Es sind nur wenige Historiker, Philosophen und
Soziologen, und gewiß hat die übergroße Mehrheit der Bevölkerung daran keinen Anteil. Aber die Diskussion wird geführt.
Wer sie verfolgt, kann sich nur die Augen reiben.

Es geht um das Stichwort Auschwitz. Mußte man sich früher
mit den Unverbesserlichen um die Frage streiten, ob es denn
wirklich sechs Millionen Juden gewesen seien und ob man die
Gaskammern nicht nur gestellt habe, so ist diese Frage von dem
Kölner Historiker Andreas Hillgruber geklärt worden.

Es waren nach seiner Rechnung, die er uns akribisch auf-
schlüsselt, »über fünf« Millionen Menschen. Da es ja andere
Vernichtungslager gab, beziffert Hillgruber die Zahl der jüdischen Auschwitz-Opfer »nach der zuverlässigsten Schätzung«
auf etwa eine Million.

Bis hierher kann man lesen. Im Gefolge des vierzigsten Jahrestages der deutschen Kapitulation 1945 hat man sich aber
neue Sorgen gemacht. Allen Ernstes müssen wir uns mit folgenden Fragen beschäftigen:

Durfte Hitler, nein, mußte Hitler sich von den Juden aller
Welt bedroht fühlen, nachdem ihm der Präsident des Jüdischen
Weltkongresses, Chaim Weizmann, im September 1939 zusammen mit England »den Krieg erklärt« hatte; war der Jüdische
Weltkongreß mithin ein Staat, dem alle Juden dieser Erde, ob
sie davon wußten oder nicht, angehörten; durfte Hitler sich berechtigt fühlen, die Juden als Kriegsgefangene zu behandeln
und zu internieren? Dies meint der Faschismusforscher Ernst
Nolte.

War die systematische Vernichtung der Juden im ganzen deutschen Machtbereich »wirklich vorausbestimmt«, so fragt Hillgruber.

Ist es Ausdruck einer neuen »Herrenvolk-Gesinnung«, wenn argumentiert wird, ein hochzivilisiertes Volk hätte einer solchen Untat nicht fähig sein dürfen; dies behauptet Joachim Fest.

Muß man die Akzente der Geschichtsschreibung über die Hitler-Epoche neu setzen, weil die Sieger bisher die Geschichtsschreibung diktiert haben; darf man fragen, wie die Geschichte Israels wohl »akzentuiert« würde, wenn es den Arabern gelungen wäre, die Israelis ins Meer zu werfen? Nolte fragt so.

Hatte Stalin Hitler vorexerziert, wie man mit seinen Feinden umgehen mußte; sind Hitlers Rassenkampf und Stalins Klassenkampf vergleichbare Dinge? Fest meint es.

Lohnt sich der Nachweis, daß Hamburg im Jahre 1943 bombardiert wurde, ohne daß die Alliierten von Auschwitz etwas wußten (Nolte). War das, in der Sicht Noltes, auch eine »asiatische« Tat? Wie Auschwitz?

Hatten die Alliierten auch ohne Kenntnis der »sogenannten« (Nolte) Judenvernichtung vor, Deutschland zu amputieren und in mehrere Stücke zu schneiden (Hillgruber). Ja, das hatten sie nach zwei deutschen Expansionskriegen vor – ab 1942.

Erpressen uns die Juden in Israel, immer unter Hinweis auf Auschwitz? (Nolte drückt das vornehmer aus.) Nun ja, das werden sie schon tun. Aber es blieb doch dem deutschen Regierungssprecher 1984 vorbehalten, auf israelischem Boden zu warnen, man solle doch »Auschwitz nicht instrumentalisieren«.

Müssen wir uns wirklich heute noch darüber unterhalten, ob Hitler die Vernichtung der Juden allein gewollt hat, gegen den Willen aller seiner Paladine (Hillgruber); oder ob die Umstände des Krieges ihn in die Judenvernichtung hineingetrieben haben, so daß er selbst gewissermaßen als letzter davon erfahren hat (dies David Irvings überspitzte These).

Ohne Hitler, so die freimütige Erwägung Hillgrubers, wären

die Juden auch diskriminiert worden, aber nicht Mann, Frau und Kind vergast.

Hierzu sei Staatssekretär Hans Globke zitiert, der zweitwichtigste Mann in Adenauers Reich. Zuständig für die gesetzliche und formale Entrechtung der Juden, erfand er, der hebräische Lexika nicht lesen konnte, 1938 Zwangsnamen, von denen er annahm, sie würden als jüdisch kenntlich sein: Faleg, Feibisch, Feisel oder Feitel für die Männer; für die Frauen Schewa, Schlämche, Slowe oder Sprinzi.

Man soll ja nicht die Klappentexte zitieren, aber hier müssen wir es tun. So den von »Zweierlei Untergang«:

»Hillgrubers aufsehenerregende Arbeit wendet sich gegen die landläufige Meinung, wonach die Zerschlagung des deutschen Reiches eine Antwort auf die Untaten des NS-Regimes gewesen sei.«

Wer so denkt und spricht, ist ein konstitutioneller Nazi, einer, wie es ihn auch ohne Hitler geben würde. Bei solch einem Historiker ist die Auslöschung der europäischen Juden »eingebunden in diesen Untergang der Deutschen«. Jeden Lehrer, der seinen Schülern derlei vermittelt, müßte man des Schuldienstes verweisen.

Warum? Hillgruber weiß und belegt, daß niemand das Reich Hitlers 1939 bedroht hat. Großbritanniens Premier Chamberlain ging bis zum Äußersten – nach meiner Ansicht zu Recht –, um seinem Land einen neuen Krieg und den Verlust des gesamten Empire zu ersparen.

Er hatte eine Art Vierer-Balance zwischen Großbritannien, dem Deutschen Reich, dem Italien Mussolinis und Frankreich im Kopf. Wie verrückt Hitler war, konnte er nicht wissen und mußte es erproben. Selbst kontinentale Staatsmänner ohne Regenschirm haben sich da geirrt.

Die Diskussion unter den sogenannten Fachleuten nimmt sich gespenstisch aus, auch auf seiten derer, die den Revisionisten, den Neue-Akzente-Setzern, widersprechen. Ein Nicht-Historiker, Erich Kuby, hat in dem nach meiner Meinung eindruckvollsten seiner bisherigen Bücher »Als Polen deutsch war« den Sachverhalt einleuchtend beschrieben:

»Hitler wird nur verständlich, wenn man davon ausgeht, daß er auf seinen relativ frühen Tod hingelebt hat und daß er, was man sein Lebenswerk doch wohl nennen muß, obgleich es ausschließlich im negativen Bereich angesiedelt war, nicht als ein Stück der realen Welt, einer Welt aus geschichtlich faßbarer Substanz, begriffen hat. Er hat etwas vom Zauberkünstler, der aus einem angeblich leeren Zylinder ein Kaninchen hervorzieht, unterscheidet sich aber darin ganz elementar von diesem, daß sein, Hitlers, Zylinder wirklich leer, das Kaninchen ursprünglich nicht vorhanden war und er es dann doch hervorgezogen hat, zum Erstaunen der Welt, noch viel mehr aber zu seinem eigenen Erstaunen, über das er niemals hinweggekommen ist.«

Wie er dann doch darüber hinwegkam, indem er sich ganz real und auf Nummer Sicher ermordete, wissen wir. Kubys Buch handelt von Polen, betrifft aber mehr die Juden. Denn es sind auf polnischem Boden mit Sicherheit mehr polnische Juden als polnische Nichtjuden umgebracht worden.

Da muß man denn die Rechnungen der Reichsbahn für die Todestransporte lesen – fünfzig Prozent Rabatt – und wie Vernichtungszüge als Militärzüge deklariert wurden, damit sie oberste Priorität hatten.

Man kennt gemeinhin, wenn denn überhaupt, nur die Gaskammern in den sechs Vernichtungslagern. Man praktizierte aber vorher schon den Massenmord mittels Gaswagen oder auch mit Motorabgasen in stationären Räumen. Alle Philosophen, Historiker und Soziologen sollten sich das Faksimile folgender Rechnung zu ihrem jeweiligen Gemüte führen:

»Die Firma Motoren-Heyne, Leipzig C 1, Anton-Bruckner-Straße 8, lieferte für letzteren Zweck zum Preis von 140 RM (netto Kasse) einen gebrauchten, betriebssicheren Dieselmotor am 2. November an SS-Sonderkommando X, z. Hd. Herrn SS-Hauptsturmführer Krim.-Kom. Rothmann, Kulmhof/Post Eichstädte (Wartheland).«

Man weiß mittlerweile, daß ungefähr eine Million Menschen deutscher Zunge direkt mit der Vernichtung der Juden befaßt war – Angehörige nicht gezählt.

Von den Führern der Wehrmacht kann man nicht glauben,

daß sie nichts wußten von jenem Tatbestand, den Kuby so beschreibt: »Die deutsche Besatzungspolitik in Polen war vom ersten Kriegstag an Ausrottungs- und Vernichtungspolitik. Sie hatten sich die Aufgaben säuberlich geteilt.«

Wann immer die Offiziere putschen wollten, und es wollten recht wenige putschen, kam ein Sieg dazwischen. Derselbe General Halder, der angeblich 1938 während der »Sudetenkrise« (schönes, falsches Wort) putschen wollte, schrieb im September 1941 in sein Tagebuch, nahezu verzückt, man habe in vierzehn Tagen Rußland geschlagen. Er war damals Chef des Generalstabs des Heeres.

Diese teutonischen Krieger haßten ihren Führer nicht wirklich. Sie hatten Angst vor seinen Mißerfolgen. Solange die ausblieben, stand das Bündnis zwischen Wehrmacht und Hitler eisern.

Als Vollstrecker, die den Wahn ihres Herrn verkannten, glaubten sie tatsächlich, im Osten ein Großreich aufzubauen, in dem noch ihre Enkel und Urenkel leben würden, Angehörige eines Herrenvolkes. Vor Augen hatten sie Hindenburg und Ludendorff, die ja die Ukraine und die Krim selbst beinahe unterworfen hatten, beinahe.

Man kann hier leider nicht umhin, Ribbentrops Staatssekretär zwischen 1938 und 1943, den Freiherrn Ernst von Weizsäkker, zu erwähnen, der zwar den Krieg gegen Rußland für schädlich hielt, in seinen privaten Aufzeichnungen und Briefen aber keinen Hehl daraus machte, daß er das ganze Sowjet-Pack herzlich verachtete. Von der Judenvernichtung muß er gewußt haben. Trotzdem diente er seinem Führer noch als Botschafter im Vatikan bis zum letzten Tag.

Hitlers »ideologische Untat« ging aus den Grundelementen seiner Politik mit aller inneren Notwendigkeit hervor, schreibt Nolte. Das bedeute aber nicht, »daß diese Grundelemente an sich und gleichmäßig historisch grundlos sowie moralisch verwerflich sind«. War diese Diskussion fällig? Das scheint doch so:

Es mußten die deutschen Hitlerverbrechen in die Verbrechen aller Jahrtausende eingemeindet werden, damit wir wieder ein normaler Staat unter anderen sind. So etwas heißt man »Normalisierung der Geschichte«. Wir können kein anständiges Mitglied der Nato sein, wenn nach vierzig Jahren mit Vorwürfen nicht Schluß ist.

Wir müssen diesmal auf der richtigen Seite stehen. Dafür ist unerläßlich, daß die Verbrechen Hitlers zu Ende sind, diejenigen Stalins und seines Nachfolgers Gorbatschow aber noch andauern. Die Vergangenheit kann nicht aufgearbeitet werden (»Trauerarbeit«), sie muß aktiv in die Zukunft gewendet werden, und das heißt allemal, hirnlos gegen den Bolschewismus.

Nicht umsonst verrät uns Ernst Nolte, die Vernichtung der Kulaken, der mittelbäuerlichen Schicht, zwischen 1927 und 1930 sei *vor* Hitlers Machtergreifung geschehen, die Vernichtung der Alt-Bolschewiken und zahlloser zufälliger Opfer des Stalinschen Wahns zwischen 1934 und 1938 *vor* Beginn des Hitler-Krieges. Aber Stalins Wahn war, anders als der Hitlers, ein realistischer Wahn.

Nach all dem Gefasel kommt hier ein diskutables Etwas: ob Stalin den Hitler hochgeschaukelt hat und ob Hitler den Stalin. Darüber läßt sich diskutieren, nur führt die Diskussion nicht auf den Punkt.

Es ist sehr wohl möglich, daß dem Stalin gefallen hat, wie Hitler 1934 mit einem Duz-Bruder Ernst Röhm und der gesamten SA-Führung umgegangen ist. Nicht möglich ist, daß Hitler den Krieg gegen Polen begonnen hat, weil er sich von Stalins Regime bedroht fühlte.

Hitler war einer der glaubwürdigsten Politiker. Er hat sein Programm angekündigt und durchgeführt. 1927 schrieb der 38jährige in »Mein Kampf«:

»Im russischen Bolschewismus haben wir den im zwanzigsten Jahrhundert unternommenen Versuch des Judentums zu erblicken, sich die Weltherrschaft anzueignen.«

Er rechtet respektvoll mit Bismarck, schreibt dann aber:

»Das Riesenreich im Osten ist reif zum Zusammenbruch. Und das Ende der Judenherrschaft in Rußland wird auch das Ende Rußlands als Staat sein. Wir sind vom Schicksal ausersehen, Zeugen einer Katastrophe zu werden, die die gewaltigste

Bestätigung für die Richtigkeit der völkischen Rassentheorie sein wird.«

Armer Führer, er hat Stalins Pogrome gegen seine jüdischen Ärzte nicht mehr erleben dürfen. Man muß nicht in allem mit Konrad Adenauer übereinstimmen. Aber angesichts der dumpfen Neigung, die Mitverantwortung der preußisch-deutschen Wehrmacht wegzuleugnen (»Der Eid! Der Eid!«), gewinnt man Verständnis für die Auffassung des Nichtpatrioten Adenauer, es sei das Hitlerreich die Fortsetzung des preußisch-deutschen Regimes gewesen.

Sicher bleiben angesichts Hitlers, dieses letzten großen Einzelverbrechers der Welt, Zumutungen und Probleme, die man überhaupt nicht lösen kann. Sollte der Planet eines Tages menschenleer sein, so gewiß nicht seinetwegen.

Was sollen wir mit dem Regime Pol Pot anfangen, das in Kambodscha fast ein Drittel der Bevölkerung ausgerottet hat? Anerkannt von der UNO, müßte es in der Sicht Noltes und Hillgrubers ein nützliches Regime sein. Beweist es doch, daß die Hitler gehen, der Kommunismus aber bleibt.

Vielleicht kam der vierzigste Jahrestag der Kapitulation vierzig Jahre zu früh. In seiner auf der ganzen Welt gerühmten Rede hatte der Bundespräsident zum vierzigsten Jahrestag der deutschen Kapitulation einen Schlußstrich unter eine lange Periode »europäischer Geschichte« ziehen wollen. Er sagte:

»Vierzig Jahre sollte Israel in der Wüste bleiben, bevor der neue Abschnitt in der Geschichte mit dem Einzug ins verheißene Land begann. Vierzig Jahre waren notwendig für einen vollständigen Wechsel der damals verantwortlichen Väter-Generation.«

Für was denn verantwortlich? Der Vergleich war in doppelter Hinsicht gewagt. Erstens waren die Israeliten nur deswegen zu vierzig Jahren Wüstenstrafe von ihrem Stammesgott Jahwe verurteilt worden, weil sie sich geweigert hatten, Land zu erobern, das ihnen nicht gehörte. Sie weigerten sich, die Amalekiter und Kanaaniter, die Hetiter, Jebusiter und Amoriter »zu verschlingen« (dies der deutschen Ausdruck in der von beiden christlichen Konfessionen erstellten Jerusalemer Bibel). Sie hatten, schlicht gesagt, Angst vor diesem Eroberungskrieg. Da ist wohl klar, daß ihr potenzbegieriger Jahwe mächtig böse wurde.

Vor vierzig Jahren begannen aber auch in Nürnberg jene Prozesse, in denen der Bundespräsident einen der »damals verantwortlichen Väter-Generation«, seinen Vater Ernst von Weizsäcker, verteidigte, nicht nur aus Kindesliebe, sondern, wie er öffentlich Günter Gaus sagte, »aus tiefer innerer Überzeugung«. Er glaube nicht, so sagte nun der Sohn, daß sein Vater sich »dem Regime zur Verfügung gestellt« habe.

Wenn nicht das, was denn sonst? Man hätte die Absolution um vierzig Jahre vertagen sollen.

Quelle: DER SPIEGEL, 6. Oktober 1986

22

CHRISTIAN MEIER

Eröffnungsrede zur 36. Versammlung deutscher Historiker in Trier, 8. Oktober 1986

[...] Es ist noch nicht abzusehen, was der Streit um unser Verhältnis zur Vergangenheit, speziell zu den Jahren zwischen 1933 und 1945 bedeutet. Ist er nur eine Auseinandersetzung zwischen Philosophen, Publizisten und Historikern anläßlich verschiedener Publikationen, insbesondere des Aufsatzes von Jürgen Habermas in der ZEIT vom 11. Juli, der übrigens weit über die Grenzen des Landes hinaus Aufsehen erregte? Eine Auseinandersetzung vielleicht, die unter uns Historikern irgendwann einmal fällig gewesen wäre? Ein Streit zwischen Rechten und Linken in einer Situation, da sich in der Bundesrepublik wieder ein Geschichtsbewußtsein regen zu wollen scheint? Denn das hätte allemal politische Konsequenzen; schließlich wird heute auch Geschichtspolitik getrieben.

Oder vollzieht sich in diesem Streit ein viel tieferer, elementarerer Vorgang, das Ende der Nachkriegszeit etwa, die Lösung eines Banns, unter dem wir in den letzten Jahrzehnten gestanden, das explosive Aufbrechen einer Eisdecke, auf der wir gelebt haben? Im letzten Jahr, als es darum ging, ob und wie man des 8. Mai gedenken sollte, waren die 40 Jahre seit 1945 manch einem nicht rund genug dazu. Vielleicht aber stellen sie doch die Frist dar, nach der eine nachhaltige Veränderung in der Geschichtserinnerung sich aufdrängen mußte. Mag sein biologisch, weil diejenigen, die – wie auch immer – am NS-Regime beteiligt sein konnten, das Großelternalter erreicht haben. Mag sein, weil bestimmte Voraussetzungen, mit denen man nach dem Krieg angetreten ist, sich verbraucht haben; vielleicht auch weil wir sie nicht gehörig reproduziert und in die allgemeine Vorstellungswelt, in den Wurzelbereich des allgemeinen Wissens eingebracht haben. Möglicherweise steht die neue Zuwendung zur Geschichte auch in einem weiteren Zusammenhang, denn eine solche Zuwendung findet auf andere Weise zugleich in der DDR statt, übrigens auch in der Türkei. Von Europa gehen wenig Impulse aus, Fortschrittshoffnungen sind umfassend enttäuscht worden, so daß das Nationale wichtiger werden mag; Fundamentalismen treiben sich gegenseitig hoch. Gerade in den letzten beiden Jahren mehren sich in den Nachfolgestaaten des ehemaligen Großdeutschen Reiches die Symptome für tiefere Wandlungen.

Ich wüßte kein Beispiel aus der Geschichte dafür, daß ein Volk die Erinnerung an seine Geschichte derart schmerzlich erfahren hätte wie wir in den letzten Jahrzehnten; es sei denn, daß es sie als göttliche Strafe nahm – und verstand. Das aber können wir kaum, und es geht uns ja auch trotz des im Krieg Verlorenen sehr gut. So belastet uns die Geschichte, ohne daß es uns schlecht ginge. Das ist, soweit ich weiß, historisch etwas ganz Neues.

Die deutschen Verbrechen zwischen 1933 und 1945 waren, meine ich, in dem Sinne singulär, daß sie qualitativ deutlich über die vergleichbaren anderer Völker (etwa der stalinistischen Sowjetunion) hinausgingen. Aber selbst wenn sie es nicht gewesen wären, so war und ist doch singulär die Weise, in der das hierzulande und außerhalb bewußt war und ist. Das ist schwer auszuhalten, zumal von Jüngeren, Unbeteiligten. Von diesen Untaten kann man wissen, und doch wird man dieses Wissen immer wieder einkapseln, verdrängen. Und je weiter wir uns von dem Geschehen entfernen, um so mehr tut sich eine Schere auf: Mit jedem Tag wächst die Zahl derer, die mit den Untaten jener Zeit nichts mehr zu tun haben – und nicht einsehen, warum sie einem gezeichneten Volk angehören sollen. Und es wächst zugleich auch das Erschreckende, das Grauenerregende der Verbrechen selbst, je mehr diese unter dem Möglichkeitsaspekt – statt unter dem der miterfahrenen harten Wirklichkeit der ersten Hälfte des 20. Jahrhunderts erscheinen müssen. Auch wenn wir vornehmlich mit tausend anderen Dingen befaßt sind und die Gegenwart recht erfolgreich zu bestehen scheinen, bleibt hier, meine ich, ein Punkt großer Verletzlichkeit und eine Wunde, die schwärt, die stört, die uns in Anspruch nimmt und manches von uns absorbiert, obwohl sie uns am »aufrechten Gang« nicht hindert.

Insofern ist es kein Wunder, wenn viele die Untaten jener Zeit endlich auf sich beruhen lassen, mindestens relativieren wollen. Und es kann ebensowenig erstaunen, daß das so leichthin nicht abgeht. Wenn derart etwas, was getragen hat, aufgewühlt wird, muß sich Einiges regen. Keineswegs unbedingt alte Nazis, obwohl auch die sich leider regen, samt dem Antisemitismus, der ihnen eigen ist. Dann ist die gegenwärtige Debatte keineswegs »überflüssig wie ein Kropf«.

Doch sei es um die Deutung der heutigen Situation und ihrer tieferen Hintergründe bestellt, wie ihm wolle, wir sind in einen Streit geraten. Wir müssen uns ihm stellen. Schließlich wird in ihm etwas wahr, was wir immer behauptet haben, als unser Fach bedroht war: Daß nämlich die Geschichte so wichtige Bedingungen für jede Gegenwart enthält, daß die Beschäftigung mit ihr dringend ist.

Doch kann ein solcher Streit nicht nur wissenschaftlich, sondern er muß zugleich politisch sein. Das ergibt sich unvermeidlich sowohl aus seinem Gegenstand wie aus seiner Bedeutung für die politische Situation des Landes wie schließlich aus der Weise, wie etwa die Medien uns in Anspruch nehmen und naturgemäß gegeneinander vergröbern, anspitzen, anstacheln werden.

Das ist grundsätzlich kein Schade. Im Gegenteil: Streit belebt, klärt, bringt weiter – auch wenn er nicht gleich, nach Heraklit, der Vater aller Dinge ist. Streit ist also willkommen. Wobei die direkte Auseinandersetzung allemal den gemeinsamen Manifestationen geistiger Waffenbrüder vorzuziehen ist, wie sie jetzt in Mode zu kommen – und dem Historikertag Konkurrenz zu machen – scheinen; und wohl auch der Weise, in der die ZEIT jetzt nacheinander lauter Artikel druckt, die gleichzeitig geschrieben zu sein scheinen: Denn da findet ja kein Gespräch statt, sondern es werden zumeist nur Stellungnahmen zu viel früheren Stellungnahmen anderer abgegeben, die ihrerseits zu wieder anderen Stellung genommen haben.

Ich möchte die Dinge nicht dramatisieren. Wir sollten uns

auch nicht zu wichtig nehmen. Vermutlich ist ein guter Schuß Humor das, was uns im Moment am nötigsten ist. Es scheint mir aber angebracht, an dieser Stelle sehr entschieden und offen ein paar Feststellungen zu treffen, unter anderem, aber keineswegs nur zu Händen der Öffentlichkeit.

So beachtlich und fair die meisten der vorliegenden Äußerungen sind, so gibt es doch zugleich solche, die Sorgen bereiten. Es geht nicht an, daß Historiker sich weigern, Räume zu betreten, in denen bestimmte andere Historiker sich aufhalten – um nicht in die Versuchung zu kommen, ihnen die Hand zu geben. Es geht auch nicht an, daß die Teilnahme an Veranstaltungen dieses Historikertages mit der Begründung abgelehnt wird, damit würde eine Liberalität vorgespiegelt, die es in Wirklichkeit nicht gäbe. Es ist nicht liberal, Liberalität nur für sich und seine Geistesverwandten zu beanspruchen, auch dann nicht, wenn andere das gleiche tun. Wer Liberalität leichtfertig für beendet erklärt, trägt selbst zu ihrer Beendigung bei. Wir sollten aber alles tun, um sie zu erhalten. Denn es liegt bei uns, wie es um sie bestellt ist. Und sie ist ein sehr kostbares Gut. Übrigens sollte auch, wer selbst mit harten Bandagen umgeht, nicht übertrieben sensibel sein. Bei allem Respekt, den wir uns schulden: Nicht jedes harte Wort, nicht jedes Mißverständnis kann schon beleidigend sein.

Eine der Grundlagen der im Streit praktizierten Liberalität ist das Ernstnehmen des Gegners. Das beginnt mit dem genauen Studium dessen, was er geschrieben oder gesagt hat. Leider aber neigt der Mensch im Streit besonders leicht zu Irrtümern und Mißverständnissen. Verdacht etwa pflegt zu suchen und gern auch zu finden, wessen er den Gegner verdächtigt. Und man hält sich gern an Zitierbares, das allemal aus dem Zusammenhang getrennt werden muß. Das gehört zur Polemik, zumal wenn es politisch wird. Sie ist vieles andere eher als gerecht. Dann braucht man gewiß nichts auf sich sitzen zu lassen, was man als ungerecht empfindet (und was es oft auch ist), aber man darf den Gegner auch nicht gleich verteufeln, weil er letztlich das Gleiche tut, was man selbst tut. Denn stets lesen beide Seiten eines Streits mit parteiischen Augen. Wenn der eine dem andern Sinnstiftung durch Wissenschaft vorwirft und der andere den einen als Groß-Richter und Groß-Propheten tituliert, geben sie einander doch wohl nicht viel nach.

Bei aller Leidenschaft des Streits: dürfen wir denn Irrtümer, Mißverständnisse und Überspitzungen gleich als Böswilligkeit nehmen? Jedenfalls soll man die Meinung des Gegners, nicht ihn selbst bekämpfen. Sonst wird die Grundlage, auf der wir uns fruchtbar streiten können, in Frage gestellt. Offensichtlich heilen einige alte Wunden aus der Zeit um 1970 verdammt schwer. Aber das könnte bei jüngeren ebenso sein!

Soweit historische Arbeiten in die Kritik miteinbezogen werden, ist festzustellen – gerade auch einer zum Teil skandalösen Behandlung durch die Presse gegenüber –, daß der Historiker nicht einfach dem Wunschdenken folgt. Es kann zwar vorkommen, ist aber doch in der Regel nicht so, daß er einfach erkenntnisleitenden politischen Interessen nachgeht. Es sollte, kann und wird vielmehr zum Alltag des Historikers gehören, daß er auch seine Fragen in Frage stellt. Oft geht es gerade darum, Unbequemes anzuerkennen und zu verstehen. Gerade einige der größten Historiker, von Thukydides über Polybios und Tacitus bis hin zu Tocqueville und Jacob Burckhardt und darüber hinaus wollten sehen, warum geschehen ist, was ihnen nicht paßte, und ihre Größe bestand gerade darin, daß sie die Tatsachen, auf Grund derer ihre Nation, ihr Stand, ihre Welt unterlegen war, anerkannten, ja ihnen vollen Respekt erwiesen; den Respekt, nicht mit dem Fragen aufzuhören, bevor sie sie verstanden. Eine solche Herausforderung stellen auch weite Teile der jüngsten deutschen Geschichte dar.

Entsprechend folgt keineswegs jede Feststellung, nicht jeder Versuch zu verstehen, einer politischen Absicht. Man kann Historiker nicht politisch danach sortieren, ob sie meinen, daß Hitler den Befehl zur Judenvernichtung gegeben hat. Es ist nicht einzusehen, warum diejenigen, die es meinen, dies aus konservativer Gesinnung tun sollen. Wieso werden denn die »Machteliten« des Dritten Reiches, die einen solchen in höchstem Maße verbrecherischen Befehl angenommen und ausgeführt hätten, durch dessen Existenz schon exkulpiert? Wieso dient eine solche These heutigen Konservativen? Man kann die Dinge auch zu politisch nehmen.

Andererseits gibt es natürlich bestimmte politische Erkenntnisinteressen und Absichten, bei allem Bemühen um Objektivität. Historiker schreiben nicht sine ira et studio; oder es wird nur allzu langweilig, und selbst dann ist es nicht der Fall. Ihre Fragen und Ansätze sind oft auch von gegenwärtigen Tendenzen mitbestimmt und keineswegs immer bewußt. Sie nehmen teil an den Worten und Vorstellungen ihrer Zeit, bewußt und unbewußt – um es zu wiederholen –; ihre Fragen werden von ihrer Lebenswelt sowohl freigesetzt, vielleicht gar befördert, wie auch gelähmt oder erstickt. Das weiß jeder, der die Sache lange genug betrieben und sich dabei beobachtet hat. So mag es sein Recht haben, politische Tendenzen in historischer Arbeit wahrzunehmen, aber es kann ebenso sehr in die Irre führen. Man muß daher in diesem Punkt äußerste Vorsicht walten lassen.

Wie schnell sonst unerträgliche Anschuldigungen entstehen, hat unser Kollege Andreas Hillgruber erfahren. Im Vorwärts, im Spiegel und in der Tageszeitung! Und Jürgen Habermas hat dem leider Vorschub geleistet. Es ist wirklich widersinnig, Hillgruber die Absicht zu unterstellen, er wolle den Nationalsozialismus verharmlosen. Trotz aller methodischen Fragwürdigkeiten, von denen er – oder sein Verleger – seine Darstellung besser freigehalten hätte.

Es geht aber auch nicht an, die Sorgen, die sich Habermas angesichts verschiedener Tendenzen – vielleicht unbewußter Tendenzen – auch in der neueren Historiographie macht, einfach unter Hinweis auf zu kurze Zitate oder eine falsche Verteilung zwischen Zitat und Referat vom Tisch zu wischen. Mir scheint es sich da, soweit Fehler in der Wiedergabe von Meinungen vorliegen, eher um Mißverständnisse zu handeln, die zum Teil aus verdachtbestimmtem Lesen resultieren, zum Teil übrigens auch durch die Autoren nahegelegt werden. Aber wie dem auch sei, er hätte eine andere Antwort, eine Antwort zur Hauptsache verdient, auch von Historikern. »Man muß seinen Gegner stärker machen, wenn man klüger werden will als er« – so hat Gadamer einmal Heideggers Prinzip der Interpretation Platons formuliert. Man sollte auch sein Kaliber respektieren, dann erst wird der Streit fruchtbar – und wird er dem wahrhaft nicht leichten und für uns alle bedrückenden Gegenstand am ehesten gerecht.

Es ist weiter festzuhalten, daß es bei uns keine Frageverbote geben darf und gibt. Der Vergleich zwischen den Untaten Deutschlands unter Hitler und denen der Sowjetunion unter Stalin ist keineswegs illegitim, im Gegenteil, er ist erhellend und nützlich. Es besteht durchaus Anlaß, der totalitären Züge beider Regime, gerade auch in Voraussetzungen und Ausführung ihrer Verbrechen zu gedenken – und auch andere Massenmorde in die Betrachtung einzubeziehen. Es werden sich da zahlreiche Gemeinsamkeiten, aber auch wichtige Unterschiede ergeben. Wer es anderen ankreidet, daß sie die harmlose Formulierung vom »Ende des Judentums« gebrauchen, sollte seinerseits nicht nur von der »Vertreibung der Kulaken durch Stalin« sprechen!

Allein, wir sollten uns davor hüten, die Frage nach der Singularität der deutschen Verbrechen in einer Weise zu stellen, daß damit offenkundig neuen Relativierungs- und Ablenkungsversuchen Vorschub geleistet wird. Das – und das allein – begegnet berechtigter Kritik. Um es genau zu sagen: Es wird gegen Ernst Nolte kein Frageverbot verhängt, kein Tabu errichtet, sondern seine Weise, diese Fragen aufzuwerfen, zurückgewiesen: Weil man einer so elementaren Wahrheit nichts abdingen soll; weil die deutsche Geschichtswissenschaft nicht wieder in simple nationale Apologetik verfallen soll und weil es wichtig für ein Land ist, daß in den empfindlichsten, auch ethisch empfindlichsten Zonen seiner Geschichte nicht geschummelt wird, sondern die Wahrheit, so bitter sie ist, gilt. Wenn Mommsens Formel von der »Pflicht politischer Pädagogik« einen Sinn hat, so hat sie ihn selten so wie hier.

Der Streit um die Singularität sollte auch nicht auf unwürdige Weise von der Thematik, um die es geht, ablenken. Selbst wenn unsere Verbrechen nicht singulär wären, was wäre für uns und unsere Stellung in der Welt damit denn gewonnen? Was nützt es uns, wenn die Judenvernichtung neben der Kulakenverfolgung und -liquidation oder den Ausrottungen des Herrn Pol Pot ins Glied tritt? Es ist früher verschiedentlich darüber gestritten worden, ob es nicht vielleicht nur ein, zwei oder drei

Millionen Juden waren, die wir umgebracht haben. In solch unseliges Fahrwasser darf unser Streit nicht geraten. Es gibt Argumente, die erinnern an das hilflose Lächeln, das in flagranti ertappte Kinder aufsetzen, wenn sie ihre Betroffenheit nicht zeigen wollen.

Wir sollten auch nicht meinen, es mache keinen Unterschied, ob wir millionenfachen Mord begingen oder etwa die Türken respektive die Sowjetrussen. Ist man denn, wenn man behauptet, daß in Deutschland andere zivilisatorische und ethische Voraussetzungen in einer langen Geschichte erwachsen sind als etwa in Rußland, der Türkei und Indochina, schon ein Verfechter der Ideologie vom Herrenvolk? Daraus erwachsen doch noch lange keine Vorrechte (außer in gewissen Fortschrittsideologien des vorigen Jahrhunderts), wohl aber Pflichten. Wenn millionenfacher Mord zweifellos zur Wirklichkeit des 20. Jahrhunderts gehört, so gehört dazu doch auch, daß er etwa in West-, Nord- und Südeuropa und in Amerika nicht geschehen ist. Sollten wir uns nicht eher an deren Maßstäben messen?

Es bleibt dann die Frage, warum von den deutschen Verbrechen immer wieder die Rede ist und von den vergleichbaren anderer Völker nicht. Nach meinem Urteil ist das nicht durch »Schuldbesessenheit« bedingt, wenngleich es die – und sehr wohl auch Interessen, die sie wecken und ausnutzen – gibt. Aber mehr noch, meine ich, liegt es daran, daß unsere Demokratie auf das Erfahren und die Ablehnung des Nazismus gegründet ist; und daß uns mit der Freiheit Verantwortung gegeben ist; auch gegenüber unserer eigenen Geschichte. Gerade deswegen liegt dieses Geschehen so tief in unserer Geschichtserinnerung, und die unterliegt nicht unserer Willkür! Es stellt eben einfach eine ungeheure, sich auf vielen Wegen stets neu aufdrängende Wahrheit dar, die noch in der Verdrängung zu wirken bereit ist.

Davor kann man nicht fliehen, jedenfalls wird jede Flucht unsere Hilflosigkeit nur vergrößern. Daran haben wir alle zu leiden, und wir sollten uns darin respektieren. Keiner sollte meinen, er hätte die Anwaltschaft innerer Wiedergutmachung gepachtet. Aber wenn einer aus diesem Geschehen ethische

Postulate ableitet, die einem anderen nicht passen, so spielt er sich deswegen noch nicht als Hoher Priester auf; dann soll man vielmehr zeigen, daß diese Postulate falsch, ungerecht, unpraktisch sind und daß man bessere hat. Die Erinnerung an das nazistische Deutschland läßt ja gewiß nicht nur eine einzige Konsequenz zu.

Gleichgültig, wie man die gegenwärtige Situation, wie man Ort und Bedeutung unseres Streits auffaßt, sein eigentliches Thema, wie Habermas es angeschlagen hat, ist die Frage, welche Konsequenzen wir heute aus dieser Geschichte zu ziehen und wie wir mit ihr umzugehen haben. Dafür sind nicht nur, aber im wesentlichen Sinne auch wir Historiker zuständig. Da geht es einerseits darum, ob gewisse Symptome einer neuen Fahrlässigkeit im Umgang mit dem Nationalsozialismus, die man vielerorts beobachten kann, sich auch in Sprache, Methode, Identifikationen und Argumentationen von Historikern finden lassen.

Andererseits und vor allem aber ist da die Frage, ob der Verfassungspatriotismus die einzige Form nationaler Identität sein kann, die uns bleibt. Michael Stürmer meint es anders, und es ließen sich durchaus Gründe dafür vorbringen. Dann bliebe die nächste Frage zu stellen, ob eine an die ganze deutsche Geschichte anknüpfende nationale Identität, wie Habermas meint, nur die konventionelle – oder ob sie nicht vielmehr eine neue sein kann und muß. Sie mag dann an das Alte anknüpfen, vielleicht in manchem so, wie auch andere Völker es an ihre vordemokratische Vergangenheit tun; in durchaus demokratischer, also zu kritischer Verarbeitung vieler Spannungen sich befähigender Identität. Denn die deutsche Geschichte kann ja nicht insgesamt sub specie des Nationalsozialismus betrachtet werden. Vielleicht ist nationale Identität geradezu erforderlich, wenn wir uns unserer Geschichte als der eigenen voll aussetzen wollen, um es ganz mit ihr aufzunehmen. Vielleicht können wir nur auf diesem Weg mit ihr leben und trotzdem ein historisches Bewußtsein zu haben lernen.

Das Bedenken dieser Fragen ist auch für den Historiker unumgänglich. Denn daraus ergibt sich ihm ein regulatives Prinzip bei der Ausübung der »Pflicht politischer Pädagogik«, um

Theodor Mommsens Ausdruck nochmals zu zitieren, der, wie die Geschichte der letzten 18 Jahre zeigt, von den verschiedensten Seiten des politischen Spektrums im Sinne einer Instrumentalisierung von Geschichte benutzt werden kann, in dem jedoch auch fern aller Instrumentalisierung ein gutes Stück Wahrheit steckt: Denn gar so harmlos ist historische Arbeit ja nicht.

Dahinter steht das Problem, wie wir die gleichsam hypnotische Lähmung weiter Teile unseres Volkes gegenüber der NS-Vergangenheit auflösen können, jenes Nebeneinander von pauschaler Verurteilung aller Deutschen jener Zeit und alles Deutschen, sowie von Verdrängung und trotziger Zuwendung. Ich persönlich meine, daß eine solche Lösung nur möglich ist, indem wir einerseits klar bleiben in Benennung und Verurteilung all dessen, was Deutschland zur Zeit unserer Eltern und Großeltern an Untaten sich zuschulden kommen ließ, andererseits aber auch zu verstehen suchen, was am Handeln unserer Eltern und Großeltern zu verstehen ist. Das bedeutet auch: An den Grundsätzen, nach denen sie handelten, an den Traditionen, in denen sie wurzelten. Da war gewiß nicht alles falsch. Wir müssen nur Kategorien des Verstandes, aber auch der Vorstellung und vielleicht auch des Herzens finden, um das Große der grauenvollen Verbrechen und das Kleine ordentlicher Pflichterfüllung und anständigen Lebens sehr Vieler in ein verständliches, verstehbares Verhältnis zueinander zu bringen. So jedenfalls, scheint mir, wird es am ehesten gelingen, auf die Dauer einen Modus zu finden, um mit diesem Stück Geschichte zu leben, ohne von ihm ständig heimgesucht zu werden. Freilich kommt es auf meine persönliche Antwort hier nicht an.

Es scheint mir nur wichtig, daß die Fragen, die Habermas aufgeworfen hat und die bedeutsam genug sind, in der Hauptsache diskutiert werden. Nur dann wird die Debatte den Nutzen haben, den sie haben kann. Ich weiß nicht, was für einen Sinn es hat, von versuchter Entsorgung der Vergangenheit zu sprechen. Ich fühle mich da an die Redensart erinnert, die so gern den Totengräber mit dem Mörder verwechselt. Ich finde Totengräber und Entsorgung nützlich, wenn das Schlimme, das

Gefährdende einmal geschehen ist. Aber es gibt gewiß den ungeduldigen Versuch der Normalisierung unseres geschichtlichen Bewußtseins. Die eben ist es, die so schnell nicht eintreten wird.

Ich möchte mit diesen Gedanken die Diskussion nicht dazu bringen, sich in der Komplexität zu verlieren, aber etwas schwieriger möchte ich sie schon machen. Vor allem aber geht es mir um zweierlei: Daß unser Verhältnis zu jenem schwierigsten Stück unserer Vergangenheit klar, der Wahrheit verpflichtet und verantwortbar bleibt. Und daß jene Grenzen des Streits bewahrt bleiben, innerhalb derer er allein fruchtbar und ohne Schaden ausgetragen werden kann.

Im Unterschied zu manchen anderen Fächern hat die Historie die Erschütterung der Jahre ab 1968 gut und im ganzen durchaus zu ihrem Vorteil bestanden. Ihre Maßstäbe sind gewahrt geblieben, sie hat ihre Probleme in fairer, wenn auch mitunter harter Auseinandersetzung diskutiert, ihr Zusammenhalt und ihre Qualitätsmaßstäbe haben nicht wirklich gelitten. Vermutlich hat dazu beigetragen, daß unsere Sache von außen in Frage gestellt wurde, so daß wir sie gemeinsam zu verteidigen hatten. Gelegentlich frage ich mich nur, ob man nicht bedauern sollte, daß damals keine bundesrepublikanischen Historiker Marxisten wurden. Denn dann könnten einige andere an ihnen studieren, was das ist, und bräuchten nicht ständig Nichtmarxisten Marxisten zu nennen.

Meine Damen und Herren, man sagt, Humor ist, wenn man trotzdem lacht, und man kann auch sagen, Ideologie ist, wenn man trotzdem glaubt. Ich würde hier formulieren: Pluralismus ist, wenn man trotzdem einig ist – im Grundlegend-Gemeinsamen nämlich. Und daran möchte ich nicht rütteln lassen. [...]

Quelle: Eröffnungsrede zur 36. Versammlung deutscher Historiker in Trier, 8. Oktober 1986, S. 7–16 des ursprünglichen, nach einem Mitschnitt um die mündlichen Hinzufügungen ergänzten Manuskriptes. Eine gekürzte Fassung erschien im ›Rheinischen Merkur / Christ und Welt‹ vom 10. Oktober 1986.

23

THOMAS NIPPERDEY
Unter der Herrschaft des Verdachts
Wissenschaftliche Aussagen dürfen nicht an ihrer politischen
Funktion gemessen werden

(a) Jürgen Habermas bildet aus recht unterschiedlichen Historikern eine Gruppe der »Revisionisten«, rechnet sie ohne Umschweife einem ideologiepolitischen Programm zu, das Michael Stürmer formuliert haben soll. Habermas fragt nach Motiven, sozialmoralischen Folgen, politischen Funktionen der historischen Aussagen. Und weil er natürlich kein bloßer Politikbeobachter sein will, werden diese Aussagen moralisch gewertet. Moralisch integre Kollegen werden in die allerdings fatale Nachbarschaft von NS-Apologeten gerückt. Nicht Vergleich und Differenzierung seien das Ziel, sondern Entlastung von der Vergangenheit, ja Nato- und Wendehistorie.

Die eigene politische Tendenz wird mit der Wahrheit gleichgesetzt, und nebenbei wird dann aus der »Vernichtung« der Kulaken ihre »Vertreibung«. Das ist das alte Lied, die Interpretation des Nationalsozialismus wird als Waffe im politischen Kampf benutzt. Aber das ist mehr: Es ist die Herrschaft des »Verdachtes« (Hegel), der selbstgewissen Tugend und eines Wahrheitsmonopols, die Unterscheidung der Guten von den Bösen. Darum darf man schon von Unterstellung, Frageverboten sprechen – schon die bloße Publikation des Nolte-Artikels durch die FAZ rückt in die Nähe der Sünde. Daß Tacitus nicht *sine ira et studio* schrieb und daß Ideologiekritik legitim ist, ist demgegenüber kein Argument. Die Moral der Wissenschaft fordert, die Argumente der Gesprächsteilnehmer unabhängig von Herkunft, Motiven, Folgen zu prüfen. Man muß die Ebene der Argumente von der des Kontextes trennen – und jeder kennt genügend Beispiele, wo politische und wissenschaftliche Meinungen und Fronten sich nicht decken. Die moralisierende »Interpretation« von Kontexten kündigt den wissenschaftlichen Diskussionsprozeß, der von neuen Entdeckungen und neuen Perspektiven, manchmal sogar der Entdeckerkraft ideologischer Interessen lebt, kündigt die Freiheit und die Pflicht zum permanenten Revisionismus auf. (b)

Ich wende mich also dagegen, wissenschaftliche Aussagen und ihre Erkenntnisleistung an ihrer behaupteten politischen »Funktion« zu messen. Nun kann man von den einzelnen Aussagen zu generellen Perspektiven fortschreiten. Es geht dann beispielsweise um den Gegensatz »apologetischer« und »kritischer« Geschichtswissenschaft. Daß es apologetische Geschichtsdarstellung gibt, ist trivial; in Frage steht die Wissenschaft. Die sogenannten »Historisten«, die die Vergangenheit verstehen wollen und an deren eigenen Maßstäben messen, gelten ihren Gegnern als apologetisch oder affirmativ – auch Habermas verweist auf solche Traditionen, und seit Beginn der »großen Debatte« stoßen kleinere Geister wieder ins selbe Horn. Dagegen steht eine Wissenschaftsrichtung, die sich kritisch nennt, nicht, weil sie wie jede Wissenschaft der kritischen Methode anhinge, sondern weil sie die Vergangenheit ihrer Kritik unterwirft. Die Vergangenheit wird entlarvt, mit dem allgewaltigen Prinzip der Emanzipation politisiert und moralisiert, ja hypermoralisiert: Nur so entsteht freie Bahn für das Zukunftsmonopol der Utopien.

Ich habe früher, auch in dieser Zeitung, gegen solche Historie der Staatsanwälte und Richter vorgebracht, sie verstelle Erkenntnis der Vergangenheit mehr, als daß sie sie fördere. Die moralisierte Vergangenheit zerstört zuletzt die wirkliche Geschichte. Wir müssen den Nationalsozialismus »historisieren«.

Aber das mag jetzt dahinstehen. Jenseits von Apologie und Kritik, von konservativen und progressiven Parteilichkeiten gibt es die objektive Geschichte, der wir trotz aller Endlichkeit im Bemühen der – transnationalen – Kommunität der Forscher näherkommen. Jeder weiß es doch, es gibt einfach – jenseits unseres Streitens um Werte – bessere und weniger gute Historie, überholte und einstweilen gültige. Dazu tragen auch kritisch-emanzipatorische oder apologetisch gestimmte oder identitäts-engagierte Wissenschaftler bei.

In dieser Lage ist es das Gebot pluralistischer Wissenschaftsmoral, die Koexistenz und den offenen Wettbewerb auch solcher Großrichtungen anzuerkennen. Im jetzt anstehenden Fall heißt das, man muß dem Monopolanspruch der kritischen Historie mit ihren Verdammungsurteilen entgegentreten. Die Sache der Aufklärung heute ist es, Objektivität und Pluralität zu verteidigen und im Rückgriff auf ihr skeptisches Erbe der Militanz, der Selbstgewißheit der kompakten Moralität, dem ausgrenzenden Konsenszwang zu widerstehen und auf der Endlichkeit des Menschen zu beharren, mit dem Aufklärer Max Weber den Streit der Götter auszuhalten und die Wertfreiheit der Erkenntnis.

Der Umgang mit Geschichte hat Bedeutung für das Leben, er hat mit unserer Identität zu tun, das ist nichts Neues. Meine Identität ist auch immer ein Stück gemeinsamer Identität. Warum wir so sind, wie wir sind, und die anderen anders, das können wir nur historisch verstehen; denn Identität ist immer auch Erbe; und da es schwerfällt, unser So-sein und Anderssein anzuerkennen, ist das eine Leistung der Geschichte. Geschichte hat auch andere Funktionen, gewiß, und auch hier gehört es zur Moral des Pluralismus, diese Vielheit anzuerkennen. Während Emanzipation ein universalisierendes Projekt ist, das auf Einheit hinausläuft, ist Identität und auch nationale Identität das Programm der Pluralisierung und der Vielheit, notwendiger Gegenhalt angesichts der Schwierigkeiten mit der egalisierenden Moderne. Geschichte vergewissert uns unserer Identität und stabilisiert sie, davon lebt auch die Politik.

Nationale Identität gibt es vor und neben der Wissenschaft; Wissenschaft klärt Erinnerung auf und entmächtigt Traditionen; je pluralisierter die Wissenschaft geworden ist und je wissenschaftlicher, desto spannungsreicher ihr Verhältnis zur Identität. Daß es politische Ansprüche auf Erinnerung gibt, ist nicht eine machiavellistische Idee von Stürmer, sondern eine einfache Wahrheit. Es gibt heute eine nachwissenschaftliche Identität, und es ist eine politische Frage in der Verantwortung der Wissenschaftler, wie sie mit der bei uns so erschütterten Identität umgehen wollen, kritisch und stabilisierend.

Verordnete Regierungshistorie kann es bei uns nicht geben, das ist genauso absurd wie der Anspruch, nur Historie gegen die gegenwärtige Regierung, bei uns oder in den USA, sei wahre Historie. Aber hier gibt es ein doppeltes Mißverständnis des Pluralismusarguments. Entgegen auch der Selbstinterpretation mancher Historiker besteht die Geschichte keineswegs nur aus einer Pluralität von Perspektiven. Es gibt einen Grund wissenschaftlich gesicherter Bestände, es gibt starke und schwächere Perspektiven, objektivere und weniger objektive Darstellungen. Es gibt nicht nur lauter Fragen, nichts als Diskussionsforen, bei denen alle Entscheidungen stets neu auf der Tagesordnung stehen; es gibt Bilanzen und Ergebnisse, und das sollte man nicht diskreditieren, es gibt entlastete und entlastende Selbstverständlichkeiten, auch in der Geschichte. Die Erkenntnis, daß etwas so ist, und die Frage, ob es so ist, stehen im Gleichgewicht. Und auch wo es um den Wettbewerb der Perspektiven geht, gibt es den demokratischen Grundkonsens zwischen Konservativen und Progressiven, noch immer. Über Vergangenheit wird gestritten, aber die Vergangenheit ist auch jenseits solchen Streits, und so die Wissenschaft.

Diese einfache Wahrheit ist schwer zu praktizieren, aber das ist notwendig. Die schönen Prägungen von Habermas von der reflexiven Erinnerung im autonomen Umgang mit ambivalenter Überlieferung sind zustimmungsfähig, nur daß sein Gegenmodell, die nationalgeschichtliche Aufmöbelung konventioneller Identität nicht existiert, das ist Feindbildphantasie. Alle deutsche Geschichte ist mittelbar zu Hitler. Mittelbar auch zur Bundesrepublik. Aber unmittelbar ist sie auch etwas ganz anderes, nämlich sie selbst. Beides gehört zu unserer Identität, zu unserem Erbe. Geschichte beunruhigt unsere Identität. Aber sie stabilisiert sie auch. Und diese vergessene Wahrheit soll zu ihrem Recht kommen.

Ich halte die von Habermas eröffnete Debatte für ein Unglück. Die wissenschaftlichen Streitgebiete sind hoch sensibel, das moralpolitische Engagement ist stark, die schwierigen Unterscheidungen und Grenzziehungen gehen im Getümmel unter, die deutsche Neigung zu letzter Grundsätzlichkeit triumphiert. Gräben werden aufgerissen, die Historikerzunft wie die Öffentlichkeit werden polarisiert. Der Boden, auf dem die Wissenschaft wie die liberale Kultur leben, ist dünn genug.

Darum brauchen wir die Tugenden der Historie: Nüchternheit und Distanz, brauchen den Pluralismus jenseits des moralisierenden Verdachts und der politischen Parteinahmen. Wir brauchen den Pragmatismus gegen moralischen Absolutismus, und gerade in moralischer Absicht.

Quelle: DIE ZEIT, 17. Oktober 1986

Anmerkung des Autors: An den mit (a) und (b) gekennzeichneten Stellen standen im Original-Manuskript folgende Passagen:

(a)

Schön wär's ja, lieber Eberhard Jäckel, wenn sich die ›große Debatte‹ auf ein wissenschaftliches Problem konzentrieren ließe – wie weit Gulag und Auschwitz vergleichbar, d. h. ähnlich und unterschieden zugleich sind oder gar kausal verknüpft – das ist kontrovers, aber das ist auch entscheidbar. Und man kann mit Jürgen Kocka ebenso nüchtern fragen, ob der Erkenntniswert dieses oder des Pol-Pot-Vergleichs denn ausreichend groß sei. Oder ob Noltes Weizmanndeutung nicht eine wilde Mißkonstruktion ist. Aber so kann man den Angriff von Habermas nicht verharmlosen. Man kann schon den Angriff auf Hillgruber, von den getürkten Zitaten abgesehen, nicht aussparen (oder wie Hans Mommsen, Habermas' Mitstreiter in der politischen Verortung der Historiker, nur sagen, er schieße übers Ziel hinaus).

(b)

Ich glaube nicht, daß das eine Überreaktion ist. Natürlich, wir sind Menschen, und unsere politischen und moralischen Engagements schwappen auch in die Wissenschaft über. Aber hier hat die Sache Methode. Habermas, der »listenreiche Konservativismen-Fahnder« (Henrich) hat eine Reihe seiner Mitphilosophen als intellektuelle Verfassungsschützer (als ob wir nicht alle die Verfassung schützen sollten) gebrandmarkt und Henrich als Wendephilosophen vor der Wende. Seine Wissenschaftsphilosophie ist »konsensmissionarisch« (Odo Marquard), auf Universalisierung und endliche Einheit aus, und was universalisierbar ist, bestimmen im herrschaftsfreien Diskurs letzten Endes die Sachwalter der progressiven Moral. Es gibt noch »Lesarten«, aber das heißt: nur einen Text, den vom Projekt der Moderne. Es gehört aber zur Disziplin und zur Moral der Wissenschaft, solche moralisierende Ausgrenzung – jenseits natürlich des Grundkonsenses gemeinmenschlicher Moral – einzudämmen. Die Herrschaft des Verdachts unterminiert den dünnen Boden des Pluralismus.

24

IMANUEL GEISS

Leserbrief an »DER SPIEGEL«, 20. Oktober 1986

Rudolf Augsteins SPIEGEL-Essay las ich mit Bestürzung und Trauer, weil für mich der SPIEGEL jahrzehntelang ein Ort kritischer Aufklärung war. 1986 dekretiert Augstein jedoch eine historisierende Staatsideologie durch Dämonisierung und Ausschluß Andersdenkender aus dem Konsensus unserer liberalen Republik. Schon Jürgen Habermas in der »Zeit« war nicht zimperlich im Umgang mit Zitaten verschiedener Autoren aus unterschiedlichen Zusammenhängen, um das Schreckensbild einer demokratiefeindlichen, reaktionären Revision des deutschen Geschichtsbildes durch einige bundesdeutsche Historiker an die Wand zu malen. Augstein vergröbert das alles noch durch Überschrift (»Die neue Auschwitz-Lüge«) und den Vorwurf der Verfassungsfeindlichkeit (Andreas Hillgruber ein »konstitutioneller Nazi«).

Natürlich gibt es jüngstens Kritik am neuen Mehrheitskonsensus bundesdeutscher Historiker, der stark wirtschafts- und sozialgeschichtlich fundiert ist, im Gegensatz zur früheren reichspatriotisch-deutschnationalen Orthodoxie. Die Revision des neuen progressiven Revisionismus ist jedoch nach allen historischen Erfahrungen normal und rechtfertigt keineswegs, sie zu staatsfeindlichen Umtrieben aufzubauschen.

Politische Konsequenzen sind gewiß nicht auszuschließen, so wie der progressive Revisionismus der letzten 25 Jahre politische Konsequenzen hatte. Es war nicht der geringste Gewinn aus schweren inhaltlichen Auseinandersetzungen wie der »Fischer-Kontroverse«, daß sich jüngere Historiker unseren heutigen liberalen Pluralismus mühsam erkämpfen konnten. Gegen die erstarrte Zunft erstritten sie, unter anderem mit Augsteins Hilfe, Freiraum für wissenschaftliche Neuerungen und

Diskussionen, ohne automatische Verdächtigungen und Sanktionen politisch-ideologischer Art. Es wäre fatal, wenn jetzt dasselbe wieder geschähe, nur unter anderen Vorzeichen.

Mit der Art ihrer Attacken gegen angeblich oder wirklich neokonservative Historiker bedrohen Augstein und Habermas unseren wissenschaftlich-politischen Pluralismus – von der anderen Ecke her: Sie drücken Andersdenkende in die Nähe des Nazismus (Augstein) und suggerieren dem arglosen Leser, der sich nicht die Mühe macht, vor allem Hillgrubers Originalzitate mit denen seiner Zensoren zu vergleichen, daß die Neo-Konservativen Faktum oder historische Relevanz der NS-Verbrechen leugnen oder bagatellisieren.

Das ist jedoch bei keinem der angegriffenen Historiker der Fall, noch nicht einmal bei Ernst Nolte, sosehr seine These von der »asiatischen Tat« Hitlers als angebliche Reaktion auf Stalins Verbrechen auch abzulehnen ist. Eine wissenschaftliche Auseinandersetzung mit ihren Thesen muß möglich sein.

Andererseits kann die neue Tendenz einen Pendelumschlag eröffnen, mit apologetischen und politischen Weiterungen, vor denen Habermas dann zu Recht warnt. Aber solche Warnung muß, wenn sie konstruktiv sein will, stets zwischen Absicht und Wirkung unterscheiden, ohne schreckliche Vereinfachungen und Aufgeregtheiten. Gerade wer die liberalen Werte des Westens bei uns verteidigen will, muß sie auch an Andersdenkenden praktizieren.

Sonst droht, was Augstein und Habermas sicher nicht wollen, der »geistige Bürgerkrieg«, den Michael Stürmer bisher nur eher allegorisch beschworen hat.

Jedenfalls Hillgruber gegenüber ist es ungerecht, ihm als böse Absicht heute unterzuschieben, was in Zukunft – vielleicht – eintreten könnte, dann aber auch als eskalierende Reaktion auf »Lüge« und »Nazi«-Diffamierungen à la Augstein, die das Perhorreszierte geradezu herbeireden. Allein mit dem moralischen Dogma der Einmaligkeit und Unvergleichbarkeit der NS-Verbrechen sowie mit einem abstrakten »Verfassungspatriotismus« (Habermas) ist auf Dauer kein demokratischer Staat zu machen. Das Hinzuwachsen von Geschichte seit 1945 erzwingt ohnehin das Wagnis zur historischen Einordnung des an sich Unfaßbaren wie Auschwitz – nach rückwärts wie nach vorwärts bis zur Gegenwart, aber auch zu damals zeitgenössischen Ereignissen.

Nur: Jede historische Einordnung mündet zwangsläufig in Vergleiche und damit Relativierungen. Augstein sollte vor allem Hillgruber die Chance geben, im gleichen Umfang zu antworten.

Quelle: DER SPIEGEL, 20. Oktober 1986
Anmerkung des Verlags: Der Leserbrief erschien unter dem Titel »Auschwitz, asiatische Tat«.

25

ERNST NOLTE

Die Sache auf den Kopf gestellt
Gegen den negativen Nationalismus
in der Geschichtsbetrachtung

Wer ein Buch kritisiert, muß in der Regel einige Hauptpunkte
herausgreifen und andere vernachlässigen; wer sich mit einem
Artikel auseinandersetzt, sollte gewillt und imstande sein, die
Fragestellung zu charakterisieren, den ganzen Gedankengang
zu umreißen und die Ergebnisse richtig wiederzugeben, bevor
er sein Urteil fällt. Unter Umständen mag auch ein Blick auf
den Autor angebracht sein. Ich meine, daß Jürgen Habermas
und Eberhard Jäckel in ihren polemischen Artikeln diesen
Postulaten nicht gerecht geworden sind.

Ich habe mir das Thema »Die Vergangenheit, die nicht vergehen will« nicht selbst gewählt. Aber als ich aufgefordert
wurde, mich bei den Römerberggesprächen darüber zu äußern, hat es mich so sehr fasziniert wie kaum je ein Thema zuvor. Die scheinbar geringfügige Abänderung eines bekannten
Buchtitels suggeriert eine ganz ungewöhnliche Situation: Eine
Vergangenheit, die sich gegen ihr eigenes Wesen sperrt, Vergangenheit und eben nicht Gegenwart zu sein, eine Vergangenheit, die sich nicht damit begnügt, daß die Menschen sich ihrer
erinnern, sie erforschen, sie rühmen oder beklagen, sondern
die »wie ein Richtschwert über der Gegenwart aufgehängt« ist.

Natürlich kann es derartiges im genauen Wortsinn nicht geben, sondern es handelt sich um eine Art Metapher, aber um
eine erhellende Metapher, durch die das Verhältnis der bundesdeutschen Gegenwart zur nationalsozialistischen Vergangenheit gekennzeichnet werden kann. Ich habe diese Gegenwart dann dadurch beschrieben, daß ich zwei gegensätzliche
Argumentationsreihen nebeneinandergestellt habe, von denen
die eine heute überall noch nationalsozialistische Merkmale
wahrnimmt, während die andere eben diese Denktendenz aus

bestimmten Interessen ableitet oder als Ablenkung von wirklich aktuellen Fragen betrachtet.

Die Vorherrschaft der ersten Argumentationsreihe hat zu einer paradoxen Situation geführt, in der alle Versuche, die nationalsozialistische Vergangenheit, wie jede andere Vergangenheit, in ihrer Komplexität erkennbar zu machen und »Objektivität« anzustreben, mit dem Stigma der »Apologie« versehen werden. Als selbstverständlich habe ich dabei vorausgesetzt, daß die Erfahrung, die die Deutschen 1945 in einer Katastrophe sondergleichen und vor allem durch die Enthüllung der nationalsozialistischen Vernichtungsmaßnahmen gegen Juden, Slawen, Geisteskranke und andere Gruppen machten, eine genuine Erfahrung war, die sich in jeden der Mitlebenden tief eingegraben hat. Aber ich habe auch angedeutet, daß die Paradoxie der Situation eines Tages zu Konsequenzen führen könnte, die gegenwärtig noch nicht erwartet werden.

Was mich am stärksten frappierte, war indessen die Vermutung, daß man den Beweggründen von Hitlers verwerflichsten Handlungen durch die Formel von der Vergangenheit, die nicht vergehen will, auf die Spur kommen könnte. Deshalb wurde mir jener Satz so wichtig, den Hitler in der Lagebesprechung vom 1. Februar 1943 gesagt hatte, um seine Befürchtung zu begründen, daß die in Stalingrad gefangenen Generäle demnächst im Moskauer Rundfunk sprechen würden, nämlich: »Stellen Sie sich den Rattenkäfig vor.« Wenn ich behauptete, Hitler habe damit nicht, wie der Herausgeber kommentierte, »die Lubjanka« gemeint, so wollte ich gewiß nicht sagen, Hitler habe in Wahrheit die Butyrka oder das NKWD-Gefängnis von Tscheljabinsk im Auge gehabt. Er meinte ein *Verfahren* in der Lubjanka, ein Verfahren von namenloser Grauenhaftigkeit, das dadurch weltbekannt wurde, daß George Orwell es zur letzten Szene seines Zukunftsromans »1984« machte.

Dieses Verfahren war aber nicht die Fiktion eines Dichters, um eine schreckliche Zukunft zu beschreiben; sondern eine Reihe von Zeitungen und Publikationen hatten in der unmittelbaren Nachkriegszeit berichtet, daß es in Gefängnissen der Tscheka eine Realität sei. Die entscheidende Frage ist nicht, ob diese Berichte zutrafen. Der springende Punkt ist vielmehr, daß Hitler offensichtlich von der Richtigkeit überzeugt war, denn er sprach zu seinen engsten Mitarbeitern und nicht zu einer Massenversammlung. Ich brauche auch nicht eigens zu unterstreichen, was jedermann weiß, nämlich daß keiner der gefangenen Generäle oder Soldaten einer solchen Folter unterworfen wurde. Die Gegenwart war längst eine andere geworden, aber eine Vergangenheit, die für fast alle Mitlebenden bereits bloße Vergangenheit war, wollte in Adolf Hitler nicht vergehen und war für ihn tatsächlich »wie ein Richtschwert über der Gegenwart aufgehängt«.

Doch selbst dann, wenn der »Rattenkäfig« auf eine bloße Greuelmeldung zurückging, war die Empfindung, welche so vielen Zeitgenossen um 1920 im Hinblick auf die Russische Revolution gemeinsam war, in der Sache gut begründet, nämlich die Empfindung, daß sich hier etwas Neues, noch nie Dagewesenes vollzog. Für die Anhänger handelte es sich um die größte aller Hoffnungen, für die Gegner um ein Schrecknis ohne Vorgang. Die einen sprachen von der »Hinrichtung« des Zaren und sahen darin einen Vorgang von leuchtender Symbolkraft; die anderen konstatierten mit Entsetzen, daß die Bolschewiki gleichzeitig die Zarin, die Kinder, den Leibarzt und die Kammerfrauen getötet hatten und daß schon deshalb ein Vergleich mit den Hinrichtungen Karls I. oder Ludwigs XVI. unzulässig sein mußte. Und dieses Gefühl des ganz Neuen und völlig Fremdartigen wurde abermals hervorgerufen, als die Nachricht um die Welt ging, mehrere hundert »Bourgeois« und Offiziere seien allein in Petersburg und Moskau »zur Vergeltung« erschossen worden, als eine Sozialrevolutionärin ein Attentat gegen Lenin verübt hatte.

Wenige Tage danach schrieb der *Vorwärts* in einem Leitartikel: »Eine Klasse für Taten von Einzelpersonen mit dieser Schärfe haftbar zu machen, ist ein strafrechtliches Novum und könnte wohl einmal als Rechtfertigung dafür dienen, die Arbeiterklasse bei einer anderen gesellschaftlichen Schichtung für die Taten eines Fanatikers haftbar zu machen.« Der Verfasser gab sich keine Rechenschaft darüber, daß »die Arbeiterklasse« nie haftbar gemacht werden kann, aber er sah ganz richtig, was das qualitativ Neue war, das hier in die Weltgeschichte eintrat, nämlich die kollektivistische Schuldzuschreibung und daraus resultierende Vernichtungsmaßnahmen, und er hätte hinzufügen können, daß dieses Prinzip, mit Energie angewandt und aus der Gegenwehr der Betroffenen neue Kraft ziehend, immer neue Opfer fordern würde, zuerst Tausende und dann Hunderttausende und schließlich Millionen.

Ebenso richtig wäre die Aussage gewesen, daß eine solche Sequenz aus den marxistischen Voraussetzungen nicht abgeleitet werden könne, nach denen »Vernichtung der Bourgeoisie« nur das Hinwegschieben einer winzigen Minderheit und keineswegs physische »Liquidierung« bedeutet. Es lag daher nur allzu nahe, daß der Terminus »asiatisch« zur Kennzeichnung dieses Klassenmordes auf der Linken ebensosehr zum Gemeinplatz wurde wie auf der Rechten. Das Entsetzen vor dem »Rattenkäfig« war also nur eine hervorstechende Ausdrucksform einer allgemeinen und genuinen Erfahrung der ersten Nachkriegszeit. Ich glaube, daß hier die tiefste Wurzel des extremsten von Hitlers Handlungsimpulsen zu suchen ist. Es verstand sich für mich aber andererseits von selbst, daß die Schuldzuschreibung, die Hitler vornahm, nämlich die Anklage gegen »die Juden«, zwar diese Erfahrung voraussetzt, daß sie aber gleichwohl ihrerseits einen Überschritt in eine neue Dimension bedeutet: den Überschritt von der sozialen zur biologischen Schuldzuschreibung.

Der Archipel Gulag ist schon deshalb »ursprünglicher« als Auschwitz, weil er dem Urheber von Auschwitz vor Augen stand und nicht Auschwitz den Urhebern des Archipel Gulag. Aber es gibt gleichwohl einen qualitativen Unterschied zwischen ihnen. Es ist unzulässig, den Unterschied zu übersehen, aber es ist noch unzulässiger, den Zusammenhang nicht wahrhaben zu wollen. Daher ist Auschwitz nicht eine direkte Antwort auf den Archipel Gulag, sondern eine durch eine Interpretation vermittelte Antwort. Daß diese Interpretation falsch war, habe ich nicht eigens gesagt, weil ich es für überflüssig hielt. Nur ein Narr könnte heute die Rede vom »jüdischen Bolschewismus« wieder aufgreifen, denn die tiefe Feindschaft zwischen den beiden Phänomenen sticht seit langem ins Auge; und keine große Denkrichtung oder Sozialbewegung war jemals bloß national, so nachdrücklich viele Ukrainer vom »russischen Bolschewismus« und viele Franzosen vom »deutschen Marxismus« sprachen.

Man mag diese Unterscheidung von Erfahrung und Interpretation in Zweifel ziehen und darauf hinweisen, daß schon der junge Hitler ein Antisemit gewesen sei. Aber gerade bei dem jungen Hitler sind die Erfahrung, nämlich das Erschrecken vor den riesigen Massenumzügen der Sozialdemokraten, und der »Schlüssel«, mit dem er diese Erfahrung verarbeitete, die angebliche Einsicht in die Urheberschaft der Juden, sehr deutlich zu unterscheiden, und dieses Verhältnis hat sich, wie ich meine, nach dem Kriege in ihm auf einer viel intensiveren Erfahrungsgrundlage wiederholt.

Die beiden Hälften des Artikels schließen sich nun auf einfache Weise zusammen: Die durch das Nichtvergehen der Vergangenheit gekennzeichnete Situation der Bundesrepublik kann zu einem qualitativ neuen, bisher noch nicht realisierten Zustand führen, in dem die nationalsozialistische Vergangenheit zum negativen Mythos vom absoluten Bösen wird, der relevante Revisionen verhindert und damit wissenschaftsfeindlich wird, während er zugleich die politische Konsequenz in sich schließt, daß diejenigen am meisten recht hatten, die am entschiedensten gegen das »absolute Böse« kämpften. Gleichzeitig vermittelt der Rückblick auf die Vergangenheit, die in Hitler nicht vergehen wollte, entscheidende Einsichten.

Der Überschritt in die neue Dimension, die für die Gegenwart bloß eine Möglichkeit ist, liegt bei Hitler klar am Tage, und die extremste Konsequenz hieß Auschwitz, aber die zugrunde liegende Erfahrung war eine genuine, von zahlreichen Menschen geteilte Erfahrung, und sie bezog sich auf die frühesten Erscheinungsformen des Archipel Gulag. Wenn wir beides in den Blick fassen, wird der Unterschied nicht übersehen, aber es tritt auch der Zusammenhang wieder hervor, und damit wird die Möglichkeit geschaffen, eine Befreiung von der »Tyrannei des kollektivistischen Denkens« zu erreichen, die einen so beträchtlichen Teil der Auseinandersetzung mit dem Nationalsozialismus immer noch prägt.

Vermutlich hätte dieser Gedankengang, der gewiß einiges

bloß andeutet und anderes voraussetzen zu können glaubt, nicht so viele Mißverständnisse und so viel Erregung hervorgerufen, wenn nicht um die gleiche Zeit die englische Übersetzung eines Aufsatzes von mir erschienen wäre, der in gekürzter Fassung bereits vor sechs Jahren in der FAZ publiziert worden war und der sich, wie der Titel »Zwischen Legende und Revisionismus« erkennen läßt, mit der gleichen Thematik befaßt, wenngleich aus anderer Perspektive. In diesem Aufsatz wird eine Äußerung Chaim Weizmanns erwähnt und die These David Irvings wiedergegeben, diese der englischen Regierung von dem Chef der »Jewish Agency« gegebene Versicherung, die Juden in aller Welt würden an der Seite Englands kämpfen, sei als eine Art Kriegserklärung anzusehen. Die einfachste Fairneß sollte denjenigen, die daran Anstoß nehmen, jedoch gebieten, mindestens darauf hinzuweisen, daß die Erwähnung auf distanzierende Weise im Rahmen selbstkritischer Bemerkungen erfolgt, die auf das Postulat hinauslaufen, unbestreitbare Tatsachen in der »etablierten« Literatur nicht schon deshalb unerwähnt und unerörtert zu lassen, weil sie in der rechtsradikalen Literatur eine übertreibende oder verkürzende Interpretation erfahren.

So ist es zum Beispiel eine Schwäche und nicht eine Stärke der etablierten Literatur, daß zwar die schändlichen Kommentare der völkischen Presse zur Ermordung Walter Rathenaus häufig zitiert werden, nicht aber die im Grunde weit schlimmeren Äußerungen Kurt Tucholskys aus dem Jahre 1927, mit denen er den Frauen und Kindern der deutschen Bildungsschicht in plastischen Wendungen den Gastod wünscht. Sie sind mir indessen nur in der rechtsradikalen Literatur begegnet, deren auszugsweise Lektüre ja doch wohl zu den Berufspflichten des Zeithistorikers gehört. Allerdings sollten sie nicht in solcher Isolierung zitiert werden, wie es dort durchweg geschieht, und darin würde eben der angemessene Unterschied zwischen den beiden Arten der Literatur evident werden.

Im übrigen aber liegt der Hinweis auf die Weizmann-Äußerung, obwohl eine bloße Nebenbemerkung, ebenfalls im Rahmen meiner Hauptfrage, der Frage nach dem Überschritt in eine neue, nicht aus Vorhandenem ableitbare Dimension.

Wenn man zugibt, daß die Erklärung zwar nicht im völkerrechtlich-exakten Sinne, wohl aber als Vorwegnahme einer künftigen Realität einer Kriegserklärung gleichkam, dann läßt sich Internierung als eine Gegenmaßnahme begreifen, dann müßten aber auch die Regeln der Haager Landkriegsordnung in Geltung treten. Die Frage ist der Erörterung wert, ob Weizmann sich vielleicht von der entsprechenden Intention leiten ließ, und die Folgerungen liegen auf der Hand, die hinsichtlich der Einstellung der deutschen Bevölkerung und der Judenräte zu ziehen wären. Es ist zweifellos richtig, daß die faktisch vorgenommenen Deportierungen sich von Anfang an sehr deutlich von den vorstellbaren »Internierungen« unterschieden, aber es ist schlechterdings infam, in Erwägungen, die 1939 und 1940 auch in jüdischen Organen angestellt wurden, eine auch nur tendenzielle Rechtfertigung der »Endlösung« zu erblicken.

Was soll ich nun zu der polemischen Kritik von Jürgen Habermas und Eberhard Jäckel sagen? Ich äußere mich nicht zu dem häßlichen Neologismus »Untersteller« oder zu dem Terminus »Nato-Philosophie«, der mir aus früheren Jahrgängen der Ostberliner *Zeitschrift für Geschichtswissenschaft* nur allzu gut erinnerlich ist. Wenn Jäckel seine eigene Definition der Singularität der »Endlösung« gibt, so meine ich, daß sie bloß auseinanderlegt, was mit dem Begriff des »Rassenmordes« kürzer zum Ausdruck gebracht ist. Wenn er allerdings etwa sagen will, daß der deutsche Staat durch den Mund seines verantwortlichen Führers mit unzweideutigen Worten öffentlich den Entschluß verkündet habe, auch die jüdischen Frauen, Kinder und Säuglinge umzubringen, so hat er mit einem kurzen Satz all dasjenige anschaulich gemacht, was als verbreitetes intellektuelles Klima nicht »belegt« zu werden braucht, sondern »unterstellt« werden darf.

Hitler war sicherlich der mächtigste Mann, den es in Deutschland zu irgendeiner Zeit gegeben hat, aber er war nicht mächtig genug, um jemals in öffentlicher Rede die Gleichsetzung von Bolschewismus und Christentum vorzunehmen, die in seinen Tischgesprächen ein Gemeinplatz war; und er war auch nicht mächtig genug, um vor der Öffentlichkeit, wie Himmler es in kleinem Kreise tat, die Ermordung von Frauen und Kindern zu verlangen oder zu rechtfertigen. Das ist freilich nicht auf Hitlers »Humanität« zurückzuführen, sondern auf die fortexistierenden Restbestände des Liberalen Systems. Die »Ausrottung der Bourgeoisie« und die »Liquidierung der Kulaken« wurden dagegen mit der größten Offenheit propagiert, und ich bin über die Kaltherzigkeit verwundert, mit der Eberhard Jäckel feststellt, nicht jeder einzelne Bourgeois sei getötet worden. Über Habermas' »Vertreibung der Kulaken« braucht nichts mehr gesagt zu werden.

Die Kritik, welche die beiden Herren an meinem Artikel üben, wird nur dann immerhin psychologisch verständlich, wenn sie angenommen haben, ich hätte Auschwitz für eine unvermittelte und gerechtfertigte Antwort auf den Archipel Gulag erklärt, also für eine Antwort auf der gleichen Ebene. Das hätte aber die Wiederaufnahme des Begriffs »jüdischer Bolschewismus« vorausgesetzt, und ich hielt es nicht für erforderlich, eine solche Vermutung ausdrücklich zurückzuweisen. Immerhin hätte für den uninformierten Leser der Hinweis auf die »chinesische Tscheka« genügen sollen. Bei Jürgen Habermas und bei Eberhard Jäckel sollte aber doch die Kenntnis des »Faschismus in seiner Epoche« vorausgesetzt werden dürfen, und es wäre ein Ausdruck des Erstaunens darüber zu erwarten gewesen, daß ich neuerdings bestrebt zu sein schiene, mich selbst zu widerlegen.

Ich bin in der Tat der Meinung, daß nicht nur die Deutschen eine »schwierige Vergangenheit« haben und daß die schwierige Vergangenheit nicht bloß eine deutsche ist. Die bloße Umkehrung des Nationalismus ist der geschichtlichen Realität des 20. Jahrhunderts nicht angemessen. Neue Wege des Nachdenkens wären auf vielen Seiten, aber besonders auf seiten der Deutschen und der Russen erforderlich, wenn die Koexistenz mehr als eine bloß ökonomische darstellen und im intellektuellen Bereich von dem Partikularismus wegkommen soll, der vor allem die Schuld gegnerischer Völker, Klassen oder Rassen nachzuweisen sucht und daher gerade die fundamentale Schuld der kollektivistischen Schuldzuschreibung nicht in den Blick bekommt. Es gibt hoffnungsvolle Ansätze dazu bei sowjetischen Dissidenten und hier und da sogar in der offiziellen Literatur. Jürgen Habermas würde in einem solchen Gespräch ein gewichtiges Wort mitzureden haben, aber er müßte zunächst noch lernen, auch dann hinzuhören, wenn er seine Vor-Urteile herausgefordert fühlt.

Quelle: DIE ZEIT, 31. Oktober 1986
Anmerkung des Autors: Der Text hatte ursprünglich folgenden Titel: »Eine bloße Umkehrung. Gegen den negativen Nationalismus in der Geschichtsbetrachtung. Antwort an Jürgen Habermas und Eberhard Jäckel.«

26

ANDREAS HILLGRUBER

Für die Forschung gibt es kein Frageverbot

Frage: *Herr Professor Hillgruber, es ist in den letzten Monaten eine Debatte, zunächst unter Historikern, unter anderen Fachwissenschaftlern und dann in der breiten Öffentlichkeit über die Art und Weise, wie wir unsere Geschichte betrachten, entstanden. Sind Sie als Historiker froh, daß eine solche Debatte in Gang gekommen ist, oder gibt es auch so etwas wie ein Erschrekken über das, was da ausgelöst wurde und jetzt debattiert wird und über die Art und Weise, wie debattiert wird?*

Ich bin nicht glücklich darüber, was durch den Artikel von Jürgen Habermas in der Wochenzeitung »Die Zeit« am 11. Juli dieses Jahres ausgelöst wurde, und zwar aus folgenden Gründen: Habermas führt mit der Unterstellung, sie würden »apologetische Tendenzen« vertreten, massive Attacken gegen vier westdeutsche Historiker ganz unterschiedlichen Zuschnitts, mit ganz unterschiedlichen wissenschaftlichen Fragestellungen und Themen. Seine Attacken sind nicht wissenschaftlich fundiert, sondern politisch motiviert. Dies kommt nicht zuletzt darin zum Ausdruck, daß er das Ganze mit dem Plan der Regierung Kohl verbindet, in Berlin ein »Deutsches Historisches Museum« und in Bonn ein »Haus der Geschichte der Bundesrepublik Deutschland« zu errichten. Damit haben die wissenschaftlichen Arbeiten der attackierten Historiker nichts zu tun. In jedem Fall ist durch Habermas ein Durcheinander von historischen, politischen und publizistischen Problemen hervorgerufen worden, das noch dadurch verschlimmert wird, daß er mit verfälschenden Zitaten und Zitatmanipulationen arbeitet, um seine Unterstellungen wirkungsvoller präsentieren zu können. Ich habe in einem Aufsatz, der im Dezember-Heft 1986 der Zeitschrift »Geschichte in Wissenschaft und Unterricht«

erscheinen wird, diese Manipulationen, Zitat für Zitat vergleichend, im einzelnen nachgewiesen. Es ist ein einzigartiger wissenschaftlicher Skandal!

Frage: *Sie würden sich also nicht in einer Linie mit den Professoren Nolte, Hildebrand und Stürmer sehen oder mit Joachim Fest?*
Ich bin seit zwei Jahrzehnten eng verbunden mit Herrn Hildebrand, der wegen einer Rezension in einer Fachzeitschrift in diese attackierte Gruppe mit hineingeraten ist. Ich habe ein freundlich-kollegiales Verhältnis zu Herrn Nolte und ebenso zu Herrn Stürmer, ohne daß ich etwas zu tun hätte mit ihren ganz anderen wissenschaftlichen Ansätzen, Fragestellungen, Thesen und Hypothesen. Habermas »mischt« alles zusammen, um seine Unterstellung eines von uns angeblich gemeinsam vertretenen »Revisionismus« in der Zeitgeschichte zu belegen. Nun ist »Revision« bisheriger Forschungsergebnisse das Natürlichste in jeder Wissenschaft, ja, ihre Norm. »Revisionismus« aber ist – nicht erst bei Habermas – zu einem polemisch gemeinten Begriff geworden, zu einem »Kampf«-Begriff.
Habermas hat – was verständlich ist – den Gang der zeitgeschichtlichen Forschung in den letzten Jahrzehnten nicht verfolgt und entdeckt nun – für ihn aufregende – Widersprüche zu dem, was er bisher als festgefügtes »Bild« vom »Dritten Reich« gehalten hat. Indem er nun »Alarm schlägt«, wird in der Öffentlichkeit der Eindruck hervorgerufen, als wenn durch einige der von ihm attackierten Arbeiten der genannten Historiker etwas ganz Neuartiges publiziert worden sei. Tatsächlich hat zum Beispiel Nolte wesentliche Gedanken, die er jetzt zugespitzt formuliert hat, schon in seinem großen Werk über den »Faschismus in seiner Epoche« zum Ausdruck gebracht. Auch das, was Habermas an meinem bei Siedler erschienenen Band so aufregt, ist im Kern, nicht in den Details, in meinen größten Darstellungen schon enthalten.

Frage: *Welche Ansätze gab es denn, die Faktenlage oder die Geschichtsschreibung der NS-Zeit zu revidieren?*
Revision von Forschungsergebnissen ist, wie gesagt, an sich

das Natürlichste auf der Welt. Die Geschichtswissenschaft lebt wie jede Wissenschaft davon, daß bisherige Auffassungen durch neue Forschungen revidiert werden. Der Vorwurf des »Revisionismus«, der nun in der Öffentlichkeit erhoben wird, zielt darauf, daß die jetzt durch Habermas und Nachläufer hochgespielte »Revision« angeblich grundlegender Art sei und eine Totalveränderung des Bildes vom Dritten Reich herbeiführe. Dazu möchte ich sagen, daß im Grunde schon seit Mitte der sechziger Jahre tiefgreifende Revisionen verschiedenster Art stattgefunden haben, die das klischeehafte »Bild«, das offenbar Habermas als Nicht-Historiker besitzt, längst ad absurdum geführt haben. Die ursprünglich vorherrschende Hitler-Zentrik wurde zum Beispiel abgelöst durch Strukturanalysen. Die Rolle des Alltags in der Geschichte des Dritten Reiches wurde untersucht, wenn man etwa an das große »Bayernprojekt« des Instituts für Zeitgeschichte in München denkt. Die Widerstandsforschung wurde viel differenzierter, die ursprüngliche Konzentration auf den 20. Juli 1944 und die konservativen Kräfte im Widerstand wurde abgelöst durch eine Erforschung des ganzen breiten Spektrums des Widerstandes. Kurzum, Revisionen sind eigentlich permanent erfolgt, allerdings ohne daß die Öffentlichkeit in genügendem Maße davon Kenntnis genommen hat.

Frage: *Sie haben also in »Zweierlei Untergang« nichts geschrieben, was Sie nicht schon an anderer Stelle und früher ähnlich gesagt oder geschrieben hätten?*

Ich habe in meinem Aufsatz über den Untergang im Osten 1944/45 einleitend das Geschehen aus der Perspektive der Bevölkerung, der kämpfenden deutschen Armeen skizziert, also nicht von der Warte Hitlers oder der siegreichen Roten Armee. Ich habe diese Skizze verbunden mit einer Darlegung der Kriegsziele der Gegenmächte in Ost und West, soweit es das Schicksal des deutschen Ostens betrifft – aufgrund neuer Forschungen. Der Versuch, das Geschehen aus der Sicht der Betroffenen darzustellen, fügt sich ein in Anstrengungen von Kollegen (zum Beispiel H. Mommsen oder M. Broszat), auf anderen Feldern der Geschichte des »Dritten Reiches« ebenfalls die

Dinge von dem Gros der erleidenden Bevölkerung aus zu erleben.

Frage: *Nun hat aber der »Spiegel«-Herausgeber Rudolf Augstein kürzlich in einem »Spiegel-Essay« genau diese Veröffentlichung und ihre Aussagen zum Anlaß genommen, Sie einen »konstitutionellen Nazi« zu nennen und darauf zu verweisen, daß ein Lehrer, der vergleichbare Dinge wie Sie äußern und vertreten würde, aus dem Schuldienst entlassen gehörte. Ist das reine Polemik, oder sind Sie gewillt, sich mit Herrn Augstein ernsthaft auseinanderzusetzen?*

Ich halte diesen Angriff von Herrn Augstein für absolut indiskutabel, in jeder Hinsicht. Es ist ein bisher noch nicht erreichter Tiefpunkt im permanenten Abstieg eines Publizisten, dessen Argumente früher einmal von Gewicht waren. Ich habe mich juristisch beraten lassen. So wie die Dinge liegen, hat Augstein zweifellos seine Vorwürfe zuvor juristisch »abchecken« lassen, so daß man auf dem Rechtsweg mit Erfolg nicht gegen ihn vorgehen könnte. Dieser Aufsatz im »Spiegel« und etwas ähnlich Unsinniges im Vorwort zu der sogenannten Jubiläumsausgabe des »Friedrich«-Buches von Augstein spotten in der Sache jeder Beschreibung; sie sind absurd-grotesk. Ich weiß mich da einig mit allen Kollegen, wie immer sie sonst zu meinen wissenschaftlichen Aussagen stehen mögen.

Frage: *Die Frage geht ja darum, ob das »Dritte Reich« eine historische Epoche ist wie andere auch. Ist es eigentlich, ob singulär oder nicht-singulär, was die moralische Bewertung und die Einschätzung des Regimes angeht, von Belang, ob man zu dem einen oder anderen Ergebnis kommt?*

Moralisch ist das Dritte Reich gekennzeichnet durch zahllose Verbrechen, vor allem durch den Massenmord an den Juden. Ich wüßte keinen ernsthaften Historiker, der das in Frage stellt. Zur gegenwärtigen Diskussion über die »Singularität« ist folgendes zu konstatieren: »Singulär« ist in der Geschichte alles, jede Gestalt, jede Epoche, jedes Ereignis. Aber jedes Ereignis, jeder Vorgang, jede Persönlichkeit muß sich auch vergleichen lassen, das ist ein wesentliches Element der Geschichtswissenschaft. Singularität und Vergleich schließen sich nicht aus. Der Massenmord an den Juden ist, wenn man als Vergleichsmaßstab die »westliche Welt« nimmt, singulär, denn etwas Vergleichbares hat es zum Beispiel selbst im italienischen Faschismus nicht gegeben.

Bezieht man das bolschewistische Rußland mit in den Vergleich ein, dann wird man sagen können, daß der Massenmord an den Kulaken Anfang der 30er Jahre, der Massenmord an den Führungskadern der Roten Armee 1937/38, der Massenmord an den polnischen Offizieren, den polnischen Adligen, die im September 1939 in sowjetische Hand fielen, qualitativ nicht anders zu bewerten ist als der Massenmord im Dritten Reich. Hier wie dort war es einfach eine bestimmte Kennzeichnung der Menschen (aufgrund des Rassenwahns oder der Klassen-Ideologie), die ihre Ermordung verursachte.

Im Fall des Dritten Reichs können dank der Quellenlage die Massenverbrechen von den Historikern weitestgehend belegt und dargestellt werden. Das bolschewistische Rußland zeichnet sich hingegen bis heute durch seine Geheimhaltungspraxis aus, so daß zahlenmäßige Vergleiche, die allerdings nicht ausschlaggebend für die moralische Wertung sind, schwierig bleiben.

Frage: *Haben Sie Verständnis dafür, wenn genau solche Vergleiche – wie sie Nolte ja auch gezogen hat – zwischen dem NS-Regime und dem Stalinismus gerade im Ausland sehr kritisch betrachtet werden? Muß man sich den Vorwurf der Exkulpation, der mit solcher Art wissenschaftlicher Arbeit betrieben wird, gefallen lassen?*

Meine Antwort ist da sehr entschieden: Entweder treiben wir Geschichtswissenschaft, und dies ist Sache einer internationalen Gemeinschaft von Forschern, in der es nicht auf die Nationalität ankommt, oder wir müssen auf den Anspruch der Wissenschaftlichkeit verzichten. Dies wäre allerdings ein Rückfall in schlimme Zeiten. Die westdeutsche Geschichtswissenschaft ist wie jede Geschichtswissenschaft, die diesen Namen verdient, frei in ihren Fragestellungen. Die Antworten müssen allerdings selbstverständlich wissenschaftlich zu verantworten sein.

Frage: *Das heißt, Sie würden sagen, es gibt keine Frageverbote für die Wissenschaft?*
Ganz richtig.

Frage: *Nun ist aber der Vorwurf, der bei Leuten wie Habermas oder auch anderen durchschimmert, der, daß die Ergebnisse der Fachwissenschaft dazu genutzt werden, über eine veränderte Beschreibung der NS-Vergangenheit auch unsere heutige deutsche Wirklichkeit verändert zu betrachten.*
Ich bin da eigentlich der falsche Ansprechpartner. Ich bin mit meinem Buch, das sich ausschließlich mit dem Dritten Reich beziehungsweise mit dem Untergang im Osten 1944/45 befaßt, in eine Diskussion hineingezogen worden, die vorrangig um die Museumspläne der Bundesregierung geht. Sie sind nicht mein Thema.

Frage: *Sind Sie an der Einrichtung und den Vorbereitungen dieses historischen Museums in Berlin und des Museums der Geschichte der Bundesrepublik Deutschland in Bonn beteiligt?*
Mit dem historischen Museum in Berlin habe ich nichts zu tun. Was das »Haus der Geschichte der Bundesrepublik Deutschland« angeht, so habe ich gerade die Einladung von Bundesbauminister Schneider erhalten, in der er mich bittet, in dem zu gründenden Beirat mitzuwirken. Die Ergebnisse der Arbeit dort werden abzuwarten sein.

Frage: *Welche Funktion und welche Bedeutung könnten diese Museen Ihrer Auffassung nach haben?*
Jede Nation hat ihre historischen Museen. In Ost-Berlin hat die DDR ihr bekanntes Museum zur Deutschen Geschichte eingerichtet, in dem auf der Basis des Marxismus-Leninismus der Besucher einen Überblick über die Epochen der deutschen Geschichte erhält. Es ist meines Erachtens längst an der Zeit, daß die Bundesrepublik den Versuch unternimmt, nicht nur im Blick auf dieses Ost-Berliner Museum, sondern auch ganz unabhängig davon den wechselvollen Weg der deutschen Geschichte seit dem Mittelalter – auf der Grundlage der Ergebnisse der historischen Forschung – den Besuchern darzulegen

und ihnen dabei den geschichtlichen Ort der Bundesrepublik Deutschland zu demonstrieren. Ich sehe dies als eine legitime Aufgabe an.

Frage: *Sie sagten, daß es schon Mitte der sechziger Jahre eine Revision gegeben habe in Richtung einer stärker sozial- und wirtschaftsgeschichtlichen Betrachtungsweise. Unverkennbar ist jedoch, daß in den letzten fünf Jahren etwa erneut eine Revision eingesetzt hat, von der anzunehmen ist, daß sie eine stärkere nationalgeschichtliche Betrachtung anstrebt. Diese Vermutung wird durch eine Schriften-Reihe unterstützt, die bei Siedler erschienen ist und Veröffentlichungen von den Professoren Stürmer und Schulze sowie von Ihnen selbst enthält. Gibt es so etwas wie eine Neuorientierung hin zu einer stärker nationalgeschichtlich ausgerichteten Geschichtsbetrachtung?*

Die Reihe, die Sie erwähnen, hat in der Tat das Thema »Die Deutschen und ihre Nation«; sie stellt die nationale deutsche Geschichte in den Mittelpunkt. Allerdings wird der europäische Kontext in all den von Ihnen genannten Werken voll gewahrt; das gilt auch für den letzten Band, der gerade jetzt von Thamer über das Dritte Reich erschienen ist. Hier werden die neuesten Forschungsergebnisse in die Darstellung einbezogen. Die Geschichte des Dritten Reiches wird nicht isoliert betrachtet, sondern der europäische Zusammenhang wird auch in die nationalgeschichtlich angelegte Darstellung voll miteinbezogen.

Frage: *Nun tauchen ja auch die Begriffe »Mittellage« und »nationale Identität der Deutschen« in dieser ganzen Debatte wieder auf. Welchen Grund gibt es eigentlich dafür, daß man von seiten der Wissenschaft oder der Publizistik an einer stabilen Lage hier in Mitteleuropa wieder rührt? Uns ging es doch in dieser Mittellage eigentlich gut in den letzten vierzig Jahren?*

Lassen wir einmal die politische Aussage, ob wirklich alles so »gold« ist, beiseite. Das wäre ein zu weites Feld für dieses Gespräch. Man muß zwei Dinge unterscheiden: Einmal das alte Thema »Mitteleuropa«, das jetzt von ganz verschiedenen Seiten aufgegriffen wurde, nicht nur von der politischen »Rechten«, sondern auch in der »Mitte« und von »links« von der Mitte stehenden Kräften. Es handelt sich dabei um eine Leitvorstellung, die an die besonderen traditionellen, durch den Ausgang des Zweiten Weltkrieges abgerissenen Verbindungen in Zentraleuropa anknüpft und sie wiederzubeleben sucht. Es geht darum, unter anderem das Verhältnis zwischen der Bundesrepublik und der DDR, das Verhältnis zu Polen, zur Tschechoslowakei, zu Ungarn in der Weise neuzugestalten, daß diese »mitteleuropäischen« Verbindungen wieder zum Tragen kommen. Darin sehe ich durchaus ein sinnvolles Unterfangen, gerade auch, wenn Sie etwa an den kürzlichen Besuch des Bundespräsidenten in Ungarn denken.

Etwas ganz anderes ist mit dem Schlagwort »Mitteleuropa« verbunden, wenn man an die alte Mitteleuropa-Konzeption anknüpfen will, die in Deutschland vor und im Ersten Weltkrieg eine Rolle gespielt hat. Es ist der Gedanke der Zusammenfassung eines erweiterten »Mitteleuropa« unter deutscher Führung, zugeschnitten auf die deutschen Interessen. Ein solcher Ansatz ist als Konzeption infolge des Ausgangs des Zweiten Weltkriegs historisch erledigt. Eine solche Vorstellung jetzt wieder entwickeln zu wollen, hieße, die Mächte in Ost und West gegen die Deutschen zusammenführen. Ich kann mir nicht vorstellen, daß jemand dies ernsthaft anstrebt.

Reminiszenzen an das gute Zusammenleben zwischen deutschen und slawischen Völkern im Zentrum Europas in der Zeit vor dem Ersten Weltkrieg, zum Teil auch noch in der Zwischenkriegszeit, werden wach, wenn Journalisten oder Historiker nach Polen, in die Tschechoslowakei oder nach Ungarn reisen. In der dortigen Atmosphäre liegt es nahe, dem Gefühl Ausdruck zu geben, wie eng man mit Vertretern dieser Nationen zusammengehört. Das ist verständlich, nur darf das Ganze dann nicht in eine Konzeption »Mitteleuropa« einmünden, die mißverstanden werden könnte als Wiederaufnahme der alten Leitvorstellung, die – wie gesagt – nicht mehr realisierbar ist. Mit einem Wort: Das Bemühen, die Verbindungen, die in Mitteleuropa 1945 – durch den Ausgang des Krieges, dann infolge des Kalten Krieges – zerrissen sind, wieder anzuknüpfen, halte ich für eine sinnvolle politische Aufgabe, gerade auch für die Bundesdeutschen.

Frage: *Sie haben auf einer Historikertagung der Hanns-Martin-Schleyer-Stiftung in Berlin vor einigen Wochen sinngemäß gesagt, daß man hier bei uns auch darauf achten muß, in welcher Art und Weise die DDR-Geschichtsschreibung deutsche Geschichte betreibt. Ich nenne nur zwei Stichworte: das, was die DDR als Erbepflege bezeichnet, und den Versuch, sich selbst auch historisch als den besseren deutschen Staat darzustellen. Könnte das dazu führen, daß man sich selbst auf seine nationale Geschichte hier in der Bundesrepublik auf neue und andere Weise wieder besinnt? Steht die Furcht vor der DDR dahinter, wenn man sich auf die eigene nationale Geschichte konzentriert?*

Daß Anstöße durch die veränderte Betrachtung der deutschen Geschichte in der DDR, der politischen Führung dort wie der Historiker, gegeben wurden, ist ohne Zweifel richtig. Ob die Bemühungen auf seiten der Bundesrepublik Deutschland vornehmlich oder gar ausschließlich als Konkurrenz zu dem sich entwickelnden »modernen« deutschen Geschichtsbild der DDR zu verstehen sind, bezweifle ich. Tatsache ist, daß die DDR ihre ursprünglich ja sehr schmalbrüstige marxistisch-leninistische Betrachtung der deutschen Geschichte aufgegeben hat zugunsten einer größeren Selbstsicherheit im Umgang mit historischen Epochen und historischen Figuren, die nicht so ohne weiteres in die Traditionslinie eines sozialistischen Deutschlands hineinpassen, denken wir etwa an Friedrich den Großen oder an Bismarck. Sicher wird eines Tages auch Stresemann von der DDR-Historie als Politiker zwischen Ost und West entdeckt werden. Die DDR erhebt auf solche Weise den Anspruch, der deutsche Staat zu sein, auf den die ganze deutsche Geschichte zugelaufen ist und von dem eines Tages – unter Sprengung der DDR-»Enge« – die geschichtliche Entwicklung wieder zu einem Gesamtdeutschland, einem sozialistischen Gesamtdeutschland führen wird.

Vor diesem Hintergrund ist es meines Erachtens sinnvoll, ja notwendig, das Gegenbild – wissenschaftlich fundiert – zu entwerfen, die deutsche Geschichte (im Rahmen der europäischen Geschichte) als eine Entwicklung darzustellen, die auf die freiheitlich-demokratische Ordnung der Bundesrepublik hingelaufen ist, auf ein Gesamtdeutschland auf der Basis des Selbstbestimmungsrechts, das es eines Tages zur Geltung zu bringen heißt. Das erscheint mir eine nicht nur historische, sondern auch politisch notwendige Perspektive.

Frage: *Diejenigen Historiker in der Bundesrepublik, die heute eine eher nationalgeschichtliche Betrachtungsweise an den Tag legen, stehen der gegenwärtigen Regierung sehr nahe, so zum Beispiel Michael Stürmer. Andererseits waren sozial- und wirtschaftsgeschichtlich orientierte Forscher auf der Seite der sozialliberalen Koalition. Haben Sie Verständnis dafür, daß die Kritiker meinen, Historiker rechtfertigten hier mit ihren Untersuchungen aktuelle politische Redeinhalte, etwa den von der Gnade der späten Geburt?*

Ein Beispiel: Mein Kollege Jäckel, der wissenschaftlich sehr prononciert die entscheidende Rolle Hitlers im Dritten Reich betont und mit mir hier konform geht, ist Sozialdemokrat. Er steht wissenschaftlich in Kontroverse zu sozialdemokratischen Kollegen, die die inneren Strukturen des Dritten Reiches betonen und diese Strukturen dafür haftbar machen, daß die »Endlösung« im deutschen Machtbereich in Gestalt des Massenmords an den Juden realisiert werden konnte. Jäckel aber stellt hierfür die Rolle Hitlers als ausschlaggebend heraus. Ich will damit nur andeuten, daß die wissenschaftliche Position und die politische Präferenz nicht im Sinne von Gruppenbildungen zur Deckung gebracht werden können.

In der Öffentlichkeit allerdings verbindet sich mit dem Wirken einzelner Historiker eine klischeehafte Vorstellung im Sinne vereinfachender wissenschaftlicher und politischer Zuordnungen. Indessen: Weder können Politikhistoriker ohne die Forschungen der Sozial- und Wirtschaftsgeschichte arbeiten, noch ist es umgekehrt der Fall. Nur wenn jemand seine Forschungen ausschließlich als politische Funktion zu bestimmten aktuellen parteipolitischen Zielen sieht, ist eine Verständigung mit solchen Kollegen schwierig.

Frage: *Wie kann man Ihrer Ansicht nach aus der sehr konfrontativen Situation herauskommen? Könnten Sie sich ein internationales Symposium vorstellen, auf dem die unterschiedlichsten*

Meinungen, die in dieser Debatte formuliert worden sind, vorgebracht werden, unter Einbeziehung von Fachwissenschaftlern aus Ost und West, um die ganze Problematik in einer sachlichen Atmosphäre außerhalb von Zeitungsspalten auszutragen?

Ein Symposium, ein Colloquium allein reichen bei weitem nicht aus. Die Fülle der Themen, die angeschlagen worden sind, bedarf einer ganzen Reihe von Colloquien oder Symposien, die zudem nur in einer toleranten Atmosphäre sinnvoll sind. Alle zusammen in einem einzigen Kongreß zu diskutieren, halte ich für ausgeschlossen angesichts der ungeheuren Spannweite und Komplexität der Themen, die jetzt in der Diskussion in der Öffentlichkeit so aufgeregt behandelt werden.

Quelle: Rheinischer Merkur / Christ und Welt, 31. Oktober 1986
Anmerkung des Verlags: Die Fragen stellte Rainer Krawitz.

27

JÜRGEN HABERMAS

Vom öffentlichen Gebrauch der Historie
Das offizielle Selbstverständnis der Bundesrepublik bricht auf

Wer Ernst Noltes besonnenen Beitrag in der letzten Nummer
der *ZEIT* gelesen und die emotionale Diskussion in der *Frankfurter Allgemeinen Zeitung* nicht verfolgt hat, muß den Eindruck gewinnen, daß hier um historische Details gestritten
wird. In Wirklichkeit geht es um jene politische Umsetzung des
in der Zeitgeschichtsschreibung aufgekommenen Revisionismus, die von Politikern der Wenderegierung ungeduldig ange-
mahnt wird. Deshalb rückt Hans Mommsen die Kontroverse in
den Zusammenhang einer »Umschichtung des historisch-politischen Denkens«; mit seinem Aufsatz im September/Oktober-
heft des *Merkur* hat er den bisher ausführlichsten und substan-
tiellsten Beitrag geliefert. Im Zentrum steht die Frage, *auf welche Weise* die NS-Periode im öffentlichen Bewußtsein historisch verarbeitet wird. Der größer werdende Abstand macht
eine »Historisierung« nötig – so oder so.

Heute wachsen schon die Enkel derer heran, die am Ende
des Zweiten Weltkrieges zu jung waren, um persönlich Schuld
auf sich laden zu können. Dem entspricht freilich kein distan-
ziertes Erinnern. Die Zeitgeschichte bleibt auf die Periode von
1933 bis 1945 fixiert. Sie tritt nicht aus dem Horizont der eigenen Lebensgeschichte heraus; sie bleibt verknäuelt mit Empfindlichkeiten und Reaktionen, die gewiß nach Jahrgängen und
politischen Einstellungen über ein breites Spektrum streuen,
aber immer denselben Ausgangspunkt haben: die Bilder von
jener Rampe. Dieses traumatische Nicht-Vergehen-Wollen
eines in unsere nationale Geschichte eingebrannten moralischen Imperfekts ist erst in den 80er Jahren breitenwirksam
ins Bewußtsein getreten: beim 50. Jahrestag des 30. Januar
1933, bei den vierzigsten Jahrestagen des 20. Juli 1944 und des

8. Mai 1945. Und doch brechen Sperren auf, die noch bis gestern gehalten hatten.

Das Gedächtnis der Opfer und der Täter

In letzter Zeit häufen sich die Memoiren derer, die über das Erlittene Jahrzehnte lang nicht sprechen konnten: Ich denke an Cordelia Edvardson, die Tochter der Langgässer, oder an Lisa Fitko. Wir haben den beinahe körperlichen Vorgang der Erinnerungsarbeit an Szenen nachvollziehen können, in denen ein unerbittlicher Claude Lanzmann den Opfern von Auschwitz und Maidanek die Zunge löst. Bei jenem Friseur wird der starr und stumm gewordene Schrecken zum erstenmal in Worte gefaßt – und man weiß nicht recht, ob man noch an die lösende Kraft des Wortes glauben soll. Auch auf der anderen Seite strömen wieder Worte aus einem Munde, der lange verschlossen gehalten wurde – Worte, die aus guten Gründen, jedenfalls in der Öffentlichkeit, seit 1945 nicht mehr gebraucht worden waren. Das kollektive Gedächtnis erzeugt ungerührt auf der Täterseite andere Phänomene als auf der Seite der Opfer. Saul Friedländer hat beschrieben, wie sich in den letzten Jahren eine Schere öffnet zwischen dem Wunsch auf deutscher Seite, die Vergangenheit zu normalisieren, und der noch intensiver werdenden Beschäftigung mit dem Holocaust auf jüdischer Seite. Was uns betrifft, kann ein Blick in die Presse der letzten Wochen diese Diagnose nur bestätigen.

Im Frankfurter Prozeß gegen zwei an der »Aktion Gnadentod« handgreiflich beteiligte Ärzte begründete der Verteidiger seinen Befangenheitsantrag gegen einen Göttinger Psychiater mit dem Argument, der Sachverständige habe einen jüdischen Großvater und sei möglicherweise von Emotionen belastet. In derselben Woche äußerte Alfred Dregger im Bundestag eine ähnliche Besorgnis: »Besorgt machen uns Geschichtslosigkeit und Rücksichtslosigkeit der eigenen Nation gegenüber. Ohne einen elementaren Patriotismus, der anderen Völkern selbstverständlich ist, wird auch unser Volk nicht überleben können. Wer die sogenannte ›Vergangenheitsbewältigung‹, die gewiß notwendig war, mißbraucht, um unser Volk zukunftsunfähig zu machen, muß auf unseren Widerspruch stoßen.« Der Anwalt führt ein rassistisches Argument in einen Strafprozeß ein, der Fraktionsvorsitzende fordert die forsche Relativierung der belastenden NS-Vergangenheit. Ist das zufällige Zusammentreffen beider Äußerungen so zufällig? Oder verbreitet sich in dieser Republik allmählich ein geistiges Klima, in dem das einfach zusammenpaßt? Da gibt es die spektakuläre Forderung des bekannten Mäzens, die Kunst der Nazizeit nicht länger unter »Zensur« zu stellen. Da zieht der Bundeskanzler mit seinem historischen Feinsinn Parallelen zwischen Gorbatschow und Goebbels.

Im Szenario von Bitburg waren schon drei Momente zur Geltung gekommen: Die Aura des Soldatenfriedhofs sollte nationales Sentiment und dadurch »Geschichtsbewußtsein« wekken; das Nebeneinander der Leichenhügel im KZ und der SS-Gräber auf dem Ehrenfriedhof, morgens Bergen-Belsen und nachmittags Bitburg, bestritt implizit den NS-Verbrechern ihre Singularität; und der Händedruck der Veteranengeneräle in Gegenwart des amerikanischen Präsidenten war schließlich eine Bestätigung dafür, daß wir im Kampf gegen den Bolschewismus immer schon auf der richtigen Seite gestanden haben. Inzwischen haben wir quälende, eher schwärende denn klärende Diskussionen erlebt: über die geplanten historischen Museen, über die Inszenierung des Fassbinder-Stücks, über ein nationales Mahnmal, das so überflüssig ist wie ein Kropf. Dennoch beklagt sich Ernst Nolte darüber, daß Bitburg die Schleusen noch nicht weit genug geöffnet, die Dynamik der Aufrechnung noch nicht ausreichend enthemmt hat: »Die Furcht vor der Anklage der ›Aufrechnung‹ und vor Vergleichen überhaupt ließ die einfache Frage nicht zu, was es bedeutet haben würde, wenn der damalige Bundeskanzler sich 1953 geweigert hätte, den Soldatenfriedhof von Arlington zu besuchen, und zwar mit der Begründung, dort seien auch Männer begraben, die an den Terrorangriffen gegen die deutsche Zivilbevölkerung teilgenommen hätten.« (*FAZ*, 6. Juni 1986) Wer die Präsuppositionen dieses merkwürdig konstruierten Beispiels durchdenkt, wird die Unbefangenheit bewundern, mit der ein international renommierter deutscher Historiker Auschwitz gegen Dresden aufrechnet.

Diese Vermischung des noch Sagbaren mit dem Unsäglichen reagiert wohl auf ein Bedürfnis, das sich mit wachsendem historischen Abstand verstärkt. Unverkennbar ist jedenfalls ein Bedürfnis, welches die Autoren der vom Bayerischen Fernsehen betreuten Serie über »Die Deutschen im Zweiten Weltkrieg« bei ihren älteren Zuschauern vermutet haben: der Wunsch, das subjektive Erleben der Kriegszeit aus jenem Rahmen herauszulösen, der retrospektiv alles mit einer anderen Bedeutung versehen mußte. Dieser Wunsch nach uneingerahmten Erinnerungen aus der Veteranenperspektive läßt sich nun auch durch die Lektüre von Andreas Hillgrubers Darstellung des Geschehens an der Ostfront 1944/45 befriedigen. Dem Autor stellt sich das für einen Historiker ungewöhnliche »Problem der Identifizierung« nur deshalb, weil er die Erlebnisperspektive der kämpfenden Truppe und der betroffenen Zivilbevölkerung einnehmen möchte. Es mag ja zutreffen, daß Hillgrubers Gesamtwerk einen anderen Eindruck vermittelt. Aber das bei Siedler verlegte Büchlein (Zweierlei Untergang) ist nicht für Leser bestimmt, die fachliche Kenntnisse mitbringen, so daß sie eine kontrastierende Betrachtung der »Zerschlagung des Deutschen Reiches« und des »Ende(s) des europäischen Judentums« schon in den richtigen Kontext rücken könnten.

Die Beispiele zeigen, daß die Geschichte, trotz allem, nicht stehen bleibt. Die Sterbeordnung greift auch ins beschädigte Leben ein. Unsere Situation hat sich, im Vergleich zu der vor vierzig Jahren, als Karl Jaspers seinen berühmten Traktat über »Die Schuldfrage« schrieb, gründlich verändert. Damals ging es um die Unterscheidung zwischen der persönlichen Schuld der Täter und der kollektiven Haftung derer, die es – aus wie immer verständlichen Gründen – unterlassen hatten, etwas zu tun. Diese Unterscheidung trifft nicht mehr das Problem von Nachgeborenen, denen das Unterlassungshandeln ihrer Eltern und Großeltern nicht zur Last gelegt werden kann. Gibt es für diese überhaupt noch ein Problem der Mithaftung?

Nach wie vor gibt es die einfache Tatsache, daß auch die Nachgeborenen in einer Lebensform aufgewachsen sind, in der *das* möglich war. Mit jenem Lebenszusammenhang, in dem Auschwitz möglich war, ist unser eigenes Leben nicht etwa durch kontingente Umstände, sondern innerlich verknüpft. Unsere Lebensform ist mit der Lebensform unserer Eltern und Großeltern verbunden durch ein schwer entwirrbares Geflecht von familialen, örtlichen, politischen, auch intellektuellen Überlieferungen – durch ein geschichtliches Milieu also, das uns erst zu dem gemacht hat, was und wer wir heute sind. Niemand von uns kann sich aus diesem Milieu herausstehlen, weil mit ihm unsere Identität, sowohl als Individuen wie als Deutsche, unauflöslich verwoben ist. Das reicht von der Mimik und der körperlichen Geste über die Sprache bis in die kapillarischen Verästelungen des intellektuellen Habitus. Als könnte ich beispielsweise, wenn ich an ausländischen Universitäten lehre, je die Mentalität verleugnen, in die die Spuren der sehr deutschen Denkbewegung von Kant bis Marx und Max Weber eingegraben sind. Wir müssen also zu unseren Traditionen stehen, wenn wir uns nicht selber verleugnen wollen. Daß es für solche Ausweichmanöver keinen Grund gibt, darin bin ich sogar mit Herrn Dregger einig. Aber was folgt aus dieser existentiellen Verknüpfung mit Traditionen und Lebensformen, die durch unaussprechliche Verbrechen vergiftet worden sind? Für diese Verbrechen konnte einmal eine ganze zivilisierte, auf Rechtsstaat und humanistische Kultur stolze Bevölkerung haftbar gemacht werden – im Jaspersschen Sinne einer kollektiven Mithaftung. Überträgt sich etwas von dieser Haftung auch noch auf die nächste und die übernächste Generation? Aus zwei Gründen, denke ich, sollten wir die Frage bejahen.

Da ist zunächst die Verpflichtung, daß wir in Deutschland – selbst wenn es niemand sonst mehr auf sich nähme – unverstellt, und nicht nur mit dem Kopf, die Erinnerung an das Leiden der von deutschen Händen Hingemordeten wachhalten müssen. Diese Toten haben erst recht einen Anspruch auf die schwache anamnetische Kraft einer Solidarität, die Nachgeborene nur noch im Medium der immer wieder erneuerten, oft verzweifelten, jedenfalls umtreibenden Erinnerung üben können. Wenn wir uns über dieses Benjaminsche Vermächtnis hinwegsetzten, würden jüdische Mitbürger, würden überhaupt die Söhne, die Töchter und die Enkel der Ermordeten in unserem Lande nicht mehr atmen können. Das hat auch politische Implikationen. Jedenfalls sehe ich nicht, wie sich das Verhältnis der Bundesrepublik beispielsweise zu Israel auf absehbare Zeit »normalisieren« könnte. Manch einer führt freilich die »geschuldete Erinnerung« nur noch im Titel, während der Text die öffentlichen Manifestationen eines entsprechenden Gefühls als Rituale falscher Unterwerfung und als Gesten geheuchelter Demut denunziert. Mich wundert, daß diese Herrschaften – wenn denn schon christlich geredet werden soll – nicht einmal zwischen Demut und Buße unterscheiden können.

Der aktuelle Streit geht jedoch nicht um die geschuldete Erinnerung, sondern um die eher narzißtische Frage, wie wir uns – um unserer selbst willen – zu den eigenen Traditionen stellen sollen. Wenn das nicht ohne Illusion gelingt, wird auch das Eingedenken der Opfer zur Farce. Im offiziell bekundeten Selbstverständnis der Bundesrepublik gab es bisher eine klare und einfache Antwort. Sie lautet bei Weizsäcker nicht anders als bei Heinemann und Heuss. Nach Auschwitz können wir nationales Selbstbewußtsein allein aus den besseren Traditionen unserer nicht unbesehen, sondern kritisch angeeigneten Geschichte schöpfen. Wir können einen nationalen Lebenszusammenhang, der einmal eine unvergleichliche Versehrung der Substanz menschlicher Zusammengehörigkeit zugelassen hat, einzig im Lichte von solchen Traditionen fortbilden, die einem durch die moralische Katastrophe belehrten, ja argwöhnischen Blick standhalten. Sonst können wir uns selbst nicht achten und von anderen nicht Achtung erwarten.

Diese Prämisse hat bisher das offizielle Selbstverständnis der Bundesrepublik getragen. Der Konsens wird heute von rechts aufgekündigt. Man fürchtet nämlich eine Konsequenz: Eine kritisch sichtende Traditionsaneignung fördert in der Tat nicht das naive Vertrauen in die Sittlichkeit bloß eingewöhnter Verhältnisse; sie verhilft nicht zur Identifikation mit ungeprüften

Vorbildern. Martin Broszat sieht hier mit Recht den Punkt, an dem sich die Geister scheiden. Die NS-Periode wird sich umso weniger als Sperriegel querlegen, je gelassener wir sie als den Filter betrachten, durch den die kulturelle Substanz, soweit diese mit Willen und Bewußtsein übernommen wird, hindurch muß.

Gegen diese Kontinuität im Selbstverständnis der Bundesrepublik stemmen sich heute Dregger und seine Gesinnungsgenossen. Soweit ich erkennen kann, speist sich ihr Unbehagen aus drei Quellen.

Drei Quellen des Unbehagens

Zunächst spielen Situationsdeutungen neokonservativer Herkunft eine Rolle. Nach dieser Lesart verstellt die moralisierende Abwehr der jüngsten Vorvergangenheit den freien Blick auf die tausendjährige Geschichte vor 1933. Ohne Erinnerung an diese unter »Denkverbot« geratene nationale Geschichte könne sich ein positives Selbstbild nicht herstellen. Ohne kollektive Identität schwänden die Kräfte der sozialen Integration. Der beklagte »Geschichtsverlust« soll gar zur Legitimationsschwäche des politischen Systems beitragen, nach innen den Frieden, nach außen die Berechenbarkeit gefährden. Damit wird dann die kompensatorische »Sinnstiftung« begründet, mit der die Geschichtsschreibung die vom Modernisierungsprozeß Entwurzelten bedienen soll. Der identifikatorische Zugriff auf die nationale Geschichte verlangt aber eine Relativierung des Stellenwerts der negativ besetzten NS-Zeit; für diesen Zweck genügt es nicht mehr, die Periode auszuklammern, sie muß in ihrer belastenden Bedeutung eingeebnet werden.

Für einen verharmlosenden Revisionismus gibt es zweitens, und ganz unabhängig von funktionalistischen Erwägungen à la Stürmer, ein tieferliegendes Motiv. Darüber kann ich, da ich kein Sozialpsychologe bin, nur Vermutungen anstellen. Edith Jacobson hat einmal sehr eindringlich die psychoanalytische Einsicht entwickelt, daß das heranwachsende Kind lernen muß, die Erfahrungen mit der liebenden und gewährenden

Mutter nach und nach mit jenen Erfahrungen zu verknüpfen, die aus dem Umgang mit der sich versagenden, sich entziehenden Mutter stammen. Offenbar ist es ein langer und schmerzhafter Prozeß, in dem wir lernen, die zunächst konkurrierenden Bilder von den guten und den bösen Eltern zu komplexen Bildern *derselben* Person zusammenzusetzen. Das schwache Ich gewinnt seine Stärke erst aus dem nicht-selektiven Umgang mit einer ambivalenten Umgebung. Auch unter Erwachsenen ist das Bedürfnis, entsprechende kognitive Dissonanzen zu entschärfen, noch wach. Es ist um so verständlicher, je weiter die Extreme auseinandergehen: beispielsweise die erfahrungsgesättigten, positiven Eindrücke vom eigenen Vater oder Bruder und die problematisierenden Kenntnisse, die uns abstrakte Berichte über Handlungszusammenhänge und Verwicklungen dieser nahestehenden Personen vermitteln. So sind es keineswegs die moralisch Unsensiblen, die sich gedrängt fühlen, jenes kollektive Schicksal, in das die Nächsten verstrickt waren, vom Makel ungewöhnlicher moralischer Hypotheken zu befreien.

Wiederum auf einer anderen Ebene liegt das dritte Motiv – der Kampf um die Wiedergewinnung belasteter Traditionen. Solange der aneignende Blick auf die Ambivalenzen gerichtet ist, die sich dem Nachgeborenen aus der Kenntnis des historischen Verlaufs ohne eigenes Verdienst zu erkennen geben, läßt sich auch Vorbildliches von der retroaktiven Gewalt einer korrumpierten Wirkungsgeschichte nicht freihalten. Nach 1945 lesen wir eben Carl Schmitt und Heidegger und Hans Freyer, selbst Ernst Jünger anders als vor 1933. Das ist manchmal schwer erträglich, zumal für meine Generation, die – nach dem Kriege, in der langen Latenzperiode bis Ende der 50er Jahre – unter dem intellektuellen Einfluß überragender Figuren dieser Art gestanden hat. Das mag, nebenbei, jene anhaltenden Rehabilitationsbemühungen erklären, die – nicht nur in der *FAZ* – so inständig aufs jungkonservative Erbe verwendet werden.

Vierzig Jahre danach ist also der Streit, den Jaspers seinerzeit mühsam schlichten konnte, in anderer Form wieder aufgebrochen. Kann man die Rechtsnachfolge des Deutschen

Reiches antreten, kann man die Traditionen der deutschen Kultur fortsetzen, ohne die historische Haftung für die Lebensform zu übernehmen, in der Auschwitz möglich war? Kann man für den Entstehungszusammenhang solcher Verbrechen, mit dem die eigene Existenz geschichtlich verwoben ist, auf eine andere Weise haften als durch die solidarische Erinnerung an das nicht Wiedergutzumachende, anders als durch eine reflexive, prüfende Einstellung gegenüber den eigenen, identitätsstiftenden Traditionen? Läßt sich nicht allgemein sagen: Je weniger Gemeinsamkeit ein kollektiver Lebenszusammenhang im Innern gewährt hat, je mehr er sich nach außen durch Usurpation und Zerstörung fremden Lebens erhalten hat, um so größer ist die Versöhnungslast, die der Trauerarbeit und der selbstkritischen Prüfung der nachfolgenden Generationen auferlegt ist? Und verbietet es nicht gerade dieser Satz, die Unvertretbarkeit der uns zugemuteten Haftung durch einebnende Vergleiche herunterzuspielen? Das ist die Frage der Singularität der Naziverbrechen. Wie muß es im Kopf eines Historikers aussehen, der behauptet, ich hätte diese Frage »erfunden«?

Wir führen den Streit um die richtige Antwort aus der Perspektive der ersten Person. Man soll diese Arena, in der es unter uns Unbeteiligte nicht geben kann, nicht verwechseln mit der Diskussion von Wissenschaftlern, die während ihrer Arbeit die Beobachtungsperspektive einer dritten Person einnehmen müssen. Von der komparativen Arbeit der Historiker und anderer Geisteswissenschaftler wird die politische Kultur der Bundesrepublik gewiß berührt; aber erst durch die Schleusen der Vermittler und der Massenmedien gelangen die Ergebnisse der wissenschaftlichen Arbeit, mit einer Rückkehr zur Beteiligtenperspektive, in den öffentlichen Fluß der Traditionsaneignung. Erst hier können aus Vergleichen Aufrechnungen werden. Die ehrpusselige Entrüstung über eine angebliche Vermengung von Politik und Wissenschaft schiebt das Thema aufs ganz falsche Gleis. Nipperdey und Hildebrand vergreifen sich entweder in der Schublade oder im Adressaten. Sie leben anscheinend in einem ideologisch geschlossenen, von der Realität nicht mehr erreichbaren Milieu. Es geht ja nicht um Popper versus Adorno, nicht um wissenschaftstheoretische Auseinandersetzungen, nicht um Fragen der Wertfreiheit – es geht um den öffentlichen Gebrauch der Historie.

Aus Vergleichen werden Aufrechnungen

Im Fach haben sich, wenn ich das aus der Entfernung richtig sehe, hauptsächlich drei Positionen herausgebildet; sie beschreiben die NS-Zeit aus der Sicht der Totalitarismustheorie oder auf die Person und Weltanschauung Hitlers zentriert oder mit dem Blick auf die Strukturen des Herrschafts- und des Gesellschaftssystems. Gewiß eignet sich die eine oder die andere Position mehr oder weniger gut für von außen herangetragene Absichten der Relativierung und Einebnung. Aber selbst die Betrachtung, die auf die Person Hitlers und seinen Rassenwahn fixiert ist, kommt doch im Sinne eines verharmlosenden, insbesondere die konservativen Eliten entlastenden Revisionismus erst dann zur Wirkung, wenn sie in einer entsprechenden Perspektive und mit einem bestimmten Zungenschlag präsentiert wird. Dasselbe gilt für den Vergleich der NS-Verbrechen mit den bolschewistischen Vernichtungsaktionen, sogar für die abstruse These, der Archipel Gulag sei »ursprünglicher« als Auschwitz. Erst wenn eine Tageszeitung einen entsprechenden Artikel veröffentlicht, kann die Frage der Singularität der Naziverbrechen für uns, die wir uns aus der Perspektive von Beteiligten Traditionen aneignen, die Bedeutung annehmen, die sie im gegebenen Kontext so brisant macht. In der Öffentlichkeit, für die politische Bildung, für die Museen und den Geschichtsunterricht stellt sich die Frage der apologetischen Herstellung von Geschichtsbildern als unmittelbar politische Frage. Sollen wir mit Hilfe historischer Vergleiche makabre Aufrechnungen vornehmen, um uns aus der Haftung für die Risikogemeinschaft der Deutschen herauszustehlen? Joachim Fest beklagt sich (in der *FAZ* vom 29. August) über die Empfindungslosigkeit, »mit der man sich an irgendwelchen Professorenschreibtischen daran (macht), die Opfer zu selektieren«. Dieser schlimmste Satz aus einem schlimmen Artikel kann nur auf Fest selbst zurückfallen. Warum verleiht er jener Art von Aufrechnungen, die bisher nur in rechtsradikalen Kreisen zirkulierten, in aller Öffentlichkeit einen offiziellen Anstrich?

Das hat mit Frageverboten für die Wissenschaft weiß Gott nichts zu tun. Hätte der Disput, der nun durch die Entgegnungen von Eberhard Jäckel, Jürgen Kocka (in der *Frankfurter Rundschau* vom 23. September) und Hans Mommsen (in den *Blättern für deutsche und internationale Politik*, Oktober 1986) in Gang gekommen ist, in einer Fachzeitschrift stattgefunden, hätte ich keinen Anstoß daran nehmen können – ich hätte die Debatte gar nicht zu Gesicht bekommen. Eine Sünde ist, wie Nipperdey sich mokiert, die bloße Publikation des Nolte-Artikels durch die *FAZ* gewiß nicht, wohl aber markiert sie einen Einschnitt in der politischen Kultur und im Selbstverständnis der Bundesrepublik. Als ein solches Signal wird dieser Artikel auch im Ausland wahrgenommen.

Dieser Einschnitt wird nicht dadurch entschärft, daß Fest die moralische Bedeutung von Auschwitz für uns abhängig macht von Vorlieben für eher pessimistische oder eher optimistische Geschichtsdeutungen. Pessimistische Geschichtsdeutungen legen jeweils andere praktische Konsequenzen nahe, je nachdem ob die Konstanten des Unheils der bösen Menschennatur zugutegehalten oder als gesellschaftlich produziert aufgefaßt werden – Gehlen gegen Adorno. Auch die sogenannten optimistischen Geschichtsdeutungen sind ja keineswegs immer auf den »neuen Menschen« fixiert; ohne ihren Meliorismus ist bekanntlich die amerikanische Kultur gar nicht zu verstehen. Schließlich gibt es weniger einseitige Institutionen. Wenn geschichtliche Fortschritte darin bestehen, Leiden einer versehrbaren Kreatur zu mildern, abzuschaffen oder zu verhindern, und wenn die historische Erfahrung lehrt, daß den endlich erzielten Fortschritten nur neues Unheil auf dem Fuße folgt, liegt die Vermutung nahe, daß die Balance des Erträglichen einzig dann erhalten bleibt, wenn wir um der möglichen Fortschritte willen unsere äußersten Kräfte aufbieten.

In den ersten Wochen sind meine Kontrahenten einer inhaltlichen Debatte mit dem Versuch ausgewichen, mich wissenschaftlich unglaubwürdig zu machen. Ich brauche auf diese

abenteuerlichen Beschuldigungen an dieser Stelle nicht zurückzukommen, da sich die Diskussion inzwischen den Sachen zuge-
wendet hat. Um die Leser der *ZEIT* mit einer Ablenkungstech-
nik bekannt zu machen, die man eher von Politikern im Handge-
menge als von Wissenschaftlern und Publizisten am Schreibtisch
erwartet, nenne ich nur ein Beispiel. Joachim Fest behauptet,
daß ich Nolte in der Hauptsache eine völlig falsche These unter-
schiebe: Nolte leugne die »Singularität der nationalsozialistischen Vernichtungsaktionen überhaupt nicht«. Tatsächlich
hatte dieser geschrieben, daß jene Massenverbrechen weit irrationaler gewesen seien als ihre sowjetrussischen Vorbilder: »Alles dies«, so faßte er die Gründe zusammen, »konstituiert ihre
Einzigartigkeit«, um dann fortzufahren: »aber das ändert nichts
an der Tatsache, daß die sogenannte Judenvernichtung während
des Dritten Reiches eine Reaktion war oder eine verzerrte Kopie, aber nicht ein erster Akt oder ein Original.« Der wohlwol-
lende Kollege Klaus Hildebrand lobt denn auch in der »Historischen Zeitschrift« eben diesen Aufsatz als wegweisend, weil er
»das scheinbar Einzigartige aus der Geschichte des ›Dritten Reiches‹ . . . zu erklären versucht«. Ich konnte mir diese Lesart, die
alle gegenteiligen Versicherungen als salvatorische Klauseln
versteht, um so eher zu eigen machen, als Nolte inzwischen in
der *FAZ* jenen Satz geschrieben hatte, der die Kontroverse
überhaupt erst ins Rollen gebracht hat: Nolte hatte die Einzigartigkeit der NS-Verbrechen auf den »technischen Vorgang der
Vergasung« reduziert. In Frageform läßt Fest es nicht einmal bei
diesem Unterschied bewenden. Mit ausdrücklicher Bezug-
nahme auf die Gaskammern fragt er: »Läßt sich wirklich sagen,
daß jene Massenliquidierungen durch Genickschuß, die sie
während des Roten Terrors über Jahre hin üblich waren, etwas
qualitativ anderes sind? Ist nicht, bei allen Unterschieden, das
Vergleichbare doch stärker?«

Ich akzeptiere den Hinweis, daß nicht »Vertreibung«, sondern »Vernichtung« der Kulaken die zutreffende Beschreibung
dieses barbarischen Vorgangs ist; denn Aufklärung ist ein Unternehmen auf Gegenseitigkeit. Aber die in der breiten Öffentlichkeit vorgeführten Aufrechnungen von Nolte und Fest dienen nicht der Aufklärung. Sie berühren die politische Moral

eines Gemeinwesens, das – nach einer Befreiung durch alliierte Truppen ohne eigenes Zutun – im Geiste des okzidentalen Verständnisses von Freiheit, Verantwortlichkeit und Selbstbestimmung errichtet worden ist.

Quelle: DIE ZEIT, 7. November 1986

28

HEINRICH AUGUST WINKLER
Auf ewig in Hitlers Schatten?
Zum Streit über das Geschichtsbild der Deutschen

Seit einiger Zeit gibt es keinen Zweifel mehr: Das Jahrhundertende wirft seinen langen Schatten voraus. Mitte der achtziger Jahre sind wir schon ganz in das fin de siècle eingetreten. Am runden Tisch des Bonner Kabinetts, in der Redaktion der Frankfurter Allgemeinen und an den Schreibtischen einiger deutscher Historiker sitzt ein steinerner Gast: Die »Vergangenheit, die nicht vergehen will«. Man würde ihn gern los, aber er weicht nicht, sondern fragt immer wieder: Warum ist das größte Verbrechen des 20. Jahrhunderts, die Ermordung der europäischen Juden, gerade von Euch verübt worden, Ihr Deutschen?

Vier Jahrzehnte nach dem Ende des Zweiten Weltkrieges scheint es einigen führenden Vertretern von Politik und Geistesleben an der Zeit, endlich aus dem Schatten Hitlers herauszutreten. Hat die Bundesrepublik überhaupt eine Zukunft, so fragen sie, wenn unsere Erinnerung immer aufs neue um Auschwitz kreist? Hat die jüngere Generation nicht ein Recht darauf, unbeschwert von der Geschichtslast des »Dritten Reiches« die Schwelle zum nächsten Jahrtausend zu überschreiten? Werden nicht Defätismus und Dekadenz immer weiter um sich greifen, wenn wir uns auch künftig von dem Gedanken an eine lang zurückliegende deutsche Schuld bestimmen lassen?

Das gemeinsame Auftreten des amerikanischen Präsidenten und des deutschen Bundeskanzlers auf dem Soldatenfriedhof von Bitburg anläßlich des 40. Jahrestages des Kriegsendes war als Fanal gedacht: Der Zweite Weltkrieg wurde unterderhand zum europäischen Normalkrieg umstilisiert. So wie sich das Amerika Ronald Reagans trotz My Lai nicht sein gutes Gewissen rauben läßt, so sollte das Deutschland Helmut Kohls fortan trotz Auschwitz wieder ungebrochen nationalen Stolz empfinden dürfen. Etwa zur gleichen Zeit erschien in Tiefdruckbeilagen deutscher Provinzblätter eine Anzeige der »Gesellschaft für Münzeditionen«. Sie warb für eine Sammlung von Gedenkmünzen, auf denen die herausragenden Taten der Großdeutschen Wehrmacht zwischen 1939 und 1945 rühmend festgehalten wurden. Die letzte der abgebildeten Münzen trug halbverdeckt, aber doch klar erkennbar den Text: »Ehrenvoll unterlegen«.

Das Gespenst von Bitburg führt ein zähes Leben. Dafür sorgt schon, unter anderem, die FAZ. Für das Ereignis von Bitburg hatte die »Zeitung für Deutschland« ungleich viel mehr Sympathie und folglich auch Raum als für die Rede, die der Bundespräsident am 8. Mai 1985 im Deutschen Bundestag hielt. Viele Artikel der Frankfurter Allgemeinen, die seitdem erschienen sind, lesen sich wie indirekte Antworten auf Richard von Weizsäcker. Am 28. Februar 1986 etwa würdigte Friedrich Karl Fromme in einer Leitglosse die Debatte, die der Bundestag am Vortag über das Thema »Antisemitismus« geführt hatte. Fromme hielt diese Aussprache für überflüssig und unnütz. Seine Begründung: »Antisemitismus gab es über die Jahrhunderte, und es gibt ihn heute in sozialistischen Ländern, vor allem in der Sowjetunion. Andere Nationen könnten fragen, ob ihnen Sympathien vorzuschreiben seien. Die ›Judenvernichtung‹, das Wort gehört zwischen Anführungsstriche, ist im Nazi-Staat diskret vonstatten gegangen; keineswegs war es so, daß über den damaligen Deutschlandsender ein wöchentliches Bulletin ging, in den zurückliegenden Tagen seien soundso viele Juden zu Tode gebracht worden.«

Appell an das »Feingefühl«

Obwohl die Deutschen also nicht ahnen konnten, was der (ohnehin nur von einer Minderheit gewählte) »krankhafte Antisemit Hitler« insgeheim anrichten ließ, dürfen sie, zu Frommes Leidwesen, auch heute noch nicht ganz unbefangen sein. Sie müssen »befangen bleiben in dem Sinne, daß die sonst leichthin erlaubte Sonderung der Mitmenschen in solche, die man mag, und andere, die man nicht so sehr mag, gegenüber Juden untersagt ist«.

Der Mahnung an die Deutschen, ihren natürlichen Gefühlen keinen freien Lauf zu lassen, folgte eine Warnung an die Juden, nicht ihrerseits durch überzogene Forderungen neuen Antisemitismus hervorzurufen. »Es gibt viel guten Willen bei den jungen und bei den nicht mehr ganz jungen Deutschen gegenüber den Juden. Einer sich unbefangen fühlenden Generation aber ist zuzubilligen, daß ihre Geduld begrenzt ist. Vernunft und Menschlichkeit, zwei Begriffe, die nicht immer in eins gehen, müssen mit Feingefühl behandelt werden – von allen Seiten.« »Feingefühl, allerseits« lautete denn auch die Überschrift dieses Beitrags zur moralischen Selbstbehauptung der Deutschen.

Zwei Monate später erhielt Fromme Schützenhilfe von seinem Kollegen Ernst-Otto Maetzke. Dieser nahm am 24. April 1986, im Zusammenhang mit der weltweiten Diskussion über die politische Vergangenheit des heutigen österreichischen Bundespräsidenten Kurt Waldheim, den Jüdischen Weltkongreß ins Visier. Er warf ihm vor, »die Toten eines vergangenen Krieges und einer Gewaltherrschaft heuchlerisch zum Betreiben gegenwärtiger politischer Ziele zu mißbrauchen. Daß diese Methode weithin im politischen Kampf als üblich gilt, macht sie nicht besser. Gewöhnliche Leichenfledderer sind vergleichsweise anständige Leute.« Maetzke hätte seine Glosse überschreiben können: »Lasset die Toten ihre Toten begraben!« Der Kürze halber entschied er sich aber für: »Übler als Fledderei.«

Dritter im Bunde der aufrechten FAZ-Rechten war Günther Gillessen. Am 14. Mai 1986 räumte er den Darlegungen eines aus Deutschland in die USA emigrierten Rechtsanwalts namens Franz Oppenheimer weit mehr als eine Druckseite ein. Oppenheimer hatte ein paar neuere Bücher gelesen, darunter eines, dem er die Einsicht verdankte, »daß selbst unter dem ergebenen Kern der Parteimitglieder vor Hitlers Machtergreifung die wütenden Antisemiten nur eine kleine Minderheit von 12,5 Prozent waren«. Der Befund, einer amerikanischen Umfrage im Nachkriegsdeutschland entstammend, paßte vorzüglich in Oppenheimers Konzept. Die große Mehrheit der Deutschen trage an Hitlers Verbrechen »keine größere Schuld als andere an denen Stalins von gestern und des lieben Herrn Gorbatschow heute«, lautete das Fazit des »Sammlers historischer Literatur«, als den Gillessen ihn in seiner Einleitung vorstellte. Gillessen sorgte auch für die richtige Aufmachung des Artikels. »Vorsicht vor falschen Schlüssen aus der deutschen Vergangenheit« empfahl bereits die Überschrift. Die Unterzeile war noch deutlicher: »Die Verführungen einer kollektiven Schuldbesessenheit.«

Die Bühnenkulissen waren also bereits aufgestellt, als am 6. Juni 1986 Ernst Nolte, Professor der neueren Geschichte an der Freien Universität Berlin und ein angesehener Faschismusforscher, auftrat. Wer bei der Lektüre der FAZ bis zum Feuilleton vordrang, konnte dort unter der Überschrift »Vergangenheit, die nicht vergehen will« etwas lesen, was bislang noch kein deutscher Historiker bemerkt hatte: Auschwitz war nur die Kopie eines russischen Originals, des stalinistischen Archipel GULag. Aus Angst vor dem asiatischen Vernichtungswillen der Bolschewiki hatte Hitler selbst eine »asiatische Tat« begangen. Die Judenvernichtung also eine Art von Putativnotwehr? Genau darauf läuft Noltes Spekulation hinaus.

In vorsichtigeren Wendungen hatte Nolte den gleichen Gedanken auch schon früher geäußert. In einem Aufsatz, der 1985 auf englisch, in dem von H. W. Koch herausgegebenen Band »Aspects of the Third Reich«, erschienen war, gab er überdies zu bedenken, ob Hitler nicht berechtigt gewesen sein könnte, die deutschen Juden nach Kriegsausbruch als Kriegsgefangene zu internieren. (Das »Recht« hierzu hätte ihm, Nolte zufolge, der Präsident der Jewish Agency, Chaim Weizmann, gegeben, als er Anfang September 1939 dem britischen Premierminister Neville Chamberlain in einem offenen Brief versicherte, die Juden stünden in diesem Krieg auf der Seite Englands und der westlichen Demokratien.) Gleichviel, ob diese oder eine ähnliche Passage auch in den von der FAZ weggekürzten Teilen des Vertragsmanuskripts stand oder nicht: Soviel einfühlendes Verstehen ist Hitler noch von keinem deutschen Historiker zuteil geworden.

Nolte ist nicht der einzige Geschichtsforscher, der jetzt, wo das Jahrhundert sich dem Ende zuneigt, für eine historische Relativierung des »Dritten Reiches« und seiner Verbrechen eintritt. Andreas Hillgruber und Michael Stürmer, die in diesem Zusammenhang oft genannt werden (auch von Jürgen Habermas in seinem Artikel in der ZEIT vom 11. Juli 1986), sind zwar nicht grundlos ins Gerede gekommen: Stürmer, weil er seine eher konservative Sicht der Vergangenheit gern zum deutschen Geschichtsbild erheben würde; Hillgruber vor allem wegen seiner ausgeprägten Sympathien für jene preußischen Junker und Militärs, von denen er doch weiß, daß Hitler ohne sie weder an die Macht gekommen noch an der Macht geblieben wäre. Aber beide Historiker sind keine »Relativierer« à la Nolte, und sie verdienen es nicht, mit ihm in einen Topf geworfen zu werden.

Anders liegt der Fall des Bonner Historikers Klaus Hildebrand, aus dessen Feder eine geradezu überschwengliche Besprechung von Noltes englischem Aufsatz stammt (Historische Zeitschrift, Band 242, Heft 2, April 1986). Schon 1983 hatte sich Hildebrand aus Anlaß der 50. Wiederkehr der »Machtergreifung« vehement gegen die These gewandt, es habe vor 1933 einen »deutschen Sonderweg« gegeben – eine Abweichung Deutschlands von der »normalen« Entwicklung des Westens hin zur liberalen Demokratie. Als »Sonderweg« läßt er nur, und zwar im wesentlichen dank des »Sonderfalles Hitler«, die Jahre 1933 bis 1945 gelten.

Am Ende seines 1984 veröffentlichten, aber bis heute weithin unbeachtet gebliebenen Vortrages (in: Wolfgang Michalka, Hrsg., Die nationalsozialistische Machtergreifung, Paderborn 1984) nimmt Hildebrand aber dieses Zugeständnis schon wieder halb zurück: »Festzuhalten bleibt... die Frage, ob sich im Zuge künftiger Forschungen – beispielsweise durch Vergleiche mit dem stalinistischen Rußland – und voraussschreitender Geschichte – mit Exempeln von der Art des kambodschanischen Steinzeitkommunismus – eine Historisierung der Hitler-Zeit einstellen wird. Sie wäre gewiß von furchtbaren wissenschaftlichen Einsichten und von schmerzlichen menschlichen Erfahrungen begleitet. Beide Phänomene könnten, *horribile dictu*, sogar den Begriff des deutschen Sonderweges zwischen 1933 und 1945 relativieren«. (Für Nichtlateiner: »horribile dictu« bedeutet »schrecklich zu sagen«.)

Gegen Hildebrands Behauptung, es habe vor 1933 keinen »deutschen Sonderweg« gegeben, ließe sich viel sagen – aber kaum etwas, was nicht schon irgendwann von irgendwem gesagt worden wäre. In unserem Zusammenhang aufschlußreicher ist der Hinweis auf Stalin und Pol Pot, deren Verbrechen auch Nolte mit denen Hitlers in Beziehung setzt. Was ist der Sinn dieses Vergleichs? Deutschland ist kulturell ein Land des Westens; es hatte teil an der europäischen Aufklärung und eine lange Tradition des Rechtsstaates. Das gilt nicht für Rußland und erst recht nicht für Kambodscha. Die Untaten Stalins und der Roten Khmer werden dadurch nicht im mindesten entschuldigt. Aber Hitler und seine Helfer müssen wir an unseren eigenen, den westlichen Normen messen. Vor diesem historischen Hintergrund ist der vom deutschen Staat befohlene systematische Völkermord an den Juden, aber auch an den Sinti und Roma das größte Verbrechen des 20. Jahrhunderts, ja der Weltgeschichte.

Ein Ausverkauf westlicher Werte

Joachim Fest hat in der FAZ vom 29. August gemeint, wer so argumentiere, der setze auf hochmütige Weise die »alte Nazi-Unterscheidung fort, wonach es höhere Völker gibt und Völker auf primitiverer Stufe, die nicht einmal vom Tötungsverbot wissen«.

Es ist schon verblüffend, zu welchen Kapriolen jemand fähig ist, der sich im Rechtfertigungszwang fühlt. Fest dispensiert Deutschland von den sittlichen Werten, die es selbst mit hervorgebracht hat, und er befreit den Historiker von seiner vornehmsten Aufgabe: historisch angemessen zu werten. Weder Nolte noch Hildebrand noch Fest wollen einem zynischen Nihilismus das Wort reden, aber was sie zustande bringen, ist, horribile dictu, ein Ausverkauf westlicher Werte.

Fest hat in dem zitierten Artikel Nolte und Hildebrand gegen

Jürgen Habermas' Feststellung in Schutz genommen, sie zielten auf nationale Apologie ab. Fest nennt diese Kritik gar eine »persönliche Verunglimpfung«. Wie sagt doch Mephisto? »Man darf das nicht vor keuschen Ohren nennen, was keusche Herzen nicht entbehren können.« Wer Stalin und Pol Pot heranzieht, um Hitler zu »relativieren«, der betreibt keine Geschichtswissenschaft, sondern Geschichtspolitik. Er instrumentalisiert Geschichte für politische Zwecke und tut damit von »rechts«, was die Ideologen der Studentenbewegung von 1968 von »links« getan haben. Und will Fest etwa ernsthaft behaupten, es gehe seiner Zeitung bei ihrem Feldzug gegen deutsche »Schuldbesessenheit« nicht um Politik, sondern nur um die historische Wahrheit und um nichts als die Wahrheit?

Die fortlaufende Lektüre der FAZ macht deutlich, wo die tieferen Gründe der nationalapologetischen Welle zu suchen sind. Seit geraumer Zeit schallt uns aus ihren Spalten, lauter als jemals seit den fünfziger Jahren, der Ruf nach der Wiedervereinigung Deutschlands entgegen. Es ist nicht wichtig, ob die Zeitung dieses Ziel für erreichbar hält. Wichtig ist, daß seine Beschwörung nationales Selbstgefühl heben hilft. Um heute die Wiederherstellung des Deutschen Reiches fordern zu können, muß die Geschichte in der Tat umgeschrieben werden. Das Regime, das die staatliche Einheit Deutschlands verspielt hat, darf nicht länger als das erscheinen, was es war: das menschenfeindlichste der Geschichte. Deswegen werden seine Untaten mit denen anderer Staaten, gleich welcher kulturellen Entwicklungsstufe, verrechnet. Am Ende steht dann die Einsicht, zu der man an deutschen Stammtischen schon vor über drei Jahrzehnten angelangt war: daß alle Geschichte eine Geschichte von Verbrechen und an der deutschen Geschichte wenig ist, was negativ aus dem Rahmen fällt.

Vielleicht ist es ein Trost, daß nicht nur das Jahrhundert, sondern auch das Jahrtausend zu Ende geht. Die Deutschen können dann im Rückblick auch an das denken, was sie der Welt im Verlauf einer langen Geschichte geschenkt haben. Politische Leistungen werden freilich kaum darunter sein. Die Bildung eines deutschen Nationalstaates war, wie die Dinge im 19. Jahrhundert lagen, unvermeidbar. Aber das Reich von 1871 ist an den Deutschen selbst gescheitert. Angesichts der Rolle, die Deutschland bei der Entstehung der beiden Weltkriege gespielt hat, kann Europa und sollten auch die Deutschen ein neues Deutsches Reich, einen souveränen Nationalstaat, nicht mehr wollen. Das ist die Logik der Geschichte, und die ist nach Bismarcks Wort genauer als die preußische Oberrechenkammer.

Was bleibt? Wir müssen lernen, mit unserer Geschichte zu leben, ohne ihr nachträglich etwas abhandeln zu wollen. Wir dürfen keine überzogenen Forderungen an die Zukunft stellen und wir müssen wissen, warum wir es nicht dürfen. Aus der Geschichte geblieben ist die Pflicht, Solidarität zu üben mit denen, die zu Opfern deutscher Selbstüberhebung geworden sind, allen voran Juden und Polen. Zu unserem Erbe gehört aber auch die nationale Solidarität mit den Deutschen in der DDR, die an der Last der deutschen Geschichte bis heute ungleich schwerer zu tragen haben als die Bürger der Bundesrepublik.

Das Gespenst von Bitburg will uns daran hindern, aus der Geschichte zu lernen. Es erfüllt uns mit Neid auf die wirkliche oder vermeintliche Normalität der anderen. Es gaukelt uns einen Anspruch vor, den wir nur hätten, wenn wir in der Vergangenheit andere als wir selbst gewesen wären. Es versucht uns auf einen Pfad zu locken, der schon einmal in die Katastrophe geführt hat. Es ist höchste Zeit, das Gespenst zu vertreiben.

Quelle: Frankfurter Rundschau, 14. November 1986

29

CHRISTIAN MEIER

Kein Schlußwort
Zum Streit über die NS-Vergangenheit

Der »Historikerstreit«, der in den letzten Wochen zumal in dieser Zeitung und in der ZEIT ausgetragen wurde, scheint beendet zu sein. Ernst Nolte, dessen Artikel (FAZ vom 6. 6. 1986) der wichtigste Stein des Anstoßes gewesen war, hat nachgetragen, was er als selbstverständlich vorausgesetzt habe, und seine Position entschärft. Jürgen Habermas, der den Streit im Juli eröffnet hatte, hat für die ZEIT das letzte Wort gesprochen. Wie immer die Dinge somit stehen: man sollte eine Bilanz ziehen.

Was ist geschehen? Habermas hatte gemeint, »apologetische Tendenzen« in verschiedenen für die Öffentlichkeit bestimmten Äußerungen von Historikern zu beobachten. Er befürchtete, daß die Singularität der Verbrechen, die Deutschland unter dem NS-Regime verübt hatte, insbesondere die der Judenvernichtung, bestritten, dieser Teil der deutschen Geschichte also »relativiert« und gleichsam eingeebnet werden solle, um das Ganze der deutschen Geschichte wieder in ein freundliches Licht zu rücken. Für diese Tendenz zitierte er Andreas Hillgruber, Ernst Nolte und Klaus Hildebrand. Er brachte sie in Zusammenhang mit den Bemühungen Michael Stürmers um eine Befestigung deutschen Geschichtskonsenses sowie mit der Geschichtspolitik der Bundesregierung, die sich in der Gründung historischer Museen und in Plänen für ein Mahnmal in Bonn äußert. Er sah »Regierungshistoriker« ein Geschichtsbild »verordnen«, und zwar eine »deutsch-national eingefärbte Nato-Philosophie«. Kurz: eine historische Tendenzwende, die sich insbesondere in der Aufkündigung einer allgemeinen Übereinstimmung in der Beurteilung der NS-Vergangenheit niederschlage.

Nach ersten Antworten, die sich mehr auf Einzelheiten und insbesondere auf falsche oder fragwürdige Zitate bezogen, hat Joachim Fest in einem großen Artikel, »Die geschuldete Erinnerung« (FAZ v. 29. 8. 1986), die Diskussion mit Habermas in einer der Hauptsachen aufgenommen, dem Problem, ob die damaligen deutschen Verbrechen singulär gewesen seien. Mit dieser offenen, kräftigen und zugleich beherrschten Polemik trat der Streit in ein neues Stadium. Es schloß sich – neben anderen Äußerungen – ab September eine Serie von sechs Artikeln in der ZEIT an, die jetzt mit Habermas ihr Ende fand.

Negativer Mythos

Blickt man zurück, so scheint sich, zumal nach Noltes letztem Artikel, zu ergeben, daß das Problem der Singularität nicht mehr strittig ist. Eberhard Jäckel hat es am klarsten formuliert: »Ich behaupte..., daß der nationalsozialistische Mord an den Juden deswegen einzigartig war, weil noch nie zuvor ein Staat mit der Autorität seines verantwortlichen Führers beschlossen und angekündigt hatte, eine bestimmte Menschengruppe einschließlich der Alten, der Frauen, der Kinder und der Säuglinge möglichst restlos zu töten, und diesen Beschluß mit allen nur möglichen staatlichen Machtmitteln in die Tat umsetzte.« Auch wenn die Ankündigung des »Führers« keineswegs so ausgesprochen war, wird man das im Kern wohl kaum bestreiten können. Man sollte hinzufügen, daß mit der industriellen Austilgung nicht nur ein neuer Modus, nicht nur ein neuer Punkt auf der Skala der Möglichkeiten des Tötens erreicht, sondern ein qualitativer Sprung getan ist. Nolte schreibt dazu, in Jäckels Worten sei nur auseinandergelegt, was er mit dem Begriff des »Rassenmordes« kürzer zum Ausdruck gebracht habe. Sein ursprünglicher Artikel hatte mehr dahin tendiert, die millionenfachen Morde der Deutschen in einer Reihe mit denen der stalinistischen Sowjetunion und anderer zu sehen. Er hatte zudem einen Kausalzusammenhang zwischen dem Archipel GULag und Auschwitz konstruiert. Diese Behauptungen nimmt er jetzt nicht zurück, aber er modifiziert sie doch so weit, daß im Ganzen nur mehr Einzelheiten der Motivstruktur Hitlers sowie der historischen Einordnung des Holocaust strittig bleiben.

Es ist zu hoffen, daß Noltes Anregung, die verschiedenen millionenfachen Morde dieses Jahrhunderts sich stärker bewußt zu halten, Früchte trägt. Sucht man sich darüber – wie über die Rolle des Massenmordes in der Geschichte überhaupt – zu orientieren, so ist man überrascht, wie schwierig das ist. Hier liegt offenbar ein Forschungsdesiderat. Man wird, indem man diesen Fragen nachgeht, vermutlich die Besonderheit unseres Jahrhunderts – und gewisse Zusammenhänge zwischen seinen »Liquidationen« – genauer erkennen. Aber Noltes Hoffnung, durch Hinweis auf die verschiedenen anderen millionenfachen Morde das Bedrängende an unserer NS-Vergangenheit abarbeiten zu können, wird gewiß nicht in Erfüllung gehen. Will man, wofür vieles spricht, die nationalsozialistische Vergangenheit daran hindern, negativer Mythos vom absolut Bösen zu werden oder zu bleiben, so wird man andere Wege gehen müssen. Dazu ist das Bewußtsein von den Untaten zu tief in die Grundlagen der Bundesrepublik eingebrannt. Gewiß ist eine Historisierung dieser schockierenden Vergangenheit, eine Lösung der »hypnotischen Lähmung«, die von ihr ausgeht, zu wünschen. Doch wird sie nicht darin bestehen können, daß man an dem, was im Ganzen geschehen ist, deutelt. Das hieße die Flucht ergreifen.

Auch wenn solche Morde fraglos und leider zum Signum des 20. Jahrhunderts gehören, so sind sie doch in den westlichen Ländern nicht verübt worden. Und man sollte, so möchte ich gegen Fest behaupten, nicht meinen, es mache keinen Unterschied, ob wir oder etwa die Türken respektive die Sowjetrussen so etwas ins Werk setzten. Ist man denn, wenn man findet, daß in Deutschland in einer langen Geschichte andere zivilisatorische und ethische Voraussetzungen erwachsen sind – und daß wir uns auf unsere Geschichte etwas zugute halten können –, schon ein Verfechter der Ideologie vom Herrenvolk? Daraus erwachsen doch noch lange keine Vorrechte, wohl aber Pflichten. Fests Einwand kann sich, recht besehen, wohl nur darauf beziehen, daß sich in manchen Selbstanklagen ein gleichsam umgestülptes Bewußtsein deutscher Besonderheit aufdringlich äußert. Das hat mit der Gegenwart, nicht mit der Vergangenheit zu tun.

Andererseits kann man sagen, daß das Problem der Singularität unter bestimmten Gesichtspunkten nicht so wichtig ist. Selbst wenn die deutschen Verbrechen nicht einzigartig gewesen wären, was wäre für uns und unsere Stellung in der Welt damit gewonnen? Was nützt es uns, wenn die Judenvernichtung neben der Kulakenverfolgung und -liquidation oder den Ausrottungen des Herrn Pol Pot ins Glied tritt? Jedenfalls ist jede Diskussion darüber schwierig. So richtig es ist, daß man auch über die anderen Morde unserer Zeit, im großen wie im kleinen, zu sprechen hat, und sosehr man Fest zustimmen kann, wenn er vermutet, daß moralische Irritation heute gern politischen Absichten folgt, so läßt man dabei das Problem der deutschen Vergangenheit besser heraus, weil es sonst zu schnell ans Aufrechnen geht.

Vergleichbarkeit?

Unter wieder anderen Gesichtspunkten aber ist die Antwort auf die Frage nach der Singularität äußerst wichtig. Weil nämlich nur dann, wenn man sie – wie ich denke: wahrheitsgemäß – bejaht, voll verständlich wird, warum wir uns diese Vergangenheit immer wieder vorhalten lassen müssen. Freilich gibt es hier ein Knäuel von Gründen. Die NS-Verbrechen sind bis ins einzelne hinein bekannt, die stalinistischen oder diejenigen Pol Pots dagegen nur sehr pauschal. Bei uns ist die Ablehnung dieser Verbrechen in die Fundamente der Republik eingegangen, bei den anderen Nachfolgestaaten des Großdeutschen Reiches hingegen nicht. Wir sind weder eine Großmacht, die sich dergleichen nicht sagen zu lassen braucht, noch arm, so daß es nicht auch Interessen gäbe, uns daran zu erinnern. Das alles spielt gewiß mit und läßt die historische Wahrheit – sowie die Offenheit dafür – und die politische Realität in die gleiche Richtung wirken.

Aber eben weil dem so ist, gibt es davor so leicht kein Entkommen. Und dann ist es, um es einmal taktisch zu nehmen, viel besser, wir wissen und sagen, wie es ist, als daß wir es uns immer wieder sagen lassen müssen. Dann können wir auch am ehesten das Verständnis für die Nöte wecken, die wir und unsere Kinder zunehmend mit unserer Geschichte haben – ein Verständnis, auf das wir angewiesen sind; dann können wir auch Zumutungen anders entgegentreten. Jeder Versuch, sich aus dieser Vergangenheit davonzustehlen oder sie unnütz zu – noch dazu falschen – politischen Vergleichen heranzuziehen, macht die Dinge nur schlimmer. Die Geschichte der letzten Jahre und Wochen ist ja leider an Beispielen dafür nicht arm.

Es ging und geht beim Thema des »Historikerstreits« weniger um die Vergangenheit als um Gegenwart und Zukunft. Denn dahin zielt doch die Frage, wie wir auf die Dauer mit dem tief in uns verankerten (respektive nicht gar so tief zu verdrängenden) Bewußtsein von dieser Vergangenheit leben wollen. Sind wir dadurch, was die historische Dimension angeht, ganz anders als die anderen? Ist das eher eine Chance oder ein Verhängnis? Damit steht zugleich das, was unsere bundesrepublikanische Identität ist und sein kann, zur Debatte.

Vermutlich ist es kein Zufall, daß diese Fragen sich vierzig Jahre nach Kriegsende neu stellen. Es ist der Zeitpunkt, da die Jüngsten, die am NS-Regime noch aktiv beteiligt sein konnten, ins Großelternalter einrücken. Insofern hat der »Historikerstreit« vermutlich Fragen aufgenommen, deren Beantwortung sich in der Allgemeinheit wandelt. Vielleicht vollzieht sich hier sogar ein sehr tiefer, elementarer Vorgang, dem Aufbrechen einer Eisdecke vergleichbar. Dazu freilich erhält man keine Aufschlüsse, wenn man gewisse Tendenzen in den Schriften einzelner Historiker aufzuspüren sucht, auch und gerade wenn es sich – wie hinzuzufügen ist – insgesamt um prominente Angehörige der Zunft handelt. Was Hillgruber dazu bewogen haben mag, sich nachträglich mit den Verteidigern der Front in Ostpreußen zu »identifizieren«, wird wohl sein Geheimnis bleiben. Meines Erachtens wollte er vor allem Verständnis für deren Situation, Respekt für die Opfer, die sie brachten, wecken. Und seine Arbeit hätte durch ein perspektivenreicheres, distanzierteres Verfahren und gelegentlichen Gebrauch des

Konjunktivs gewiß gewonnen. Doch wie immer dem sein mag und was immer die Präsentation seines Bändchens sonst an Schwächen enthält, eine Verharmlosung des Nationalsozialismus kann man ihm nicht vorwerfen. Insofern sind Habermas' Sorgen gewiß unbegründet.

Kein Ausweichen

Das soll nicht heißen, daß Historiker immun seien gegen Tendenzen ihrer Zeit. Welche Fragen für sie freigesetzt oder herausgefordert und welche gelähmt oder erstickt werden, das wird gewiß von ihrer »Lebenswelt« beeinflußt. Aber man sollte es sich nicht zu leicht damit machen. Die Erkenntnis etwa, daß die deutsche Gesellschaft um so entschuldbarer sei, je höher die Rolle Hitlers und seiner Herrschaft veranschlagt werde, sollte weder dazu führen, gegenwärtige Meinungen über diese Gesellschaft zum leitenden Gesichtspunkt der Interpretation des Nationalsozialismus zu machen, noch dazu, dies anderen einfach zu unterstellen. Wenn Hitler den Befehl zur Judenvernichtung gab, ist noch keiner entschuldigt, der solche verbrecherischen Befehle annahm, ausführte oder nur duldete, weder die Einzelnen, noch die Gesellschaftsstruktur, in der das geschah.

Historiker sollten auch unbequeme Wahrheiten ausmachen können; und sie tun es auch und der Qualität ihrer Erkenntnisse kommt das seit Thukydides' Zeiten sehr zugute. Es besteht überhaupt kein Anlaß, zu behaupten, daß die Verurteilung der Untaten jener Zeit, der Abscheu gegenüber dem NS-Regime unter den deutschen Historikern vermindert sei. Ich wüßte von keinem, der die »Hypotheken einer glücklich entmoralisierten Vergangenheit abschütteln« wollte. Man sollte diese Gemeinsamkeit nicht in Zweifel ziehen. Es ist in dieser Hinsicht kein Grundkonsens aufgekündigt worden.

Allerdings läßt sich eine neue, konservative Haltung gegenüber der Geschichte beobachten, vor allem bei Michael Stürmer. Er läßt sich schwer zitieren, denn er denkt und argumentiert außerordentlich differenziert, vielseitig und vorsichtig. Aber wenn es erlaubt ist, sich an das bei ihm zu halten, was über verbreitete Meinungen hinausragt und daher am ehesten Beachtung heischt, so ist doch unverkennbar, daß er die Geschichte politisch instrumentalisieren möchte. Anders ist jedenfalls das unmittelbare Nebeneinander nicht zu verstehen, in dem er die Gefahren beschwört, die Deutschland aus seiner Mittellage erwachsen, und zugleich dazu auffordert, Geschichte anders und besser zu betreiben und zur Geltung zu bringen als bisher. Das ist nicht parteipolitisch zu verstehen und geschieht gewiß nicht im Auftrag der Regierung (der ja auch die Möglichkeit, ein Geschichtsbild zu »verordnen«, glücklicherweise abgeht). Stürmer will im Gegenteil einen breiten historischen Konsens herstellen, von dem er meint, daß das Gemeinwesen ihn dringend nötig habe. Er soll in der Wiedergewinnung der ganzen deutschen Geschichte gründen. Stürmer könnte sich mit breiteren Tendenzen in der bundesrepublikanischen Gesellschaft in Übereinstimmung befinden. Und in deren Konsequenz mag auch das Bedürfnis einer neuen historischen Einordnung der NS-Zeit liegen; genauso wie eine gewisse Fahrlässigkeit im Umgang mit ihr, welch letztere allerdings nicht Stürmers Sache ist.

An Stürmers Adresse wendet sich Habermas, was immer von seinen Argumenten zu halten ist, also zu Recht. Wohl wäre es besser gewesen, wenn er ihn genauer gelesen hätte. Denn Stürmer verficht keineswegs eine Mitteleuropa-Ideologie, sondern exakt das Gegenteil davon. Und man kann seine Hinweise auf die Machtgeographie beileibe nicht als »geopolitisches Tamtam« abtun. Er will auch – im Gegensatz zu Hildebrand und Hagen Schulze (a) – Geschichte nicht als »Sinnstiftung«, obgleich sie zur Identität beitragen soll und obwohl die »Gratwanderung zwischen Entmythologisierung und Sinnstiftung«, von der er spricht, gewiß nicht immer gelingt. Aber Stürmer will die

Geschichte in Dienst nehmen. »Daß in geschichtslosem Land die Zukunft gewinnt, wer die Erinnerung füllt, die Begriffe prägt und die Vergangenheit deutet«, hat er geschrieben. Wenn das eine Warnung sein soll, so ergibt sich daraus doch wohl zugleich eine Aufforderung. Nicht umsonst treibt ihn die so merkwürdige und ungemein schwer zu begründende Befürchtung – oder ist es eine Hoffnung? –, daß die deutsche Geschichte jemandem gehören könne.

Dagegen beruft sich Habermas auf den Pluralismus unserer Gesellschaft, der bewahrt bleiben müsse. Es sei uns höchstens ein Verfassungspatriotismus erlaubt. Broszat weist auf die großen Vorzüge einer »skeptischen und nüchtern bescheidenen Auffassung von geschichtlicher Bildung« hin, die schon Burckhardt formuliert habe und die nach dem Kriege bei uns glücklicherweise allgemein geworden sei. Und Habermas findet, daß die NS-Periode sich in unserer Geschichte um so weniger als Sperriegel querlege, »je gelassener wir sie als den Filter betrachten, durch den die kulturelle Substanz, soweit diese mit Willen und Bewußtsein übernommen wird, hindurch muß«.

Dürfen wir also seit 1945 nur noch einen Verfassungspatriotismus haben – oder kann, ja soll nationale Identität uns etwas bedeuten? Dürfen wir nur an die »besseren Traditionen« unserer Geschichte anknüpfen – oder müssen wir es an deren Ganzes? Das müßte diskutiert werden.

Ich finde es nicht leicht, mich einer dieser Seiten zuzuschlagen. Wohl kann Stürmers Versuch nicht illegitim sein. Wer sich in den siebziger Jahren auf die Pflicht der Geschichtsschreibung zu politischer Pädagogik (Theodor Mommsen) berief, sollte ihm nicht vorwerfen, daß er auf seine Weise auf das gleiche hinauswill. Aber ein gewisses »gemeinsames Grundverständnis« der deutschen Geschichte (Richard von Weizsäcker) wird sich nur erreichen lassen, wenn man dabei keine – oder höchstens ganz extreme – Positionen ausgrenzt. Das setzt eine sehr offene Debatte, sehr viel Auseinandersetzung und vor allem – Liberalität voraus. Das kann nur von der Mitte her geschehen. Und wenn einer das überhaupt zu betreiben vermag, so nur mit unendlicher Geduld und Bereitschaft, auf die anderen zu hören. Sonst bleibt es ein in sich zutiefst widersprüchliches Unternehmen, in dem man eine sehr breite Mehrheit für einstweilen höchst strittige Standpunkte gewinnen will. Man wird auch nicht mit Inbesitznahmen oder Eigentumsansprüchen auf die Geschichte weiterkommen. Die gibt es nicht einmal in der DDR, auch wenn dort ebenfalls ein neuer Zugang zur deutschen Geschichte gesucht wird. Kurz, hier geht es um Dinge, die vielleicht allmählich erwachsen, die man befördern kann, die sich aber nicht erfordern lassen.

Überwundene Nation?

Andererseits kann ich nicht finden, daß es bei uns auf die Dauer mit einem bloßen Verfassungspatriotismus getan sei. Ganz abgesehen davon, daß allmählich eine nationale, vor allem bundesrepublikanische Identität bei uns heranwächst. Bei aller Sympathie für postnationale Identität – kann die ausreichen, da wir weiter unter Nationen leben? Auch Habermas' intellektuell anspruchsvolles Konzept der postkonventionellen Identität hat wenig Aussicht auf Verwirklichung. Schließlich ist mit einem »negativen Nationalismus« – ganz abgesehen davon, daß er umschlagen kann – gerade der Aufgabe nicht zu dienen, um die es hier primär geht: daß wir uns der Geschichte von 1933 bis 1945 als der eigenen stellen, uns also ihr ganz aussetzen.

Was spricht dagegen, daß der Reichtum und die Vielfalt unserer Überlieferung sich wieder freier entfalten? Habermas hat gewiß recht: Wir lesen Heidegger, Jünger, Carl Schmitt nach 1945 mit anderen Augen. Aber macht das die Lektüre und den Versuch, von ihnen zu lernen und sich von ihnen faszinieren zu lassen, nicht nur spannender? Kann man, soll man ihre Schriften vor allem unter dem Gesichtspunkt lesen, daß sie sich geirrt haben? Und soll man gar vor ihnen oder Nietzsche und anderen warnen?

Und warum knüpft Habermas den Gedanken, daß auch Jüngere für unsere Vergangenheit haften müssen, nicht daran, daß sie in einem Staat leben, der Deutschland heißt, und daß sie Deutsche sind, sondern vielmehr an bestimmte »Lebensformen« oder »Entstehungszusammenhänge, in denen Auschwitz möglich war«, die offensichtlich auch heute noch potentiell vorhanden sein sollen? Wie wenn das schon bewiesen wäre! Damit jedenfalls wird Auschwitz in einer Weise in unsere Gegenwart hineingeholt und zur Sache bestimmter kontinuierlicher gesellschaftlicher Strukturen und Mentalitäten gemacht, auch parteilich vereinnahmt, die ich wenigstens gerne besser begründet sähe, bevor ich mich davon überzeugen ließe. Zumal nach nahezu vierzig Jahren gelungener Demokratie. Denn wenn wir uns in vieler Hinsicht weiter als Deutsche verhalten, ist es dann wirklich dieses Verhalten und nicht doch die Tatsache, daß wir Deutsche sind, was uns haften läßt?

Nur eine Zwischenbilanz

Ich wüßte nichts gegen einen gehörigen selbstkritischen Umgang mit unserer Geschichte einzuwenden. Und es war gewiß in vieler Hinsicht notwendig und gut, daß die NS-Zeit wie ein Filter gewirkt hat: Nur fragt es sich, welches auf die Dauer die Kriterien dafür sein sollen. Schließlich ist kulturelle Überlieferung sonst nicht einfach weggefiltert worden, sondern unter demokratischen Vorzeichen auf neuer Basis aufgehoben – im dreifachen Sinne des Wortes. Riskieren wir nicht bei der rationalen Filterung zuviel Enge, Armut und Unfreiheit?

Die Bilanz, die ich hier zu ziehen versuchte, kann also nur eine Zwischenbilanz sein. Nachdem der Historikerstreit im wesentlichen beendet ist, stellt sich das Problem, wie wir mit dieser Vergangenheit zu leben und welche Konsequenzen wir daraus zu ziehen haben, in größerer Klarheit. In vieler Hinsicht müßte die Diskussion jetzt überhaupt erst beginnen. Und sie dürfte nicht nur zwischen Historikern geführt werden – wie es ja überhaupt auffällig ist, daß die Gesellschaft diesen Streit, zu dem man kaum Kenntnisse benötigte, die nicht ein normaler Zeitungsleser hätte, den Historikern überließ.

Dabei werden wir nicht weiterkommen, wenn wir die NS-Vergangenheit als Knüppel in parteilichen Auseinandersetzungen benutzen. Und sosehr einem Streit Schärfe zu wünschen ist, so muß man sich doch gegenseitig nicht auf Anklagebänke setzen. Eine so nachdenkliche Argumentation wie diejenige Joachim Fests darf man nicht einen »schlimmen« Artikel nennen, auch wenn man, wie ich verstehen kann, mit manchem darin nicht übereinstimmt. Übrigens ist auch das Gutachten für das Deutsche Historische Museum in Berlin durchaus ausgewogen; die Frage ist nur, was nun im einzelnen damit geschieht. »Man muß seinen Gegner stärker machen, wenn man klüger werden will«, so charakterisierte Gadamer einmal Heideggers Maxime im Umgang mit Platon. Sie könnte auch auf diesen Streit angewandt werden.

Joachim Fest hat gefragt, welches eigentlich die Parteiungen in diesem Streit sind. Das wird sich herausstellen. Aber man sollte wünschen, daß in ihm vor allem die Mitte stark ist, die bisher in der Geschichte der Bundesrepublik noch immer zu vernünftigen Lösungen, Erkenntnissen und Maximen in der Lage war. Dann wäre auch in diesem Falle Anlaß zu Hoffnung; auf die Dauer.

Quelle: Frankfurter Allgemeine Zeitung, 20. November 1986
Anmerkung des Autors: Die Erwähnung Hagen Schulzes in diesem Zusammenhang (a) war ein Fehler und wird von mir bedauert (vgl. FAZ, 29. 11. 86).

30

KURT SONTHEIMER

Maskenbildner schminken eine neue Identität

Die von Professor Habermas losgetretene Debatte über revisionistische Tendenzen in der deutschen Zeitgeschichtsschreibung hat die deutschen Historiker aufgescheucht. Natürlich wollen die namentlich zitierten Historiker, die allesamt dem konservativen Lager zuzurechnen sind, den Vorwurf Habermas, sie stellten durch ihre neue Sicht des Dritten Reiches und ihre Bemühungen um eine nationale Bewußtseinsbildung unsere geistigen Bindungen an den Westen in Frage, nicht auf sich sitzen lassen. Sie schlagen – als wären sie ertappt worden – mehr oder weniger heftig zurück, doch findet man erfreulicherweise auch unter den Zeithistorikern einige Stimmen (zum Beispiel Professor Hans Mommsen, Professor Eberhard Jäckel und Direktor Martin Broszat vom Münchner Institut für Zeitgeschichte), die den von Habermas ausgemachten Trend ebenfalls, wenn auch nicht in identischer Weise, sehen und für bedenklich halten.

Auch das im »Rheinischen Merkur« Nr. 45 gedruckte lange Gespräch mit dem von Habermas angegriffenen Professor Andreas Hillgruber aus Köln hat in meinen Augen nur bestätigt, daß der Vorwurf des Revisionismus zu Recht besteht. Wie vielfach üblich, versucht man auch hier, dem lästigen Kritiker am Zeug zu flicken, indem man ihn als wissenschaftlich unzuverlässig abqualifiziert. Die von Hillgruber laut erhobene Forderung nach Forschungsfreiheit, die keine Tabus kennt, ist eine leere Floskel, denn sie war von niemandem in Frage gestellt worden, gewiß nicht von Habermas.

Es gibt im übrigen weder eine voraussetzungslose Geschichtsschreibung, noch kann man historische Erkenntnisse gewissermaßen interesselos und ohne den Kontext, in dem sie stehen, betrachten. Die Pose der strengen Wissenschaftlichkeit, die die Historiker in dieser Debatte gereckten Halses zur Schau tragen, steht denen, die neuerdings Geschichte für Bildung nationalen Bewußtseins genutzt wissen wollen, nicht gut zu Gesicht. Es ist ein untauglicher Versuch, sich in den Elfenbeinturm einer scheinbaren Wissenschaftlichkeit zurückzuziehen und kritische Fragen von außen abzuwehren. Ich bin deshalb der Auffassung, daß die Debatte – was auch immer das Ergebnis sein mag – für unser historisches und politisches Selbstverständnis wichtig ist und nicht abgebrochen werden sollte. Sie ist nicht, wie neulich Professor Nipperdey meinte, ein Unglück.

Ich selbst bin ein Politikwissenschaftler, wenn auch mit einer begrenzten Vergangenheit als Zeithistoriker. Für mich stellt sich die Sache folgendermaßen dar: Einige deutsche Historiker sind dabei, dem durch das Klima der herrschenden Politik favorisierten Versuch, Geschichte für politische oder nationale Interessen zu instrumentalisieren, die Argumente zu liefern. Sie nehmen eine Tradition der deutschen Nationalhistoriographie der vordemokratischen Ära auf, um am Geschichtsbewußtsein der Nation zu arbeiten.

Dieses Programm hat gegenwärtig zwei Stoßrichtungen: die eine ist die Entschärfung, Relativierung, Normalisierung, Veralltäglichung des Nationalsozialismus (Beispiel: Nolte, Hillgruber und andere), die andere ist die Aufdeckung und Präsentation von identitäts-relevanten historischen Figuren, Vorgängen und Episoden im Interesse eines systemstabilisierenden historischen Bewußtseins (Beispiel: Stürmer und andere). Solches geschieht gewiß nicht durch Verordnung seitens der Regierung, aber es bewegt sich im geistigen Horizont der »Wende«, die der Geschichte wieder eine identitätsstiftende Funktion zuweisen will. Jedenfalls fehlt es nicht an beflissenen Historikern, die das ihnen zugedachte Programm vertreten, ausschmücken und mit Inhalten füllen.

Die Debatte trifft die deutschen Historiker (ich bitte, die unausweichliche Pauschalierung zu entschuldigen) in einer angenehm saturierten Situation, in der sie nicht ohne Genugtuung auf die jüngste Vergangenheit ihrer Disziplin zurückblicken können; hatten sie es doch im letzten Jahrzehnt verstanden, ihre Hauptkonkurrenten um die öffentliche Aufmerksamkeit – nämlich die Soziologen und Politologen – etwas aus dem Rampenlicht der Öffentlichkeit zu verdrängen. Im Bewußtsein höchst offizieller Zustimmung und Ermunterung war ihnen gut zu Mute. Auch darin manifestiert sich eine geistig-kulturelle Wende.

Obwohl die Sozialwissenschaften sich in der neuen Bundesrepublik weitgehend neu konstituieren mußten, war es ihnen binnen kurzem gelungen, in dem neuen Staat ein hohes Maß an öffentlicher Aufmerksamkeit für ihre Forschungen und für ihre Beiträge zur öffentlichen Meinungsbildung zu gewinnen. Demgegenüber führte die Geschichtswissenschaft – mit Ausnahme der Zeitgeschichte, an der ein politisch motiviertes Interesse bestand – als öffentliche Bildungsmacht eher ein Schattendasein. Die Geschichtswissenschaft, die in den Jahren des Zweiten und Dritten Reiches eine für die Bildung des deutschen Nationalbewußtseins maßgebliche und damit auch teilweise fatale Rolle gespielt hatte, als sie unter anderem den *deutschen Sonderweg* propagierte und legitimierte, sah sich nach der Katastrophe des Dritten Reiches auf die notwendige Selbstbesinnung und Neuorientierung unter veränderten politischen Verhältnissen verwiesen. Sie konnte keine Leitwissenschaft für den demokratischen Wiederaufbau der Bundesrepublik mehr sein. Diese Funktion fiel jetzt der neuen Wissenschaft von der Politik zu, die als eine Art »Demokratiewissenschaft« in das Bewußtsein der deutschen Öffentlichkeit trat und zur politischen Bewußtseinsbildung der Anfangsjahre der Bundesrepublik mit Figuren wie Ernst Fraenkel, Theodor Eschenburg, Carlo Schmid und anderen sicherlich einen beachtlichen Beitrag geleistet hat.

Die Geschichtswissenschaft mußte also ihre einst beherrschende Rolle in der politischen Bewußtseinsbildung an die neuen Sozialwissenschaften abtreten und stand daher, ungeachtet der Qualität ihrer Forschungen, eher im Schatten des öffentlichen Interesses. Die Historiker beklagten den fehlenden historischen Sinn ihrer Zeitgenossen und fanden gelegentlich Trost in gut besuchten Ausstellungen.

Dann kam die Studentenrevolte und mit ihr der öffentlich kolportierte, folgenschwere Verdacht, Soziologen und Politologen seien mit ihren Lehren und Theorien eine der Hauptursachen für das studentische Aufbegehren gegen die bestehende Ordnung. Nun wird niemand leugnen wollen, daß politische Theorien, die damals in diesen Wissenschaften im Schwange waren, insbesondere die Wiederentdeckung der Ideologie des Marxismus, zu der auch ein Kopf wie Habermas seinerzeit Wichtiges beizusteuern wußte, in der Studentenbewegung äußerst virulent wurden und die politische Szene in der Bundesrepublik ideologisch aufluden. Der Ärger der etablierten Politik über diese Reideologisierung und ihre schlimmen Folgen entlud sich auf die Politikwissenschaft und die Soziologie, die ungeachtet ihrer pluralistischen Vielfalt an öffentlichem Ansehen einbüßten.

Abgesehen von einer heftigen Faschismusdebatte blieb die deutsche Geschichtswissenschaft von den ideologischen Wirkungen der Studentenrevolte ziemlich verschont, so daß sie sich nun anschicken konnte, das von den in Vorwurf geratenen, als ideologisiert und politisiert geltenden Sozialwissenschaften verlorene Terrain öffentlicher Reputation und Wirkung für sich zu erobern. Dies geschah mit Erfolg. Die Geschichtswissenschaft erfreute sich bei ihren Kongressen des herzlichen Zuspruchs und des Beifalls hochmögendster Stellen, einschließlich des Bundespräsidenten; es gelang beispielsweise, die Sozialkunde an den Gymnasien zugunsten einer stärkeren Berücksichtigung der Geschichte zurückzudrängen, und selbst zu den Gegenwartsfragen der deutschen Politik drängten viele Historiker mehr und mehr ihr Wort einer breiteren Öffentlichkeit auf. Man war wieder präsent.

Hinzu kam, daß die Geschichte – als Wissenschaft und als Bewußtsein – nach der Wende in Bonn als ein Mittel zur Schaffung eines die bestehende Ordnung stabilisierenden Bewußtseins neu entdeckt wurde. Die seit Jahren laufende Debatte über nationale Identität und ein diese Identität beförderndes Geschichtsbild sowie das gestiegene allgemeine Interesse an den Deutschen und ihrer Geschichte wurde vorwiegend von den Historikern bestritten. Ihnen war mit der Verpflichtung auf die nationale Identitätsfindung nach Jahrzehnten eines öffentlichen Schattendaseins endlich wieder eine politische Aufgabe gestellt, der sich manche auch gerne und intensiv annahmen.

Das Ergebnis dieser Anstrengungen eines Teils unserer Historiker ist heute zu besichtigen. Es war die Betroffenheit über einige dieser Ergebnisse, die dann zur jetzigen Debatte geführt hat. Diese Debatte zu beklagen, wie Thomas Nipperdey, heißt übersehen, daß die Bereitschaft eines Teils der Geschichtswissenschaft, einer vermeintlich geschichtslosen deutschen Nation die orientierten Stichworte zu liefern, die eine auf eine positive Identitätsbildung bedachte Regierung braucht, eine Angelegenheit von öffentlichem Interesse darstellt, die öffentlich und gründlich debattiert werden muß.

So harmlos und rein wissenschaftlich, wie sich dieses Unterfangen zeitgeschichtlicher Revision heute hie und da präsentieren möchte, ist es wahrlich nicht. Es ist eine Abkehr von dem politischen Konsensus der Ära des Wiederaufbaus der deutschen Demokratie nach 1945. Damals war man sich einig, die Prinzipien und Grundlagen für die neue Demokratie weniger in der deutschen Vergangenheit als vermittels der Übernahme der westlich-liberalen Demokratietradition zu finden, um sie dann in diesem Geiste fortzuentwickeln. Die Suche nach vagen Identitäten in der deutschen Geschichte vor 1918 und die Arbeit an einem möglichst einheitlichen Geschichtsbild, zu der sich einige Historiker zumindest verbal herbeigelassen haben, ist nicht nur deshalb fragwürdig, weil man kaum fündig werden wird, sondern auch, weil jeder Versuch einer politischen Sinnstiftung durch unsere vordemokratische nationale Geschichte den Konsensus der Nachkriegsära aufkündigt. Damals ging es für uns darum zu erfahren, wie es zum Untergang Weimars, zur Hitler-Diktatur und ihren Verbrechen hatte kommen können und was zu tun wäre, um den im Jahr 1945 zu Ende gegangenen Abschnitt deutscher Nationalgeschichte endgültig hinter uns zu lassen. Die Vergangenheit galt es zu überwinden, nicht zu beschwören. Das ist im großen und ganzen gelungen. Ich sehe nicht, was die jetzt um historische Sinngebung Bemühten uns Heutigen für eine bessere Lektion erteilen könnten. Es kann nicht darum gehen, der deutschen Nation, die ohnehin zur Vergeßlichkeit neigt, ein historisch gutes Gewissen machen zu wollen, es geht – heute wie damals – um die Erkenntnis dessen, was war und was ist, und zwar im Kontext der in unserer Verfassung niedergelegten Verpflichtung, einen die Menschenwürde ins Zentrum rückenden demokratischen und sozialen Rechtsstaat zu schaffen und lebensfähig zu erhalten. Dieser Sinn unserer politischen Existenz ist klar und eindeutig, er bedarf keiner Nachhilfe durch professorale Sinnstifter, die in der vielgestaltigen deutschen Vergangenheit nach identitätsbildenden Erfahrungen für die deutsche Nation der Gegenwart suchen.

Es stünde, so finde ich, nicht gut um das politische Bewußtsein der Bundesrepublik und damit auch um ein zentrales Element ihrer politischen Kultur, wenn es vorwiegend durch identitätssüchtige Historiker geprägt würde. Die Politologen und Soziologen sind von neuem gefordert, zur aufgeklärten Bewußtseinsbildung ihren Beitrag zu leisten. Eine historisch informierte liberale Sozialwissenschaft, die nicht mehr unter die Herrschaft des Verdachts gestellt wird, ist ein notwendiges Gegengewicht gegen die augenblickliche politische Heimsuchung und den Marsch der historischen Sinnstifter durch das politische Bewußtsein der Bundesrepublik.

Quelle: Rheinischer Merkur/Christ und Welt, 21. November 1986

31

KLAUS HILDEBRAND

Wer dem Abgrund entrinnen will, muß ihn aufs genaueste ausloten
Ist die neue deutsche Geschichtsschreibung revisionistisch?

Die Frage danach, ob der Vorwurf des Revisionismus auf die neue Geschichtsschreibung zum Dritten Reich zutreffe, ist so eindeutig gestellt, daß sie eine klare Antwort verlangt. Die Sachlage gebietet es allerdings, auf das Problem in zweifacher Hinsicht einzugehen:

● Ohne Unterlaß den überlieferten Kenntnisstand zu revidieren, gehört zum Beruf des Wissenschaftlers. Insofern kann ihm kein Vorwurf gemacht werden, wenn er seine Pflicht tut. Ob Weltanschauungen und Interessen es wollen oder nicht: Die Suche nach der Wahrheit geht weiter, mal von der öffentlichen Diskussion getragen und beflügelt, mal angefeindet und behindert. Denn die Erde dreht sich, auch wenn Autoritäten es verboten haben.

● So schreitet auch die Erforschung über die Geschichte des Dritten Reiches beständig und differenzierend voran, mit alles in allem ertragreichen Resultaten. Insgesamt bewegen sie sich, von ganz unterschiedlichen Motiven der daran Beteiligten bestimmt, zu einer Historisierung des Dritten Reiches.

Die Antwort auf unsere Frage: »Trifft der Vorwurf des Revisionismus auf die neue Geschichtsschreibung zum Dritten Reich zu?« lautet jedoch ohne Einschränkung: »Nein«, wenn mit dem Begriff des Revisionismus Apologie und Rechtfertigung des Dritten Reiches unterstellt wird, was insbesondere Jürgen Habermas mit seiner von Karl-Heinz Janßen sogenannten »Kampfansage« gegen »Die apologetischen Tendenzen in der deutschen Zeitgeschichtsschreibung« und Rudolf Augstein mit einem »Spiegel«-Aufsatz über »Die neue Auschwitz-Lüge« tun.

Die moralische Frage nach der Schuld oder Unschuld des

Dritten Reiches ist entschieden, und kein ernst zu nehmender Vertreter der Geschichtswissenschaft in der Bundesrepublik Deutschland hat dem widersprochen. Die wissenschaftliche Auseinandersetzung mit dem Dritten Reich ist dagegen selbstverständlich noch längst nicht abgeschlossen – wie könnte sie es auch sein, wenn man bedenkt, daß Geschichtswissenschaft schon im allgemeinen Zusammenhang der fortschreitenden Zeit dem Perspektivenwechsel unterliegt und daß im speziellen Falle dieses widrigen Untersuchungsgegenstandes noch allzu viele Probleme ungeklärt sind. Insofern ist die Geschichtswissenschaft dabei, vor dem Hintergrund neu verfügbarer Quellen, neu auftauchender Fragen und neu ins Blickfeld rückender Darstellungsfelder den Forschungsstand im Detail fortwährend zu differenzieren und den Rahmen ihrer Beurteilung charakteristisch zu erweitern.

Die alles überlagernde Frage danach, wie es »dazu«, das heißt im Kern: zur Entstehung und Entwicklung der Hitler-Diktatur gekommen ist, wird von der Frage danach ergänzt, wie es »eigentlich gewesen« ist, vor 1933, zwischen 1933 und 1945, nach 1945. Mit anderen Worten: Die Epochen deutscher Geschichte vor 1933 erhalten, ohne Kontinuitäten im historischen Verlauf auch nur annähernd zu übersehen, ihr Eigenleben zurück und lösen sich aus dem Banne der »braunen« Vergangenheit, die für sie offene Zukunft war.

Im Rahmen der freien Forschung, insbesondere auch innerhalb der deutschen Geschichtswissenschaft, entstand zunächst ein Bild vom Dritten Reich, das die totalitäre Diktatur mit ihrem diabolischen, das heißt die Menschen verwirrenden und einfangenden Zwangsmechanismus zeichnete und den rassistisch geprägten Weltherrschaftsanspruch Hitlers betonte. Zunehmend mehr trat die Janusköpfigkeit eines Systems zutage, das durch Gewalt und Verführung, durch Terror und Mitwirkung, durch Ekstase und Banalität gekennzeichnet war. Für solch einen Befund mögen auf deutscher Seite die Werke von Karl Dietrich Bracher und Andreas Hillgruber als repräsentativ gelten.

Sieht man von den fortlaufenden Bemühungen einer rechtsradikalen Mohrenwäsche des Dritten Reiches ab, die die Geschichte der Bundesrepublik marginal begleiten, so kam ein erster aufsehenerregender Anlauf zur Revision des bis dahin gül-
tigen Bildes über die Zeit des Nationalsozialismus zu Beginn
der sechziger Jahre aus den angelsächsischen Ländern. Zum
einen war es der Amerikaner David L. Hoggan, der 1961 in
seinem Buch »Der erzwungene Krieg. Die Ursachen und Urheber des 2. Weltkrieges« Hitler im Hinblick auf die Entfesselung
des Zweiten Weltkrieges zu entlasten und den englischen Au-
ßenminister Lord Halifax zum Kriegstreiber hochzustilisieren
versuchte.

Von anderen Motiven gespeist wurde A. J. P. Taylors Versuch, in seinem im gleichen Jahr erschienenen Werk über »Die
Ursprünge des Zweiten Weltkriegs« Hitler als einen Politiker
darzustellen, der in die kriegerische Auseinandersetzung ge-
stolpert sei, ohne sie wirklich gewollt zu haben. Die überlieferte Mechanik der Mächtebeziehungen erscheint Taylor auch
im Vorfeld des Zweiten Weltkrieges, überpersönlich und
schicksalhaft zugleich, als verantwortlich für den Beginn des
Völkerkampfes, der ihm als eine automatische Konsequenz
europäischer Staatengeschichte schlechthin vorkommt. In solcher Perspektive tritt Hitler uns als »normaler« Revisionspoliti-
ker entgegen, wird mit Gustav Stresemann auf eine Stufe gestellt und unterscheidet sich kaum von Bethmann Hollweg und
Bismarck. Taylors tiefes Mißtrauen gegenüber der Existenz des
kleindeutschen Nationalstaates hat ihm bei dieser Verzeich-
nung der Verhältnisse mit die Hand geführt und ihm den Unterschied zwischen Bismarck, Bethmann Hollweg, Stresemann
und Hitler zu erkennen verwehrt.

Einen zweiten, sich von diesen Vorgängern grundlegend ab-
hebenden Anlauf zur Revision des in den fünfziger und beginnenden sechziger Jahren entworfenen Bildes über das Dritte
Reich unternahmen sodann, bis heute andauernd, Historiker,
die weniger auf die politischen Absichten der Handelnden blik-
ken als vielmehr auf die gesellschaftlichen Bedingungen ihres

Tuns: »Strukturen« hieß der neue Zauberbegriff der Wissenschaft in einer auf Veränderung erpichten Zeit. In diesem Sinne bestreiten Hans Mommsen und Martin Broszat die Planmäßigkeit in den Aktionen des nationalsozialistischen Terrorregimes und die Zielgerichtetheit in der Außen- und Rassenpolitik Hitlers. Sie sehen in der totalitären Diktatur des Dritten Reiches nicht mehr und nicht weniger als ein Chaos rivalisierender Ämter, einen Prozeß kumulativer Radikalisierung und eine Explosion ungezügelter Dynamik, kurzum: Sie beurteilen die nationalsozialistische Führung als Gefangene ihrer eigenen Politik.

Vor solchem Hintergrund bezeichnete Hans Mommsen Hitler sogar als einen »schwachen Diktator«. Mehr noch: Die Untat des Massenmords an den europäischen Juden erscheint dieser revisionistischen Schule in der deutschen Zeitgeschichtsschreibung nicht als planmäßige Konsequenz eines von Hitler ausgehenden Vernichtungswillens, sondern als situationsbedingte Reaktion auf Krisen der nationalsozialistischen Herrschaft und deutschen Kriegführung im Zweiten Weltkrieg. Prinzipiell hoben sich ihre Vertreter freilich von David Irving ab, der in seinem 1977 erschienenen Buch über »Hitler's War« die These vertrat, der Diktator des Dritten Reiches habe von den Judenmorden erst im Jahre 1943 erfahren, und es sei Himmler gewesen, der auf diesem Gebiet eigenmächtig gehandelt habe.

Am nachdrücklichsten ist die Vorhaltung der Revisionisten, die traditionelle Position stehe allzuleicht in Gefahr, das Dritte Reich zu überrationalisieren und Hitler zu dämonisieren, von Karl Dietrich Bracher bestritten worden. Bracher lehnte sowohl die »›neulinke‹ und marxistische Dogmatik einer pauschalen Faschismus-Interpretation« als auch die »neuere revisionistische Interpretation« ab, »die sich gegen die ›altliberale‹ Totalitarismusforschung wenden und einer relativierenden, die ›improvisatorische‹ Macht- und Herrschaftspolitik des Nationalsozialismus betonenden Deutung das Wort reden. Sie möchten die Schuld- und Verantwortungsfragen zugunsten einer angeblich moderneren, realistischen Analyse hinter sich lassen, geraten dabei aber in die Gefahr einer neuerlichen Unterschätzung und Bagatellisierung des Nationalsozialismus selbst, wie sie auf andere Weise auch das linke Allerweltsgerede von Faschismus und Reaktion mit sich bringt.«

Damit haben wir den aktuellen Stand der Debatte erreicht, der im Grund um alte Sachverhalte kreist und durch eine verkehrte Frontstellung charakterisiert ist. Denn Hans Mommsen und Martin Broszat, der eine mit seiner These vom »schwachen Diktator« Hitler und der andere mit seinem Befund über das autoritäre Chaos des Dritten Reiches Revisionisten par excellence, fechten in einer Linie mit Jürgen Habermas, der seinerseits den vermeintlich revisionistischen und apologetischen Tendenzen in der deutschen Zeitgeschichtsschreibung nachspürt. In diesem Rahmen attackiert er Ernst Nolte, der den lange Zeit in der weltanschaulichen Versenkung verschwundenen »Faschismus«-Begriff wissenschaftlich wieder eingeführt, und greift Andreas Hillgruber an, der die Planmäßigkeit der Außen- und Rassenpolitik Hitlers nachhaltig betont hat.

Was ist geschehen? Nun, im Rahmen des Ganges einer wissenschaftlichen Erörterung nichts Außergewöhnliches – wenn man von der Tatsache absieht, daß Erkenntnisse, die im Grunde bereits Jahre und Jahrzehnte vorliegen, auf eine bestimmte Art und Weise in die Öffentlichkeit gelangt und in einer gewissen Konstellation aufgenommen worden sind. Denn was Nolte in seinem inkriminierten Zeitungsartikel über »Vergangenheit, die nicht vergehen will« geschrieben hat, findet sich im Grundsatz bereits in seinem vor 23 Jahren veröffentlichten Werk »Der Faschismus in seiner Epoche«, die These nämlich, daß der italienische Faschismus und der deutsche Nationalsozialismus als Gegenbewegungen zum russischen Bolschewismus entstanden und zu verstehen sind. Auch seine Überlegung, die Vernichtungsqualität des Nationalsozialismus mit der des Bolschewismus zu vergleichen, ist alles andere als neu, sondern in früheren Arbeiten durchaus enthalten, ja bereits entfaltet.

Und was Hillgrubers in seinem inkriminierten corso-Band »Zweierlei Untergang« vorgetragenes Resultat angeht, wonach die Kriegsziele der Alliierten nicht ausschließlich als eine Reaktion auf die deutsche Bevölkerungs-, Umsiedlungs- und Rassenpolitik geplant wurden, sondern – als Folge in dem von Hitler ausgelösten Krieg – auch eigenständig hervorgetreten sind, durchzieht seine Arbeiten von dem 1965 veröffentlichten opus magnum über »Hitlers Strategie«, über die mit einem ausführlichen »Nachwort« versehene Neuauflage dieses Werkes vom Jahre 1982, über seine im gleichen Jahr erschienene Darstellung »Der Zweite Weltkrieg« bis zu seiner 1985 in gedruckter Form vorgelegten Düsseldorfer Akademierede »Der Zusammenbruch im Osten 1944/45 als Problem der deutschen Nationalgeschichte und der europäischen Geschichte«.

Was ihm darüber hinaus im Hinblick auf den zweiten Teil des corso-Bandes, der sich mit der Vernichtung des europäischen Judentums beschäftigt, von Habermas unterstellt wird, ist hanebüchen und basiert nicht zuletzt auf eindeutig die Sache verfälschenden Zitaten. Beispiel: Hans Mommsen hat einmal behauptet, zwischen dem Ende des Jahres 1938 und dem Anfang des Jahres 1941 hätten »alle Funktionsträger« des Dritten Reiches im Hinblick auf die Judenfrage eine »Auswanderungs«-Politik befürwortet, noch nicht aber den physischen Mord verfolgt. Hillgruber hat sich von dieser These, sie teilweise anerkennend, sie teilweise ergänzend, klar abgesetzt und dagegen festgestellt, Hitler habe über die Auswanderung und Austreibung der Juden hinaus damals bereits eine viel weiterreichende, auf die »Vernichtung der jüdischen Rasse in Europa« gerichtete Politik ins Auge gefaßt, die der Diktator vor dem Reichstag am 30. Januar 1939 sogar beim Namen genannt habe. Habermas macht daraus: »Hillgruber bezweifelt aber, daß zwischen 1938 und 1941 bereits alle Funktionsträger eine forcierte Auswanderungspolitik als die beste Lösung der Judenfrage angesehen hätten. Immerhin seien bis dahin zwei Drittel der deutschen Juden ›ins Ausland gelangt‹«.

Letzteres ist zwar zutreffend, hat aber mit den sich an die These von Hans Mommsen anschließenden Ausführungen Hillgrubers nichts zu tun, stellen sie doch das Gegenteil von dem fest, was Habermas, den Kölner Historiker angeblich rezipierend, behauptet. Derlei entstellende Zitation beschreibt nun keineswegs eine läßliche Ausnahme, sondern die durchgehend benutzte Methode, der Habermas sich im Umgang mit dem von ihm leider nicht untersuchten, sondern vielmehr heimgesuchten Text seiner Kontrahenten befleißigt.

Daß der Vorsitzende des deutschen Historiker-Verbandes, der Althistoriker Christian Meier, ein solches Vorgehen zu entschuldigen versucht, ist mir unverständlich und schlägt ein neues Blatt in der »chronique scandaleuse« dieser Debatte auf: »Es geht aber auch nicht an, die Sorgen, die sich Habermas angesichts verschiedener Tendenzen auch in der neueren Historiographie macht, einfach unter Hinweis auf zu kurze Zitate oder eine falsche Verteilung zwischen Zitat und Referat vom Tisch zu wischen.« Der »Kampfansage« von Jürgen Habermas Verständnis entgegenzubringen, mag den, der dies tut, ehren oder auch nicht; seine Textbehandlung rechtfertigen zu wollen, widerspricht allem, was in der historischen Wissenschaft und im lebensweltlichen Bereich üblich ist. Jeder Studierende, der Literatur im »Habermas-Verfahren« traktierte, fiele durchs Examen!

Läßt man alle Invektiven und Aufgeregtheiten beiseite, die in unerfreulicher Art und Weise diese Debatte begleiten, ja weitgehend leider bestimmen, dann geht es im Kern um die Frage, ob der Nationalsozialismus in eine historische Perspektive zu rücken ist, inwieweit er sich als Phänomen singulär ausnimmt oder vergleichbar erscheint. Dabei meint »vergleichbar« im Grunde: mehr oder minder ablehnenswert bzw. mehr oder minder akzeptabel. Wer ist, horribile dictu, akzeptabler oder ablehnenswerter: Hitler oder Stalin? Auf diese Alternative ließe sich ein gut Teil der Diskussion zuspitzen. Daß sich beide Diktatoren im »Zeitalter der Tyrannen« in nichts nachstanden, beschreibt den Kern der Theorie vom Totalitarismus, die von der unmittelbaren Nachkriegszeit bis in die unruhigen sechziger Jahre hinein wissenschaftlich und politisch dominierte.

Daher ist es auch nur halb wahr, wenn Christian Meier auf die Frage, warum von den deutschen Verbrechen immer wieder die Rede sei und von vergleichbaren anderer Völker nicht, meint, es liege nicht zuletzt daran, »daß unsere Demokratie auf das Erfahren und die Ablehnung des Nazismus gegründet ist«. Daß die von Kurt Schumacher einmal so genannten »rotlakkierten Faschisten« (a) in gleichgewichtiger Art und Weise die negative Patenschaft für das westdeutsche Gemeinwesen übernahmen, gehört zu den Grundlagen der Bundesrepublik Deutschland, die seit den sechziger Jahren in Vergessenheit geraten sind und zur einäugigen Beschränkung auf den einen der totalitären Zwillinge beigetragen haben. Daß die für eine umfassende Diagnose der Vergangenheit hinderlich ist, liegt auf der Hand.

Um nicht mißverstanden zu werden, sei in vier Thesen erläutert, was in bezug auf Singularität und Vergleichbarkeit des Nationalsozialismus maßgeblich ist:

● Der Nationalsozialismus ist so singulär, wie jedes historische Phänomen aufgrund seiner sich im Unauffindbaren verlierenden Ursachenketten erkenntnistheoretisch als einzigartig anzusehen ist.

● Der nationalsozialistische Judenmord steht in der deutschen ebenso wie in der europäischen Geschichte einschließlich der sogenannten »Epoche des Faschismus« singulär da. Daher entbehrt auch ein allgemeiner, Hitlers Deutschland, Mussolinis Italien sowie andere Regimes und Bewegungen von ähnlicher Provenienz umfassender »Faschismus«-Begriff der notwendigen Tragfähigkeit, da nicht zuletzt die Vernichtungsqualität des Nationalsozialismus keine Korrespondenz im italienischen Faschismus oder anderen vergleichbaren Phänomenen der Zeit findet.

● Eben im Hinblick auf die in Hitlers Rassenpolitik zutage tretende Vernichtungsintensität und das damit verbundene Vernichtungsausmaß erscheint der Nationalsozialismus vergleichbar mit der im Zeichen des Klassenkampfes gleichermaßen mordenden Sowjetunion Stalins. Gewiß gibt es Unterschiede und Ähnlichkeiten zwischen »roter« und »brauner« Gewaltherrschaft, die im einzelnen jeweils sorgfältig zu bestimmen sind. Eine »Meinung« aber, wonach »die deutschen Verbrechen zwischen 1933 und 1945... in dem Sinne singulär« gewesen seien, »daß sie qualitativ deutlich über die vergleichbaren anderer Völker (etwa der stalinistischen Sowjetunion) hinausgingen«, ist eben nur eine »Meinung«, und im Falle des Althistorikers Christian Meier nicht einmal die eines Fachmannes. Was ich sagen will, ist dies: Auf diesem Feld springen die weißen Flecken unserer Kenntnis herausfordernd ins Auge. Freilich wissen wir durchaus schon so viel, daß sogar das Gegenteil zu der vorgetragenen »Meinung« zutreffend sein könnte. In antagonistischer Art und Weise aufeinander bezogen und miteinander verwandt, trafen sich die Regime Hitlers und Stalins im Ausmaß und in der Intensität ihrer Vernichtungspolitik (b).

• In universaler Perspektive bleibt der nationalsozialistische Judenmord singulär und steht doch in einer historischen Reihe, wenn man Vorläufer und Nachfolger dieses Genozids betrachtet: etwa den Mord an den Armeniern im ersten Weltkrieg; die »Liquidierung« von Millionen russischer Großbauern (c), der Kulaken, während der Zwischenkriegsära des 20. Jahrhunderts sowie die Ausrottung verschiedener Völker innerhalb und außerhalb der Sowjetunion im Zeichen des stalinistischen Vernichtungskrieges zwischen 1939/41 und 1945 oder das Schreckensregiment des kambodschanischen Steinzeitkommunismus in der Gegenwart.

Ob nicht das zivilisatorische Niveau Deutschlands gegenüber anderen, weniger entwickelten Kulturen, in denen vergleichbare Verbrechen begangen wurden, gerade die Unvergleichbarkeit der deutschen Untat definiere, ist im Verlauf der Debatte als Argument geltend gemacht worden. Das ist bedenkenswert und wirft doch umgehend neue Fragen auf, die solche Feststellung bezweifeln: Was ist in solchem Kontext als rückständige oder als fortschrittliche Kultur anzusehen? Reicht zu solcher Kategorisierung die Elle der westlichen Modernisierung aus? Erscheint somit Völkermord für ein Land, das militärisch hochgerüstet und deshalb wirtschaftlich rückständig ist, eher vertretbar zu sein als für einen Staat, der durch eine Kongruenz der wirtschaftlichen, gesellschaftlichen und politischen Dimension seiner Kultur charakterisiert ist? Gehörte das vergangene Deutschland in dem Sinne so unmißverständlich zum Westen Europas, daß nur der Vergleich mit England und Frankreich angebracht und der mit Rußland bzw. der Sowjetunion fragwürdig erscheint? Gewiß nicht, sonst gäbe es nicht die Auseinandersetzung über den deutschen Sonderweg in der europäischen Geschichte.

Doch davon ganz abgesehen: Eine millionenfache Vernichtung jeweils ganz unterschiedlicher Großgruppen in der Sowjetunion und im Dritten Reich, Völkermord, gleich in welchem Regime, ist gleichermaßen ablehnenswert. Was die Geschichte des Dritten Reiches in diesem Zusammenhang freilich lehrt, liegt in der schrecklichen Einsicht in die Tatsache begriffen, erkennen zu müssen, wie brüchig die Zivilisation und Barbarei voneinander trennende Decke unserer kollektiven und individuellen Existenz letztlich sein kann.

Damit wird eine Tendenz der Geschichtswissenschaft befolgt und befördert, die Martin Broszat als »Historisierung des Nationalsozialismus« beschreibt, wenn er dazu auffordert, die Geschichte der »braunen« Diktatur als Geschichte der nationalsozialistischen Zeit zu verstehen, neben der totalitären Uniformität des Phänomens die Vielfältigkeit seiner Erscheinungen in Politik und Lebenswelt zu erkennen und dabei stets das »zusammenzusehen und gleichzeitig auseinanderzuhalten«, was für diesen Zeitraum deutscher Geschichte in seiner unauflösbaren Verbundenheit von Herrschaft, Hingabe und Zwang, von Terror, Ekstase und Normalität kennzeichnend war, nämlich »das Nebeneinander und die Interdependenz von Erfolgsfähigkeit und krimineller Energie, von Leistungsmobilisation und Destruktion, von Partizipation und Diktatur«.

Warum aber kam es nun angesichts solcher Sachlage zu der an sich ganz unverständlichen Aufregung? Wendet sie sich gegen jene Historisierung, von der der Publizist Hermann Rudolph mit Recht festgestellt hat, daß sie nicht aufzuhalten sei und die übrigens auch Jürgen Habermas, im ausdrücklichen Hinblick auf die Position von Martin Broszat, offenbar zu befürworten scheint? Warum operiert er dann aber mit dem Totschlagargument von der Apologetik des Nationalsozialismus? Warum kam es zu den teilweise lächerlichen, teilweise bösen Unterstellungen von Martin Broszat und Hans Mommsen Andersdenkenden gegenüber?

Spätestens bei der Antwort auf diese Frage ist die Wissenschaft, die keine progressiven oder reaktionären Ergebnisse kennt, mit ihrem Latein am Ende. Es beginnt der politische Kampf. Denn letztlich scheint es Jürgen Habermas darum zu gehen, eine intellektuelle Vormachtstellung zu behaupten, die auf Differenzierung keinen Wert legt, sondern grob an einem Geschichtsbild festhält, das den langen Schatten des Dritten Reiches als uniforme Folie für die Handhabung von Vergangenheit, Gegenwart und Zukunft benutzt.

Der drohende Verlust an öffentlicher Resonanz scheint Jürgen Habermas zur Attacke gegen das, was wissenschaftlich längst feststeht bzw. erörtert wird, gereizt zu haben. Es scheint also, daß es ihm nicht in erster Linie um Wahrheit, sondern um *Einfluß* geht. Daß in solchem Fall laut die bedrohte Aufklärung beschworen wird, gehört zum Ritual der verfolgenden Unschuld. Ob sein Vorgehen, öffentlichen Einfluß über das für einen Gelehrten verbindliche Suchen nach Wahrheit zu stellen, eher mit Philosophie oder mit ihrem klassischen Gegenteil, der Sophistik, zu tun hat, drängt sich als Frage am Rande auf.

Vielleicht spiegelt sich in Jürgen Habermas' Attacke aber auch ein Erschrecken darüber, wie begrenzt und ambivalent die menschliche Machbarkeit der Dinge sich im Gegensatz zum optimistischen Glauben der »Achtundsechziger« ausnimmt, wenn es zu erkennen gilt, daß Totalitarismus, Völkermord und Massenvertreibung, in Hitlers Diktatur einzigartig verkörpert, darüber hinaus zur Erscheinungsform des 20. Jahrhunderts überhaupt gehören. Solchen Einsichten auszuweichen und den Überbringer schlechter Botschaften zu strafen, bereitet gleich auf doppelte Weise dem Mythos das Feld.

Aufgabe des Historikers ist es dagegen, immer wieder auf eine umfassende Diagnose der Sachverhalte zu dringen, nicht aber voreilig und kurpfuscherisch zur scheinbaren Therapie zu überzeugen. Denn die einzige Art, dem Abgrund zu entgehen, so hat Cesare Pavese einmal geäußert, sei die, ihn zu betrachten, zu messen, auszuloten und hinabzusteigen. Niederschmetternde Wahrheiten büßen nur dann ihre jede Existenz in Frage stellende Bedrückung ein und werden für Menschen ertragbar, wenn sie in vollem Ausmaß erkannt und anerkannt werden.

Angesichts dieser Feststellung bleibt der Historiographie noch viel zu tun, um die Geschichte des Dritten Reiches im deutschen, europäischen und universalen Zusammenhang zu erforschen und darzustellen. Die von Habermas ohne zureichenden Grund vom Zaun gebrochene Debatte ist nicht dazu geeignet, diesen notwendigen Vorrang zu befördern. Sie wirft der Wissenschaft statt dessen weltanschauliches Uralt-Gestein in den Weg.

Quelle: DIE WELT, 22. November 1986
Anmerkung des Autors: Zu (a): Es muß richtig heißen: »rotlackierte Nazis«.
Zu (b): Im Original-Manuskript stand an dieser Stelle noch folgende Passage: »Daß ein so angestellter Vergleich des Nationalsozialismus mit dem Stalinismus nicht unternommen wird, um zu relativieren oder zu verharmlosen, ist gesagt worden. Daß beide Regimes in ihrer totalitären Praxis menschenvernichtender Destruktion zur Signatur ihrer Zeit gehören, verweist auf epochale und überepochale Züge der Geschichte, in denen die ›unvermutete Gemeinheit der Menschennatur‹ (Wilhelm Röpke) schubweise hervortritt. Daß sich beide Phänomene im gemeinsamen Schrecken ihrer Untaten ebenso gleichen, wie sie sich im ganz unterschiedlichen Erfolg ihrer jeweiligen Politik voneinander abheben, hält dazu an, ihre so gegensätzlich miteinander verbundene Existenz systematisch zu untersuchen, um Trennendes und Gemeinsames genauer zu bestimmen. Denn über die beide Hitlers und Stalins Herrschaft gleichermaßen kennzeichnende Vernichtungsqualtität hinaus erhebt sich in bezug auf die weltanschaulichen Utopien der Systeme die Frage danach, ob bzw. inwieweit die nationalsozialistische Züchtungsvision von der ›blonden Bestie‹ in der kommunistischen Schöpfungsidee vom ›neuen Menschen‹ ein Äquivalent findet, mit anderen Worten: Enspricht Hitlers biologische Revolution der sozialen Revolution Stalins?«
Zu (c): Richtig muß es heißen: »Bauern«.

32

MICHAEL STÜRMER
Was Geschichte wiegt

»Liebt ihr die Demokratie? Und wollt ihr euch verteidigen?« Als André Glucksmann in der Raketenkrise 1983 dies die deutsche Linke fragte, ersetzte Entrüstung die Antwort. Zu den »incertitudes allemandes« der Franzosen zählt der Zweifel, welches Bild die Deutschen von sich, ihrer Zukunft und ihrer Geschichte haben. Man war erleichtert nach 1945, daß die Besiegten mit Zorn und Abscheu zurückblickten. Bedingung der Versöhnung war es, daß Grundgesetz und Bündnisintegration in den Westen neue Auf- und Umbrüche verhinderten.

Indessen fragte der einflußreiche Publizist Pierre Hassner vor einigen Jahren: »Ist die deutsche Frage wieder da?« Er gab der Ungewißheit Ausdruck, was aus dem deutschen Sicherheitskonsens werde. Seitdem zieht sich durch das französische Engagement in Deutschland und für Deutschland der Appell, Mut zu haben zur Demokratie, sich der Geschichte zu stellen und die Folgerungen des Grundgesetzes und der Westpolitik als Bedingung der Zukunft zu bestätigen. Von de Gaulles Vision eines Europas der Vaterländer, das ohne Deutschland nicht sein kann, bis zur Feststellung des früheren Staatssekretärs am Quai d'Orsay Jean-Marie Soutou in dieser Zeitung, Europa brauche das verantwortungsvolle und verständliche Nationalbewußtsein der Deutschen, steht hinter dem französischen Engagement die Erkenntnis, des deutschen Partners bedürftig zu sein, ohne ihn doch, sollte er es sich anders überlegen, festhalten zu können. Die Mehrheiten für das Bündnis beruhigen. Der Dissens über seine Grundlagen schafft Beunruhigung.

Der Industrielle Alain Minc veröffentlichte Anfang 1986 ein Erfolgsbuch: »Le Syndrome Finlandais«. Es enthält ein Szenario, in dem eine schwankende Bundesrepublik Westeuropa mit sich zieht in die irreversible Schieflage nach Osten. Die Sorge bleibt, die Deutschen könnten im Zeichen des Öko-Pazifismus die Kluft zwischen Demokratie und Diktatur vergessen und in »Mitteleuropa« Vergangenheit und Zukunft suchen. Alfred Grosser nach dem Nürnberger Parteitag der SPD: Es gelte, »gegen Verniedlichungen anzugehen, welche das Sowjetsystem betreffen«.

Hinter solcher Sorge verbergen sich kulturelle Dissonanzen: auf deutscher Seite viel jüngste Geschichte und wenig aufrechter Gang, auf französischer der blau-weiß-rote Konsens über Vergangenheit und Zukunft, selbstbewußter Patriotismus und die Gelassenheit der Latinität.

Wäre hierzulande ein Buch denkbar wie »Die Identität Frankreichs – Raum und Geschichte« von Fernand Braudel (1986)? Der Mitbegründer der Denkschule um die Zeitschrift »Annales« schrieb einst in deutscher Kriegsgefangenschaft das große Werk über die mittelmeerische Welt im Zeitalter Philipps II. von Spanien. Braudel im Vorwort seines letzten Buches: Er liebe Frankreich mit Leidenschaft, ohne zu unterscheiden zwischen Tugend und Laster, »zwischen dem, was mich anzieht, und dem, was mich abstößt«. Dann beschreibt er Land und Menschen und endet mit der Frage: Hat die Geographie Frankreich erfunden?

Die Identität ist für Braudel das Problem im Mittelpunkt: »die Bestimmung Frankreichs durch sich selbst, das lebendige Ereignis von allem, was die menschliche Vergangenheit Schicht auf Schicht ablagerte... Alles in allem ein Residuum, ein Amalgam, zahlreiche Hinzufügungen und viele Vermischungen. Dazu ein Prozeß, ein Kampf gegen sich selbst, der sich immer fortsetzt.« Warum ist das so schwer ins Deutsche zu übersetzen? Solches Selbstbewußtsein blieb den Deutschen seit dem Untergang des Alten Reiches um 1800 fremd. Selbst der Bismarck-Staat war nicht für lange Zeit die unbezweifelte Form deutschen Daseins. Danach erschien die Reichsgründung manchen als überflüssiger »Jugendstreich« (Max Weber), sofern sie ein Abschluß war und nicht Anfang von weit Größerem. Bülow forderte 1897 den »Platz an der Sonne«, und dabei blieb es nicht.

»Es gibt nichts, was nicht fragwürdig wäre« (Karl Jaspers, 1931) – diese Zeitdiagnose stand am Anfang Hitlers und seiner Revolution wider alle Revolutionen. An deren Ende stand das Wort, mit dem der Historiker Ludwig Dehio die deutsche Verzweiflung beschrieb: »Wo wir einen festen Standort suchen, finden wir den Boden wanken, erschüttert bis weit zurück in die Jahrhunderte von derselben Katastrophe, die uns gegenwärtig erschüttert.« Jede überlieferte Deutung der deutschen Geschichte sei zusammengestürzt. Wie war in diesen Trümmern zu leben?

Hat heute aber jene Volksfront und Antifa-Mythologie wieder Zukunft in Medien und Parteien, der zu widerstehen die Demokraten von 1949, was immer sie sonst trennte, einig waren? Trägt der antitotalitäre Konsens der Verfassung noch, gegen die nationalsozialistische Vergangenheit gerichtet und gegen die kommunistische Gegenwart, gar gegen eine solche Zukunft?

Versuchungen einer deutschen Selbstzerstörung werden heute wieder sichtbar, die mit der Geschichte beginnt und mit der Verfassung endet. Die Demokraten sollten sich deshalb der Warnung Helmut Schmidts erinnern, kein Volk könne auf die Dauer ohne geschichtliche Identität leben: »Wenn unsere deutsche Geschichte nur noch bewertet würde als eine einzige Kette von Verbrechen und Versagen und Versäumnissen . . ., kann die Gegenwart unseres Volkes ins Schwanken geraten, und es kann die Zukunft aufs Spiel gesetzt werden.« Es gibt Grund zu fragen, was Geschichte in Deutschland wiegt.

Quelle: Frankfurter Allgemeine Zeitung, 26. November 1986

ANDREAS HILLGRUBER

Leserbrief an die »Frankfurter Allgemeine Zeitung«, 29. November 1986

Christian Meier (»Kein Schlußwort – Zum Streit um die NS-Vergangenheit« in der FAZ vom 20. November) schreibt: »Was Hillgruber dazu bewogen haben mag, sich nachträglich mit den Verteidigern der Front in Ostpreußen zu ›identifizieren‹, wird wohl sein Geheimnis bleiben.« Ist es wirklich für einen deutschen Historiker (selbst wenn er wie Meier Althistoriker ist) so schwer nachzuvollziehen, daß sich der Autor eines Aufsatzes über den Zusammenbruch im Osten 1944/45 mit den Anstrengungen identifiziert, die deutsche Bevölkerung nicht nur in Ostpreußen, sondern auch in Schlesien, Ostbrandenburg und Pommern (der Heimat Meiers) vor dem zu schützen, was ihr drohte, und so viele Menschen wie möglich zu retten? Für mich sind Meiers Äußerungen (und die mancher Historiker-Kollegen) zu dieser Frage eine Bestätigung für die – nationalgeschichtlich schwerwiegende, resignierende – Feststellung von Alfred Heuß, es gehöre »die schwache Sensibilität über die wohl gravierendste Kriegsfolge« (das heißt die Vertreibung der Deutschen aus den Ostgebieten und ihr Verlust) »zu den merkwürdigsten Phänomenen des derzeitigen Deutschlands. Es ist, wie wenn vielleicht ein Franzose an den Verlust von Indochina denkt.«

Quelle: Frankfurter Allgemeine Zeitung, 29. November 1986
Anmerkung des Verlags: Der Leserbrief erschien unter dem Titel »So schwer nachzuvollziehen?«

RICHARD LÖWENTHAL

Leserbrief an die »Frankfurter Allgemeine Zeitung«, 29. November 1986

In die späte deutsche Debatte über die Vergleichbarkeit oder grundsätzliche Verschiedenheit der Massenvernichtungen Hitlers mit den Massenvernichtungen in der Sowjetunion hat Johann Georg Reißmüller (FAZ vom 14. November) mit mehr Kenntnis der sowjetischen Seite als manche seiner Vorgänger, aber dennoch nicht ohne wichtige Fehlurteile eingegriffen. So gewiß zu begrüßen ist, daß er die modische Tendenz zur »Aufrechnung« der Verbrechen der Herrscher verschiedener Staaten zu verschiedenen Zeiten ablehnt, so gewiß ist er auch einer falschen Gleichsetzung zwischen den Massentötungen während des Leninschen und des Stalinschen Regimes, und daher auch des Leninschen und des Hitlerschen Regimes erlegen.

Was Reißmüller übersehen hat, ist die entscheidende Tatsache, daß Lenin sich von Anfang 1918, kurz nach der kommunistischen Machtergreifung, bis zum Frühjahr 1921, nach dem Kronstädter Aufstand, in einer Kette von Bürgerkriegen befunden hat – Stalin nicht und Hitler auch nicht. Das gleiche Fehlurteil hat Ernst Nolte schon 1974, in seinem Buch über »Deutschland und der Kalte Krieg«, zu der nun wirklich nach »Aufrechnung« klingenden Äußerung veranlaßt, jedes (größere) Land habe »seine Hitlerzeit« gehabt. In der Tat ist die europäische – und keineswegs nur die russische – Geschichte voll von Bürgerkriegen gewesen, mit Einschluß der Religionskriege, die in aller Regel weit blutiger waren als andere Kriege. Aber keiner dieser Bürgerkriege bestand aus der einseitigen Massenvernichtung von Wehrlosen, und Lenins Kampf um die Machtbewahrung war es ebensowenig: Er wurde gegen das militärische Bündnis der Sozialrevolutionäre mit den in Rußland verbliebenen tschechischen Truppen, gegen den Kosakenaufstand, gegen die von alliierten Hilfstruppen unterstützten Aufstände der Generale Denikin im Süden und Nordwesten und Koltschak im Osten, 1920 nach dem polnischen Angriff mit einem schließlich scheiternden Gegenangriff geführt; während die Truppen der Bolschewiki aus Arbeitern, aus ihr neu gewonnenes Land verteidigenden Bauern und im Polenkrieg auch aus Berufsoffizieren bestanden, begannen 1920 auch zunehmende Bauernaufstände und Unzufriedenheit der Arbeiter, die 1921 im Kronstädter Matrosenaufstand ihren Höhepunkt erreichten. In allen diesen Kämpfen gab es schwere Verluste auf beiden Seiten und gräßliche Mißhandlungen und Morde von Gefangenen: Es gab nicht wenige, antikommunistische und in die Heimat entkommene Deutsche, die in der Literatur der zwanziger Jahre stolz über diese Taten ihrer Seite berichteten – und Hitler hat sie gelesen.

Diese Vorgänge waren in all ihrer Brutalität und Zerstörung gewiß nicht historisch einmalig. Auch die von Reißmüller erwähnte Errichtung von Konzentrationslagern für Gegner, die er – ohne jede Erwähnung des Bürgerkriegs – als »Feinde« in Anführungsstrichen bezeichnet, war es nicht; tatsächlich wurden in der Tat politische, nicht im Kampf ergriffene Gegner in diese Lager gesteckt, aber nicht wie in Stalins Zeit lebenslang festgehalten: Ich habe als Student, der sich gerade von seinen kommunistischen Illusionen gelöst hatte, etwas ältere russische Menschewiki kennengelernt, die mir ihr Lagerschicksal erzählten...

Was Stalin von 1929 an mit der systematischen Entrechtung von Millionen Bauern tat, die er »Kulaken« nannte, die aber keineswegs allgemein Großbauern waren, sondern nur als Hindernisse der Zwangskollektivierung aufgefaßt wurden, war etwas völlig anderes. Sie waren nicht organisiert. Sie hatten nicht gekämpft. Sie wurden in ferne Konzentrationslager geschickt und zwar im allgemeinen nicht sofort umgebracht, aber Bedingungen ausgesetzt, die im Lauf der Zeit einen qualvollen Tod sicherten. Und – im Gegensatz zu Reißmüllers Annahme – dieser langsame Massenmord wurde im Ausland lange Zeit nicht bekannt. Die Auslandsjournalisten, von Deutschland bis Amerika, kamen nicht in die der Umwälzung unterliegenden

Agrargebiete, und wo sie Gerüchte hörten, zogen die meisten es vor, zu schweigen. Die erste systematische Darstellung dieser Lager kam meiner Kenntnis nach im Laufe des Zweiten Weltkrieges von Polen, die selbst nach der Teilung ihres Landes in solche Lager gesteckt wurden, aber nach dem von Hitler erzwungenen englisch-sowjetischen Bündnis in wiederhergestellte polnische Truppeneinheiten entlassen worden waren und auf Umwegen über den Nahen Osten nach England kamen: Das Buch über ihr Schicksal und das Schicksal der Russen in den Stalinschen Lagern erschien in England – mit einer Einleitung von Elliot.

Was Stalin seit 1929 sowohl gegen Bauern wie gegen diverse andere Opfer, einschließlich führender Kommunisten (unter denen übrigens Bucharin schon 1929 sich dem neuen »System« öffentlich widersetzt hatte) und heimgekehrter Soldaten, tat, war in der Tat in seiner systematischen Unmenschlichkeit historisch neu und insofern mit den Taten Hitlers zu vergleichen. Aber so gewiß Hitler, wie alle seine Zeitgenossen, eine Vorstellung von den Bürgerkriegen der Leninschen Zeit hatte, so gewiß waren seine eigenen Vorstellungen von der Totalvernichtung der Juden, der Zigeuner, der »Lebensunfähigen« und so weiter von dem Stalinschen »Vorbild« unabhängig: Jedenfalls die Idee der Totalvernichtung der Juden war schon in der letzten Schrift seines 1924 verstorbenen Mentors Dietrich Eckart entwickelt worden, auf den er sich zeitlebens berufen hat. Den Hinweis auf diese Quelle, die keinen Raum für »Aufrechnung« läßt, verdanke ich dem 1963 erschienenen ersten großen Buch Ernst Noltes – »Der Faschismus in seiner Epoche«.

Quelle: Frankfurter Allgemeine Zeitung, 29. November 1986
Anmerkung des Verlags: Der Leserbrief erschien unter dem Titel: »Verzerrte Zeitgeschichte«.

35

WOLFGANG J. MOMMSEN

Weder Leugnen noch Vergessen befreit von der Vergangenheit
Die Harmonisierung des Geschichtsbildes gefährdet die Freiheit

Seit einigen Jahren beobachten wir in der Bundesrepublik ein neuerwachtes Interesse an der Geschichte, und vor allem an der eigenen Nationalgeschichte, nach langen Jahren relativer Geschichtsmüdigkeit, die professionellen Historikern wie Alfred Heuß Anlaß dazu gab, über einen »Verlust der Geschichte« als Form ursprünglicher Erinnerung in der modernen Industriegesellschaft Klage zu führen. Die relative Geschichtsmüdigkeit vergangener Jahrzehnte, die sich, ungeachtet eines auf vollen Touren laufenden Wissenschaftsbetriebs, unter anderem auch in einer teilweisen Verdrängung der Geschichte aus den Curricula der Höheren Schulen, vor allem zugunsten der Sozialwissenschaften, niederschlug, hatte in erster Linie gesellschaftspolitische Gründe.

In einer Periode nahezu ununterbrochenen Wirtschaftswachstums, wie sie insbesondere die Bundesrepublik seit den 50er Jahren erlebt hat, richteten sich die Blicke der Öffentlichkeit verständlicherweise in erster Linie nach vorn. Die großen politischen und gesellschaftlichen Probleme schienen fürs erste gelöst, und wirtschaftlich befand sich die Gesellschaft auf dem richtigen Kurs. Das Kontrastbild der Verhältnisse in der DDR verlieh, so schien es, diesen Annahmen eine zusätzliche Bestätigung. Die vorwaltende Meinung, daß gesellschaftliche und politische Probleme grundsätzlich lösbar seien, gegebenenfalls durch Einsatz der Methoden der modernen Wissenschaft, verlieh den empirischen Sozialwissenschaften eine Schlüsselstellung im öffentlichen Bewußtsein.

Wir haben uns heute von diesen optimistischen Zukunftserwartungen wieder weit entfernt. Es hat sich herausgestellt, daß das Vertrauen in die prinzipielle Lösbarkeit aller gesellschaftlichen Probleme, welches im öffentlichen Bewußtsein jener Jahrzehnte eine dominante Rolle spielte, den tatsächlichen Verhältnissen nicht gerecht wurde. Der Ölschock, das Scheitern der wirtschaftspolitischen Strategien, sei es mit keynesianischen, sei es mit rein marktwirtschaftlichen Methoden nach den Vorstellungen von Milton Friedmann, wirtschaftliches Wachstum und Vollbeschäftigung auf Dauer zu stellen, das Erwachen fundamentalistischer Denkweisen in der sogenannten Dritten Welt, die die optimistischen Modernisierungsstrategien der fünfziger Jahre praktisch falsifizierten, – alle diese Faktoren müssen hier ebenso genannt werden wie die jüngsten Erfahrungen mit der friedlichen Nutzung der Atomenergie, bei der sich ebenfalls die Grenzen der Beherrschbarkeit von Natur und Gesellschaft mit rationalen Methoden gezeigt haben. Dies hat uns wieder stärker dazu bereit gemacht, über die Bedingtheiten unserer Existenz nachzudenken, und dazu gehört nicht zuletzt auch die Reflexion auf unsere historische Existenz, auf unseren Standort innerhalb der geschichtlichen Entwicklung.

Zu diesen Faktoren allgemeiner Art, die weltweit zu einer Wiederbelebung eines nicht bloß von Nostalgie und antiquarischem Interesse, sondern existentiell verwurzelten geschichtlichen Bewußtseins geführt haben, treten im deutschen Fall besondere Umstände hinzu. In der unmittelbaren Nachkriegszeit bestand in weiten Teilen der deutschen Öffentlichkeit die Tendenz, vor der eigenen Geschichte, die mit bedrückenden Momenten kollektiver Schuld und vielfach gar persönlicher Verstrickung verknüpft war, gleichsam wegzutauchen. Jedenfalls die unmittelbare Vergangenheit war etwas, über das man lieber nicht sprach und mit der man sich nur begrenzt auseinanderzusetzen bereit war. Es kam darüber, wie unter anderem Friedrich Tenbruck festgestellt hat, zu einem teilweisen Abriß des historischen Bewußtseins.

Gestörte Kommunikation

Die natürliche Kommunikation zwischen den Generationen über die eigene Geschichte schien gestört, und das Gespräch zwischen Vätern, Söhnen und Enkeln über das gemeinsame historische Erbe wurde in nur unvollkommener Weise geführt. Namentlich die jüngste Geschichte erschien weithin tabuisiert, ungeachtet der Tatsache, daß die historische Forschung, aber auch die Publizistik, sich dieser Fragen durchaus mit großer Intensität annahm. Sie erreichte, so scheint es, nur die professionell an diesen Fragen Interessierten und teilweise die Politiker, hingegen nur begrenzt das allgemeine Publikum. Hier herrschte vielmehr die Tendenz vor, die Ereignisse insbesondere der jüngsten Geschichte zu tabuisieren, und diese, wo immer möglich, aus der allgemeinen deutschen Geschichte auszugrenzen.

Gleichzeitig bemühte sich die professionelle Historie um eine kritische Aufarbeitung insbesondere der jüngsten und jüngeren deutschen Vergangenheit, in der teilweise offen deklarierten Absicht, gleichsam den ideologischen Schutt wegzuräumen, der einem festen Einleben demokratischer Traditionen in der Bundesrepublik im Wege stehe, zugleich aber in dem Bemühen, wieder Anschluß an die historische Forschung in den westlichen Ländern zu gewinnen. Im Zuge dieser Bemühungen kam es schrittweise zu einer radikalen Revision des traditionellen deutschen Geschichtsbildes, angefangen mit einer Aufarbeitung der Geschichte des Nationalsozialismus und einer grundlegenden Bestandsaufnahme der Ursachen des Niedergangs der Weimarer Republik, um dann fortzuschreiten mit der Aufsuchung der antidemokratischen und autoritären Traditionen im deutschen politischen Denken und in der deutschen Politik, die zu der nationalen Katastrophe von 1933 und dem Zusammenbruch des Dritten Reiches geführt haben. In der historischen Forschung gewannen diese »revisionistischen« Bestrebungen seit den späten 50er Jahren schrittweise an Boden und vermochten in den 60er und 70er Jahren sogar eine Hegemonialstellung innerhalb der deutschen Geschichtswissenschaft zu erobern. Dies trifft freilich nicht im gleichen Maße für ihre Verankerung innerhalb des institutionellen Wissenschafts-systems zu; hier dominierte weiterhin eine schweigende Mehrheit stärker traditionalistisch orientierter Historiker.

Seit einigen Jahren ist diese hegemoniale Position der Revisionisten im öffentlichen Bewußtsein, wenn schon nicht innerhalb des akademischen Systems selbst, zunehmend unter Beschuß geraten. Eine Tendenzwende deutet sich an. Dies war zu Teilen innerwissenschaftlich begründet, hatten doch die Revisionisten in dem Bemühen, die antidemokratischen Elemente der deutschen Tradition rein herauszupräparieren, ihre Kritik bisweilen zu weit getrieben. Aber dies entsprach zugleich einem neuerwachten Bedürfnis in der Öffentlichkeit nach geschichtlicher Verortung des gegenwärtigen Bewußtseins, welche sich nicht mehr nur in negativer Kritik erschöpfen solle. Einer mittlerweile populär gewordenen Redeweise gemäß erwachte der Ruf nach einer neuen nationalen Identität der Deutschen bzw. der Bürger der Bundesrepublik, die auf historischer Grundlage gewonnen werden müsse.

Thomas Nipperdey machte sich zum Sprecher dieser neuen Tendenzen, wenn er, insbesondere gegen Hans-Ulrich Wehler gewandt, forderte, daß die Geschichtswissenschaft der Bundesrepublik davon abgehen müsse, einseitig die Kontinuitäten der deutschen Geschichte zu betonen, die zum Jahre 1933 hinführen; sie sollte sich stattdessen anderen Kontinuitäten, die die gegenwärtige Wirklichkeit der Bundesrepublik zum Gegenstand haben, gleichermaßen, wenn nicht gar vorzugsweise zuwenden. Darüber hinaus hat insbesondere Michael Stürmer geltend gemacht, daß es von unmittelbarer politischer Bedeutung sei, daß sich in der Bundesrepublik wieder ein einheitliches, konsensfähiges Geschichtsbild herausbilde. Nur Staaten, die über ein geschlossenes und klares Geschichtsbild verfügen, seien für ihre Bündnispartner politisch berechenbar und könnten demgemäß als zuverlässige Bundesgenossen betrachtet werden; eben dies gelte für die Bundesrepublik in eminentem Maße.

Diese Vorgänge verweisen darauf, daß die Tabuisierung der jüngeren Vergangenheit im deutschen öffentlichen Bewußtsein inzwischen einem lebhaften Interesse Platz gemacht hat, einem

Interesse, das so elementar ist, daß dessen politische Instrumentalisierung sich unmittelbar anbietet, sei es im Sinne der Stiftung von Identität im Zeichen der bestehenden politischen und gesellschaftlichen Verhältnisse, sei es zwecks Mobilisierung oder Konsolidierung der Anhängerschaft politischer Parteien und Gruppierungen. Nicht zufällig beobachten wir in diesen Tagen eine zunehmende Tendenz, sich des historischen Bewußtseins zu politischen Zwecken anzunehmen.

Die Bundesregierung hat bekanntlich beschlossen, zwei neue Historische Museen zu gründen, deren eines, das in West-Berlin entstehen soll, der Pflege der deutschen Geschichte von ihren Anfängen zugewandt sein wird, während das zweite, in Bonn zu errichtende Museum die Geschichte der Bundesrepublik anschaulich präsentieren soll. Die mit großer Leidenschaft geführte Kontroverse über diese Museumspläne weist darauf hin, daß hier grundlegende Fragen ins Spiel kommen. Im Regierungslager wird von solchen Projekten eine Stärkung des Identitätsbewußtseins der Bürger der Bundesrepublik erhofft. Umgekehrt besteht im Lager der Opposition die Besorgnis, daß damit der Versuch der Festschreibung eines einseitig nationalkonservativen Geschichtsbildes verbunden sei. Andererseits hat sich insbesondere die Sozialdemokratie seit längerem darum bemüht, das namentlich in der jüngeren Generation erwachte neue Interesse an Lokalgeschichte und an Alltagsgeschichte zur politischen Mobilisierung ihrer Anhängerschaft einzusetzen. Fernab der hier nicht näher zu erörternden Fragen, ob dies ein sinnvolles Unterfangen ist, deutet sich hier an, daß das geschichtliche Bewußtsein wieder als ein Faktor gilt, der für die politische Orientierung des Bürgers von großer Bedeutung ist.

Darüber hinaus zeichnen sich wichtige Veränderungen im historischen Bewußtsein selbst ab, die fraglos in einem Zusammenhang mit aktuellen politischen Interessen und politischen Überzeugungen stehen, aber doch in tiefere Schichten hinabreichen. Sie tangieren unmittelbar unser Verständnis vom Wesen der deutschen Nation und zugleich die Frage des historischen Orts der Bundesrepublik in der deutschen und der europäischen Geschichte. Es lassen sich seit 1945 ansatzweise drei

Stufen in der Entwicklung des Denkens in der Bundesrepublik über die deutsche Frage feststellen, ohne daß diese, angesichts der verbreiteten Unklarheit darüber, um was es hier eigentlich geht, immer rein voneinander geschieden werden können.

In den im ersten Jahrzehnt nach 1945 meinungsführenden Gruppen der westdeutschen Gesellschaft herrschte zunächst unumstritten die Tendenz, sich in den grundlegenden nationalen Fragen an den Verhältnissen der Weimarer Republik zu orientieren, in der sie ihre politische Formung erfahren hatten; dies hieß aber nichts anderes, als in Fragen der Nation und der Rolle der Deutschen in Europa und der Welt an den von Bismarck geschaffenen deutschen – genauer: kleindeutschen – Nationalstaat anzuknüpfen. Die Bundesrepublik fand es demnach nicht schwer, den 150. Geburtstag Otto von Bismarcks – selbst in einer Feierstunde im Bundestag – öffentlich zu zelebrieren. Die Wiedervereinigungsklausel des Grundgesetzes ebenso wie die Festlegung in seiner Präambel, daß diese bis zur Wiederherstellung der Einheit der deutschen Nation in Freiheit bloß provisorischen Charakter haben solle, entspricht dieser Auffassung. Wir finden es heute freilich weit schwieriger, das Deutsche Reich von 1871 in gleicher Weise als festen Orientierungspunkt unserer nationalen Identität zu betrachten als jene erste Generation nach 1945 – darauf wird noch zurückzukommen sein.

Seit dem Ende der 50er Jahre setzte dann, sehr langsam und behutsam, eine partielle Umorientierung des nationalen Bewußtseins der Deutschen der Bundesrepublik ein. Für jene Minderheit der Deutschen, die sich aktiv mit der eigenen Vergangenheit und deren Fehlentwicklungen auseinandersetzten, hatte nicht nur die Weimarer Zeit, sondern gerade auch die Geschichte der Ära Bismarcks und insbesondere der Ära Wilhelms II. viel von dem Glanz verloren, den diese für die große Mehrheit der älteren Generation besessen und trotz der Erfahrungen von Weimar nie gänzlich verloren hatte. Für sie galt es als ausgemacht, daß nur eine gründliche Revision des deutschen Geschichtsbildes, die schonungslos die autoritären Züge des Kaiserreichs und die antidemokratische Mentalität der Führungsschichten in der Weimarer Zeit offenlegte, das Feld für eine neue, nicht bloß pragmatisch akzeptierte, sondern innerlich vom freien Konsens ihrer Bürger getragene demokratischen Ordnung freimachen könne. Für diese Generation war der bewußte Anschluß an die liberalen und demokratischen Traditionen des Westens eine grundlegende moralische Verpflichtung. Auf historiographischem Felde fand diese Überzeugung insbesondere ihren Niederschlag in der Kritik an der Ideologie des sogenannten »deutschen Sonderweges« zwischen westlicher, angeblich materialistischer Demokratie und östlicher Autokratie, wie sie sich in der Vergangenheit in vielfältigen Formen artikuliert hatte. Die Ideologie des »deutschen Sonderwegs« hatte immer schon das Rückgrat der antiliberalen und antidemokratischen Positionen gebildet, die eine grundlegende Anpassung der politischen Ordnung an die sich rapide verändernden wirtschaftlichen und gesellschaftlichen Verhältnisse nach westeuropäischem Muster verhindert hatten.

Nicht zufällig geriet in jener Periode auch die nationale Idee in Mißkredit; ein Übermaß eines hybriden Nationalismus hatte, so trat immer deutlicher hervor, jene Serie von politischen Katastrophen heraufbeschworen, die mit dem Ersten Weltkrieg begannen und in der Gewaltherrschaft des Nationalsozialismus und einem gigantischen Vernichtungskrieg endeten, dem am Ende auch die Einheit der deutschen Nation zum Opfer fiel. Karl Jaspers hat sich Anfang der 60er Jahre zum Stimmführer solcher Meinungen gemacht. Er erklärte, daß die nationale Idee überholt sei. In der heutigen weltgeschichtlichen Situation komme dem deutschen Volk eine moralische Führungsaufgabe zu, indem es ein Zeichen setze und von der nationalen Idee ein für alle Mal Abschied nehme. In der Tat trat damals in vielen Kreisen an die Stelle einer nationalen Orientierung, die in der jüngeren Generation ohnedies weithin abhanden gekommen war, die Idee eines geeinten Europas.

Obschon die offiziellen Sprachregelungen bezüglich der Wiedervereinigung auch in dieser Periode unverändert fortgeschrieben wurden, teilweise unter dem Einfluß des kalten Krieges, wurde doch langsam der Boden für die Einsicht vorbereitet, daß es eine Lösung der deutschen Frage, wenn überhaupt, dann nur in einem europäischen Rahmen werde geben können, das heißt nur im Zuge einer grundsätzlichen Umstrukturierung der Verhältnisse in Ostmitteleuropa, die hinwiederum den Zusammenbruch des sowjetischen Empire voraussetzten, einer vorderhand undenkbaren Prämisse. Zwar haben viele Politiker jener Periode, nicht zuletzt Konrad Adenauer selbst, immer wieder die Worte national und Nation im Munde geführt, aber doch zumeist in einer behutsamen Weise, und wenn es auf den Punkt kam, wurde die nationale Rhetorik immer wieder realpolitischen Gegebenheiten, wenn nicht gar parteipolitischem Kalkül geopfert, wie sich noch jüngst hinsichtlich der Einstellung Adenauers gegenüber der sowjetischen Note zur Wiedervereinigung aus dem Jahre 1952 erwiesen hat.

Wie dem auch sei, in den 50er und 60er Jahren wäre gewiß niemand auf die Idee gekommen, die Wiederbelebung eines deutschen nationalen Bewußtseins zu fordern, geschweige denn ein deutsches nationales Geschichtsmuseum zwecks Stärkung der nationalen Identität der Deutschen zu gründen. Ganz im Gegenteil, noch galt es, die Restbestände älterer nationalistischer und deutschnationaler Traditionen loszuwerden. Vielmehr stand im Vordergrund die wirtschaftliche und politische Integration in den Westen, allerdings ohne damit die Zugehörigkeit der Deutschen der Bundesrepublik zur, freilich nicht konkret erfahrbaren, und nicht an konkreten territorialen oder sonstigen politischen Tatbeständen festzumachenden deutschen Nation in Zweifel zu ziehen. Die erbitterten Auseinandersetzungen über den deutschen Wehrbeitrag zu einer europäischen Armee und dann des Aufbaus einer eigenständigen westdeutschen Armee versandeten nahezu folgenlos; sie erwiesen sich als Rückzugsgefechte einer nicht mehr als real empfundenen nationaldeutschen Idee.

Seit etwa Mitte der 70er Jahre zeichnete sich in diesen Dingen ein grundsätzlicher Wandel ab. Zwar war die Politik der Westintegration nicht mehr kontrovers, es sei denn am äußersten linken und am äußersten rechten Rand des politischen Spektrums, und auch die Frage der Wiedervereinigung, und mit ihr die verpflichtende Kraft der nationalen Idee, hatte im Gefolge der Politik der Ostverträge viel von ihrer früheren Sprengkraft verloren. Andererseits hatte die innere Kohäsion des politischen und gesellschaftlichen Systems der Bundesrepublik mit dem Ende des Kalten Krieges eine wichtige äußerliche Klammer verloren. Die Studentenbewegung der Jahre nach 1968 signalisierte, daß der bisher in erster Linie auf wachsendem Wohlstand und Abgrenzung zur kommunistischen Diktatur in der DDR beruhende pragmatische politische Konsensus in der Bundesrepublik brüchiger geworden war.

Ruf nach Identität

Der im Zuge der Studentenbewegung deutlich hervortretende Gegensatz der älteren und der jüngeren Generation über die Frage der moralischen Einstellung gegenüber materiellem Wohlstand und politischer Ordnung gab den Anstoß zu der Forderung, Maßnahmen gegen den weit fortgeschrittenen Verlust historischen Bewußtseins unter der jüngeren Generation zu treffen. Schrittweise wurde die Politik in Sachen des Status des Fachs Geschichte im öffentlichen Schulwesen wieder umgekehrt, natürlich nicht mit kurzfristig wirksamen Ergebnissen.

Von weit grundsätzlicherer Bedeutung war es, daß nun der Ruf nach einer neuen nationalen Identität, die sich auf historischer Grundlage werde finden lassen, immer lauter wurde. Dies entsprach einem allgemeinen Trend im öffentlichen Bewußtsein, und nicht allein Gesichtspunkten politischer Opportunität, obschon diese gewiß eine Rolle gespielt haben dürften. Die erstaunlichen Erfolge einer ganzen Reihe großer historischer Ausstellungen, von denen der Preußen-Ausstellung besondere Bedeutung zukommt, wurde doch damit ein politisch bislang gleichsam zur Unperson erklärter Staat in der Erinnerung zu einem neuen – wenngleich vielfach kritisch verstandenen – Status verholfen, sprechen in dieser Hinsicht für sich. In den gleichen Zusammenhang gehört, daß deutsche Geschichten wieder gefragt waren, und daß Bücher über bedeutende Persönlichkeiten der deutschen Geschichte mit einem Male wieder auf großen Zuspruch seitens des allgemeinen Publikums rechnen durften, selbst dann, wenn sie nicht eigentlich in einer publikumswirksamen Sprache geschrieben waren.

Diese Entwicklung kann, von gleichviel welchem politischen oder weltanschaulichen Standpunkt aus, nur positiv bewertet werden. Allein im Zusammenhang damit kam es zu einer partiellen Abkehr von den historiographischen Positionen, wie sie von der mittleren Generation bundesrepublikanischer Historiker in vielfach enger Fühlungnahme mit der westlichen Forschung erarbeitet worden waren. Es begann damit, daß im Zeichen einer neohistorischen Position insbesondere jener Gruppe von Historikern, die sich um eine Neuinterpretation der jüngeren deutschen Geschichte mit sozialgeschichtlichen Methoden bemüht hatten, vorgeworfen wurde, unangemessen scharf mit der deutschen Vergangenheit ins Gericht gegangen zu sein. Während es für diese Generation unbestritten gewesen war, daß sich historische Forschung explizit an den Grundwerten einer demokratischen Gesellschaft zu orientieren und Geschichte im Lichte dieser – offen deklarierten – Werthaltungen zu schreiben habe, wurde nun eben dieses bestritten, unter Berufung auf die historistische Lehrmeinung, wonach, wie es bei Leopold von Ranke heißt, »jede Epoche unmittelbar zu Gott« ist und demgemäß aus ihren eigenen Voraussetzungen heraus verstanden werden müsse.

Im gleichen Zusammenhang kam die These vom »deutschen Sonderweg« unter Beschuß, als einer historiographisch nicht zu rechtfertigenden Aussonderung der deutschen aus der gesamteuropäischen Entwicklung. Dies war insofern berechtigt, als das Paradigma vom »deutschen Sonderweg« die tatsächliche politische und gesellschaftliche Entwicklung in den westeuropäischen Nationen unangemessen idealisiert hatte. Aber die Polemik gegen die sogenannte Sonderwegsthese zielte, unter Berufung auf vergleichbare Phänomene oder Vorgänge in anderen europäischen Ländern, darauf ab, die normative Kraft dieses Modells zu erschüttern und damit die Kritik an der deutschen Entwicklung vom Blickpunkt einer demokratischen Gesellschaft mehr oder minder zu entkräften. Es gebe viele »Sonderwege«, so lautete nun die Formel, und der deutsche »Sonderweg« sei nur einer von diesen, und er sei im großen und ganzen nicht besser und nicht schlechter als jener anderer Völker gewesen.

Unter vergleichbaren Gesichtspunkten entwickelte sich eine erbitterte Auseinandersetzung über die Rolle Adolf Hitlers innerhalb des nationalistischen Herrschaftssystems. Die zentrale Funktion des Führers in allen entscheidenden Fragen, so namentlich der Politik der Judenvernichtung, wurde vielfach deshalb betont, um politischen Argumentationen der marxistischen Linken mit dem Begriff des Faschismus den Weg zu verlegen, zugleich aber die Verantwortung der deutschen Nation für die schrecklichen Geschehnisse während der nationalsozialistischen Ära in jenen Grenzen zu halten, die die Strategie der Neubelebung eines deutschen bzw. eines bundesrepublikanischen Bewußtseins aussichtsreich erscheinen lassen. Gerade eben hat Ernst Nolte die Tendenzen der neohistorischen Richtung der Historiographie der Bundesrepublik, die sich gegen die revisionistischen Positionen der vorangegangenen Jahrzehnte wenden, wohl unbeabsichtigt auf den Begriff gebracht, wenn er einer Stellungnahme in *Die Zeit* den Untertitel gibt: »Gegen den negativen Nationalismus in der Geschichtsbetrachtung.«

Diese Reaktion gegenüber der Geschichtsschreibung der vergangenen Jahrzehnte, insoweit als sich diese vorwiegend kritisch mit der deutschen Nationalgeschichte befaßte, ist teilweise auf politische Motivationen zurückzuführen. In der Tat hat sich Ernst Nolte seit einigen Jahren zunehmend besorgt darüber gezeigt, daß eine radikale kritische Auseinandersetzung mit der deutschen Vergangenheit zugleich kritische Potentiale freisetzen könnte, die sich gegen die gesellschaftliche Ordnung in der Bundesrepublik selbst richten könnten. So hat sich Nolte in den letzten Jahren von dem Gebrauch eines umfassenden Faschismusbegriffs distanziert, wie er ihn anfänglich selbst in Umlauf gebracht hatte, weil sich die Neue Linke seit Ende der 60er Jahre des Faschismusbegriffs für eine neomarxistische Kritik westlicher Gesellschaften bedient hatte. Man wird gewißlich auch darin nicht fehlgehen, wenn man annimmt, daß Noltes neuerliche Bestrebungen, die nationalsozialistische Politik der Judenvernichtung in vergleichender universalhistorischer Perspektive zu sehen und dergestalt ihre Singularität zu reduzieren, dem gleichen Bedürfnis entspringen, einer einseitigen politischen Ausbeutung des Holocaust entgegenzuwirken.

Freilich ist es nicht das Bestreben, die nationalsozialistischen Gewaltverbrechen mit anderen Fällen von Genocid in Vergleich zu setzen, etwa der Ausrottung der armenischen Bevölkerungsgruppe in der Türkei während des Ersten Weltkriegs oder mehr noch des sog. »Archipel Gulag«, also der Vernichtungspolitik der Bolschewiki gegenüber bestimmten Sozialgruppen oder des »great purge« der 30er Jahre, sondern der Versuch, diese als direkte Reaktion auf eine angebliche oder wirkliche Gefahr »asiatischer« Vernichtungspolitik des Bolschewismus zu interpretieren, die rechtens allerorten Protest geweckt hat. Es ist dies eine Erklärungsstrategie, die, wie immer ungewollt, von all denen als Rechtfertigung nationalsozialistischer Gewaltverbrechen angesehen werden wird, die selbst noch im Ausstrahlungsbereich der extrem antisowjetischen Propaganda des Nationalsozialismus stehen.

In einer eben erschienenen Replik auf diese Proteste hat Ernst Nolte diese Argumentation insoweit zurückgenommen, als nunmehr nur von einer rein psychologisch in Hitlers Vorstellungen, nicht in der historischen Wirklichkeit bestehenden Kausalität zwischen dem »Archipel Gulag« und der Politik der Judenvernichtung die Rede ist. Doch vermag diese Klarstellung nicht wirklich zu befriedigen. Gerade weil der Nationalsozialismus sich gegenüber der deutschen Gesellschaft wahrheitswidrig als Retter vor dem Bolschewismus zu stilisieren vermocht hat, ist es unangebracht, die nationalsozialistische Gewaltpolitik durch Hinweis auf vergleichbare Vorgänge im Herrschaftsbereich des Bolschewismus zu rechtfertigen oder auch nur in ihrer Immoralität herabzumindern.

In den gleichen Zusammenhang gehören die jüngsthin wieder aufgelebten Bemühungen, die Fehlentwicklungen der jüngeren deutschen Geschichte, gemessen am Vorbild der westeuropäischen Völker sowie der Vereinigten Staaten, aus der sogenannten deutschen Mittellage in Europa herzuleiten. Es ist dies ein Erklärungsmodell, das neorankeanischen Ursprungs ist und eindeutig eine antiliberale Tendenz besitzt; bekanntlich wurde die relative Rückständigkeit der deutschen Verfassungsverhältnisse im 19. Jahrhundert von zahlreichen Historikern insbesondere der neorankeanischen Schule mit dem Hinweis gerechtfertigt, daß die potentielle Bedrohung des Reiches durch rivalisierende Großmächte dieses dazu gezwungen habe, sich als autoritär geführter Machtstaat zu organisieren. Schon Max Weber hat demgegenüber auf die Überlegenheit parlamentarisch regierter Großstaaten in Kriegssituationen verwiesen, und die Erfahrungen des letzten halben Jahrhunderts haben dies vollauf bestätigt.

In den gleichen Argumentationszusammenhang gehört, daß Klaus Hildebrandt jüngst die These wieder aufgenommen hat, wonach der Erste Weltkrieg primär auf den Zusammenbruch des sogenannten balance of power zurückgeführt werden müsse, und nicht so sehr auf die aggressiven Tendenzen, wie sie sich in der Epoche des Hochimperialismus, insbesondere im Deutschen Reich, aber auch in anderen europäischen Großstaaten, und nicht zuletzt auch bei den Mächten zweiten Ranges ausgebildet hatten. Von der herausragenden Verantwortlichkeit der deutschen Politik für die Auslösung des Ersten Weltkrieges ist denn auch nicht eigentlich mehr die Rede.

Frontlinie der Kritik

Über die relative Berechtigung solcher Argumentationen – sie alle enthalten, wie die meisten historischen Interpretationen, naturgemäß ein Körnchen Wahrheit, ohne deswegen schon richtig zu sein – kann man verschiedener Meinung sein. Über ihre Stoßrichtung in der gegenwärtigen geistigen Situation kann freilich kaum ein Zweifel bestehen; sie zielen darauf ab, die Frontlinie der Kritik an der jüngeren deutschen Vergangenheit gleichsam so weit zurückzunehmen, daß dem allgemeinen Publikum wieder eine unbefangene, oder doch wenigstens unbefangenere Identifikation mit der eigenen nationalen Vergangenheit ermöglicht werden soll. Damit soll keineswegs unterstellt werden, daß dies immer und in jedem Falle mit einer bewußten politischen Zielsetzung geschehe, obschon dies, wie sich am Beispiel der Argumentation Michael Stürmers zugunsten der Begründung eines neuen, wenn nicht geschlossenen, so doch konsensfähigen deutschen Geschichtsbildes zeigen läßt (wir haben darauf schon hingewiesen), streckenweise unzweifelhaft der Fall ist.

Man dürfte wohl nicht in der Annahme fehlgehen, daß nach dem Ende der Tabuisierung der jüngsten deutschen Geschichte im Denken der breiteren Öffentlichkeit eine gewisse Abneigung Platz gegriffen hat, die eigene Geschichte vorwiegend in kritischer, distanzierter Form vorgestellt zu sehen. Es besteht ein neues Bedürfnis nach historischer Vergewisserung und der Identifikation mit der eigenen historischen Tradition in positivem Sinne.

Dies ist jüngsthin etwa in der ganz überwiegend positiven Bewertung der Persönlichkeit Friedrichs des Großen anläßlich seines 200. Todestages zum Ausdruck gekommen. Gleiches gilt etwa auch für Martin Luther oder Otto von Bismarck, in vergleichsweise geringem Maße auch für Leopold von Ranke, Persönlichkeiten, die schon in der Zeit des Wilhelminismus zu Identifikationsfiguren des deutschen Nationalbewußtseins erhoben worden waren. Es fragt sich freilich, ob man gut daran tut, diese Tendenz in einem neokonservativen Sinn ausbeuten zu sollen, wie dies jüngsthin insbesondere Michael Stürmer gefordert hat, wenn er schrieb, daß »in einem geschichtslosen Lande« derjenige die Zukunft gewinne, »der die Erinnerung füllt, die Begriffe prägt und die Vergangenheit deutet«. Uns scheint, daß uns die Geschichte, und namentlich die eigene Nationalgeschichte, nicht in so beliebiger Weise zur Verfügung steht, wie es solche Äußerungen voraussetzen. Vielmehr stehen den Bestrebungen, wieder zu einem harmonischen deutschen Geschichtsbild zurückzufinden – unter partieller Ausblendung solcher Ereignisse und Ereignisketten, deren wir uns als Nation zu schämen haben –, unüberwindliche Hindernisse im Weg, die zu überspringen nur unter Verletzung des Grundsatzes intellektueller Aufrichtigkeit möglich wäre. Ich will einige dieser Hindernisse nennen, ohne doch die damit verbundenen Probleme erschöpfend ausleuchten zu können.

Realität der Teilung

Zunächst stellt sich das Problem, auf welches Referenzsubjekt wir die neuerdings so viel beschworene nationale Identität der Deutschen beziehen sollen. Die Realität der Teilung Deutschlands wirft die Frage auf, ob ein, angeblich oder wirklich, wiederzubelebendes deutsches Nationalbewußtsein sich primär auf die Bürger der Bundesrepublik oder auf die Bürger beider deutscher Staaten oder gar auf alle jene beziehen solle, die in einem allgemeineren Sinne der deutschen Kulturnation zugerechnet werden können.

Dies ist eine nicht generell lösbare Frage, die durch die herkömmliche Berufung auf die staatsrechtliche Tradition, mit anderen Worten, die Rechtsnachfolge der Bundesrepublik gegenüber dem Deutschen Reich von 1871, wenn auch wohlverstanden in den Grenzen von 1933, immer weniger befriedigend beantwortet wird. Denn unzweifelhaft hat das historische Vorbild des Deutschen Reiches Bismarckscher Prägung für eine politische Orientierung in unserer Gegenwart an verbindlicher Kraft verloren; für die jüngeren Generationen kann man es nicht mehr ohne weiteres als historisch-politische Norm deutschen nationalen Identitätsbewußtseins ansetzen. Dabei spielt eine wichtige Rolle, daß sich die schicksalsträchtigen Ereignisse, die sich mit der Geschichte und der Vorgeschichte des nationalsozialistischen Deutschland verbinden, gleichsam wie eine Barriere zwischen die jüngste Geschichte der Deutschen in der Bundesrepublik – die man mit einigem Recht als überaus erfolgreich ansehen kann und die uns unzweifelhaft einigen Anlaß gibt, darauf mit einem gewissen Stolz zurückzublicken – und die deutsche Geschichte geschoben haben.

Es wäre einfach, wenn wir uns damit begnügen könnten, unsere eigene Nationalgeschichte gleichsam mit der Stunde Null des Jahres 1945 oder auch mit der Wiederbegründung eines deutschen Staates in den westlichen Zonen Deutschlands oder auch zweier Staaten neu beginnen zu lassen. Aber dies ist schlechthin nicht angängig, denn die langfristigen Kontinuitäten mit unserer Geschichte, im Guten wie im Schlechten, lassen sich nicht einfach auslöschen. Denn ihre geschichtsmächtige

Kraft besteht unverändert fort, gleichviel wie wir uns dazu stellen mögen. Nebenbei gesagt würden wir damit nur die Geschäfte jener Ideologen in der DDR besorgen, die nichts sehnlicher erstreben als die Ausbildung von zwei deutschen Nationalstaaten unterschiedlichen Typs, mit dem zusätzlichen Aspekt, daß die DDR sich darum bemüht, die positiven Elemente der deutschen, nationalen Tradition und des sogenannten deutschen Kulturerbes einseitig für sich in Anspruch zu nehmen.

Diese Konstellation hat aus jeweils unterschiedlichen Gründen in beiden deutschen Staaten dazu geführt, zunehmend wieder an Traditionselemente deutscher, nationaler Staatlichkeit und deutscher, nationaler Kultur anzuknüpfen, die nach 1945 eher in eine Zone des Abseits geraten waren, beispielsweise die Wiederentdeckung Preußens, die zumindest partielle Rehabilitierung Friedrichs des Großen und der traditionellen preußischen Tugenden, wenn auch oft mit unterschiedlichem Vorzeichen. Allein, das Dilemma, daß sich zwischen unsere Gegenwart und jene der Geschichte der Deutschen im Kaiserreich und vorangehenden Jahrhunderten eine Barriere gelegt hat, die sich nicht einfach wegräumen läßt, wird dadurch nicht beseitigt, sondern nur gemildert.

Dies hat seit geraumer Zeit Stimmen laut werden lassen, man möge doch endlich einen Schlußstrich unter diese Dinge ziehen und nicht immerfort dazu angehalten werden, sich damit zu beschäftigen. Im politischen Felde hat der Versöhnungsakt von Bitburg ein solcher Schlußstrich sein sollen. Doch hat sich sogleich herausgestellt, daß es im Sinne intellektueller Redlichkeit einen solchen nicht geben kann, und daß uns jedenfalls andere Völker diesen nicht abnehmen würden. Der Bundespräsident hat in seiner bekannten Rede zum 8. Mai des vergangenen Jahres dazu Gültiges gesagt. Es bleibt eine Tatsache, daß wir der Last der Vergangenheit durch persönliches Vergessen oder vermittels persönlicher Nichtbetroffenheit kraft später Geburt nicht entgehen können.

Ebenso ergibt es sich, daß sich diese Last auch nicht durch historische Neuinterpretationen wird wesentlich vermindern lassen. Andreas Hillgruber hat jüngst den Versuch unternommen, dem deutschen Ostfeldzug, oder genauer den verzweifelten Abwehrkampf des deutschen Ostheeres seit dem Sommer 1944, eine relativ historische Rechtfertigung zuteil werden zu lassen, zum einen, weil es darum gegangen sei, zu verhindern, daß die deutsche Zivilbevölkerung in die Hände der Roten Armee fiele, vor allem aber, weil die Verteidigung deutscher Städte im Osten mit der Verteidigung der westlichen Zivilisation überhaupt zusammengefallen sei. Angesichts der alliierten Kriegsziele, die unabhängig von Stalins letzten Plänen die Zerschlagung Preußens und die Zerstörung der Abwehrposition eines starken preußisch geführten mitteleuropäischen Staates, der allein ein Bollwerk gegen den Bolschewismus hätte abgeben können, sei die Fortführung des Ostfeldzuges nicht nur aus der Sicht der Betroffenen, sondern, was wichtiger ist, auch aus heutiger Sicht gerechtfertigt gewesen, auch um den Preis des Weiterlaufens der gigantischen Mordmaschine des Holocaust, solange die Fronten noch einigermaßen hielten. Dieser Versuch kann, aus der Sicht eines demokratisch verfaßten, an westlichen politischen und moralischen Maßstäben orientierten Gemeinwesens, als äußerst problematisch bezeichnet werden.

Wir kommen um die bittere Wahrheit nicht herum, daß die Niederlage des nationalsozialistischen Deutschland nicht nur im Interesse der von Hitler mit Krieg überzogenen Völker und der von seinen Schergen zur Vernichtung oder Unterdrückung oder Ausbeutung ausgesonderten Bevölkerungsgruppen lag, sondern der Deutschen selbst. Demgemäß sind zumindest Teile des gigantischen Geschehens des Zweiten Weltkrieges, soweit wir unmittelbar betroffen sind, schlechthin sinnlos, ja mehr noch selbstzerstörerisch gewesen. Dieser bitteren Wahrheit können wir letztenendes auch durch die – vielfach problematische – Zuweisung partieller Mitverantwortung an andere Partner dieses Geschehens nicht entgehen.

Dies wirft einen langen Schatten auch auf unser Verhältnis

zur deutschen Geschichte früherer Epochen, sowenig wir diese, wie richtig bemerkt worden ist, auf die Vorgeschichte der »deutschen Katastrophe« von 1933/45 reduzieren dürfen. Dies bedingt aber, daß wir deutsche Geschichte nur in kritischer Weise, nicht in einem unkritisch-affirmativen Bewußtsein betreiben können. Erstes Gebot wird dabei sein müssen, die Geschichte der deutschen Nation in europäischem, ja in weltgeschichtlichem Zusammenhang zu sehen, statt, wie dies in der Vergangenheit so vielfach geschehen ist, in erster Linie in der Entgegensetzung zu anderen Völkern.

Dies waren beispielsweise in der Zeit der Reformation die verrotteten, auf religiösem Gebiete korrupten Italiener, seit dem späteren 18. Jahrhundert die Franzosen, dann das »perfide Albion«. Dies liegt auch insofern nahe, als die Geschichte der Deutschen, als einer Nation in der Mitte Europas, die jahrhundertelang kulturell, politisch und religiös die Brücke zwischen Ost und West, zwischen Nord und Süd gebildet hat, immer schon mit der Geschichte Europas, oder doch zumindest, wie Leopold von Ranke dies ausgedrückt hat, der römisch-germanischen Nationen verwoben gewesen ist. Dies trifft bereits für die Entstehungsphase der deutschen Nation in der späten Zeit des karolingischen Frankenreichs zu und ist eigentlich niemals grundlegend anders gewesen. Die hegemoniale Rolle, die die Deutschen im mittelalterlichen Europa gespielt haben, und ihrer in der Frühneuzeit bescheideneren Stellung im Rahmen des sogenannten Heiligen Römischen Reiches Deutscher Nation haben die Deutschen dann mit einer vergleichsweise relativ späten Nationalstaatsgründung bezahlen müssen, die obendrein ein Drittel der Deutschen ethnisch-kultureller Prägung außerhalb der Staatsgrenzen beließ. Die prägende Wirkung des Deutschen Reiches, als eines halbkonstitutionellen Staates mit starken obrigkeitsstaatlichen Einschlägen, auf die Formung des deutschen Nationalbewußtseins, ist außerordentlich groß gewesen; jedoch wies es tiefe innere Bruchlinien auf und akzentuierte Lebensformen und Werte, die uns heute vielfach fremd geworden sind. Nur im wirtschaftlich-gesellschaftlichen Bereich verbindet uns noch viel mit jener Periode, nicht aber hinsichtlich der grundlegenden Elemente der politischen Kultur.

In einer derartigen langfristigen Perspektive erscheint es als eine offene Frage, ob das von Bismarck begründete Deutsche Reich wirklich den unabdingbaren Maßstab politischer Organisation der Deutschen abzugeben vermag, oder ob nicht gleichsam die Existenz einer Mehrzahl deutscher Staaten in der Mitte Europas der europäischen Normallage – wenn es eine solche in der Geschichte überhaupt gibt – viel mehr entspricht. In mancher Hinsicht scheint es, als ob mit der Entstehung zweier deutscher Staaten auf dem Boden des ehemaligen Deutschen Reiches und dem Wiedererstehen eines selbständigen Österreich die deutsche Geschichte in die Ära vor 1867 zurückgekehrt ist, m. a. W. der Existenz mehrerer Staaten deutscher Nation in der Mitte Europas. Dies bedeutet natürlich nicht, daß die deutsche Frage damit zur Ruhe gekommen sei, sondern nur, daß für den gegenwärtig unwahrscheinlichen, oder doch nur schwer voraussehbaren Fall, daß die festgefahrenen Fronten der Supermächte wieder in Bewegung geraten sollten, eine Lösung in föderativer Richtung wesentlich wahrscheinlicher sein dürfte als eine sogenannte »Wiedervereinigung« im Sinne einer einfachen Angliederung der DDR an die Bundesrepublik, wie man sich dies in den 50er und 60er Jahren überwiegend vorgestellt hat.

Die Geschichte der deutschen Nation ist nicht nur stärker mit der Geschichte anderer europäischer Völker verwoben als die vieler unserer Nachbarn, sie ist zugleich in ausgeprägterem Sinne eine solche kontroverser Natur. Denn immer schon, und nicht erst seit heute, hat es vielfach an nationaler Einheit und politischer Geschlossenheit gefehlt. Vielmehr ist das Gegenteil, die Zersplitterung der Nation in unterschiedliche Stämme mit vielfach weitgehend eigenständiger kultureller Tradition, für die deutsche Geschichte ebenso eigentümlich gewesen wie die religiöse Spaltung der Nation seit der Reformation oder die außerordentliche Vielgestaltigkeit der politischen Gestaltungen, mit einer großen Zahl regionaler politischer Herrschaftszentren im 18. und früheren 19. Jahrhundert.

Es kann gesagt werden, daß viele der Nationaleigenschaften der Deutschen auf eben diesen Umstand zurückgehen, zugleich aber auch viele der großen kulturellen Hervorbringungen sich diesem Umstand verdanken. Nicht im Zentrum des Reiches, so vermerkte Max Weber mit einem gewissen Bedauern, seien große nationale Kulturleistungen entstanden. Noch ungleich bitterer hatte Friedrich Nietzsche geurteilt, daß die Gründung des deutschen Reiches mit der Exstirpation des deutschen Geistes einhergehe; Worte, die fraglos übertrieben sind, denen aber aus der Rückschau eine gewisse Berechtigung nicht abgesprochen werden kann. Ein kritisches Umgehen mit der eigenen nationalen Geschichte bedeutet demnach keineswegs eine Abweisung der spezifischen Leistungen deutscher Kultur.

Entschlossene Westorientierung

Darüber hinaus sollten wir uns eines weiteren Umstands bewußt sein. Mit der entschlossenen Westorientierung der deutschen Politik und des politisch-gesellschaftlichen Bewußtseins in den 50er und den 60er Jahren, die die Begründung der Bundesrepublik und ihre staatliche Konsolidierung begleitete, optierten die Deutschen zugleich für eine Neuorientierung auch ihres historisch-politischen Bewußtseins, nämlich einer bewußten Abwendung von Teilen der deutschen historischen Tradition, nicht im Sinne einer Verdrängung, sondern der Option für politische Vorbilder, wie sie uns in Westeuropa und namentlich die Vereinigten Staaten vor Augen standen.

Es geschah dies nicht, um die Last der Geschichte von unseren Schultern abzuschütteln. Vielmehr entschlossen sie sich, im Wissen um diese historische Belastung, künftighin einen neuen, konstruktiven Weg zu gehen, der uns nicht erneut mit unseren westlichen oder östlichen Nachbarn in unlösbare Konflikte hineinführen würde. Wir haben allen Grund, an diesem Kurs festzuhalten. Das Wissen um die geschichtliche Last, die wir als Volk zu tragen haben, ist zugleich eines der Fundamente der freien Anerkennung der freiheitlichen Staatsordnung der Bundesrepublik und Grundlage unserer gesellschaftlichen Ordnung. Würde dieser Sachverhalt außer Sicht geraten, so würde dies einer Unterminierung des heute bestehenden Konsensus aller wesentlichen gesellschaftlichen Gruppen hinsichtlich der Bewahrungswürdigkeit dieser Ordnung gleichkommen.

Die Begründung einer freiheitlichen Ordnung im westlichen Deutschland in den Jahren nach 1945 ist nur im Bruch mit wesentlichen Elementen der deutschen historischen Tradition und unter freiwilliger Übernahme westeuropäischer Vorbilder möglich gewesen. Zwar könnten die Väter des Grundgesetzes an die demokratische Verfassung von Weimar anknüpfen, aber auch diese verdankte sich einer Aneignung westlicher Verfassungstraditionen, deren Gültigkeit für die deutsche Situation bis dahin überwiegend abgelehnt worden war, ungeachtet einer langen liberalen und demokratischen Tradition auch in Deutschland selbst. So gesehen, ist die Vorgeschichte der Bundesrepublik in sehr wesentlicher Hinsicht nicht nur deutscher, sondern europäischer Natur; ohne die Symbiose westlicher und deutscher politischer Traditionen, wie sie nach 1945 vollzogen wurden, wäre ihre Entstehung und feste Einwurzelung nicht möglich gewesen. In der Weimarer Zeit scheiterte der Versuch einer Symbiose von deutschem und westeuropäischem Denken, für die unter anderen Ernst Troeltsch so leidenschaftlich eingetreten war, mit fatalen Konsequenzen. Diese Symbiose bedeutete den geistigen Anschluß an die geistigen und politischen Traditionen des Westens, unter Hintansetzung mancher Elemente der deutschen Geschichte im engeren Sinne. Man sollte sie nicht kurzfristiger politischer Vorteile wegen wieder leichtfertig aufs Spiel setzen.

Die Tatsache, daß die politischen Entscheidungen seit 1947 eine Option zugunsten des westlichen Denkens dargestellt haben, die man nicht ohne schwerwiegende Folgen wieder in Frage stellen sollte, sollten gerade jene anerkennen, die politisch in der Nachfolge Konrad Adenauers stehen. Dies bedeutet freilich keinesfalls einen völligen Bruch mit der deutschen Geschichte, allein schon deshalb, weil die deutsche Geschichte immer schon in höherem Maße als jene anderer Nationen zugleich auch europäische Geschichte gewesen ist.

Statt dem heute vorherrschenden Bedürfnis nach einer Harmonisierung unseres Geschichtsbildes nachzugeben, sollten wir uns der Pluralität der politischen, kulturellen und religiösen Gestaltung auf deutschem Boden bewußt bleiben. Dem entspricht, daß die deutsche Geschichte auch heute von einer Vielfalt unterschiedlicher politischer Gesichtspunkte ausgedeutet wird und daran sollte man nicht rühren. Vielmehr würde der Verlust des Prinzips der freien Konkurrenz unterschiedlicher Geschichtsbilder einer wesentlichen Einbuße von Freiheit gleichkommen, und die freiheitliche Ordnung der Bundesrepublik, die durch die Wiederbelebung eines sozusagen »deutscheren« Geschichtsbilds gestärkt werden soll, wirklich in Gefahr bringen.

Quelle: Frankfurter Rundschau, 1. Dezember 1986

36

HORST MÖLLER

Es kann nicht sein, was nicht sein darf
Plädoyer für die Versachlichung der Kontroverse über die
Zeitgeschichte

Bis in die Spalten der Tageszeitungen hinein erhitzt gegenwärtig
der in einem Artikel des Frankfurter Sozialphilosophen Jürgen
Habermas erhobene Vorwurf die Gemüter, in der deutschen
Zeitgeschichtswissenschaft über die nationalsozialistische Dik-
tatur gebe es »apologetische Tendenzen«. Sogar der jüngste
Friedensnobelpreisträger Elie Wiesel schloß sich diesem Vor-
wurf an und bezeichnete in einem Fernsehinterview die von
Habermas vor allem angegriffenen Historiker ohne Prüfung der
Behauptungen als »Viererbande«.

Ohne Zweifel wären derartige »apologetische Tendenzen«,
das heißt die Verteidigung der NS-Diktatur, in der wissenschaftlichen Zeitgeschichtsschreibung ein Anlaß zu größter
Beunruhigung – zum Glück aber gibt es diese Tendenzen nicht:
Habermas hat sie erfunden, und diejenigen, die ihm – natürlich
immer das Wort »kritisch« auf den Lippen – unkritisch folgen,
sparen sich die Mühe, sich über den wissenschaftlichen Diskus-
sionsstand zu informieren und die Bücher der attackierten
Autoren zu lesen. Bezeichnend ist, daß er keines der großen
Werke dieser Autoren zur Kenntnis nimmt, sondern nur
wenige Vorträge. Bei Klaus Hildebrand begnügt er sich gar
mit einer Rezension – sie liest sich freilich schneller als die zahlreichen wichtigen Bücher und Abhandlungen dieses Autors,
die unsere Kenntnis über die NS-Zeit bereichert haben: Vorur-
teile erhält man sich am besten ohne zureichende Sachkenntnis. Habermas selbst und nicht wenige, die ihm folgen, inter-
essieren sich allerdings für die geschichtswissenschaftliche
Problematik überhaupt nicht, sondern sind offensichtlich von
politischen Motiven geleitet: Sie wollen eine tatsächlich nicht
existierende »Wendehistorie« entlarven.

Welch fatale Folgen derartig schwerwiegende Anklagen für die politische Kultur der Bundesrepublik haben können und welche Beunruhigung schon die unbewiesene Behauptung »apologetischer Tendenzen« im Ausland hervorrufen muß, interessiert die Betreffenden nicht – sie profitieren von dem leider von manchen Intellektuellen in Anspruch genommenen Privileg, unverantwortlich zu sein. Kontroversen sind in der Wissenschaft normal und müssen es sein, Verleumdungen und Fälschungen hingegen sollten nicht zum Stil wissenschaftlicher Auseinandersetzungen gehören, auch wenn einzelne sensationshungrige Journalisten sich dafür mehr engagieren als für wissenschaftliche Fragen: Gefälschte »Hitler-Tagebücher« lassen die Druckmaschinen rotieren, die Entwicklung der wissenschaftlichen Hitlerforschung verfolgen nur wenige. Das wäre leicht zu ertragen, würden nicht allzuviele meinen, in der Zeitgeschichtsschreibung beliebig dilettieren zu dürfen. Berechtigterweise aber besitzt die Beurteilung der NS-Diktatur eine Schlüsselstellung für das historisch-politische Bewußtsein in der Bundesrepublik Deutschland. Wandlungen in der Beurteilung dieser Epoche der deutschen Geschichte werden deshalb oft als Seismograph für unsere politische Kultur angesehen.

In bezug auf jeden wissenschaftlich analysierten historischen Themenkomplex gibt es wissenschaftliche Fortschritte, Veränderungen der Fragestellungen, Erweiterungen und Differenzierungen unseres Kenntnisstandes – dies gilt auch für die NS-Diktatur. Wäre es anders, könnte man künftig Forschungen unterlassen und die damit Betrauten »umschulen«. Das »Dritte Reich« ist zwar auch ein Thema öffentlicher Diskussion und Konstituens des antitotalitären Selbstverständnisses in der Bundesrepublik, zunächst aber und fundamental ein Thema der Wissenschaft, die inzwischen eine Fülle von Einsichten erbracht hat, über die Einigkeit unter den Experten besteht – und dieser Teil wissenschaftlicher Ergebnisse ist auch kein Gegenstand der Diskussion, sondern der Aneignung von erarbeitetem Wissen. Über unbestreitbare Fakten diskutiert kein wissenschaftlich arbeitender Historiker, sondern allein über ihre Ein- und Zuordnung, ihre Erklärung und so weiter – aber auch dies ist kein Gegenstand beliebiger Überzeugungen, sondern sachangemessener wissenschaftlicher Argumentation. Um den Hintergrund der Kontroverse deutlich zu machen, sofern sie eine wissenschaftliche Dimension hat, sind einige Grundpositionen der gegenwärtigen Interpretation der NS-Diktatur zu nennen. Aus Raumgründen kann dies nur holzschnittartig geschehen. Schon dabei zeigt sich: Der Versuch von Habermas, ein bestimmtes Geschichtsbild über die Geschichte nach 1933 aus gesellschaftspolitischen Motiven festzuschreiben, ist ein Mißverständnis des pluralistischen Charakters der bundesrepublikanischen Wissenschaft und ignoriert das grundgesetzliche Gebot der Wissenschaftsfreiheit.

Habermas ignoriert überdies einen schon seit Beginn der 1960er Jahre offensichtlichen Wandel der zeitgeschichtlichen Fragestellung zu diesem Thema. So hat Ernst Noltes bahnbrechendes Werk »Der Faschismus in seiner Epoche« 1963 den Weg für eine geschichtswissenschaftliche Verwendung des Terminus Faschismus freigemacht, indem er ihn epochal begrenzte und in europäischem Kontext komparatistisch definierte. Schon damals interpretierte Nolte Faschismus und Nationalsozialismus als Antwort auf eine andere totalitäre Ideologie, die des Bolschewismus und seiner Revolution von 1917. Der inflationären politischen Verwendung eines vom konkreten historischen Epochengehalt entleerten Faschismus-Begriffs, der entweder dogmatisch im Sinne des Marxismus-Leninismus verengt oder zum wohlfeilen agitatorischen Schlagwort gegen beliebig viele und unterschiedliche Gegner verkommen war, schob Nolte innerhalb der Wissenschaft damit einen Riegel vor.

Habermas entdeckte diese Noltesche Grundkonzeption bereits nach 23 Jahren und fühlte sich alarmiert: Es mußte sich zweifellos um ein Signal der vermeintlichen »Wende« handeln. Auch Noltes Versuch, durch die Suche nach Analogien das ungeheuerliche Verbrechen des Judenmordes aus dem Selbstverständnis der NS-Führung zu erfassen, bildet ja keineswegs eine Entschuldigung, sondern einen Erklärungsversuch: Zu ihm gehört das unbestreitbare Faktum, daß die NS-Ideologie essentiell antibolschewistisch war und das erklärte Ziel einer kommunistisch-bolschewistischen Weltrevolution mit der ver-

meintlichen Bedrohung durch eine angeblich »jüdische Welt-
verschwörung« verquickte. Auch solche Verschwörungstheorien entschuldigen den Massenmord nicht, sowenig wie die Erklärung von Chaim Weizmann, dem Chef der Jewish Agency –
die keine Kriegserklärung im völkerrechtlichen Sinn sein
konnte – das Verbrechen entschuldigt. Aber die Analyse selbst
muß auch den irrationalen Fanatismus mit rationalen Kategorien zu erklären versuchen: Hierin liegt das ständige Ungenü-
gen an solchen Interpretationen. Und ebenso enthält der Hinweis auf vorausgegangene politisch-ideologisch motivierte
Massenmorde der stalinistischen Sowjetunion oder in anderen
Staaten bis in die letzten Jahre hinein keine Verharmlosung des
Nationalsozialismus, sondern ein Faktum. Solche Interpretationen mögen den von Nolte angenommenen Erklärungswert
haben oder nicht – eine »Entschuldigung« oder »Entschul-
dung« der NS-Verbrechen intendieren sie nicht und können sie
nicht sein. Im strengen Sinne »singulär« sind alle diese Verbrechen – das ist eine Banalität. Trotzdem sind Vergleiche möglich.

Aber gerade hier läßt Habermas sein politisches Motiv erkennen, mißt er doch Verbrechen mit zweierlei Maß: Gegen
Nolte wendet er unter anderem ein, er vergleiche den Massenmord an den Juden mit der – so wörtlich – »Vertreibung der
Kulaken durch Stalin«. Bei dieser vermeintlichen »Vertreibung« handelt es sich tatsächlich nicht »nur« um Deportation,
sondern außerdem um einen durch die Staatspartei organisierten Massenmord, der besonderen Liquidierungskommandos
übertragen wurde, an einer auf dem XV. Parteitag der KPdSU
1927 zu »Ausbeutern und Volksfeinden« erklärten Klasse von
Bauern. Jeder kritische Leser sieht, wer hier der Verharmloser
ist. Der durch die kommunistische Ideologie motivierte Mord
gilt Habermas als »Vertreibung«, und so sichert er schon
sprachlich die Unvergleichbarkeit. Mit dieser Form der Ge-
schichtsklitterung kann man sich allerdings jeglicher Analogie
entziehen.

Ähnlich selektiv ist Habermas' Kritik an Andreas Hillgrubers Ausführungen über das Ende des Deutschen Reiches
1945: Wenn Hillgruber aufgrund inzwischen zugänglich gewor-

dener britischer Akten zu dem Schluß kommt, daß die Zerstörung des Deutschen Reiches auf alliierter Seite schon vor Bekanntwerden des Massenmordes an den Juden geplant war – und dieser damit das Ende des Reiches nicht erklärt –, ist das ein Faktum, das der Historiker nicht einfach ignorieren kann, wie Habermas meint, und das ja auch über die Verantwortlichkeit der NS-Führung gar nichts aussagt. Daß im übrigen der Versuch, die deutsche Ostfront so lange wie möglich gegen die vordringende Rote Armee zu halten, einen Schutz der deutschen Zivilbevölkerung in den Ostprovinzen gegen Morde, Vergewaltigungen, Plünderungen und Vertreibung durch sowjetische Soldaten bedeutete, ist schlechterdings unbestreitbar. Nicht nur die NS-Propaganda gegen die »asiatischen Horden« hatte dieses Klima der Furcht bewirkt, sondern das von Hillgruber genannte Beispiel »Nemmersdorf« im Oktober 1944 hatte die konkrete Erfahrung über die Greuel der künftigen Besatzungsmacht vor Augen geführt. Auch hier mögen die deutschen Verbrechen in Rußland als Erklärung herangezogen werden, entschuldigen kann aber dies die sowjetischen Verbrechen ebenfalls nicht. Die Vertreibung der Deutschen aus den Ostgebieten hat im übrigen die Befürchtungen bestätigt: Sie war völkerrechtswidrig auch dann, wenn man konzediert, daß der von Hitler 1939 im Bündnis mit Stalin entfesselte Krieg ihre erste Voraussetzung war. Und daß jegliche Kriegsverlängerung – aus welchen Motiven auch immer – zugleich Leid und Verbrechen in den KZs und den Vernichtungslagern verlängerte, sagt Hillgruber selbst und bezeichnet dies zu Recht als einen Vorgang von unauflöslicher Tragik.

Kehren wir zu grundsätzlichen Interpretationsmustern zurück: Die historisierte und komparatistische Faschismusinterpretation Noltes trat seit den 1960er Jahren neben die ebenfalls typologisierend-komparatistische Analyse des Nationalsozialismus mit Hilfe einer modifizierten Totalitarismuskonzeption, für die vor allem die großen zeitgeschichtlichen Werke des Bonner Zeithistorikers Karl Dietrich Bracher oder auch des Berner Historikers Walther Hofer stehen. Bracher war es aber auch, der, ohne ihre Konsequenzen zu teilen, einer dritten Forschungsrichtung den Weg wies, die seit Ende der sechziger

Jahre, vor allem seit Martin Broszats grundlegendem Werk »Der Staat Hitlers« (1969) zu neuen Problemstellungen und sozialgeschichtlichen Analysen geführt hat. Bracher hatte bereits 1956 in seinem Aufsatz »Stufen totalitärer Gleichschaltung« die polykratische Struktur der NS-Herrschaft analysiert, jedoch die Existenz konkurrierender Machtgruppen und die Überlagerung von Kompetenzen als planmäßiges Herrschaftsinstrument der Führerdiktatur bewertet. Um die Frage, ob es sich bei der NS-Diktatur um eine planmäßig-zielgerichtete oder eine chaotisch-polykratische und von Fall zu Fall improvisierte Herrschaft handelte, geht seitdem der wissenschaftliche Streit, der sich dann gleichsam in Form von Stellvertreterkriegen auch auf Einzelprobleme erstreckt, beispielsweise nach den Urhebern des Reichstagsbrandes fragt, Formen und Bewertung des Widerstandes diskutiert, vor allem aber die Ursachen des institutionalisierten millionenfachen Massenmords an den Juden betrifft.

Neben der inzwischen kaum noch übersehbaren Detailforschung stehen gegenwärtig drei wesentliche Interpretationsrichtungen in der NS-Forschung neben- und gegeneinander, wobei die jüngeren auch als Revisionsversuche gegenüber den älteren angesehen werden können. Revision ist also in diesem Bereich – wie überhaupt in der Wissenschaft – etwas Selbstverständliches und keineswegs ehrenrührig, ganz gleich wie man die Revision im konkreten Fall beurteilt und ob sie tatsächlich einen wissenschaftlichen Fortschritt bedeutet.

Solche Neu-Interpretationen setzen sich differenziertere Ursachenerklärungen oder neue historische Einordnungen zum Ziel, aber in einem besteht zwischen allen seriösen Historikern überhaupt kein Dissens: die ebenso eindeutige wie entschiedene moralische und politische Ablehnung der NS-Diktatur und ihrer schrecklichen Verbrechen.

Natürlich müssen die Zeithistoriker die Ursachen des Judenmords analysieren und den Ort des Dritten Reichs in der deutschen und europäischen Geschichte zu erfassen suchen. Frageverbote darf es dabei nicht geben. Keiner der in Frage stehenden Interpretationsansätze ist oder bezweckt Apologie. Die Behauptung »apologetischer Tendenzen« in der deutschen

Zeitgeschichtsforschung ist entweder ignorant oder infam oder beides, bedeutet doch das Wort Apologie »Verteidigung«. Und in jedem der Bücher der so diffamierten Historiker, von Andreas Hillgruber und Klaus Hildebrand bis zu Ernst Nolte – die alle fundamentale Beiträge zur Erforschung und Deutung des Nationalsozialismus geleistet haben –, werden auch die NS-Verbrechen beim Namen genannt und keines verteidigt. So beginnt der angeblich »apologetische« Beitrag »Der geschichtliche Ort der Judenvernichtung« in dem von Habermas attackierten Band »Zweierlei Untergang« von Andreas Hillgruber mit dem Satz: »Die geschichtliche Dimension jenes millionenfachen Mordes an den europäischen Juden, den die Führung des Deutschen Reiches zu verantworten hat, erschließt sich auf dreifache Weise.« Hillgrubers Analyse der ideologischen Voraussetzungen orientiert sich am modernen Forschungsstand und analysiert den deutschen Antisemitismus nach 1933 als wesentlichen Teil der Staatsideologie, spricht von dem massenhaften Mord auch an Greisen, Frauen und Kindern. Hillgruber betont aber ausdrücklich, daß der Historiker »über jenes Wachhalten der Erinnerung an die Millionen der Opfer« hinausgehen müsse und die Frage einer möglichen Wiederholung unter anderem ideologischen Vorzeichen in tatsächlich oder vermeintlich wiederum extremen Situationen und Konstellationen aufwerfen müsse.

Auch die Suche nach Analogien ist keine Verteidigung und keine Entschuldigung, sondern zählt seit jeher zum Instrumentarium historischer Erklärung, wenn auch jeder Historiker die Schwierigkeiten solcher Analogien kennt. Im übrigen weiß jeder Leser der Bücher der attackierten Autoren – zu denen auch Michael Stürmer zählt, dessen Forschungsschwerpunkte ja auf anderen Gebieten als der NS-Zeit liegen – wie unterschiedlich ihre Problemstellungen, Methoden und Darstellungsweisen sind. Sie zu einer Einheitsfront »apologetischer Wendehistoriker« zusammenzustellen ist nur möglich, wenn man selbst in undifferenzierten einheitsfarbigen Geschichtsbildern denkt und zu Verschwörungstheorien neigt. Gemeinsam aber ist den angegriffenen Historikern, daß keiner von ihnen ein »Apologet« ist.

Die Festschreibung eines in der Öffentlichkeit herrschenden Bildes vom Nationalsozialismus hat nichts mit freier Wissenschaft zu tun. Und die zweifelsfrei notwendige moralische und politische Verurteilung des Nationalsozialismus ersetzt keine geschichtswissenschaftliche Analyse und Erklärung: Sie bleibt trotz zahlreicher wesentlicher Studien eine fortdauernde Aufgabe der Zeithistoriker.

Wie absurd die gegenwärtige Polemik tatsächlich ist, zeigen schon die wissenschaftspolitischen Eigentore, die in dem vielzitierten ZEIT-Artikel enthalten sind. So werden nicht nur Andreas Hillgruber Zitate von Hans Mommsen untergeschoben – den Habermas damit unfreiwillig attackiert, nachdem er ihn im gleichen Atemzug lobt –, sondern es werden auch die Fronten total verkehrt, stehen doch einige der entschiedensten Revisionisten der gegenwärtigen Opposition näher als der Bundesregierung: Denn eine entschiedenere revisionistische (und natürlich ebensowenig apologetische) Schule als diejenige Hans Mommsens ist innerhalb der wissenschaftlichen Zeitgeschichtsschreibung bisher nicht aufgetreten – bezeichnet Mommsen in seinen Aufsätzen doch Hitler als »schwachen Diktator« und relativiert dessen Stellung im NS-Herrschaftssystem erheblich. Er bestreitet letztlich, daß Hitler und die NS-Führung in ihrem Terrorsystem planmäßig eine Konzeption realisiert hätten und beispielsweise für den Reichstagsbrand verantwortlich seien. Mommsen sieht die NS-Führung als Gefangene ihrer eigenen chaotischen Politik und anarchischen Herrschafts- und Kompetenzstrukturen, die zu kumulativer Radikalisierung und ständiger Steigerung dynamischer Aktivität geführt haben. Mommsen ist Sozialdemokrat und jedenfalls in Habermas' politischer Beurteilung kein »Wendehistoriker«. Und andere, wie Broszat, beurteilen den Massenmord an den Juden nicht – wie die »klassische« Interpretationsrichtung – als stufenweise und planmäßige Realisierung eines mörderischen Antisemitismus, sondern als situationsbedingte sich radikalisierende Reaktion auf Krisen der NS-Herrschaft im Zweiten Weltkrieg, in der kaum Entscheidungsspielraum bestanden habe. Broszat hat noch vor kurzem ein vehementes Plädoyer »für eine Historisierung des Nationalsozialismus« abgegeben.

In einer offenen und redlich geführten Diskussion müßten gerade diese Historiker zugeben, daß sie mit der Ablehnung des Bildes einer planmäßig-zielgerichteten totalitären Diktatur sehr viel »revisionistischer« sind als beispielsweise Andreas Hillgruber.

Gleich, ob man den erwähnten Interpretationsansätzen zustimmt oder sie ablehnt, für alle gilt, daß sie im Rahmen einer pluralistisch verstandenen Wissenschaft in einem demokratischen Staat möglich sein müssen, ohne von einem statischen und insofern systemfremden Geschichtsbild aus diffamiert zu werden – einem Geschichtsbild im übrigen, das der Wissenschaft keine Autonomie lassen, sondern sie in den kurzschlüssig verstandenen Dienst gesellschaftlich-politischer Pädagogik stellen will.

Diese Feststellungen gelten auch dann, wenn man, wie der Verfasser dieses Beitrags, ein mit Hilfe des modernen Forschungsstandes weiter modifiziertes und differenziertes Totalitarismuskonzept für das nach wie vor wesentliche Strukturelement der NS-Diktatur am schlüssigsten erklärende Interpretationsmodell hält. Die attackierten Zeithistoriker haben im Unterschied zu Habermas wesentlich zur Erweiterung unserer Kenntnis der NS-Diktatur beigetragen und gerade dadurch »Apologien« bekämpft. An einem versuchten Rufmord sollte sich niemand, dem es um wissenschaftliche Erforschung der NS-Diktatur und um die politische Kultur der Bundesrepublik geht, beteiligen.

Quelle: Beiträge zur Konfliktforschung, 4/1986, S. 146–151

37

ANDREAS HILLGRUBER

Jürgen Habermas, Karl-Heinz Janßen und die Aufklärung Anno 1986

Die Redaktion der Wochenzeitung »Die Zeit« hat es für richtig befunden, meinen bei Siedler, Berlin, erschienenen Band »Zweierlei Untergang – Die Zerschlagung des Deutschen Reiches und das Ende des europäischen Judentums« nicht – wie üblich – in der Spalte »Politische Bücher« von einem sachkundigen Rezensenten besprechen zu lassen, sondern dem bekannten Philosophen und Soziologen Jürgen Habermas in einem Artikel über »Die apologetischen Tendenzen in der deutschen Zeitgeschichtsschreibung« (Titel: »Eine Art Schadensabwicklung«) in der Ausgabe Nr. 29 der Zeitung vom 11. 7. 1986[2] die ›Chance‹ zu bieten, polit-agitatorisch meinen Band – neben ganz unterschiedlichen Veröffentlichungen anderer Historiker – als vermeintlichen Beleg für solche Tendenzen ›auseinanderzunehmen‹. Karl-Heinz Janßen hat dem Artikel von Habermas durch einen sofort ins Auge fallenden Hinweis auf der ersten Seite dieser Ausgabe der »Zeit« unter der Devise »Kampfansage« besonderen Nachdruck zu geben gesucht. Er verlieh darin der Habermas'schen »Abrechnung« (Janßen), die – in der Sache – nichts anderes ist als die Entfesselung einer politisch motivierten Rufmordkampagne gegen Michael Stürmer, Ernst Nolte, Klaus Hildebrand und mich im Stile der noch allzu vertrauten APO-Pamphlete der Endsechziger Jahre, das Prädikat »in bester aufklärerischer Tradition«. Für Karl-Heinz Janßen schien das Ganze offenbar eine gute Gelegenheit, seine Serie von Attacken gegen Neuzeithistoriker an bundesdeutschen Universitäten fortzusetzen, die nicht auf der von ihm selbstherrlich festgelegten einäugig moralisierenden ›Linie‹ publizieren und argumentieren (so gegen Karl Dietrich Erdmann im Zusammenhang mit der Edition der Riezler-

Tagebücher, gegen Theodor Schieder – nach dessen Tod – wegen einer Studie über Rauschning, gegen Walther Hofer im Zusammenhang mit der Kontroverse über den Reichstagsbrand). Nun sind also wir vier auf die »Proskriptionsliste«[3] gesetzt worden. Wie willkürlich dabei verfahren wurde, zeigt sich u. a. darin, daß es im Falle Hildebrands ›genügte‹, daß er in einer Rezension in der »Historischen Zeitschrift« positiv auf einen Beitrag Noltes in einem Sammelband hinwies. Wer mag wohl dem historischen »Laien« Habermas, der sich selbst in dem »Zeit«-Artikel als »ohne fachliche Kompetenz« »operierend« bezeichnet, den Fingerzeig auf diese ziemlich abgelegene Stelle in einer Fachzeitschrift gegeben haben?

Wie zu vermuten war, ließ das Echo auf die »Kampfansage« von Habermas bei seinen Mit- und Nachläufern in der »linken« Presse nicht lange auf sich warten. Offensichtlich ohne meinen Band selbst gelesen zu haben, wiederholten sie die sinn-verfälschenden Zitate des Philosophen und variierten dabei nur seine Montage von Zitaten, die zum Teil anderen Autoren entstammten. Sie suchten ihn allerdings im ›Niveau‹ der Argumentation und in der Diffamierung der »Viererbande« (so ein ironischer Vergleich) noch zu übertreffen. Höhe- (besser: Tief-) punkte in der sich nun schon über viele Wochen hinziehenden Kampagne sind neben dem von persönlichen Verunglimpfungen strotzenden Elaborat eines Heidelberger Pädagogikprofessors Michael Brumlik in der Berliner »Taz«[4] das unsäglich dümmlich angelegte Machwerk eines gewissen Jochen Loreck in der früher einmal renommierten SPD-Wochenzeitung »Vorwärts«[5], der mich gar zu einem Berater des Bundeskanzlers Kohl ›machte‹, und ein Artikel von Wolfgang Malanowski in dem Magazin »Der Spiegel«[6], der diesen Unsinn in seinem – Habermas und Loreck mischenden, keinen einzigen eigenen Gedanken zu Papier bringenden – ›Geschreibe‹ (anders kann man den langen Artikel beim besten Willen nicht nennen) wiederholte. Habermas selbst hatte den ›Startschuß‹ für die Kampagne gegeben, als er bei einer öffentlichen Anhörung in der Landesvertretung Hamburg in Bonn, die der SPD-Abgeordnete Freimut Duve über das Projekt eines »Deutschen Historischen Museums« am 2. 7. 1986 veranstaltete, zum »Neokonservativen Geschichtsverständnis und zur Rolle der revisionistischen Geschichtsschreibung« Stellung nahm und »zornbebend« meinen Band in der Versammlung demonstrativ hochhielt mit dem Ausruf: »Dieser Band ist ein Skandal!«[7]

Von Skandal muß im folgenden in der Tat gesprochen werden; denn das Agieren von Habermas kann nicht anders als skandalös genannt werden, und zwar – was entscheidend ist – unter wissenschaftlichen Aspekten, aber auch in publizistischer Hinsicht und im Blick auf die heute so oft beschworene »politische Kultur«, die doch wohl öffentliche Auseinandersetzungen mit einem Minimum an Fairneß, schlichter noch gesagt: mit menschlichem Anstand zu führen verpflichten sollte. Eine gründliche Widerlegung der haltlosen Vorwürfe ist unvermeidlich. Auf das unter der Agitation von Habermas und seiner Gefolgsleute eher versteckte als hervorgehobene zentrale zeitgeschichtliche Problem der Vergleichbarkeit oder Nichtvergleichbarkeit der nationalsozialistischen Massenverbrechen mit den Massenverbrechen anderer Regime im 20. Jahrhundert, zu dem Joachim Fest in seinem Artikel »Die geschuldete Erinnerung« in der »Frankfurter Allgemeinen Zeitung« vom 29. 8. 1986 schon Wesentliches gesagt hat[8], wird dann aber abschließend wenigstens noch knapp einzugehen sein.

Beginnen wir mit dem wissenschaftlichen Aspekt des Skandals: Obwohl Günter Zehm sicher recht hat, wenn er meint, daß es den Widersachern der vier Historiker gar nicht »um Quellen und Fakten« gehe, sondern um politischen »Kampf«, weil ihnen die »ganze Richtung« nicht passe[9], läßt es sich nicht vermeiden, Zitat für Zitat durchzugehen, die Habermas'schen Versionen und Zuordnungen mit dem in meinem Band tatsächlich stehenden Text zu vergleichen, da nur so die teils raffiniert, teils plump manipulierte Montage und die Unhaltbarkeit der dabei ausgesprochenen oder angedeuteten Verdächtigungen gegenüber dem Verfasser ans Tageslicht kommen und so dem politischen »Kampf« des Philosophen die scheinbar wissenschaftliche Ausgangsbasis für seine Argumentation weggezogen werden kann.

Es erscheint sinnvoll, zunächst auf das einzugehen, was Habermas den Lesern über meinen Beitrag zum Mord an den europäischen Juden zu suggerieren versucht, und erst danach den Blick auf seine Unterstellungen hinsichtlich meines Aufsatzes über den »Zusammenbruch im Osten 1944/45 als Problem der deutschen Nationalgeschichte und der europäischen Geschichte« zu lenken. Habermas spielt den sprachlich Sensiblen, wenn er aus dem Untertitel des Bandes »Die Zerschlagung des Deutschen Reiches und das Ende des europäischen Judentums« eine Verharmlosung des Mordes an den Juden herauszulesen vorgibt. Seine ganze Argumentation in diesem Zusammenhang hätte den beabsichtigten Zweck, nämlich den Leser gegen den Autor einzunehmen, verfehlt und wäre zusammengestürzt, wenn er redlicherweise den Titel des Beitrages »Der geschichtliche Ort der Judenvernichtung« selbst genannt, den Anfang des ersten Satzes des Beitrages »Die geschichtliche Dimension jenes millionenfachen Mordes an den europäischen Juden ...« angeführt oder auch nur den ersten Abschnitt des Vorworts zitiert hätte, in dem vom »Mord an den Juden im Machtbereich des nationalsozialistischen Deutschland« die Rede ist.

Habermas spricht von dem (von mir angeblich angestrebten) »Nachweis«, daß der Mord an den Juden ausschließlich eine Konsequenz aus der radikalen Rassendoktrin gewesen sei, und behauptet, daß ich Hitler als den »alleinverantwortlichen Urheber für Idee und Entschluß identifiziert habe«. Er verschweigt seinen Lesern, daß mein zweiter Beitrag, um den es hier geht, die erweiterte Fassung meines Schlußvortrages auf einem internationalen Kongreß in Stuttgart (3.–5.5.1984) ist, in dem ich die Ergebnisse der Referate und Diskussionen resümierte – selbstverständlich mit Hervorhebung der Akzente, die mir aus der kontrovers geführten Aussprache wesentlich erschienen. Ich habe deutlich gemacht, daß ich der zuerst von Eberhard Jäckel[10] überzeugend vertretenen, von der Mehrheit der Teilnehmer des Kongresses einschließlich der israelischen Kollegen geteilten These zustimme, daß Hitler der einzige in der NS-Führungsclique (einschließlich Himmlers und Görings) war, der – über alle sonstigen antisemitischen Aktivitäten und Pläne hinausgehend – den Massenmord an den Juden frühzeitig zielstrebig ansteuerte und in einer von mir genau beschriebenen Konstellation und Situation – 1941 – in die Tat umsetzte. Jäckel hat seine Forschungsergebnisse in seinem soeben erschienenen neuen Buch »Hitlers Herrschaft – Vollzug einer Weltanschauung«[11] mit dem Satz noch einmal nachdrücklich unterstrichen: »... es war sein (Hitlers) Wille und seine Entscheidung... Niemand hatte vor ihm den Mord verlangt.« Es ist sicher zu viel des Guten, wenn man vom Philosophen Habermas fordern würde, daß er genau über den Stand der historischen Forschung zum Themenkomplex des Holocaust informiert sein müßte. Doch sollte er sich wenigstens dann, wenn er sich schon veranlaßt fühlt, Stellung zu nehmen, um auch auf diesem Felde seiner Anhängerschaft gegenüber Kenntnis zu markieren, vorher die allernötigsten Sachinformationen verschaffen. Ein aus einem gar nicht erkennbaren Zusammenhang gerissenes Zitat von K. E. Jeismann, das Habermas in seinem ›erläuternden‹ Leserbrief an die »Frankfurter Allgemeine Zeitung« vom 11. 8. 1986 anführt[12]: »Je größer die Rolle Hitlers und seines Herrschaftssystems, um so entschuldbarer die deutsche Gesellschaft«, hilft da wissenschaftlich nicht weiter. Dies gilt auch für die folgenden Zitat-Manipulationen von Habermas zum Thema »Verfolgung der Juden im Dritten Reich«. Christoph Dipper hatte in der Diskussion auf der Tagung die These vorgetragen (und ich habe sie unter Nennung des Autors wiedergegeben)[13], daß, wenn 1933 nicht die Nationalsozialisten, sondern etwa die Deutschnationalen und der Stahlhelm zur Macht in Deutschland gekommen wären, das Leben der Juden im Reich »etwa so ausgesehen« hätte, wie es unter den Nationalsozialisten bis zum Pogrom der »Reichskristallnacht« (November 1938) tatsächlich der Fall war. Ich habe diese These mit einem Fragezeichen versehen und darauf hingewiesen, daß all das, was zwischen 1933 und Ende 1938 in Deutschland gegen die Juden geschah, für das Regime nicht ein Ziel an sich war – wie wohl für die Deutschnationalen –, sondern nur Voraussetzungen »für ganz andere, viel radikalere ›Lösungen‹« schuf[14]. Eine ähnliche Verfälschung meines Textes folgt bei Habermas unmittelbar. Ich erwähnte die Auffassung von Hans Mommsen (wieder selbstverständlich unter Nennung des Verfassers, was Habermas unterläßt), daß zwischen Ende 1938 und Anfang

1941 »alle Funktionsträger« des »Dritten Reiches« in einer systematischen, forcierten »›Auswanderungs‹-(besser wohl: Austreibungs-)Politik übereingestimmt« hätten.[15] Auch diese Auffassung habe ich in Frage gestellt, weil Hitler in dieser Zeit nun bereits in öffentlichen Bekundungen erkennbar werdende, viel weiter reichende, auf »Vernichtung der jüdischen Rasse in Europa« (Reichstagsrede vom 30. Januar 1939) gerichtete Ziele in Gestalt von »Prophezeiungen« verkündete. Was macht Habermas aus diesem Gedankengang? Er schreibt: »Hillgruber bezweifelt aber, daß zwischen 1938 und 1941 bereits alle Funktionsträger eine forcierte Auswanderungspolitik als die beste Lösung der Judenfrage angesehen hätten. Immerhin seien bis dahin zwei Drittel der deutschen Juden ›ins Ausland gelangt‹«. Letzteres ist zwar zutreffend, hat aber mit meinen, an die These Hans Mommsens anknüpfenden Ausführungen, die gerade das Gegenteil dessen ausdrücken, was Habermas, mich angeblich zitierend, sagt, nichts zu tun.

Besonders perfide werden die fortgesetzten Unterstellungen von Habermas im folgenden Passus. Ich schreibe: »Für Hitler selbst stand ... die Absicht im Zentrum, die ›rassische Revolution‹ durch die physische Ausrottung der Juden in Europa entscheidend voranzubringen, weil nur durch eine solche ›rassische Revolution‹ der angestrebten ›Weltmacht‹-Position seines Reiches Dauerhaftigkeit verliehen werden konnte. Seit dem Winter 1938/39 wird das immer wieder in seinen Äußerungen greifbar.«[16] Unter Weglassung des letzten Satzes spielt hier Habermas wieder den sprachlich Sensiblen, indem er durch Frage, (»weiß man nicht«) den Lesern zu insinuieren versucht, daß, da beim Wort »konnte« der Umlaut fehlt (»könnte«), »sich der Historiker auch diesmal die Perspektive des Beteiligten zu eigen« gemacht habe. Im Klartext soll dies wohl heißen, daß ich mich auf den Boden der Argumentation Hitlers stelle und ihm beipflichte. Zu diesem Punkt müssen Habermas selbst später wohl Bedenken gekommen sein; denn in einem Leserbrief an die »Frankfurter Allgemeine Zeitung« vom 11. 8. 1986[17] stellt er mir einen – so nenne ich es ironisch – »Persilschein« aus, indem er schreibt: »Ich bin davon überzeugt, daß Hillgruber vor den Naziverbrechen den gleichen Abscheu empfindet wie die meisten von uns – und er sagt es auch.« Ich hätte auf den verspäteten ›Freispruch‹ von diesem Philosophen indessen gern verzichtet!

Habermas behauptet, ich würde »einen scharfen Schnitt zwischen die Euthanasieaktion… und die Judenvernichtung selbst« legen. Das Gegenteil ist der Fall; denn ich führe ausdrücklich an, daß der Massenmord an den Juden bei der sog. »Aktion Reinhard« in Chelmno, Sobibór, Belzec und Treblinka mit dem Personal der »Aktion T 4« (also der »Euthanasie«) vollzogen wurde. – Auf das törichte Geschwätz von Habermas, ich würde »fest in der Tradition der deutschen Mandarine stehen«, was immer das heißen soll, lohnt sich nicht einzugehen; es ist aber bezeichnend für den Wechsel zwischen gespielter hochgradiger sprachlicher Sensibilität und grober Polemik, und daher sollte dieser Satz hier nicht unerwähnt bleiben, um Methode und Stil des Agitators Habermas zu charakterisieren.

Abschließend sei zum Problemkomplex des Mordes an den Juden noch die Zusammenfassung zitiert, in der ich die Rolle Hitlers, die der Helfershelfer und die Haltung der deutschen »Gesellschaft« beim Massenmord skizziere, um der von Habermas geflissentlich durchgängig unterstellten ausschließlichen Konzentration meines Blickes auf Hitler mit dem Text selbst entgegenzutreten: »Vor dem Hintergrund der breiten antisemitischen Tendenzen, die seit dem Ersten Weltkrieg Deutschland ergriffen hatten, waren folgende Momente zusammengekommen: erstens die fanatische Entschlossenheit des von einem infernalischen Judenhaß getriebenen Hitler, der im Sommer 1941 nach der Eröffnung des Vernichtungskrieges gegen den ›jüdischen Bolschewismus‹ den Weg für ›seine‹ ›Endlösung‹ frei sah; zweitens die Bereitschaft einer nicht notwendigerweise von gleichem Fanatismus getragenen, vielmehr häufig aus den unterschiedlichsten apolitischen Motiven dafür zu gewinnenden Personengruppe für die Ausführung des Verbrechens; drittens das Vorhandensein eines sehr viel größeren Personenkreises, der innerhalb eines organisatorischen und technischen Apparats vor allem die Massendeportationen aus dem deutsch-beherrschten Europa in die Vernichtungslager besorgte; viertens die zu erwartende Hinnahme des unvermeidlicherweise nur unzulänglich verschleierten Vorgangs durch die Masse der deutschen Bevölkerung, die auf den als ›nationale‹ Sache angesehenen Krieg und auf die damit verbundenen Nöte und Sorgen konzentriert war.«[18]

Mit diesem Text-Zitat ist zugleich eine Stelle aus meinem Band hervorgehoben, die die von Habermas behauptete Nicht-Verklammerung der beiden Beiträge widerlegt. Eine mir noch wichtiger erscheinende weitere Stelle aus dem Beitrag über den Massenmord an den Juden, die einen Brückenschlag zum ersten Beitrag (»Zusammenbruch im Osten«) bildet, soll gleich noch folgen, weil hier – soweit ich sehe – zum ersten Male die verschiedenen Kriegsvorstellungen in der deutschen Führung im Zweiten Weltkrieg idealtypisch herausgearbeitet sind: Anders als für »das Gros der alten deutschen Führungsschicht«, »die in dem Verlangen nach einer ›Revision‹ des Versailler Systems befangen (war) und den Krieg als einen rein machtpolitischen Vorgang zur Gewinnung einer deutschen Hegemonialstellung auf dem europäischen Kontinent sah« – »in Analogie zu den deutschen Kriegszielen von 1914–1918« – war der 1939 »entfesselte« Krieg für »einen großen Teil der nationalsozialistischen Führung, insbesondere der SS«, »Mittel einer ›völkischen Flurbereinigung‹, einer rassischen Neugestaltung Europas durch Aus- und Umsiedlungen großen Stils, wie das ansatzweise schon in den Kriegszielvorstellungen der Alldeutschen 1914/18 enthalten war«. Hier folgt dann der Satz, der zuvor schon in Auseinandersetzung mit Habermas zitiert wurde: »Für Hitler selbst stand weit darüber hinaus die Absicht im Zentrum, die ›rassische Revolution‹ durch die physische Ausrottung der Juden in Europa entscheidend voranzubringen, weil nur durch eine solche ›rassische Revolution‹ der angestrebten ›Weltmacht‹-Position seines Reiches Dauerhaftigkeit verliehen werden konnte.«[19]

Ging es in dem Beitrag über den Massenmord an den europäischen Juden um ein Resümee der weitgefächerten Forschung auf knappem Raum, das in den Band eingefügt wurde, um dem Leser des ersten Beitrages das Ausmaß der Verbrechen des nationalsozialistischen Regimes in konzentrierter Form vor Augen zu führen, das im Kontext dieses Beitrages zwar immer wieder auch erwähnt, aber, was mit der gleich zu erläuternden Themenwahl zusammenhing, nicht in extenso dargelegt werden konnte (obwohl beide Komplexe eng miteinander verknüpft sind), so war es das Ziel des ersten Beitrages, im Vorgriff auf eine größere Darstellung relativ ausführlich die spezifischen Fragen, Aufgaben und Schwierigkeiten zu skizzieren, vor denen der Historiker bei Reflexion des Themas »Der Zusammenbruch im Osten 1944/45 als Problem der deutschen Nationalgeschichte und der europäischen Geschichte« steht. Es war eine – wie das Beispiel von Habermas in einer für mich erschreckenden Weise nun belegt hat, zutreffende – Feststellung von Alfred Heuß in seinem Buch »Versagen und Verhängnis – Vom Ruin deutscher Geschichte und ihres Verständnisses«[20], die bei mir den Entschluß reifen ließ, dieses Thema zum Gegenstand zunächst eines größeren Vortrags bzw. Aufsatzes zu machen: es gehöre – so Heuß – »die schwache Sensibilität über die wohl gravierendste Kriegsfolge (d. h. die Vertreibung der Deutschen aus den Ostgebieten und ihr Verlust, A. H.) zu den merkwürdigsten Phänomenen des derzeitigen Deutschlands. Es ist, wie wenn vielleicht ein Franzose an den Verlust von Indochina denkt.«

Ich stand vor der Aufgabe, das vielschichtige Geschehen 1944/45 von unterschiedlicher Warte aus skizzenhaft einzufangen – zunächst im erzählenden Teil in »kritischer Sympathie« für die deutsche Bevölkerung, die das Opfer der hereinbrechenden Katastrophe wurde, von Flucht und Vertreibung, von Anstrengungen zu retten, was noch zu retten war, dann, analysierend vom Forschungsstand aus, in Kenntnis der einander gegenüberstehenden Kriegsziele Hitlers und der Alliierten in West und Ost die Hoffnungslosigkeit zu markieren, um insgesamt den Leser wenigstens »die Tragödie ahnen« zu lassen, die sich im Winter 1944/45 im Osten vollzog, wie es Hans Herzfeld Anfang der sechziger Jahre in einem Vortrag einmal ausdrückte. Schließlich galt es die Konsequenzen aus dem Ende des deutschen Ostens für die deutsche und die europäische Geschichte aufzuzeigen.

Habermas mokiert sich über das von mir einleitend erwähnte Problem der Identifizierung, die dem Historiker in diesem

Falle beim erzählenden Teil seiner Darstellung besondere Schwierigkeiten bereite. Der Philosoph maßt sich dabei an, obwohl selbst »ohne fachliche Kompetenz«, zu entscheiden, welche Perspektive für den Historiker legitim sei, welche nicht. In seinem schon erwähnten Leserbrief an die »Frankfurter Allgemeine Zeitung« vom 11. 8. 1986 gesteht er zwar den »Memoiren eines Veteranen« einen solchen Blickwinkel zu, nicht hingegen einem »aus dem Abstand von vier Jahrzehnten schreibenden Historiker«. Soll hier – im Widerspruch zu unserer liberalen Verfassung – eine Vorschrift erlassen werden, was Historiker tun dürfen und was nicht? Hier wird die Anmaßung[21] einer geistigen Gängelung besonders greifbar, wie sie den ganzen Aufsatz von Habermas durchzieht, auch in seiner Auseinandersetzung mit den Thesen und Auffassungen der drei Kollegen, die ebenso wie der Inhalt meines Bandes von ihm so »zubereitet« wurden[22], daß sie sich besser für politisch motivierte Attacken eigneten.

Eine besonders üble »Präparation« hat sich der Philosoph als Agitator einfallen lassen, wenn er behauptet, es würde mir um eine Darstellung aus der Sicht »der tapferen Soldaten, der verzweifelten Zivilbevölkerung, auch der ›bewährten‹ Hoheitsträger der NSDAP« gehen. In meinem Beitrag wird klar unterschieden zwischen der Perspektive, die ich für den ersten, einleitenden Teil (nur für diesen) gewählt habe (nicht Identifizierung mit Hitler und mit der Roten Armee, sondern mit dem Schicksal der ostdeutschen Bevölkerung), und dem folgenden Überblick (aufgrund der Quellen), den ich – von dieser Warte aus geurteilt – hinsichtlich des Verhaltens der regional oder lokal im Osten Verantwortlichen biete. Dabei heißt es u. a. im Text: »Von den Hoheitsträgern der NSDAP bewährten sich manche in der Not von letzter, verzweifelter Verteidigung, von Zusammenbruch und Flucht, andere versagten, zum Teil in erbärmlicher Weise.« Obwohl Klaus Hildebrand in seinem Artikel »Das Zeitalter der Tyrannen«, erschienen in der »Frankfurter Allgemeinen Zeitung« vom 31. 7. 1986[23], Habermas bereits auf den gravierenden Unterschied meiner Aussage mit seiner den Sinn der Aussage verfälschenden Zitation aufmerksam machte, hatte der an den erwähnten anderen Stellen angeblich sprachlich so hypersensible Habermas die Stirn, seine Sinnverdrehung meines Textes in seinem Leserbrief an die »Frankfurter Allgemeine Zeitung« vom 11. 8. 1986 [24] zu wiederholen, indem er behauptet, »unter jenen Akteuren«, mit deren Schicksal ich mich identifiziere, fänden sich »neben Soldaten und Zivilisten auch die ›bewährten‹ Hoheitsträger der NSDAP«. Dabei kann und will ich, wie es aus meinem Text eindeutig hervorgeht, doch gar nichts darüber aussagen, ob diese Hoheitsträger (aufgrund welcher Leistungen auch immer) »bewährte« Leute waren. Ich gebe vielmehr ausschließlich über ihr Verhalten in der äußersten Notsituation ein Urteil ab. Habermas aber will mit seiner Verdrehung des Sinns des Satzes seinen Lesern einreden, ich würde mich mit Leuten identifizieren, die sich im und für das Regime »bewährt« hatten. Es soll und muß unter einer der Leitideen der Historie, dem Bemühen um Gerechtigkeit, gesagt werden dürfen, daß eben die Grenze zwischen »Bewähren« und »Versagen« in letzter Not nicht übereinstimmte mit der Grenze zwischen Parteimitgliedern und NSDAP-Hoheitsträgern einerseits, übrige Zivilisten andererseits. Dies – nicht mehr und nicht weniger – sollte ausgedrückt werden. Habermas hat auch in diesem Falle die elementare Pflicht zur Redlichkeit gröblichst verletzt.

Wenn Habermas dann von der »Rhetorik von Kriegsheftchen« spricht, die er in meinem ersten Beitrag gefunden haben will, dann richtet sich das angesichts dessen, was in diesem Beitrag an Erschütterndem skizziert wird, selbst. Der Philosoph dürfte sich zudem kaum mit Militär- und Kriegsgeschichte auf unterer oder höherer Ebene so intensiv beschäftigt haben, daß er eine solche Aussage über das ›Niveau‹ meiner Arbeit sachkundig treffen könnte. Was bleibt, ist Polemik niedriger Qualität. – Was ich mit »sozialwissenschaftlichen Informationen« anfangen soll, wenn ich von den Ausschreitungen der Roten Armee nicht nur bei ihrem Vordringen in Ostdeutschland, sondern auch in Polen, Rumänien und Ungarn berichte, weiß ich nicht. – Daß Habermas das Anti-Preußen-Klischee teilt, das ich als Basis der britischen Kriegszielpolitik gegenüber Deutschland dargelegt habe, wundert mich nicht.

Eins ist jedoch abschließend noch festzuhalten: die Unfähigkeit bzw. der Unwille des Artikelschreibers, sachgerecht das wiederzugeben, was ich als Quintessenz der Situation des deutschen Ostheeres im Winter 1944/45 darlegt habe. Von den vier ineinander verwobenen Momenten, die ich nenne – und gerade auf das Ineinander-Verwobensein kommt es an –, hat Habermas nur eines mit hämischem Unterton verkürzend zitiert (»Schutzschirm vor einem jahrhundertealten deutschen Siedlungsraum, vor der Heimat von Millionen, die in einem Kernland des Deutschen Reiches wohnten«). Sinn gibt dieser Text-Auszug indessen erst in folgendem Zusammenhang, der den vierfachen Aspekt des Krieges im Osten im Winter 1944/45 aufscheinen und die Tragödie erkennen läßt.[25] »Die Reste jenes deutschen Ostheeres, mit dem Hitler 1941 die Sowjetunion hatte vernichten wollen, verteidigten nun sein immer stärker zusammenschrumpfendes Reich, innerhalb dessen Grenzen... der Massenmord an den Juden bis zum November 1944 fortgesetzt wurde und in dessen Konzentrationslagern bis zum allerletzten Moment unvorstellbare Verbrechen geschahen. Aber in eben dieser Situation rang das deutsche Ostheer doch auch... mit seinem verzweifelten Abwehrkampf um die Bewahrung der Eigenständigkeit der Großmachtstellung des Deutschen Reiches... Das deutsche Ostheer bot einen Schutzschirm vor einem jahrhundertealten deutschen Siedlungsraum, vor der Heimat von Millionen der Ostdeutschen, die in einem Kernland des Deutschen Reiches, nämlich im östlichen Preußen, in den Provinzen Ostpreußen, Westpreußen, Schlesien, Ostbrandenburg und Pommern wohnten. Und das deutsche Ostheer schützte in einem ganz elementaren Sinne die Menschen in eben diesen preußisch-deutschen Ostprovinzen, denen im Falle einer Überflutung ihrer Heimat durch die Rote Armee... ein grauenhaftes Schicksal drohte.« Gerade wenn man – wie ich – der Überzeugung ist, daß die deutschen Ostgebiete (jenseits von Oder und Neiße) aufgrund des Kriegsausgangs 1945 endgültig verloren sind,[26] gilt auch hier die »geschuldete Erinnerung«[27] als vornehme Pflicht des Historikers.

Auch wenn Habermas selbst kein Historiker ist, hätte man von ihm in der Rolle eines »Aufklärers« doch wenigstens einen Hauch von jener der großen europäischen Aufklärung eigenen

Toleranz gegenüber einem mit ihm politisch gewiß nicht konform gehenden Historiker erwarten dürfen. Indessen kann ich bei ihm von Nathan dem Weisen keine Spur entdecken, um so mehr aber Elemente von jenem fanatischen Patriarchen in Lessings »dramatischem Gedicht«, der gegenüber allen Einwänden, er solle doch dies oder das bedenken, immer nur die Antwort parat hat: »Tut nichts! Der Jude wird verbrannt!«[28]

Habermas' tatsächliche oder gespielte Unfähigkeit, einen historischen Text als das zu nehmen und zu »verstehen« zu versuchen, was er sein will, nämlich Darlegung und Analyse eines komplizierten Geschehens, gipfelt in seiner politischen Schlußfolgerung: »Die Moral der Geschichte... liegt auf der Hand: Heute wenigstens stimmt die Allianz«. Als wenn in meinem Band auch nur mit einem Wort von der NATO die Rede wäre! Habermas unterstellt, daß meine Kritik von historischer Warte sich nur auf Politik und Verhalten der Sowjetunion bezieht, obwohl doch gerade die Fragwürdigkeit der damaligen britischen Deutschlandpolitik in meinem Band mindestens ebenso deutlich beim Namen genannt wird. Habermas ist politisch offenbar gegen die NATO – das ist seine Sache –, doch was hat das mit meiner historischen Arbeit zu tun? Wie kommt er dazu, meine Arbeit in sog. »neokonservative« Tendenzen einzuordnen? Ich habe seit Jahrzehnten aus meiner konservativen, allen »linken« und sonstigen Weltverbesserungs-Utopien gegenüber zutiefst mißtrauischen Grundhaltung nie einen Hehl gemacht und will die als Diffamierung gemeinte Kennzeichnung »konservativ«, auf mich bezogen, gern gelten lassen. Doch was soll der Zusatz »Neo«? Niemand »hinterfragt« diesen neuen, jetzt so oft zu lesenden »Kampf«-Begriff, um hier einmal den APO-Jargon gegen die ›Erfinder‹ dieses Begriffs zu wenden. Im übrigen sehe ich einen eklatanten Widerspruch zwischen der NATO-Aversion von Habermas (gegen eine »Deutsch-national eingefärbte Natophilosophie«, wie er sich ausdrückt) und seiner Beschwörung, daß eine »Rekonstruktion der zerstörten europäischen Mitte« – auch hier reißt der Philosoph wieder eine Formulierung von mir aus dem Kontext[29] – die Gefahr einer »Entfremdung« gegenüber »dem Westen« einschlösse, so daß die – wie er meint – »vorbehaltlose Öffnung der Bundesre-

343

publik gegenüber der Kultur des Westens«, von der er »als großer intellektueller Leistung unserer Nachkriegszeit« (wessen?) spricht, rückgängig gemacht werden könnte. Läßt sich »Kultur« und »Politik« – wenn es beliebt – wie hier – oder nicht, wenn Habermas das Gegenteil »beweisen« will – siehe oben – so trennen? Man könnte überzeugender umgekehrt argumentieren: daß die lautstark verfochtene NATO-Aversion der »Linken« genau den politischen und kulturellen Prozeß einleitet oder beschleunigt, den Habermas verhindern zu wollen vorgibt.

Damit ist bereits das politisch-publizistische Feld der Auseinandersetzung ins Blickfeld gerückt. Es ist ein Zeichen für die totale Verwahrlosung dessen, was als »politische Kultur« gerade in der sich »liberal« gebenden Wochenzeitung »Die Zeit« immer wieder gefordert wird, wenn sich diese Zeitung für die Habermas'schen Aggressionen gegen vier deutsche Historiker hergibt. Daß es aus dem »Walde zurückschallt«, wie in ihn von der »Zeit« hineingerufen wurde, zeigt die Auswahl der Leserbriefe zu dem Artikel von Habermas, die die Zeitung in ihrer Ausgabe vom 1. 8. 1986 veröffentlichte.[30] Von wenigen sachlichen Stellungnahmen abgesehen, war es eine einzige Abfolge von Verunglimpfungen der attackierten Historiker. Ein Höchstmaß an Zumutungen auf dieser Seite leistete sich das Blatt mit der Plazierung einer Replik Ernst Noltes mitten unter den Leserbriefen, an den sie den Leserbrief eines Studenten Paul Nolte aus Bielefeld anhängte, der sich der Namensgleichheit mit Ernst Nolte schämte und den vier Historikern am liebsten Lehrverbot erteilen würde: »Man (habe) als Student dem Treiben des neuen Revisionismus in der Historiographie schon einige Zeit nur hilflos... zusehen können.« Daß sich die Redaktion der Zeitung nicht zu schade war, dieses und andere Elaborate gleichen ›Niveaus‹ zu publizieren!

Offenbar sah es auch eine ganze Reihe ›linker‹ Publizisten als ihre ›Pflicht‹ an, es Habermas im ›Niveau‹ gleichzutun und ihn an Perfidie möglichst noch zu übertrumpfen. Es fällt schwer zu entscheiden, wem dabei die ›Krone‹ gebührt. Brumlik in der »Taz« und Loreck im »Vorwärts« hatten Aussicht, es zu schaffen, doch das hat offenbar Wolfgang Malanowski nicht ruhen lassen, bis er im »Spiegel« einen an Infamie nun alle anderen überbietenden ›Gipfel‹ erstürmt hatte. Daß ihm als promovierten Historiker nicht einmal seine Abhängigkeit von den Äußerungen eines in der Historie dilettierenden Philosophen soweit bewußt war, daß er selbst wenigstens einmal in den Text hineinschaute, ob auch die Zitate korrekt waren. Aber eine solche ›Selbständigkeit‹ ist wohl schon zu viel verlangt.

Was will Habermas politisch? Vordergründig sieht es so aus, als habe er sich der SPD für den Wahlkampf andienen wollen – wie ist sonst sein Auftritt in der Veranstaltung des SPD-Abgeordneten Duve am 2.7.1986 zu erklären? Doch richtiger ist wohl, was Frank Schirrmacher in der »Frankfurter Allgemeinen Zeitung« vom 11.7.1986[31] unmittelbar unter dem Eindruck der Lektüre des Artikels von Habermas in der »Zeit« feststellte, daß dessen Kampf in erster Linie der Verteidigung seiner das »linke« Spektrum seit 1968 beherrschenden Position gilt: Die »Vereinheitlichung« des »Geschichtsbildes«, die Habermas jetzt angeblich heraufziehen sieht, »ist Reaktion auf die Uniformierung des Geschichtsbildes, die Habermas seit Jahrzehnten betreibt«. Er und seine Mitläufer klammern sich an ein eindimensionales, als Anklage formuliertes »Bild« vom Nationalsozialismus und von »den« Deutschen im »Dritten Reich«. Jede durch die Forschung unvermeidlich eintretende Differenzierung des Bildes gerät so zwangsläufig unter Apologie-Verdacht. Habermas und seine Freunde sprachen und sprechen zwar viel von »Pluralismus«, doch war und ist damit immer nur ein »Pluralismus« innerhalb des »linken« Spektrums gemeint. Alles andere wurde früher vornehmlich mit dem Schlagwort »reaktionär« abgestempelt, seit einiger Zeit ist »neo-konservativ« an dessen Stelle getreten. Somit dürften – so wie die Dinge liegen – noch langwierige Auseinandersetzungen zu erwarten sein. Dies kann von Wert sein, wenn die »Ebene« der »Schlammschlachten« wieder aufgegeben wird, auf der Habermas die Partie eröffnet hat.

Joachim Fest hat mit seinem Artikel »Die geschuldete Erinnerung« in der »Frankfurter Allgemeinen Zeitung«[32] schon einen bedeutsamen Beitrag zur Rückkehr zu einem wissenschaftlichen »Diskurs« geleistet. Denn das Problem einer »Historisierung« des Nationalsozialismus[33] und, darin eingebettet, die Schlüsselfrage nach einer Vergleichbarkeit oder Unvergleichbarkeit der nationalsozialistischen Verbrechen, vor allem des Massenmordes an den Juden in Europa, mit Massenverbrechen anderer Regime, insbesondere in der Sowjetunion, sowie die Frage nach der Genesis des Vernichtungswillens Hitlers und des Zusammenhangs mit den Vernichtungspraktiken im bolschewistischen Rußland stellen sich unausweichlich. Diese Fragen können nicht, wie es Habermas und seine Mit- und Nachläufer tun, die einem in der wissenschaftlichen Diskussion längst zugunsten differenzierterer Aussagen überwundenen klischeehaften »Bild« vom »Dritten Reich« verhaftet sind, durch publizistisch-politisches »Alarmschlagen« unter Diffamierung derer, die – mit unterschiedlichen Ansätzen und vorläufigen Thesen oder Hypothesen – tatsächliche oder (im internationalen wissenschaftlichen Bereich doch im Grunde nur noch) vermeintliche Tabu-Zonen berühren, aufgehalten werden.

Die großen Schwierigkeiten, die genannte Schlüsselfrage so eindeutig zu beantworten, daß ein wissenschaftlicher Konsens darüber zu erzielen ist, liegen auf der Hand. Ich sehe vor allem vier Einzelprobleme:

1. Die Verfügbarkeit des gesamten überlieferten Quellenmaterials, das die Massenverbrechen der Nationalsozialisten belegt, steht die – infolge der strikten Geheimhaltung alles Geschehens in der Sowjetunion in der Stalin-Ära (und danach) – außerordentlich schlechte Quellenlage hinsichtlich des Geschehens im sowjetischen Macht- und Herrschaftsbereich gegenüber. Hier hat allerdings die »westliche« Osteuropa-Forschung bisher wohl nicht die notwendigen Anstrengungen unternommen, aus dem – sich aus höchst unterschiedlichen Bestandteilen zusammensetzenden – ›Mosaik‹ der Zeugnisse, die darüber trotz allem in den »Westen« gelangt sind, ein – so weit wie möglich – wenigstens relativ klares, wenn auch nicht vergleichsweise so gut quellenmäßig abgestütztes »Bild« über die diversen Massenverbrechen in der Stalin-Ära vorzulegen. So bleibt der Vergleich sowohl in quantitativer als auch qualitativer Hinsicht vorerst unvermeidlich mit manchen Vorbehalten behaftet.

2. Da es das nationalsozialistische Deutschland war, in dem

Massenverbrechen begangen wurden, das 1941 die Sowjetunion, in der (einschließlich der 1939/40 gewonnenen Gebiete Ostpolens und der Baltischen Länder) ebenfalls – übrigens zeitlich weit vorausgehende – Massenverbrechen begangen wurden, mit einem rassenideologisch motivierten Vernichtungskrieg überzog, also die Vernichtungspraktiken, die hüben wie drüben angewandt wurden, auf den von ihm entfesselten Großmächtekrieg übertrug, lassen sich die – Massenverbrechen zumindest gleichkommenden – Geschehnisse, die sich innerhalb der Sowjetunion 1941 bis 1945 vollzogen, wenigstens partiell als »Reaktionen«, zur Abwehr des deutschen Angriffs, interpretieren oder ›halb‹ rechtfertigen, wenn man als leitendes Motiv Stalins die Verhinderung der drohenden Sklaverei aller Völker der Sowjetunion im Falle eines deutschen Sieges ansieht. Spätestens hier wird die unter 1. vielleicht noch vorstellbare bloß statistische Registrierung der Verbrechen unmöglich. Der Historiker muß sich für eine Wertung – ob er zwecks Abwehr des deutschen Angriffs alle Methoden des Stalin-Regimes ›milder‹ beurteilen will als die Verbrechen gleicher ›Qualität‹, die die nationalsozialistische Führung im Zuge des Vernichtungskrieges beging – entscheiden.

3. Die schon früh (1945) aufgestellte, inzwischen fast rituell gewordene These in zeitgeschichtlichen Arbeiten, daß der Mord an den Millionen Juden im nationalsozialistischen Machtbereich »singulär« sei, erschwert, da sie denjenigen, der an der »Singularitäts«-These aus wissenschaftlichen Gründen Zweifel anmeldet, unter moralischen Verdacht stellt, die Bemühungen der Historiker, die Vergleichbarkeit zu prüfen (was selbstverständlich nichts mit irgendeiner »Aufrechnung« zu tun hat). »Singulär« ist im Grunde jegliches Geschehen, so wie in jeglichem Geschehen auch Vergleichbares mit anderem Geschehen enthalten ist. Ernst Nolte und – in noch weiter gespanntem Rahmen – Joachim Fest (in seinem Artikel in der »Frankfurter Allgemeinen Zeitung« vom 29. 8. 1986) haben dazu provozierend wirkende Fragen gestellt bzw. (Fest) vielfältig abwägende Reflexionen vorgetragen.

4. Schließlich ist es eine nicht leicht überzeugend zu beantwortende Frage, ob und in welchem Maße bei Hitler Berichte

über die Vorgänge im »jüdisch-bolschewistischen« Rußland in den frühen zwanziger Jahren bestimmend für die Ausprägung seines radikalen universalen »Vernichtungs«-Programms waren, wieweit sein infernalischer Haß gegen die Juden nicht doch aus »Erfahrungen« aus seiner Wiener Zeit vor 1913 stammte oder ob nicht individual-psychische Momente maßgeblich waren, eine These, die der Psychohistoriker Rudolph Binion nachdrücklich vertritt.[34]

Erschwerend bei den wissenschaftlichen Anstrengungen, auf diesem schwierigen Terrain voranzukommen, ist die Etikettierung solcher Bemühungen mit dem Begriff »revisionistisch«, der die betreffenden Historiker moralisch treffen soll. Dabei ist »Revision« der bisherigen Forschungsergebnisse doch das Normale, ja, die Norm der Wissenschaft überhaupt. Der Begriff »revisionistisch« ist allerdings im Zusammenhang mit der Erforschung des Nationalsozialismus und des »Dritten Reiches« schon – meist pejorativ – für höchst unterschiedliche Tendenzen und Forschungsrichtungen verwendet worden: Anfang der sechziger Jahre für Hoggan und Taylor, die in je verschiedener Weise Hitler zu ›entlasten‹ suchten, in den siebziger Jahren für diejenigen Forscher, deren Blick vornehmlich auf die Strukturen des NS-Regimes und nicht auf die Ziele und Motive Hitlers gerichtet waren. Seit Ende der siebziger Jahre bezeichnet eine politisch »rechts« stehende Gruppe (um Alfred Schickels »Zeitgeschichtliche Forschungsstelle« in Ingolstadt) ihre Arbeiten als »revisionistisch«, und jetzt schließlich werden wir vier Historiker von Habermas und Anhängerschaft als »Revisionisten« unter Verdacht gestellt. Mit der diffamierend gemeinten Etikettierung sollte möglichst schnell ebenso Schluß gemacht werden wie mit der Konstruktion einer »neokonservativen« Verschwörung, die im »Zeit«-Artikel von Habermas anklingt.

In seinem Leserbrief in der »Frankfurter Allgemeinen Zeitung« vom 11. 8. 1986 taucht – verräterisch für seine Ängste – das Stichwort »Bund Freiheit der Wissenschaft« auf (übrigens auch in einem der in der »Zeit« am 1. 8. 1986 veröffentlichten Leserbriefe). Hier wird nun allzu offensichtlich mit der Vergeßlichkeit der Leser gerechnet, die sich – so hofft man offenbar –

nicht mehr daran erinnern, daß der »Bund Freiheit der Wissenschaft« 1970 gegründet wurde zur Abwehr der von den extremen »Linken« an den westdeutschen Universitäten unter maßgeblichem Anteil einiger weniger Professoren wie eben Jürgen Habermas entfesselten Agitation und des psychischen Terrors gegen einzelne nicht-marxistische Kollegen. Wenn es das Ziel von Habermas sein sollte, jetzt wieder jene unerträgliche Atmosphäre zu schaffen, die in jenen Jahren an westdeutschen Universitäten herrschte, so dürfte er sich täuschen. Die Geschichte läßt sich nicht, den Wunschvorstellungen gescheiterter »Propheten« und politischer Agitatoren entsprechend, beliebig wiederholen.[35]

Anmerkungen:

1 *Andreas Hillgruber:* Zweierlei Untergang – Die Zerschlagung des Deutschen Reiches und das Ende des europäischen Judentums. Berlin: Siedler Verlag 1986.

2 *Jürgen Habermas:* Eine Art Schadensabwicklung. Die apologetischen Tendenzen in der deutschen Zeitgeschichtsschreibung. In: Die Zeit, Nr. 29, 11.7.1986, S. 40.

3 So *Michael Stürmer* mit Recht in einem Leserbrief in der »Frankfurter Allgemeinen Zeitung«, 16.8.1986.

4 *Michael Brumlik:* Neuer Staatsmythos Ostfront. Die neueste Entwicklung der Geschichtswissenschaft der BRD. In: Taz Magazin, 12.7.1986, S. 14.

5 *Jochen Loreck:* Kontroverse Darstellungen über das »Wirken« Hitlers. Die Entsorgung der Vergangenheit. In: »Vorwärts«, 9.8.1986.

6 *Wolfgang Malanowski:* »Vergangenheit, die nicht vergehen will«, In: Der Spiegel, Nr. 36/1986, 1.9.1986, S. 66–70.

7 So der Bericht von *Werner A. Perger:* Schlußstrich unter die Schuldgefühle? In: Deutsches Allgemeines Sonntagsblatt, Nr. 30/1986, 27.7.1986, S. 3.

8 *Joachim Fest:* Die geschuldete Erinnerung. Zur Kontroverse über die Unvergleichlichkeit der nationalsozialistischen Massenverbrechen. In: Frankfurter Allgemeine Zeitung Nr. 199, 29.8.1986, S. 23/24.

9 *Günter Zehm:* (»Pankraz«): Pankraz, die Quellen und der neue Geßlerhut. In: Die Welt, Nr. 184/186, 11.8.1986.

10 Vgl. Jäckels Beiträge in dem Band *Eberhard Jäckel/Jürgen Rohwer* (Hrsg.): Der Mord an den Juden im Zweiten Weltkrieg. Entschlußbildung und Verwirklichung. Stuttgart 1985. – Auch Malanowski (im »Spiegel«) schreibt mir diese angeblich »neue« These zu.

11 *Eberhard Jäckel:* Hitlers Herrschaft. Vollzug einer Weltanschauung. Stuttgart 1986, S. 89 ff., Zitat S. 120.

12 »Frankfurter Allgemeine Zeitung«, 11.8.1986.

13 Wie Anm. 1, S. 86. – Welch seltsame Blüten das »Abschreiben« des Arti-
    kels von Habermas zur Folge hat, zeigt sich in dem Aufsatz von *Rudolf
    Augstein* »Von Friedrich zu Hitler? Zum 200. Todestag Friedrichs des Gro-
    ßen«, in: »Der Spiegel«, Nr. 32/1986, S. 157, in dem auch er mir die These
    Dippers zuschreibt und absurde Spekulationen daran knüpft.
14 Wie Anm. 1, S. 87.
15 Wie Anm. 1, S. 87.
16 Wie Anm. 1, S. 89f.
17 Wie Anm. 12.
18 Wie Anm. 1, S. 97f.
19 Wie Anm. 1, S. 89f.
20 *Alfred Heuß:* Versagen und Verhängnis. Vom Ruin deutscher Geschichte
    und ihres Verständnisses. Berlin 1984, S. 143.
21 Eine ähnliche Anmaßung wie Habermas erlaubt sich der Literaturwis-
    senschaftler *Karl Heinz Bohrer* (»Frankfurter Allgemeine Zeitung«,
    16.8.1986: Leserbrief Bohrers: »Ins Schwarze getroffen«).
22 »Frankfurter Allgemeine Zeitung«, 16.8.1986: Leserbrief *Michael Stür-
    mers* (»Eine Anklage, die sich selbst ihre Belege fabriziert«).
23 *Klaus Hildebrand:* Das Zeitalter der Tyrannen. In: »Frankfurter Allge-
    meine Zeitung«, 31.7.1986.
24 Wie Anm. 12.
25 Wie Anm. 1, S. 64f.
26 Eben diese Auffassung hat mir heftige Kritik von seiten *Herbert Hupkas*
    eingetragen (vgl. »Das Ostpreußenblatt«, 7.6.1986 und 19.7.1986, und
    meine Position: ebd., 21.6.1986 und 26.7.1986). Wie verworren die »Fron-
    ten« sind, zeigt sich darin, daß Hupka in seinem Artikel vom 7.6.1986
    Hans-Ulrich Wehler, Michael Stürmer und mich hinsichtlich der deutsch-
    land-politischen Auffassungen ›in einen Topf‹ wirft.
27 So der Titel des Aufsatzes von *Joachim Fest* (»Zur Kontroverse über die
    Unvergleichbarkeit der nationalsozialistischen Massenverbrechen«), in:
    »Frankfurter Allgemeine Zeitung«, 29.8.1986, S. 23f.
28 4. Aufzug, 2. Auftritt.
29 Der Zusammenhang ist folgender: »Ob über regionale Ansätze im Westen
    Europas hinaus jemals eine Rekonstruktion der zerstörten europäischen
    Mitte – als Voraussetzung für eine Rekonstruktion ganz Europas oder aber
    als Konsequenz einer in Gang kommenden Rekonstruktion des ganzen Eu-
    ropa – möglich sein wird, ist vierzig Jahre nach dem Zusammenbruch der
    europäischen Mitte so offen wie damals« (wie Anm. 1, S. 74).
30 »Die Zeit«, Nr. 32/1985, 1.8.1986, S. 12: Leserbriefe unter der Schlagzeile
    »Streit um die Einmaligkeit der Hitlerschen Greuel – Geschichte ist auch
    eine Frage von Marktlücken«.
31 »Frankfurter Allgemeine Zeitung«, 11.7.1986: Titel: »Aufklärung? Ha-
    bermas und die Geschichte«.
32 Wie Anm. 8. – Darauf eingehend *Eberhard Jäckel:* Die elende Praxis der
    Untersteller. Das Einmalige der nationalsozialistischen Verbrechen läßt
    sich nicht leugnen. In: »Die Zeit«, Nr. 38, 12.9.1986.

350

33 Vgl. dazu auch die von einem ganz anderen Ausgangspunkt vorgehenden und gewiß nicht mit den vier attackierten Historikern in Konnex stehenden Gedanken von *Martin Broszat:* Was kann das heißen: Konservative Wende – Zeitgeschichte, Wissenschaft, Tagespolitik. In: »Die Presse« (Wien), 30/31.8.1986 (Spalte: Spektrum).

34 *Rudolph Binion:* »... daß ihr mich gefunden habt«. Hitler und die Deutschen. Eine Psychohistorie. Stuttgart 1978.

35 Dieser Artikel wurde am 12.9.1986 abgeschlossen. Die danach fortgeführte sachliche wie – im Falle *Rudolf Augsteins* im »Spiegel« ins Extrem-Absurde getriebene – polemische Diskussion konnte daher nicht mehr berücksichtigt werden.

Quelle: Geschichte in Wissenschaft und Unterricht, Dezember 1986, S. 725–738

38

WALTER EUCHNER

Die Naziherrschaft – eine Normaltyrannei?

Über den Mißbrauch geschichtsphilosophischer Deutungen

Es kann gar nicht anders sein, es ist nichts anderes vorstellbar:
Über der deutschen Nachkriegspolitik liegt die schwere Last
der nationalsozialistischen Verbrechen. Glücklicherweise standen nach dem Zusammenbruch der Naziherrschaft Frauen und
Männer aus allen politischen Lagern bereit, die dem Nationalsozialismus Widerstand geleistet hatten und unkompromittiert
die politische Erneuerung beginnen konnten. Doch die Ablö-
sung von der nationalsozialistischen Vergangenheit gelang nur
unvollkommen. Der erste Kanzler der Bundesrepublik, Konrad Adenauer, bekanntlich kein »pingeliger« Mensch, duldete
in seiner unmittelbaren Umgebung Leute, die auch in der nationalsozialistischen Zeit in Amt und Würden waren. Entschei-
dender jedoch als dieses fatale Fortwirken belasteter Personen
in öffentlichen Funktionen ist, wie Jürgen Habermas sich ausdrückte, »daß auch die Nachgeborenen in [...] jenem Lebenszusammenhang [aufgewachsen sind], in dem Auschwitz möglich war« (ZEIT v. 7.11.86). Hiervor rettet auch nicht »die
Gnade der späten Geburt«, die der gegenwärtige Bundeskanzler für sich in Anspruch nimmt. Nichts wäre törichter als zu
glauben, die Wunden, die die nationalsozialistischen Verbrechen anderen Völkern geschlagen haben, seien inzwischen
schmerzfrei vernarbt. Sie brechen schnell wieder auf, wenn im
Untergrund der deutschen Politik nicht stets Kollektivscham
und Trauerarbeit mitschwingen.
　　Die gegenwärtige Bundesregierung sieht dies freilich anders.
»›Wende‹-Zeichen« sollen auch auf dem Gebiet der Geschichte
gesetzt werden (Susanne Miller, NG/FH 9/86, S. 836). Da, wie
Joachim Fest in der FAZ v. 29.8.86 schreibt, »die Öffentlichkeit, allen Ermunterungen von politischer Seite zum Trotz, aus

dem Schatten, den Hitler und die unter ihm verübten Verbrechen geworfen haben, noch lange nicht heraus ist«, muß publizistisch nachgeholfen werden. Die FAZ, die sich offenbar dazu entschlossen hat, ihre Redaktionsarbeit kompromißlos in den Dienst der gegenwärtigen Bundesregierung zu stellen, trägt eifrigst das Ihre dazu bei. Sie läßt kaum ein Thema aus, an dem sich darlegen läßt, daß es auch im Nationalsozialismus normal, halt menschlich, zugegangen sei und daß das Kriminelle und Völkerrechtswidrige seiner Taten auch in der politischen Praxis anderer Staaten gefunden werden könnte.

Antisemitismus, so Karl Friedrich Fromme, »gab es über die Jahrhunderte, und es gibt ihn heute noch in sozialistischen Ländern, vor allem in der Sowjetunion. Andere Nationen könnten sich fragen, ob ihnen Sympathien vorzuschreiben seien. Die ›Judenvernichtung‹, das Wort gehört zwischen Anführungsstriche, ist im Nazi-Staat diskret [sic! Fromme ist wahrlich ein Meister des Deutschen Euphemismus] vonstatten gegangen [...]. Viele Deutsche verschlossen ihre Augen vor dem Ungeheuerlichen, an dem man doch nichts ändern konnte; man wünschte, nicht verantwortlich zu sein: das alles ist so fragwürdig wie menschlich.« (FAZ v. 28. 2. 86) Daß die Ermittlungen gegen Volksgerichtshof-Richter auf Grund des jüngsten Beschlusses der Staatsanwaltschaft beim Landgericht Berlin endgültig eingestellt worden sind, nennt derselbe Autor einen zwar schmerzlichen, aber »wohltuenden ›Schlußstrich‹« (FAZ v. 3. 10. 86).

Günter Gillessen ist bemüht, die in der Forschung überwiegend abgelehnte These plausibel zu machen, Stalin habe im Sommer 1941 das Deutsche Reich angreifen wollen, was, träfe dies zu, die Bedeutung des tatsächlichen Überfalls Hitlers auf die Sowjetunion natürlich relativieren würde (FAZ v. 2. 8. 86). Klaus Hildebrand stellt heraus, daß nicht nur Stalin und Hitler, sondern auch die britische Regierung »weitausgreifende Kriegsziele mit großen, ja erschreckenden territorialen und bevölkerungspolitischen Verschiebungen« entworfen habe (FAZ v. 31. 7. 86). Der Leser soll wohl lernen: Im Kreise der großen Nationen befinden sich, wie die neuesten Forschungen zeigen, allemal Sünder; keine hat Grund, auf die andere mit Fingern zu zeigen. Deshalb ist jetzt auch der Zeitpunkt gekommen, daß wieder ein neues deutsches »Nationalbewußtsein« entstehe: »Wir alle brauchen ein deutsches Nationalbewußtsein ohne Hintergedanken und Arroganz« (Jean-Marie Souton, FAZ v. 20.8.86).

Um Mißverständnisse zu vermeiden: Ich unterstelle den Autoren, die das Bild der deutschen Zeitgeschichte revidieren wollen, keine unlauteren Absichten. Die Bonner Wendepolitiker sowie die Historiker und Organe wie die FAZ, die ihr darin folgen, haben ein erkenntnisleitendes Interesse, das die Richtung ihrer Aussagen organisiert. Sie müssen zugeben, daß die traditionellen deutschen Eliten in ihrer Mehrheit das Experiment mit Hitler toleriert, dabei sogar mitgemacht haben, mit dem bekannten Ergebnis. Nunmehr aber, nachdem die deutsche Politik seit langem und glaubwürdig die westlichen freiheitlich-rechtsstaatlichen und parlamentarisch-demokratischen Standards praktiziert, halten sie gemäß der Bedeutung der Bundesrepublik für die Weltwirtschaft und das westliche Verteidigungsbündnis die Zeit für gekommen, aus dem Schatten Hitlers zu treten und ein neues, von der Vergangenheit nicht mehr belastetes Nationalgefühl zu entwickeln. Ich teile diese begründbare Sichtweise nicht, und zwar deshalb, weil sie den in der deutschen Geschichte angelegten Bedingungsmechanismus, der zu dem Desaster des Nationalsozialismus geführt hat, verkleinert, ja unter den Teppich kehrt. Insofern ist diese Art der Geschichtsschreibung »apologetisch« – dies hat Jürgen Habermas in seinem ZEIT-Artikel vom 11. Juli 1986, mit dem er die Kreise der Geschichtsrevisoren empfindlich und nachhaltig störte, ganz richtig gesehen.

Zu welchen Konsequenzen das Bestreben, aus dem Schatten Hitlers zu treten, führen kann, ist aus dem Artikel zu ersehen, mit dem Joachim Fest in der FAZ vom 29.8.1986 die »Kontroverse über die Unvergleichbarkeit der nationalsozialistischen Massenverbrechen« erörtert. Über den schludrigen Gebrauch der Begriffe »vergleichbar«/»unvergleichbar« in dieser Diskussion muß hier hinweggesehen werden. Mit »unvergleichbar« meint Fest, daß Ereignisse so wenig miteinander zu schaffen hätten, daß sie in keinen sinnvollen Zusammenhang gestellt werden könnten. Von seiner revisionistischen Erkenntnisabsicht ausgehend, muß Fest dies natürlich für den Nationalsozialismus bestreiten. Die sogenannte »Singularität« der Naziverbrechen muß in Frage gestellt werden, damit die Naziherrschaft in eine Reihe mit anderen in der Geschichte hervorgetretenen Tyranneien gestellt und somit relativiert werden kann. Hitler habe Rassen-, Stalin Klassenausrottung betrieben. Eine Differenz sei auch nicht darin zu sehen, daß die von Hitler befohlenen Massenmorde »in administrativer und mechanischer Form durchgeführt« worden seien. »Gewiß bedeuten die Gaskammern, mit deren Hilfe die Exekutoren der Judenvernichtung zu Werke gingen, eine besonders abscheuerregende Form des Massenmords, und mit Recht sind sie zu einem Symbol für die technizistische Barbarei des Hitlerregimes geworden. Aber läßt sich wirklich sagen, daß jene Massenliquidierung durch Genickschuß, wie sie während des Roten Terrors über Jahre hin üblich waren, etwa qualitativ anders sind? Ist nicht, bei allen Unterschieden, das Vergleichbare doch stärker?«

In dieser Aufrechnung, die nur schwer bei ruhigem Pulse nachzuvollziehen ist, will Fest dem Historiker Ernst Nolte beispringen, der in seinem Artikel in der FAZ vom 6. Juni 1986 die Identifizierungsthese in eine Nachahmungsthese verwandelt hat: Der »Archipel Gulag« sei »das logische und faktische Prius« zu Auschwitz, und zwischen beiden sei ein »kausaler Nexus wahrscheinlich« (vgl. auch ZEIT v. 31. 10. 86).

Was Nolte in eiertanzähnlichen Wendungen beschwört – der Archipel Gulag sei »ursprünglicher als Auschwitz«; Auschwitz sei zwar keine direkte Antwort darauf, aber doch bestehe ein Zusammenhang –, wird für den handfester argumentierenden Fest zur Gewißheit. Hitler habe »Praktiken seiner revolutionären Gegner von links als Lehre und Vorbild bezeichnet«; jene, die der »in Chaos und Schrecken auslaufenden Münchner Räterepublik vorgestanden« hätten und unter denen »nicht wenige Juden gewesen« seien, hätten seine antisemitischen Obsessionen verstärkt; deshalb sei er, wie er selbst gesagt habe, bereit gewesen, »jedem Terror des Marxismus einen zehnfach größeren« entgegenzusetzen.

Apropos Terror des Marxismus. Auch Nolte meint, »die riesigen Massenumzüge der Sozialdemokraten« hätten Hitler erschreckt (ZEIT v. 31. 10. 86). Ich bin zwar nicht dabeigewesen, könnte mir aber vorstellen, daß Militärparaden furchteinflößender waren als die Demonstrationen der Wiener Sozialdemokraten. Leute wie Victor Adler und Wilhelm Ellenbogen, beide Juden und gebildete Humanisten, die vor dem Ersten Weltkrieg in der Wiener Sozialdemokratie den Ton angaben, waren Anhänger des parlamentarischen Systems und der bürgerlichen Freiheitsrechte. Dies traf auch auf die Hauptströmungen innerhalb der deutschen Sozialdemokratie zu. Zu Vernichtungsphantasien inspirierten Politiker wie Karl Kautsky und Eduard Bernstein bestimmt nicht. Hierzu benötigte Hitler auch weder den Vorkriegsmarxismus noch den Archipel Gulag. Sie entsprangen seiner Verrücktheit.

Einstmals, in »Der Faschismus in seiner Epoche« (1963), schlug Nolte nuanciertere Töne bei der Analyse der in Frage stehenden Zusammenhänge an. Hitler habe im Marxismus »die bürgerliche Natur« gehaßt, die »Deutschlands Schlagkraft und Kriegsbereitschaft« lähme – das heißt doch wohl die Ablehnung der physischen Gewalt, die weite Teile des friedenssehnsüchtigen sozialdemokratischen Marxismus in der Tat charakterisiert hat. Ferner habe Hitlers Antisemitismus selbst den Judenhaß Streichers an Schärfe und Unbedingtheit weit übertroffen (S. 388). Die von Hitler inspirierte Judenvernichtung habe sich »sowohl quantitativ wie ihrer Intention nach [. . .] wesentlich von allen anderen Vernichtungsaktionen« unterschieden (S. 482).

Das Mißlichste an dieser ganzen Identifizierungs- und Inspirationsdebatte ist, daß sie überwiegend auf die Person Hitlers abstellt und von den historischen Voraussetzungen der Hitlerschen und Stalinschen Verbrechen absieht. Im Falle Sowjetrußlands handelte es sich um die Revolutionierung eines wirtschaftlich, kulturell und politisch zurückgebliebenen Landes ohne freiheitliche Traditionen. Die Leute, die sie vorantrieben, glaubten an die umstürzende Kraft des terreur nach dem Vorbild der Französischen Revolution. Dies, und die marxistische Klassenkampflehre, verbunden mit dem Aktivismus der russischen sozialrevolutionären Tradition, beseitigte die Hemmungen vor Massenvernichtungen. Die Nationalsozialisten nahmen ihren Aufschwung in einem Staat mit herausragender geistiger Erbschaft, aber defizitärer politischer Kultur. Im Gegensatz zu den Bolschewiki konnten die Nationalsozialisten, in deren Ideologie sich alte völkische und antisemitische Obsessionen wiederfanden, ihre politischen Ziele mit der freiwilligen Unterstützung eines erheblichen Teiles der traditionellen Eliten durchsetzen.

Diese Komplizenschaft von Nationalsozialismus und traditionellen Eliten ist der politische Skandal, der seitdem den deutschen Namen belastet. Gerade diese Voraussetzung des Erfolgs der nationalsozialistischen Machtergreifung und Herrschaftsausübung ist es, die in dem Vergleich der Verbrechen, in die auch noch andere Genozide bis zu den Massenmorden in Kambodscha einbezogen werden, nicht mehr thematisch wird, und dies ist, wie ich vermute, auch kein unerwünschter Nebeneffekt der revisionistischen Geschichtsbetrachtung. Deshalb einige Erinnerungsposten. Beamte und Hochschullehrer, die mit jüdischen und sozialdemokratischen Kollegen reibungslos zusammengearbeitet hatten, nahmen ungeniert hin, daß diese aus dem Dienst entlassen, ins Exil getrieben oder ins KZ eingeliefert wurden. Hilferufe verhallten ungehört. Jüdische Rechtsanwälte, Künstler und Gelehrte von Weltruf, hochgeschätzte Mitglieder der Gesellschaft, wurden aus Berufsverbänden und Kammern ausgestoßen, ohne daß sich ein Finger für sie gerührt hätte. Es war, so erinnerte sich vor einigen Jahren (wenn ich mich nicht irre, ausgerechnet in der FAZ) der ehemalige Bundesverfassungsrichter Gerhard Leibholz, eine der großen Figuren der deutschen Nachkriegsgeschichte, der jüdischer Abstammung war, als würden in einer Abendgesellschaft immer wieder Menschen weggeführt und im Nebenzimmer erschossen, und die Zurückgebliebenen sagten hinter vorgehaltener Hand: »Schrecklich, schrecklich«, und tafelten sodann weiter wie zuvor. Und dies trotz der Schulung der Eliten am deutschen Idealismus, an den Tugenden des Preußentums, an den ausgefeilten protestantischen und katholischen Theologien, an den unsterblichen Zeugnissen der deutschen Kunst, Literatur und Musik. Daß trotz dieser kulturellen Tradition sich Deutsche derart verhalten haben, ja zu Komplizen der Nazis geworden sind, können die Völker, die die deutsche Kultur nach wie vor bewundern, nicht verstehen, und sie werden es trotz der Bemühungen der revisionistischen Geschichtsschreibung niemals verstehen lernen.

Fests Verteidigung des Geschichtsrevisionismus gipfelt in einer geschichtsphilosophischen Deutung der Massenvernichtungen des 20. Jahrhunderts. Alle diese Verbrechen, die des Nationalsozialismus eingeschlossen, stünden in der Reihe immer wiederkehrender Völkermorde. Er liebäugelte mit einer »pessimistischen Sicht der Dinge, die in der Geschichte nicht viel anderes wahrzunehmen vermag als den mörderischen Prozeß, der immer war, beherrscht von Haß, Angst und Ausrottung, sinnlos und ohne Ziel, aber aufgrund der technischen Mittel der Gegenwart mit einer nie gekannten Leidenschaftslosigkeit und zugleich unendlich viel opferreicher ablaufend als je in der Vergangenheit. Unter diesem Blick schrumpft Auschwitz dann in der Tat auf den Rang einer ›technischen Innovation‹«. Dieser pessimistischen Sicht stellt er eine optimistische Variante entgegen, die die Schwäche habe, mit dem Bild eines utopischen »neuen Menschen« hantieren zu müssen. Fest entscheidet sich zwar nicht eindeutig zwischen diesen Sichtweisen. Doch aus dem Argumentationszusammenhang geht hervor, daß er die »Einsicht, [...] der Genozid, den [Hitler] ins Werk setzte, [sei] nicht der erste [...] und auch nicht der letzte [...] gewesen«, für realistisch hält. Habermas dagegen, den er wohl eher der optimistischen Sichtweise zuschlagen muß, benütze »tief gefangen in den Geisterkämpfen von gestern und vorgestern [...] fossile Kategorien«.

An Fests philosophischen Spekulationen will ich mich nicht beteiligen. Hoffentlich hält er sie nicht für modern – sie sind um etliches fossiler als die Positionen der Aufklärung, an die Habermas anknüpft, und zudem trivial. Wichtiger ist die Nutzanwendung, die er daraus zieht, die nämlich, daß die Empfindung der Scham vor den im deutschen Namen begangenen Untaten zwar verständlich, aber unangebracht sei: »Aber sollte es wirklich zulässig sein, [mit Empfindungen der Scham] vor alle Welt hinzutreten, auch wenn es immer wieder geschieht? Denn streng genommen setzt dieses Argument die alte Nazi-Unterscheidung fort, wonach es höhere Völker gibt und Völker auf primitiverer Stufe, die nicht einmal vom Tötungsverbot wissen. Wer empfindlicher ist, wird den Hochmut erkennen, der darin steckt, die alte Herrenvolksgesinnung, wenn auch verborgen unter einer Demutsgeste.« Welch aberwitzige Dialektik! Aus dem Schatten Hitlers wird sie gewiß nicht herausführen.

Quelle: Die Neue Gesellschaft/Frankfurter Hefte, Heft 12, 1986, S. 1115–1119
Anmerkung des Verfassers: Stark erweiterte Fassung eines von der FAZ nicht abgedruckten Leserbriefs zu Joachim Fest, Die geschuldete Erinnerung (in diesem Band S. 100 ff.).

39

ERNST NOLTE

Leserbrief an die »Frankfurter Allgemeine Zeitung«, 6. Dezember 1986

Ich habe meinen Artikel vom 6. Juni 1986 durch die Publikation in der ZEIT vom 31. 10. keineswegs »entschärft«, wie Christian Meier (»Kein Schlußwort« / FAZ vom 20. November) meint, sondern ich habe lediglich einige Irrtümer und Mißverständnisse richtiggestellt, die bei genauerem Lesen auf seiten der Kritiker vermeidbar gewesen wären.

Quelle: Frankfurter Allgemeine Zeitung, 6. Dezember 1986
Anmerkung des Verlags: Der Leserbrief erschien unter dem Titel »Nicht entschärft«.

40

ROBERT LEICHT

Nur das Hinsehen macht uns frei
Wir und unsere Vergangenheit: Die deutsche Geschichte
läßt sich nicht retuschieren

Seit jeher suchen die Menschen Halt in der Vergangenheit. Auch dies ein Aufbruch zu den Urvätern: »Und ward gehalten für einen Sohn Josephs, welcher war ein Sohn Elis, der war ein Sohn Matthats, der war ein Sohn Levis...« Das Geschlechtsregister Jesu, aufgezeichnet bei Lukas, durchmißt siebenundsiebzig Generationen im Krebsgang, nennt vor allem den König David, sodann auch den Stammvater Abraham, und schließt im letzten Vers des dritten Kapitels »... der war ein Sohn Enos, der war ein Sohn des Seths, der war ein Sohn des Adams, der war Gottes.« In anderer Richtung (und erst mit Abraham einsetzend) verläuft dieser Stammbaum bei Matthäus.

Die frühe Christenheit notiert in diesen Texten ihre Geschichte, sortiert und deutet sie zugleich. Dabei kommt es den Autoren weniger auf nackte genealogische Fakten an. Sie suchen vielmehr nach Zeichen der Legitimität, sie wollen den Nachweis einer besonders verheißungsvollen Abstammung führen: von den Erzvätern, von Abraham und David, vom ersten Menschen, gar von Gott. Daß dieser männlich abgeleitete Stammbaum und die ebenfalls legitimitätsstiftende Jungfrauengeburt nicht zusammenpassen, nehmen sie hin.

Wir haben es mit einem bewußten Versuch historischer Sinnstiftung zu tun. Die Urgemeinde betreibt Geschichte nicht um der bloßen Dokumentation der Abläufe willen. Indem sie von der Vergangenheit spricht, redet sie vielmehr über ihre Gegenwart – und dies im Lichte der Zukunft. Die Historie bietet ihr nicht allein empirisches Material, sondern vor allem Stoff zur Selbstbestimmung, zur eigenen Orientierung, zur Interpretation ihrer Identität. Führen wir unsere Historikerdebatten etwa anders?

Ebenso – und doch ganz anders. Nicht nur, daß der säkularisierten Welt die Ableitung einer heilsgeschichtlichen Zukunft aus ihrer sinnhaft stilisierten Vergangenheit von vornherein versperrt ist. Wir Deutschen haben überdies daran zu tragen, daß uns die erste Hälfte des 20. Jahrhunderts zur Unheilsgeschichte geriet – in der Katastrophe der Jahre von 1933 bis 1945.

Matthäus und Lukas versuchten, achtzig Jahre nach der Zeitenwende ihre Geschichte zu deuten. Ob vierzig, ob achtzig Jahre nach der vermeintlichen »Stunde Null« oder noch viel später: Wer weiß, ob wir Deutschen je imstande sein werden, unsere Geschichte, die des Nationalsozialismus, seiner Voraussetzungen und Folgen abschließend zu fassen? Auch wenn uns Franz Josef Strauß im Interesse ausgerechnet der vermehrten Waffenexporte zornig entgegenschleudert, die Deutschen wollten nicht auf Dauer im Schatten der Vergangenheit leben: Eben dies werden wir tun, ob wir nun wollen oder nicht.

Aus diesem Grunde werden wir auch immer wieder einen ähnlichen Streit der Historiker erleben wie in diesem Jahr, wie im Jahr davor um den 8. Mai, um Bitburg und Bergen-Belsen, wie noch einige Jahre früher um die Fernsehserie »Holocaust« – einen Disput, der uns je aufs neue dazu zwingt, unsere Gegenwart auch aus der jüngsten Vergangenheit zu deuten und so unsere Zukunft zu bestimmen, also das Richtige zu suchen, das Falsche zu unterlassen. Eine ungebrochene, unreflektierte Identität kann es für uns nicht geben.

Die Sehnsucht nach einer geschichtsvergessenen »Normalität« ist verständlich – gerade deshalb, weil das, was Deutsche getan haben, sich dem Verständnis entzieht. Aber jeder Versuch, solche Normalität zu verordnen, schlicht zu wollen oder im politischen Handeln zu fingieren, muß zwangsläufig den Streit wieder aufbrechen lassen. In derartigen Debatten wird zunächst einmal deutlich, wie unzureichend all unsere bisherigen Versuche notgedrungen geblieben sind, die deutsche Vergangenheit zu bewältigen.

Wer glaubte, historische Ereignisse hätten gleichsam eine Art Halbwertszeit, in der die Erinnerung von selbst verblaßt, sieht sich getäuscht. Wiedergutmachung an die Überlebenden des Holocaust aus der Fülle neu gewonnenen Wohlstandes – sie war moralisch geboten; aber auch wenn sie vollständig geleistet würde, könnte sie doch nie das Geschehene tilgen. Demokratische Normalität seit beinahe vierzig Jahren – sie war gewiß eine Leistung; aber sie konnte das eine nicht leisten: Vergessen machen, daß sie nicht frei erworben wurde, sondern uns erst als Frucht der Niederlage zufiel. Auch die resignierende Bereitschaft, die Folgen zu tragen, nämlich die Teilung der deutschen Nation, kann deren Ursache nicht verwischen, ruft sie vielmehr immer wieder in Erinnerung. Und selbst derjenige, der als Zeitgenosse in Verdrängung flüchtet, gibt sich im seitwärts gewandten Blick ebenso zu erkennen wie jeder der Nachgeborenen, der sich aufs Ignorieren verlegt.

Wir erleben gegenwärtig eine paradoxe Entwicklung. Mit dem Ablauf der Zeit verblaßt weniger die deutsche Katastrophe als vielmehr die Gründungserfahrung der zweiten Republik. Der Staat des Bonner Grundgesetzes wurde als eine rationale Konstruktion errichtet. Die Westdeutschen vollzogen damit den Anschluß an die politische Kultur des Westens samt ihrer Verfassungstradition. Das Vaterland als nationale, territoriale oder gar mythisch-mystische Einheit war zutiefst diskreditiert worden. An seine Stelle trat, was Dolf Sternberger als erster den »Verfassungspatriotismus« genannt hat: die aktualisierte »Gemeinsamkeit der Geister und Gemüter«. Hatten sich die Deutschen (und nicht einmal die meisten) in der Weimarer Zeit mit Friedrich Meinecke bestenfalls zögernd zu »Vernunftrepublikanern« bekehrt, so errichteten sie im Westen nach 1945 eine »Vernunftrepublik« – ohne Wurzeln gesicherter Tradition, allein kraft geschichtlicher Einsicht und politischen Verstandes und zunächst als territoriales Provisorium.

Doch solche Gebilde der Vernunft bleiben in der politischen Wirklichkeit stets anfällig. Unter günstigen Bedingungen mag alles gutgehen, zumindest solange das Gründungserlebnis unmittelbar nachwirkt. Aber sobald die Gesellschaft in kritische Zeiten vorstößt (und unsere Industriegesellschaft steckt seit dem Einschnitt, der vom Ölschock bis zu Tschernobyl reicht, in einer schweren Krise), sobald also die Zukunft ungewiß erscheint, wächst bei vielen das Bedürfnis nach trans-rationaler Verankerung, nach einer tiefer grundierten Identität, sogar nach kollektiv vermittelter Sinnstiftung.

Seien wir auf der Hut davor; erkennen wir die Risiken aller gewollten, willkürlich gemeinschaftlichen Identifikationsübungen. Das Verlangen danach provoziert gegenwärtig eine bemerkenswerte Frontverschiebung. Ausgerechnet die »Progressiven« klagen die geschärfte Analyse der jüngeren Geschichte ein, wohingegen die »Traditionalisten« deren Relativierung betreiben, sei es, daß sie allein die Vorvergangenheit beschwören, sei es, daß sie die Singularität der nationalsozialistischen Verbrechensherrschaft bestreiten.

Solche Relativierungstendenzen können in kleinsten Andeutungen wahrgenommen werden, zum Beispiel in jener Rede von all dem Bösen, das »im deutschen Namen« geschehen ist – als hätten es nicht Deutsche selbst getan, sondern sich dabei gewissermaßen eines Subunternehmers bedient. Solche Tendenzen können aber die krudesten Formen annehmen, wenn die Nazi-Verbrechen zur »folgerichtigen« Reaktion auf die bolschewistischen Untaten herabgestuft werden; eben diese Behauptung des Berliner Historikers Ernst Nolte hatte ja den Historikerstreit des Jahres 1986 zur vollen Schärfe entbrennen lassen.

Das Bestreben, die Singularität der deutschen Jahre von 1933 bis 1945 anzufechten, ist doppelt absurd. Der Versuch, Stalin als die vorgeschaltete Ursache Hitlers darzustellen, scheitert schon rein empirisch. Und das Verlangen, die NS-Herrschaft in einer mildernden Parallele mit anderen Greuel-Regimen davor und danach zu sehen, bleibt moralisch in jeder Hinsicht unergiebig. Für unsere Verantwortung, unsere nachwirkende Haftung kommt es allein darauf an, daß das Nazi-Regime in unserer deutschen Geschichte unerhört, also singulär war. Das *tu-quoque*-Argument, die fingerzeigende Behauptung »Auch du« birgt keinerlei ethische Entlastung; die Verbrechen der anderen entschuldigen nicht die eigenen. Wer dennoch auf diesem Argument herumreitet, handelt im eigentlichen Sinne ungeschichtlich.

Sinn für die Zukunft aus einer unheilvollen Vergangenheit: Was heißt und zu welchem Ende studieren wir die deutsche Geschichte? Wir können uns nicht mehr naiven Glaubens auf unsere Erzväter berufen. Selbst wenn wir noch weiter als siebenundsiebzig Generationen zurückgingen, änderte dies nichts daran, daß unser Stammbaum rechtfertigender Tradition von den jüngsten Geschlechtern geknickt worden ist.

Ein gebrochenes Verhältnis zur eigenen Geschichte ist freilich nicht ein Defekt unserer nationalen Identität, wie uns all jene weismachen wollen, die vorgeben, sie könnten die Schatten vertreiben, ja vergessen machen. Im Gegenteil: Allein die kritische Stellungnahme entspricht dem Gebot der Gegenwart. Nur das Hinsehen macht uns frei, wie Hans Rothfels einmal gesagt hat – nicht das Wegsehen. Dies führt uns zu drei Einsichten.

Erstens: Wir müssen unsere jüngste Geschichte aus der Dialektik von Kontinuität und Bruch verstehen. Es wirkten auf dem Weg ins Verderben auch Kontinuitäten; ohne sie wären Hitler und sein Regime nicht möglich gewesen. Die legitimierenden Traditionen aber, aus denen wir heute schöpfen, sind damals weithin zerbrochen worden. Heute können wir keine geraden Stammbäume mehr aufrichten.

Zweitens: Nur auf dem Hintergrund eines solchermaßen geschärften Bewußtseins darf der Versuch einer »Historisierung« des Dritten Reiches riskiert werden, wie ihn der Münchner Zeitgeschichtler Martin Broszat fordert. Wer – wie er – die einfache »moralische Absperrung der Hitler-Zeit« aufheben will zugunsten einer moralischen Sensibilisierung der Historie überhaupt, der muß damit rechnen, daß daraus im Alltag eher ein allgemeines »Schwamm drüber« wird. Alles verstehen, alles verzeihen ...

Drittens: Dennoch müssen wir, so schrecklich die Resultate waren, das zum Teil banale Puzzle ihrer Voraussetzungen zusammensetzen. Nur so können wir uns beizeiten gegen die Gefahr der Wiederholung wappnen. Die Singularität der deutschen Katastrophe – sie steht nämlich nur für die Vergangenheit fest. Gleichzeitig müssen wir im Besonderen der deutschen Geschichte auch die allgemeine Gefährdung der Menschheit erkennen. Das ist der Kern der ideologiekritischen Frage, die Norbert Elias in einer Betrachtung zum 8. Mai 1945 gestellt hat, worin er den Hitler-Krieg und den nationalsozialistischen Gesellschaftsmythos als geschichtliches Problem verallgemeinerte: »Ist die Verstrickung, ist diese Abdrift zum Kriege nicht vielleicht deswegen so ausweglos, weil der reale Konfliktstoff, über den sich reden läßt, dermaßen durch gefühlsgeladene Gesellschaftsmythen überhöht wird, daß sich über ihn nicht mehr reden läßt? . . . Sind sie es wert, daß man dafür von neuem Millionen Menschen zum Tode verurteilt und weite Teile der Erde unbewohnbar macht?

So mag gerade das gebrochene Verhältnis zur Geschichte, die kritische Entzifferung der Vergangenheit, unserer Zukunft einen Sinn geben. Gewiß, keiner der Nachgeborenen kann am Dritten Reich schuldig sein. Aber in der Geschichte der Völker gibt es keinen Erbverzicht. Wir haften alle für Soll und Haben unseres nationalen Nachlasses. Wenn wir allerdings in diese Haftung nicht aufrecht eintreten, werden wir aus eigenem Versagen abermals schuldig.

Es sei, schrieb Friedrich Nietzsche, immer ein gefährlicher Versuch, sich gleichsam, *a posteriori* eine Vergangenheit zu geben, aus der man stammen möchte, im Gegensatz zu der, aus der man stammt: »Denn da wir nun einmal die Resultate früherer Geschlechter sind, sind wir auch die Resultate ihrer Verirrungen, Leidenschaften und Irrtümer, ja Verbrechen; es ist nicht möglich, sich ganz von dieser Kette zu lösen. Wenn wir jene Verirrungen verurteilen und uns ihrer für enthoben erachten, so ist die Tatsache nicht beseitigt, daß wir aus ihnen herstammen.«

So stehen auch wir im Schatten einer Geschichte, die wir nicht mehr zu heilen vermögen. Um so stärker wirkt der Imperativ der Aufklärung. Wir können unsere Zukunft nicht gestalten, wenn wir unsere Vergangenheit retuschieren.

Quelle: DIE ZEIT, 26. Dezember 1986

41

JOACHIM PERELS

Wer sich verweigerte,
ließ das eigene Land im Stich
In der Historiker-Debatte wird auch der Widerstand
umbewertet

Der von Jürgen Habermas entfachte Streit um die historische
Bewertung der Vernichtung der europäischen Juden durch den
NS-Staat (Die Zeit v. 11. 7. 1986) hat zu einer erhellenden Polarisierung geführt: Diejenigen Historiker und Publizisten (vor
allem Ernst Nolte und Joachim Fest, FAZ v. 6. 6. 1986, FAZ v.
29. 8. 1986), die die Einzigartigkeit des Verwaltungsmassen-
mordes an den Juden in Abrede stellten, indem sie den Holocaust mit anderen – vor allem stalinistischen – Formen der
Massenvernichtung im 20. Jahrhundert verglichen, sind in der
Auseinandersetzung in die Defensive gedrängt worden. Es
wurde deutlich, daß durch die Technik eines derartigen Vergleichs der Tod der Juden in den Menschenschlachthäusern des
Nationalsozialismus zum Element eines allgemeinen historischen Vorgangs verkehrt wurde, aus dem die Besonderheiten
der deutschen Geschichte fast vollständig entwichen: Die
Rolle der deutschen Täter – der ideologischen, der administrativen und der exekutierenden – konnte in den Schatten
treten. Dieser Versuch, die Behandlung des NS-Systems dadurch zu verändern, daß schmerzende Fragen durch entlastende Deutungen ersetzt wurden, ist dank der entschiedenen
und argumentationsreichen Interventionen von Eberhard Jäckel (Die Zeit v. 12. 9. 1986), Jürgen Kocka (Frankfurter Rundschau v. 23. 9. 1986), Martin Broszat (Die Zeit v. 3. 10. 1986),
Hans Mommsen (Blätter für deutsche und internationale Politik, H. 10/1986) vorerst gestoppt worden. Auch in der Frankfurter Allgemeinen Zeitung hat Christian Meier in einem abgewo-
genen Beitrag den Kritikern von Nolte und Fest insoweit recht
gegeben, als er die Einzigartigkeit des Massenmordes an den
Juden und seine Verankerung in der deutschen Geschichte in

den Mittelpunkt stellte (FAZ v. 20. 11. 1986). Nicht verständlich ist freilich, wie Christian Meier am Ende dazu kommt, ausgerechnet jenem Artikel Joachim Fests (FAZ v. 29. 8. 1986) eine »nachdenkliche Argumentation« zu attestieren, in dem Jürgen Habermas – über die sachliche Auseinandersetzung hinaus – persönlich verunglimpft, einer »akademische(n) Legasthenie«, »eines wissenschaftlichen und womöglich persönlichen Rufmords« an seinen konservativen Kontrahenten gezihen wird.

Daß die relativierende Neubewertung der Vernichtung der Juden durch das NS-Regime sich in der öffentlichen Meinung bisher nicht durchsetzte, sagt allerdings nichts über die Tiefenwirkungen der Thesen von Nolte und Fest in der nichtöffentlichen Meinung aus. Ihr kommt eine – verbreitete Abwehrmechanismen verstärkende – Sichtweise entgegen, die den Anteil unzähliger Deutscher an der Diskriminierung, Aussonderung, »Evakuierung« und planmäßigen Tötung der Juden im allgemeinen Schrecken der Weltgeschichte untergehen läßt.

Die aktuelle Diskussion steht im Zusammenhang einer gezielten Veränderung des antinazistischen Koordinatensystems, in dem die NS-Herrschaft bisher bewertet wurde (vgl. M. Buckmiller, Vorgänge, H. 6/1986). Die Umprägung dieses Koordinatensystems bezeichnet den eigentlichen Kernpunkt der Debatte, deren Ausgang völlig offen ist. Auf der einen Seite wird die Blickrichtung des Widerstands gegen das Dritte Reich – auch in der Gestalt der Verschwörer des 20. Juli 1944 – für die historische Analyse der NS-Herrschaft für ungeeignet erklärt. Auf der anderen Seite werden, in direktem Zusammenhang damit, die Positionen der gegen das nationalsozialistische System kämpfenden Alliierten ebenfalls als Hindernis für die geschichtliche Einordnung der zerbrechenden NS-Herrschaft angesehen. Diese Tendenz zeigt sich bei Andreas Hillgruber, Ernst Nolte, aber auch bei Christian Meier.

Andreas Hillgruber schreibt: »... (D)er Betrachtende steht vor dem Dilemma der damals Handelnden. Auf der einen Seite die gesinnungsethische Haltung der Männer des 20. Juli, die sich in außenpolitisch längst aussichtsloser Konstellation zum Attentat auf Hitler entschlossen, um der Welt ein Zeichen der

Existenz eines ›anderen Deutschland‹ zu geben... Auf der anderen Seite die verantwortungsethische Position der Befehlshaber, Landräte und Bürgermeister, aus deren Sicht alles darauf ankam, wenigstens einen schwachen Schleier von Sicherungen an der ostpreußischen Grenze aufzubauen, um das Schlimmste zu verhindern: die drohende Orgie der Rache der Roten Armee...« (A. Hillgruber, Zweierlei Untergang. Die Zerschlagung des Deutschen Reiches und das Ende des europäischen Judentums, Berlin 1986, S. 20f.). Hillgruber optiert – im Jahre 1986! – für die sogenannte verantwortungsethische Haltung jener Befehlshaber, Landräte und Bürgermeister im Osten und verwirft damit die politische Alternative der von Konservativen, Christen und Sozialdemokraten getragenen Verschwörergruppe des 20. Juli. Indem Hillgruber die Haltung der Männer des 20. Juli zu einer bloß gesinnungsethischen erklärt, bewertet er ihr Unternehmen implizit als politisch unverantwortlich – entsprechend der klassischen Unterscheidung Max Webers: »... Es ist ein abgrundtiefer Gegensatz, ob man unter der gesinnungsethischen Maxime handelt – religiös geredet –: ›Der Christ tut recht und stellt Gott den Erfolg anheim‹, oder unter der verantwortungsethischen: daß man für die (voraussehbaren) Folgen seines Tuns aufzukommen hat« (M. Weber, Der Beruf der Politik, in: ders., Soziologie, Weltgeschichtliche Analysen, Politik, Stuttgart 1956, S. 175). Hillgruber vergißt, indem er den Verschwörern des 20. Juli die Intention einer bloß individuell ethischen Selbstrettung unterstellt, daß ihre Haltung aus einer spezifischen Verbindung gesinnungsethischen und verantwortungsethischen Handelns resultierte: der Aufstand des Gewissens zielte gegen das System der Rechtlosigkeit und sollte zugleich dazu dienen, den Krieg zu beenden.

Ernst Nolte problematisiert die Bewertung des Dritten Reiches aus der Perspektive des Widerstands aus anderen Gründen. Nolte fragt, »ob bei jenem Nichtvergehen der Vergangenheit auch Interessen im Spiel waren und sind, ... die Interessen der Verfolgten und ihrer Nachfahren an einem permanenten Status des Herausgehoben- und Privilegiertseins« (FAZ v. 6.6.1986). Die Interessen, ja die Betroffenheit der Verfolgten des Dritten Reiches werden für die geschichtliche Einschät-

369

zung des NS-Systems als gleichsam illegitim abgewehrt, während Nolte sich umgekehrt sehr genau in Hitlers Psyche versenkt, um den Holocaust aus deren Obsessionen zu erklären (ebd).

Christian Meier hat schließlich in einem Aufsatz in der Frankfurter Allgemeinen Zeitung, der die nationalsozialistischen Massenverbrechen nicht im geringsten beschönigte, sondern sie mit großer Betroffenheit ins Bewußtsein rückte, doch die Perspektive des Widerstands gegen Hitler als eine leere Handlungsalternative gegenüber der vorherrschenden Mitläufermentalität qualifiziert. Meier schreibt: »Daß die Deutschen ... im Krieg ihre Aufgaben pünktlich, korrekt und tüchtig erfüllten, tapfer waren, ihr Leben aufs Spiel setzten, wird man ihnen im einzelnen kaum vorhalten können. Wie sollten sie, aufs Ganze gesehen, um des Regimes willen ihr Land im Stich lassen?« (FAZ v. 28. 6. 1986). In dieser Frage wird unversehens das NS-Regime mit unserem Land einfach identifiziert – mit der Folge, daß ein Nichtmitmachen in der Wehrmacht Hitlers – und hierfür gibt es eindrucksvolle Beispiele einzelner Sozialisten und Christen – dazu führt, daß das eigene Land im Stich gelassen wird. Meier erwägt die Alternative des Widerstands, aber so, daß sie als Haltung einer politischen Un-Möglichkeit erscheint: »Selbst dann (wenn man Sabotage oder Widerstand leistet, J. P.) ist es schwierig abzumessen, ob man nicht durch die dabei notwendig flankierenden Anpassungen zum Regime mehr beiträgt, als man ihm durch Widerstand schaden kann« (ebd). Ob Hans v. Dohnanyi, Dietrich Bonhoeffer oder Julius Leber, die sich der nationalsozialistischen Mörderclique entgegengestellt haben, dadurch zum Regime mehr beigetragen haben als durch Mitmachen – diese Frage erledigt sich von selbst. Sie ist gegenüber denen, die ihr Leben im Kampf gegen das System planmäßiger Willkür einsetzten, völlig unangemessen, weil sie die Märtyrer des Widerstands indirekt auf die Seite des Regimes stellt.

Die Relativierung der Position des Widerstands für die Bewertung des NS-Systems überbietet Andreas Hillgruber. Gegenüber den Alliierten, ohne die das Joch der NS-Despotie nicht hätte zerbrochen werden können, zieht er eine strikte

Trennungslinie, und zwar unter dem Gesichtspunkt, mit welchem Teil der kämpfenden Kräfte 1944/45 sich ein Historiker identifizieren könne: »... (E)ine Identifizierung mit den kommenden Siegern – und das hieß ja für den Osten: mit der Sowjetunion, mit der Roten Armee – war undenkbar. Der Begriff der ›Befreiung‹ implizierte eine solche Identifizierung mit den Siegern, und natürlich hat er seine volle Berechtigung für die aus den Konzentrationslagern befreiten Opfer des nationalsozialistischen Regimes. Aber auf das Schicksal der deutschen Nation als Ganzes bezogen, ist er unangebracht« (A. Hillgruber, a. a. O., S. 24). In dieser Bemerkung erscheint das »Schicksal der deutschen Nation als Ganze(r)« als eine Größe, die von den Opfern des NS-Regimes getrennt betrachtet werden kann. Werden damit nicht die Opfer des Nationalsozialismus, die aus den Konzentrationslagern befreit wurden – Eugen Kogon, Martin Niemöller, Kurt Schumacher oder Emil Carlebach –, als Menschen angesehen, die mit der »deutschen Nation als Ganze(r)« eigentlich nichts zu tun haben? Diese mögliche Konsequenz ergibt sich aus einer rechtskonservativen Sichtweise, die sich mit einzelnen Funktionseliten der NS-Herrschaft – vor allem der Wehrmacht – bis hin zu, notabene, einzelnen »Hoheitsträgern der NSDAP« (A. Hillgruber, a. a. O., S. 37) identifiziert und daher die Position der entschiedenen Gegner des NS-Regimes – des Widerstands und der Alliierten – in der politischen Bewertung in Frage stellen muß.

Daß die – wie immer in sich differenzierte – Haltung der Gegner des Nationalsozialismus als Bezugssystem für die Analyse des Dritten Reiches in Zweifel gezogen wird, hängt damit zusammen, daß das herrschende Selbstverständnis der Bundesrepublik, um dessen Stabilisierung es bestimmten konservativen Historikern zu tun ist, davon lebt, daß die Inkorporation des weit überwiegenden Teils der militärischen, administrativen und judikativen Trägerschichten des Dritten Reiches in den demokratischen Verfassungsstaat der frühen Bundesrepublik nicht kritisch hinterfragt wird. Nur wenn die Rolle dieser Trägerschichten in der Zeit des Dritten Reiches in einem prinzipiell unproblematischen Licht erscheint und die deutsche und alliierte Gegnerschaft gegen das NS-System als politische Alternative verworfen wird, kann der Geburtsfehler der frühen Bundesrepublik, eine rechtsstaatliche Demokratie mit Funktionseliten totalitärer Herrschaft aufzubauen, im Dunkel bleiben.

Die Bundesrepublik hat sich durch wesentlich zwei gegensätzliche Legitimationsprinzipien konstituiert, die es unmöglich machen, daß sich eine ungebrochene politische Identität der Bonner Republik ausbilden konnte. Die Bundesrepublik definiert sich durch die Negation der NS-Herrschaft. Ihren klarsten Ausdruck findet dies in den Grundrechten unserer Verfassung, die eine Staatsgewalt der Willkür unmöglich machen sollen. Die Bundesrepublik definiert sich aber auch seit langer Zeit durch die weitgehende Legitimation der NS-Herrschaft als prinzipiell legaler Ordnung; Gustav Radbruchs auf die Kernprinzipien nationalsozialistischer Herrschaft gezielter Begriff des »gesetzlichen Unrechts« hatte für die Rechtsprechung der 50er, 60er und 70er Jahre kaum praktische Bedeutung. Um ein Beispiel zu geben: Auf der einen Seite werden jährlich von offizieller Seite Gedenkfeiern für die Männer des 20. Juli veranstaltet, auf der anderen Seite wird von demselben Staat, in einer Entscheidung des Bundesgerichtshofs von 1956, der Widerstand von Dietrich Bonhoeffer und Hans v. Dohnanyi und anderen als Hochverrat qualifiziert, der ihre Anfang April 1945 durch ein SS-Standgericht im KZ-Sachsenhausen und im KZ Flossenbürg verfügte Ermordung als prinzipiell rechtmäßig erscheinen läßt (vgl. G. Spendel, Rechtsbeugung durch Rechtsprechung, Berlin 1984, S. 89 ff.)

So gilt: Erst in der Auseinandersetzung mit der Erblast des Nationalsozialismus in der Bundesrepublik kann sich so etwas wie eine demokratische Identität in unserem Lande ausbilden.

Quelle: Frankfurter Rundschau, 27. Dezember 1986
Anmerkung des Autors: Der Text trug ursprünglich den Titel: »Relativierung des Widerstandes gegen das NS-Regime?«.

42

IMANUEL GEISS

Zum Historiker-Streit

Seit Monaten tobt in der bundesdeutschen Öffentlichkeit um
die jüngste deutsche Geschichte ein Streit, der in der an Kontroversen wahrlich nicht armen deutschen Wissenschaftsge-
schichte seinesgleichen sucht. Alles begann mit einem Artikel
von Jürgen Habermas in der »Zeit« (11.7.1986) – »Eine Art
Schadensabwicklung. Die apologetischen Tendenzen in der
deutschen Zeitgeschichtsschreibung.« In ihm beschuldigt der
Sozialphilosoph aus der Frankfurter Schule vor allem die Historiker Ernst Nolte, Andreas Hillgruber und Michael Stürmer, eine eiskalte Bagatellisierung des Dritten Reiches und seiner Verbrechen durch eine neo-konservative Normalisierung
deutscher Geschichte zu betreiben. Nach zahlreichen Diskus-
sionsbeiträgen, besonders in der »Zeit« und »FAZ«, steigerte
Rudolf Augstein in einem »Spiegel«-Essay (6.10.) die Haber-
mas-Attacke zum Vorwurf, Hillgruber sei ein »konstitutioneller Nazi«.

Hauptargument gegen die »Revisionisten« (Habermas) ist
die These, Auschwitz – Höhe- oder Tiefpunkt der NS-Verbrechen – sei so einzigartig in der Weltgeschichte, daß keine Relativierung zulässig sei, weil sie auf Verharmlosung des NS-Regimes und seiner Verbrechen hinauslaufe. Singularität der
NS-Verbrechen verquickt sich mit dem neuen Konsensus progressiver Historiker vom »deutschen Sonderweg«, der konsequent ins Dritte Reich mit seinen Verbrechen mündete. Daher
wehren Habermas und Augstein jeden Vergleich zwischen den
Verbrechen des NS-Regimes und des Kommunismus ab, vom
Russischen Bürgerkrieg und Stalinismus bis zu Pol Pot.

Habermas und Augstein treiben zu ihren scharfen Angriffen
gewiß legitime Sorgen, die ernst zu nehmen sind. Aber sie müs-

sen sich auch fragen lassen, ob sie nicht mit Methode und Tonfall ihrer Polemik der eigenen Sache eher schaden. Die folgende Gegen-Kritik will zugleich politisch-historische Dimensionen ansprechen, die über die Kontroverse hinausführen, aus dem Labyrinth des sonst steril bleibenden Professorengezänks.

Habermas unterstellt den »Revisionisten« die Absicht einer neokonservativen Historiker-Wende – Rückgriff auf eine stärkere Betonung der deutschen Geschichte mit einer (wie auch immer verstandenen) nationalen Identität. Dagegen setzt er eine »universalistische Wertorientierung« und einen an den Westen gebundenen »Verfassungspatriotismus«. Vor allem will er sich als Deutscher nicht »die Schamröte« über die deutschen NS-Verbrechen »austreiben« lassen. Das sind ehrenwerte Positionen, die ich grundsätzlich teile, ohne jedoch Ton und Argumentation von Habermas (und Augstein) folgen zu können. Beider Polemik ist zu grobschlächtig und emotional, und zumindest Habermas verstrickt sich in einem zentralen Punkt in einen unauflöslichen Widerspruch.

In einer so komplexen und emotional aufgeladenen Problematik wird jedoch eine differenzierende und nuancierende Argumentation unabweisbar. *Terribles simplificateurs* der einen oder anderen Richtung können hier unermeßlichen Schaden anrichten, weil sie durch ihre Polarisierung vorhandene Gegensätze noch weiter zu Konflikten eskalieren. Vielmehr gilt es, den Bereich der Kontroverse sachlich einzugrenzen und die Auseinandersetzung selbst durch Sachlichkeit wenigstens emotional zu entschärfen.

Zunächst ist zwischen den Positionen der angegriffenen Historiker zu unterscheiden. Nolte vertritt schon seit 1963 die Ansicht, daß der Faschismus, somit auch der deutsche Nationalsozialismus, welthistorisch Reaktion auf die kommunistische Revolution in Rußland war. Dafür spricht in der Tat die schlichte Chronologie (1917–1919/22/33), die Abfolge von Aktion (Oktoberrevolution) und Reaktion (Faschismus). Allerdings wäre für Deutschland noch der rechtsextreme Widerwille gegen die Einbeziehung der fortan halblinken Sozialdemokratie in Regierungsverantwortung beziehungsweise Regierungsfähigkeit seit November 1918 hinzunehmen.

Aus chronologischer Abfolge und historischer Einordnung der beiden Systeme folgt aber keineswegs, und schon gar nicht automatisch, eine analoge Zuordnung ihrer jeweiligen Verbrechen, wie sie Nolte einfach unterschiebt (Gulag vor Auschwitz). Seine Verortung ist wissenschaftlich unhaltbar und moralisch strikt zu verwerfen: Ob von Nolte gewollt oder nicht, läuft sie tatsächlich auf eine Verrechnung der beiderseitigen System-Verbrechen hinaus und mündet so in eine deutsche Nationalapologie. Andererseits verdienen zwei wichtige Punkte festgehalten zu werden:

Erstens: Auch Nolte verschweigt nicht die NS-Verbrechen, wie Habermas ihm unterstellt. Zweitens: Es muß möglich sein, wissenschaftlich wie politisch, über die Verbrechen von Kommunismus und Nationalsozialismus zu sprechen, allerdings nicht in der von Nolte eingeführten kausalen Verknüpfung.

Erst recht zu verurteilen ist Noltes weitergehende Behauptung, die er in einem in England erschienenen Aufsatz schriftlich (offensichtlich auch im Gespräch mit einem israelischen Historiker mündlich) vortrug – die Juden seien durch eine Erklärung Chaim Waizmanns zu Beginn des Zweiten Weltkrieges gleichsam kriegführende Partei geworden, so daß die Deportation der Juden gerechtfertigt gewesen sei. Das ist haarsträubender Unsinn, ganz abgesehen vom moralischen Aspekt: Die Juden 1939 waren keineswegs kriegführende Partei, schon weil sie überhaupt keine, geschweige denn eine völkerrechtlich anerkannte Regierung hatten. Selbst wenn sie kriegführende Partei gewesen wären, verbot schon das geltende Völkerrecht (Haager Landkriegsordnung) jegliche Repressalien gegen Nonkombattanten, das heißt die jüdische Bevölkerung.

Ganz anders verhält es sich mit Hillgruber: Er ist gewiß ein ursprünglich eher konservativer Historiker, der von einer »nationalen« Position kam. Aber im Laufe seiner nun dreißigjährigen wissenschaftlichen Tätigkeit zeigte er sich, beeindruckt von den Fakten aus Quellen und Literatur, außerordentlich lernfähig, unter anderem durch weitgehende Rezeption der Forschungen Fritz Fischers zum Kaiserreich und Ersten Weltkrieg und frühe faire Würdigung der DDR-Forschung auf diesem Gebiet. Hillgrubers beide Aufsätze, die Habermas zum Ausgangspunkt seines Angriffs nahm, sind jeweils in sich eine honorige Zusammenfassung des neuesten Forschungsstandes zu zwei Aspekten des Zweiten Weltkrieges. Formal und inhaltlich weisen sie jedoch einige Schwachpunkte auf, die Habermas und Augstein erbarmungslos ausnutzten:

Formal kann das Zusammenspannen von schon anderweitig veröffentlichten Aufsätzen in ein schmales Bändchen (»Zweierlei Untergang. Die Zerschlagung des Deutschen Reiches und das Ende des europäischen Judentums«) schon irritieren. Aber die negative Verbindung hat erst Habermas hergestellt, durch Überinterpretationen und Unterstellung böswilliger Absicht, die er hinter den unterschiedlichen Titeln (»Zerschlagung« – »Ende«) witterte.

Inhaltlich bot Hillgruber allerdings eine offene Flanke in seinem ersten Aufsatz über den Zusammenbruch der deutschen Ostfront 1944/45, wenn er die nüchterne Erklärung der in der Tat vorhandenen Zwangslagen für die auf deutscher Seite Agierenden plötzlich zugunsten einer voluntaristischen Aufforderung verließ, sich mit einer Seite zu identifizieren. Diese Schwäche rechtfertigt aber nicht die gnadenlose Härte, fast schon im Stil eines alttestamentarischen Propheten, mit der Habermas den andersdenkenden Historiker verfolgt, unter anderem durch verzerrende Wiedergabe des Hillgruber-Textes. Heinrich-August Winkler hat zu Recht kürzlich in der »Frankfurter Rundschau« Hillgruber aus der Schußlinie der progressiven Kritik herausgenommen.

Wieder anders zu beurteilen ist die Position Michael Stürmers: Er ist seit zwanzig Jahren einer der wenigen wirklich gut, sogar elegant schreibenden deutschen Historiker. Als Leitartikler in der »FAZ« und politischer Berater von Bundeskanzler Kohl ergreift er in der Politik unseres Landes offen Partei, was allerdings auch sein gutes Recht ist. Inhaltlich repräsentiert Stürmer eine liberale und intelligente Variante des Regierungslagers, in der die Ergebnisse nationalkritischer Geschichtsschreibung seit Fritz Fischer tiefe Spuren hinterlassen haben. Stürmers Bemühungen, in diesem unserem »schwierigen Vaterland« (Heinemann) für die Deutschen eine kollektive, also nationale Identität wiederzufinden, sind in sich noch nicht reaktionär oder gar verwerflich. Da muß Kritik schon konkret in die Inhalte gehen.

Ebensowenig läßt sich die Berücksichtigung der geographischen Lage der Deutschen in Europa einfach als »Ideologie der Mitte, die unsere Revisionisten mit ihrem geopolitischen Tamtam... wieder aufwärmen« (Habermas) abqualifizieren. Geographie mit ihren Auswirkungen auf die Geschichte ist ein so elementarer Faktor, daß ihn die gewiß überwiegend progressive *Annales*-Schule im benachbarten Frankreich selbstverständlich zur Grundlage ihrer historischen Analyse macht. Zentrum und Peripherie, Machtzentrum und Machtvakuum sind in der Tat unverzichtbare Kategorien für jede historische Darstellung über Macht- und Außenpolitik, also auch über Deutschland und die deutsche Frage in Europa. Das ist lange noch keine »Geopolitik«. Geographie als historische Erklärung wird erst zur »Geopolitik«, wenn aus ihr Argumente für eine offensive, expansive Machtpolitik herausspringen.

Wenn Habermas gar Stürmers Standortsuche als »deutschnationale Natophilosophie« verhöhnt, ganz im Stil eines billigen Antiamerikanismus, so gerät er in Widerspruch zu seiner sonst so pathetisch beschworenen Bindung der Bundesrepublik an den Westen, zu dem nun einmal auch die NATO gehört. Dagegen läßt sich die offenbar zwischen Habermas und Stürmer theoretisch nicht umstrittene Westbindung der Deutschen nur auf der Grundlage einer sauberen Analyse deutscher Geschichte durchhalten, und die spielte sich nun einmal in der Mitte Europas ab, zunehmend in der Polarisierung zwischen West und Ost. So eröffnen sich von selbst auch stärker europäische Horizonte, ohne die wir in landesüblicher deutschnationaler Bauchnabelschau verharren, konservativer, »rechter« wie progressiver, »linker« Prägung.

Noch gefährlicher für unser System sind über die Kontroverse hinausreichende Konsequenzen: Habermas suggerierte bereits, daß die »neo-konservativen« »Revisionisten« durch ihre moralisch anrüchige Apologie des Dritten Reichs und seiner Verbrechen eigentlich schon den Boden unserer demokratischen und freiheitlichen Verfassungsordnung verlassen hätten. Mit seinem bösen Wort vom »konstitutionellen Nazi« drängte Augstein nun zumindest Hillgruber explizit und vollends über den Rand der Verfassungs-Legalität. Die öffentlich-moralische Hinrichtung der »Revisionisten« durch Habermas und Augstein brandmarkt zumindest indirekt alle, die so denken wie Hillgruber, oder es wagen, den moralischen Exekutoren unserer Republik zu widersprechen – *guilt by association*.

Ihr hyper-sensibilisierter Anti-Faschismus, der in der Bundesrepublik überall das Gras des Faschismus wachsen hört, weist demnach weite Teile unserer Gesellschaft zumindest als »konstitutionelle«, wenn nicht gar uneingeschränkte »Nazis« aus. »Konstitutioneller Nazi« provoziert aber unvermeidlich das nicht minder böse Gegen-Wort – »konstitutioneller Kommunist«. Ein Freund-Feind-Denken à la Habermas und Augstein wirft somit über unsere Gesellschaft ein weites Netz ideologischer Sippenhaft nach rechts und links. Was bliebe dann noch von unserer freiheitlichen, demokratischen und liberalen Bundesrepublik? In ihrer Konsequenz zerstören daher Habermas und Augstein, ob sie wollen oder nicht, unsere Gesellschaftsordnung, weil sie durch die Art ihrer Attacken die Polarisierung weiter eskalieren und mit ihrem »historischen Moralismus« (H. Fleischer) die freie Diskussion am liebsten nach rechts abschneiden möchten.

Einer ihrer Hauptfehler war, überhaupt nicht zwischen Wirkung und möglicher Absicht der von ihnen angegriffenen Historiker-»Revisionisten« zu unterscheiden: Natürlich reflektieren und beeinflussen die »Revisionisten« – im an sich für komplexe Gesellschaften völlig normalen Pendelschlag zwischen »rechten« und »linken« Positionen – die politische Entwicklung der Deutschen, über vierzig Jahre nach Ende des Zweiten Weltkrieges und Sturz des NS-Systems: Selbst die geographisch so kleine Bundesrepublik gilt zumindest ökonomisch in der Welt als Weltmacht, ist politisch und militärisch tatsächlich eine Großmacht. Nach Jahrzehnten des deutschen Entsetzens über deutschen Mißbrauch der Macht in zwei Weltkriegen müssen aber auch die Deutschen wieder lernen, historisch rational über Macht und Machtpolitik nachzudenken, schon damit sie mit ihrer neuen Macht hoffentlich weiser und humaner umgehen.

So muß es auch deutschen Historikern möglich sein, beispielsweise die Explosion des Ersten Weltkrieges ohne emotionalisierenden und moralisierenden Rückgriff auf »Kriegsschuld« (nationalapologetischer oder nationalkritischer Art) zu analysieren. Gewiß dürfen die Deutschen Auschwitz nie vergessen, und sie sollten, wie ich in dieser Zeitschrift schon vor über zwei Jahren darlegte (vgl. EvKomm 12/84 S. 673 ff.), es sogar zu einem Ansatzpunkt für die Gewinnung einer positiven kollektiven Identifizierung mit ihrer Gesellschaft machen. Aber das geht nicht ohne historische Einordnung des an sich Unfaßbaren, ohne historische Vergleiche und damit ohne eine gewisse Relativierung.

Historischer Vergleich auch nationalsozialistischer und kommunistischer Verbrechen muß, wenn es das Thema erfordert, erlaubt sein, schon weil Vergleich nicht identisch mit Gleichsetzung ist (ein häufiger Fehler unscharf Denkender). Einzigartiger Gipfel der Grausamkeit sind die NS-Verbrechen, sie sind aber gleichzeitig auch vergleichbar mit kommunistischen Untaten. Die Gefahr apologetischer Aufrechnung aus der historischen Gleichzeitigkeit kommunistischer und nationalsozialistischer Verbrechen liegt zwar nahe, und ihr ist energisch entgegenzutreten, wo immer sie auftritt. Aber die »neo-konservativen« »Revisionisten« haben die Aufrechnung selbst nicht explizit vorgenommen, und implizit ergibt sie sich nur bei einem (Nolte).

Dagegen kann die politisch-ideologische Auseinandersetzung unserer Tage sehr wohl selbst uns Deutsche in der Bundesrepublik dazu zwingen, Verbrechen des Kommunismus anzusprechen: Die historischen Verbrechen des deutschen Faschismus dienen in der kommunistischen Agitation noch immer als bevorzugtes Argument zur aktuellen ideologischen Auseinandersetzung zwischen Ost und West, ohne daß die Gegenseite je offen und direkt ihre eigenen Verbrechen aufgearbeitet hätte.

Jeder Versuch zur historischen Einordnung des Dritten Reiches und seiner Verbrechen bewegt sich unvermeidlich auf einem schmalen Grat zwischen Apologie und Verzerrung auf beiden Seiten. Um so wichtiger wird eine offene und rationale

Diskussion der schwierigen Problematik, ohne Denkverbote, gar mit pauschalierenden und diffamierenden Unterstellungen. Durch die Art ihrer Attacken erwecken Habermas und Augstein den fatalen Eindruck, als beanspruchten sie für sich und ihre Anhänger das Monopol auf Interpretation der deutschen Zeitgeschichte mit ihren moralischen Belastungen. Damit zerstören sie den für unser System lebensnotwendigen Pluralismus.

Letzten Endes spricht aus ihnen ein dualistisch-fundamentalistisches Denken, das nur noch die Kategorie Gut und Böse, Freund und Feind kennt. Ihr Fundamentalismus ist zwar aufklärerisch säkularisiert, aber auch ohne religiöse Bezüge bleiben uralte Grundstrukturen des Dualismus seit Zarathustra erhalten. Es ist wenig tröstlich, daß der religiöse Dualismus in unserer weltweiten Krisensituation jüngstens eine weltweite Renaissance erlebt, mit fundamentalistischen Strömungen in verschiedenen Religionsgemeinschaften.

Quelle: Evangelische Kommentare, Heft 2, Februar 1987

ANMERKUNGEN ZUM
›HISTORIKERSTREIT‹

JÜRGEN HABERMAS
Anmerkung, 23. Februar 1987

Die ersten Reaktionen auf meinen (in »Die Zeit« vom 11. Juli
1986 erschienenen) Artikel ließen erkennen, wie Hildebrand,
Stürmer, Hillgruber und Fest mit dem Thema des verharmlosenden Revisionismus fertig werden wollten: Man verleugnete
den Tatbestand und seinen politischen Kontext; man bestritt,
daß die Aktivitäten der von mir erwähnten Historiker irgend
etwas miteinander zu tun hätten; und man unterstellte mir, die
Belege selber fabriziert zu haben. Auch das fadenscheinigste
Element in dieser Verteidigungsstrategie, den Vorwurf der
wissenschaftlichen Unredlichkeit, hätte ich auf sich beruhen
lassen, wenn dieser nicht von A. Hillgruber in der von K. D.
Erdmann herausgegebenen Zeitschrift »Geschichte in Wissenschaft und Unterricht« (12, 1986, 725 ff.) noch einmal auf eine
in der Sache und im Tenor ungewöhnliche Weise aufgegriffen
worden wäre.

Der Mühe der Zitatenkontrolle haben sich anscheinend weder Hillgruber noch Hildebrand unterzogen, noch gar die Hi-
storikerkollegen, die den Vorwurf der Zitatenfälschung weiter-
gereicht haben. Sonst wäre ihnen der einzige sinnentstellende
Fehler, der mir tatsächlich unterlaufen ist, kaum entgangen.
Ich hätte Hillgrubers Stil der vergleichsweise entdramatisieren-
den Darstellung der Judenvernichtung in »Zweierlei Untergang« (Siedler, 1986) nicht damit illustrieren dürfen, daß die
Gaskammern als »effektivere Mittel« der Liquidation umschrieben werden; der Autor macht nämlich an dieser Stelle
(S. 95) den Ausdruck »effektiv« durch Anführungszeichen als
eine Entlehnung aus dem NS-Jargon kenntlich. Ich bedaure
diesen Irrtum um so mehr, als sich zutreffende äquivalente Beispiele leicht hätten finden lassen. Wie sehr die generelle Be-

schuldigung als Vorwand dient, zeigt der Umstand, daß keiner der Historiker diesen einzigen nachweisbaren Fehler erwähnt. Hingegen halten die drei oder vier spezifischen Beschuldigungen, die ich in den verschiedenen Texten gefunden habe, einer Nachprüfung nicht stand.

(a) Michael Stürmer hat die Chuzpe, seine eigene Position schlicht in Abrede zu stellen: »Identitätsstiftung?« — so fragt er in einem Leserbrief (FAZ vom 16. August 1986) und gibt darauf die erstaunliche Antwort: »Identitätsstiftung sollte sie (die Historie) anderen überlassen.« In dem von ihm selbst herangezogenen Artikel (Dissonanzen des Fortschritts, Piper, 1986, S. 16), heißt es hingegen: »Es erscheint notwendig, die Scheinalternative zwischen Politikgeschichte, Gesellschaftsgeschichte und Kulturgeschichte aufzulösen und zu begreifen, daß am Ende des 20. Jahrhunderts der Mensch der Industriekultur mehr als je seine historische Identität suchen und begreifen muß, um sich selbst nicht zu verlieren ...«. Weiterhin hatte ich Stürmer die Auffassung zugeschrieben, die Historie sei zur »Sinnstiftung« berufen. Daß es sich dabei ebensowenig um eine »phantasievolle Erfindung« handelt, hat Martin Broszat (in »Die Zeit« vom 3. Oktober 1986) mit vier Stürmer-Zitaten belegt.

(b) Auf einen weiteren Vorwurf von Klaus Hildebrand (FAZ vom 31. Juli 1986) bin ich in einem Leserbrief (vom 11. August 1986) schon kurz eingegangen. Zu jenen Akteuren, aus deren Sicht Hillgruber (in »Zweierlei Untergang«) das Kriegsgeschehen darstellen möchte, gehören neben dem deutschen Ostheer, der Marine und der deutschen Bevölkerung (S. 24) auch jene Befehlshaber, Landräte und Bürgermeister, denen der Autor eine verantwortungsethische Einstellung attestiert (S. 21). So treten denn in der Erzählung auch die »Hoheitsträger der NSDAP« — übrigens ohne Anführungszeichen — auf, von denen manche sich »bewährten«, andere versagten (S. 37). Das berechtigt mich zu der Feststellung, Hillgruber gehe es »um eine Darstellung des Geschehens aus der Sicht der tapferen Soldaten, der verzweifelten Zivilbevölkerung, auch der ›bewährten‹ Hoheitsträger der NSDAP.« (»Die Zeit« vom 11. Juli 1986.) Nach den üblichen Regeln der Logik läßt sich aus diesem Satz nicht mit Hildebrand folgern, daß Hillgruber nach meiner Darstellung behaupte oder impliziere, es habe damals nur tapfere Soldaten oder eben nur »bewährte« Hoheitsträger gegeben.

Hillgruber kritisiert (in GWU, 12, 1986, 731) denselben Satz unter einem anderen Aspekt; er besteht auf der von mir vielleicht nicht hinreichend berücksichtigten Unterscheidung zwischen »(immer schon) bewährt« und »(seinerzeit) sich bewährend«. Aber hat denn nicht, wer sich sogar in extremis bewährt, die Vermutung für sich, ein bewährter Mann zu sein? Im übrigen bestätigt dieser ridiküle Wortstreit um sekundäre Tugenden noch einmal Hillgrubers mangelnde Distanz zu jener ganzen Sphäre. Gerühmt wird eine Feuerwehr, die selbst den Brand gelegt hat.

(c) Schließlich behauptet Hillgruber, ich würde seinen Text dadurch verfälschen, daß ich ihm fremde Auffassungen zuschreibe. Auch das ist unzutreffend. An einer Stelle (S. 86) vollzieht Hillgruber ein Gedankenexperiment von Christoph Dipper nach und macht sich die Substanz dieser Überlegung zu eigen. Anschließend bezweifelt er eine bestimmte These von Hans Mommsen (S. 87). Jenen Gedanken gebe ich korrekt als eine Auffassung wieder, die Hillgruber vertritt; und diese These mache ich als eine von Hillgruber kritisierte Auffassung kenntlich – ohne dabei Dipper und Mommsen namentlich zu erwähnen. An den Haaren herbeigezogen ist nun Hillgrubers Forderung, ich hätte bei meiner notgedrungen skizzenhaften Wiedergabe seines populärwissenschaftlich dargebotenen Grundgedankens darauf hinweisen müssen, auf wessen Auffassung sich der Autor jeweils stützt und wessen Auffassung er kritisiert. Die Redaktion einer Wochenzeitung streicht sogar die viel wichtigeren Zitatennachweise. Hillgruber kann offensichtlich die Textsorten nicht auseinanderhalten. Er könnte wissen, daß eine Zeitungspolemik keine Arbeit für's Historische Proseminar ist. Beim polemischen Zeitungsaufsatz bemißt sich die Korrektheit des Zitierens einzig daran, ob die wiedergegebenen Textausschnitte den Gedankengang oder den Stil der Darstellung, den sie kennzeichnen sollen, treffen.

(d) Wie Hillgruber selbst mit Texten umgeht, vermag ich nicht zu beurteilen, da ich nur die populäre Kompilation seiner beiden Aufsätze bei Siedler kenne. Doch wenig Vertrauen erweckt in dieser Hinsicht eine (GWU 12, 1986, 736 aufgestellte) Behauptung, die ich zufällig überprüfen kann. Hillgruber sagt dort, ich hätte »maßgeblichen Anteil« an der »von den extremen Linken an den westdeutschen Universitäten... entfesselten Agitation und (am) psychischen Terror gegen einzelne nicht-marxistische Kollegen.« Von einem Historiker, und nicht nur von diesem, erwartet man, daß er die einschlägigen, übrigens leicht zugänglichen Dokumente und Darstellungen zur Kenntnis nimmt, bevor er sich von den Ressentiments seiner unreflektierten lebensgeschichtlichen Erfahrung gefangennehmen läßt. Mein Verhalten ist gut dokumentiert in: J. Habermas, Kleine Politische Schriften I – IV, Suhrkamp, 1981; vgl. auch die Darstellung bei Rolf Wiggershaus, Die Frankfurter Schule, Hanser 1986.

ERNST NOLTE
Abschließende Anmerkung, 15. April 1987

Ich habe meinen Einspruch gegen den Untertitel des vorliegenden Sammelbandes nicht aufrechterhalten, weil ich für eine etwaige weitere Verzögerung der Publikation nicht verantwortlich sein wollte. Mein Vorschlag, den ich für weitaus sachgerechter halte, lautete: »Die Dokumentation der Kontroverse um die Voraussetzungen und den Charakter der ›Endlösung der Judenfrage‹«.

Nachwort, 21. April 1987

Einige Beobachter haben die sogenannte Historiker-Kontroverse »überflüssig« genannt, und wer auf die Substanz der Meinungsverschiedenheiten blickt, kann in der Tat dieser Auffassung sein. Denn keiner der Gegner bezweifelte die Verbrechen an den Juden oder bestritt sie gar, keiner versuchte sie zu relativieren oder mit anderen Untaten anderer Völker aufzurechnen, und es bedurfte schon der immer wieder staunenswerten Aufgeregtheit eines Rudolf Augstein, um die Formel von der »neuen Auschwitzlüge« zu erfinden. Es gibt, wie wir nun wissen, ersichtlich auch eine Form der journalistischen Legasthenie. Auch nicht Ernst Nolte, dem das nun gleichwohl überall nachgesagt wird, stellte die Einzigartigkeit der Nazi-Verbrechen in Frage. Ganz und gar unbestritten blieb auch, daß für die Deutschen selber diese Verbrechen singulären Charakter haben. Die Massenmorde sind ein elementarer Bestandteil ihrer Vergangenheit und sicherlich auch, womöglich auf Generationen hin, ihrer Zukunft.

In der Sache wurde der Streit durch die Frage Ernst Noltes aufgeworfen, ob Hitlers monströser Vernichtungswille gegen die Juden, dem Ursprung nach, aus frühen Wiener Eindrücken kam oder eher aus späteren Münchner Erfahrungen, ob er originär oder reaktiv war. Trotz aller Konsequenzen, die sich aus der Antwort ergeben, handelt es sich dabei um eine reichlich akademische Überlegung. Sie hätte vermutlich auch nicht so viel Aufsehen erregt, wenn nicht besondere Begleitumstände im Spiel gewesen wären.

Dazu gehört zunächst Noltes Hang zu scharf herausarbeitender Pointierung, deren äußerste gedankliche, oft auch spekulative Zuspitzungen er allerdings gleichzeitig durch die Frageform in Zweifel zu ziehen pflegt, so daß sie als versuchsweise Denkfiguren erkennbar werden. Eng im Zusammenhang damit steht der verschiedentlich vorgebrachte Einwand, dergleichen hätte nicht in einer Tageszeitung publiziert werden dürfen. Aber das eine wie das andere steht in der gleichen Tradition suchender Erkenntnis. Sie hat mit dem Bewußtsein zu tun, daß der Wahrheit, wenn überhaupt, nur in einem langwierigen Prozeß nahezukommen ist, den nichts besser gewährleiste als der öffentliche Disput. Ich selber stimme in dem zentralen Punkt der eigentlichen Kontroverse nicht mit Nolte überein. Aber ich bin zugleich der Auffassung, daß auch und gerade problematische Überlegungen, sofern sie nicht gegen den politisch-moralischen Generalkonsens der Epoche nach Hitler verstoßen, jedermann zugänglich gemacht werden sollen und müssen. Es ist niemandem geholfen, wenn sie im Halbverborgenen bleiben. Nach mehr als vierzig Jahren historischer Belehrung über den Charakter des NS-Regimes und demokratischer Erprobung sollte die Gesellschaft der Bundesrepublik imstande sein, über solche Themen offen, kontrovers und zur Sache zu debattieren.

Wenn der Historikerstreit trotz allem wichtig war, so weil er, nicht anders als die beschämende Vorgeschichte dieses Buches, lehrte, daß gerade das nicht möglich ist. Nicht ohne melancholische Empfindung registriert man den Riß, der durch die historische Wissenschaft geht und sie in zwei Lager teilt. Auf der einen Seite stehen, vereinfachend gesprochen, diejenigen, die Hitler und den Nationalsozialismus als eine Art Antimythos bewahren und politischen Absichten dienstbar machen wollen – die Theorie einer Verschwörung von rechts, zu der Nolte, Hillgruber, Stürmer und Hildebrand groberweise verkoppelt wurden, die verunglimpfenden Bezichtigungen und die Ausweitung des Streits auf das Historische Museum zeigen es an. Und es ist sicherlich kein Zufall, daß Habermas, Jäckel, Mommsen und andere sich im zurückliegenden Wahlkampf in diesem Sinne engagiert haben. Manche Bekenntnisse zum pluralistischen Charakter der Wissenschaft und zum Ethos der Gelehrtenrepublik enthüllen sich für den, der die Dinge überblickt, als nur floskelhaftes Gerede. Und auf der anderen Seite stehen, unverbunden und ohne irgendeine erkennbare Parteienpräferenz, die Vertreter einer wissenschaftlichen Bemühung, die fern – und manchmal vielleicht auch zu fern – von allen Tagesüberlegungen zu neuen Fragen kommt, ihre Hypothesen vorlegt und sie dem öffentlichen Disput aussetzt.

Strenggenommen hat Nolte nichts anderes unternommen, als jenen Vorschlag zur Historisierung der NS-Zeit aufzugreifen, den Broszat und andere gemacht haben. Jedem Einsichtigen und, wie Broszats bedeutender Eröffnungsartikel dazu erkennen läßt, auch ihm selbst blieb nicht verborgen, daß dieser Übergang mit Schwierigkeiten verbunden sein werde. Daß die erregtesten Einwürfe aber nicht zuletzt von denen kommen würden, die der Historisierung zunächst das Wort geredet haben, war nicht weniger überraschend als die Einsicht, daß die Aufklärer von einst die Frageverbieter und Mythologen von heute sind.

Dennoch wird der Prozeß der Historisierung weitergehen. Er ist nicht aufzuhalten. Denn er hat die mächtigste denkbare Kraft auf seiner Seite: die Zeit. Nicht die, die vergessen macht, sondern die aus neuen Fragestellungen auch zu geschärftem moralischen Empfinden führen kann. Daß Habermas und die Parteigänger des herrschaftsgeleiteten Diskurses nicht nur für ein statisches Bild des NS-Regimes plädieren, sondern auch gegen die verrinnende Zeit anlaufen, macht sie zu Anwälten einer aussichtslosen Sache.

Nachbemerkung, 25. April 1987

Jürgen Habermas hat die Legitimationsprobleme des Spätmarxismus durch Beispiele belegt:
— die Erfindung der tatsachenfreien Wissenschaft;
— die Vereinheitlichung von Erkenntnis und Interesse;
— die Darstellung des herrschaftsfreien Diskurses.

Ad 1:
Habermas besteht, was meine Texte betrifft, auf jenen Verzerrungen und Klitterungen, welche ihn seit einem Jahr beflügeln. Dieser Band gibt Gelegenheit, das Verhältnis von Dichtung und Wahrheit zu prüfen. — Wie steht es aber mit Habermas' Seelenbekenntnis — erfreulich, aber überraschend — zur Westbindung der Bundesrepublik, wenn er keinen schlimmeren Vorwurf als den des NATO-Historikers zu formulieren weiß — was immer das bedeuten mag? Und wie stimmt diese fürchterliche Anklage zu der des Neo-Nationalismus? Auch ein bedeutender Sozialphilosoph darf wissen, daß das nordatlantische System, zumal für die beteiligten Deutschen, von supranationaler Art ist und immer war und nationalem Ehrgeiz keinen Raum läßt. Seine Behauptungen sind entweder absurd oder ideologische Falschmünzerei.

Ad 2:
Habermas verschweigt, daß seine Aufgeregtheiten, welche die Querele einleiteten, nach Ton und Inhalt übereinstimmen mit dem, was er, von der SPD-Fraktion des Deutschen Bundestages zum Hearing am 2. Juli 1986 eingeladen, zum Thema Deutsches Historisches Museum in Berlin urbi et orbi mitzuteilen hatte. Drei der Entlarvten hatten nichts mit diesem Projekt zu

tun; vom vierten, mir, waren offenkundig einschlägig zitierbare Stellen zum NS-Regime nicht zu finden. Die Hamburger Wochenzeitung, welche die Bonner Einlassungen des Frankfurter Meisterdenkers getreulich druckte, war dabei taktvoll genug, die spezielle parteipolitische Provenienz zu übergehen. Im beginnenden Bundeswahlkampf hat dann die Praxis der Antifa-Agitation, jeden Andersdenkenden als Nazi vorzuführen — denn was soll neokonservative Apologetik desselben denn anderes bedeuten? — eine obszöne Rolle gespielt und ist dazu bestimmt, wenn es nach Habermas und den Seinen geht, sie weiterzuspielen.

Ad 3:
Habermas setzte den Piper-Verlag auf seine unnachahmliche Weise unter Druck. Als Einziger bestand er auf einer Anmerkung, die ihm zu einer neuen Schmähschrift geriet: Widrigenfalls könnten seine Beiträge nicht erscheinen. Er hat dadurch mich und andere in die Peinlichkeit versetzt, mich nochmals mit seiner Desinformationskampagne befassen zu müssen.

Jürgen Habermas hat viel erreicht: Mißtrauen, Spaltungen, Sprachverlust. Ich gratuliere niemandem dazu.

»It is an ill wind that
blows nobody any good«.

ANDREAS HILLGRUBER

Mein »Schlußwort«
zum sogenannten »Historikerstreit«,
12. Mai 1987

Die Replik von Jürgen Habermas vom 23. 2. 1987 auf meinen in der Zeitschrift »Geschichte in Wissenschaft und Unterricht« 37 (1986), S. 725 – 738, veröffentlichten und in diesem Band, S. 331–351, wiederabgedruckten Artikel »Jürgen Habermas, Karl Heinz Janßen und die Aufklärung Anno 1986« ist ein erneuter aufschlußreicher Beleg für die sehr ›eigenwillige‹ Art des Umgangs dieses Philosophen mit Texten. Ich hatte Habermas in meinem Artikel massive Sinnverfälschungen meiner Aussagen und Manipulationen mit Zitaten nachgewiesen, die dem ausschließlich polit-agitatorischen Zweck dienten, die Leser seines in der Wochenzeitung »Die Zeit« vom 11. 7. 1986 publizierten Artikels (»Eine Art Schadensabwicklung«) über angeblich »apologetische Tendenzen« in meinem Band »Zweierlei Untergang« (Siedler-Verlag, Berlin 1986) »aufzuklären«. Jeder Leser kann durch Vergleich meines Textes im Siedler-Band mit den ›Zitaten‹ im »Zeit«-Artikel von Habermas und mit den Richtigstellungen (unter Rückgriff auf meinen Text im Siedler-Band) in dem Artikel in »Geschichte in Wissenschaft und Unterricht« meinen Vorwurf der wissenschaftlichen Unredlichkeit an die Adresse von Habermas auf seine Berechtigung hin überprüfen. Seine Replik vom 23. 2. 1987, in der Habermas in unveränderter Arroganz versucht, sich mit neuen Attacken gegen die in seinem »Zeit«-Artikel angegriffenen Historiker mit Ausflüchten, Ablenkungsmanövern, sophistischen Spitzfindigkeiten und – wiederum – Sinnverfälschungen meiner Aussagen zu rechtfertigen, erfordert eine deutliche, ins Grundsätzliche zielende Zurückweisung.

   Klaus Hildebrand hat in seinem Aufsatz in der Zeitung »Die Welt« vom 22. 11. 1986 (»Wer dem Abgrund entrinnen will, muß ihn aufs genaueste ausloten«), wiederabgedruckt in diesem Band S. 281–292, von einem jeder Willkür Tür und Tor öffnenden »Habermas-Verfahren« im Umgang mit Texten gesprochen. Wie gerechtfertigt – über den speziellen Fall hinaus – diese Charakterisierung ist, wurde mir in den letzten Monaten durch zahlreiche Zuschriften, die mich erreichten, und in vielen Gesprächen mit Kollegen (Geschichtswissenschaft und Philosophie) erst in vollem Maße bewußt. Habermas pflegt, dies geht aus einer stattlichen Reihe von Rezensionen seiner Werke durch Autoren ganz unterschiedlicher ›Couleur‹ hervor, auch philosophische Texte, Klassiker wie Kant und Hegel nicht ausgenommen, ob mit oder ohne politische Brisanz spielt dabei keine Rolle, prinzipiell nicht anders ›heimzusuchen‹ als meinen Text, eine historische Abhandlung: mit mehr oder weniger grotesker Entstellung von Zitaten, sinnentstellenden Extraktionen und Transplantierungen – auch in Teilen von ihnen – in sachfremde Kontexte, um so, tendenziös oder auch nicht, für diejenige Art der Konfusion zu sorgen, die im Leser willkommene Blindheit durch ›Blendung‹ im doppelten Sinne des Wortes erzeugen soll. Wenn man dies weiß, ist die völlige wissenschaftliche Unergiebigkeit der Fortführung einer Auseinandersetzung mit Habermas, etwa auf der Basis seiner Replik vom 23. 2. 1987, offenkundig. Ich beabsichtige daher nicht, noch einmal, wie es mit meinem Aufsatz in »Geschichte in Wissenschaft und Unterricht« bei der ersten Begegnung mit den Praktiken von Habermas wohl unumgänglich war, Zeit und Kraft in eine Gegendarstellung zu investieren, da dies nur bedeuten würde, seinem allzu unverhüllt kundgegebenen Publizitätsbedürfnis nachzukommen, dem er mit neuen Ausfällen wieder Rechnung tragen könnte.

Es wird mir immer ein Rätsel bleiben, wie sich einige Historiker-Kollegen, anstatt den in der Historie dilettierenden Agitator in die Schranken zu verweisen, ganz oder teilweise den ›Argumenten‹ von Habermas anschließen konnten. Erst dadurch ist der Habermas-Skandal zu einem »Historikerstreit« geworden. Ebensowenig Verständnis habe ich für die (im »Mitteilungsblatt des Verbandes der Historiker Deutschlands« 1/ 1987, S. 3) vom Verbandsvorsitzenden Christian Meier (»Zum sogenannten Historikerstreit«) vertretene Meinung, daß »keine Spezialkenntnisse dazu notwendig« gewesen seien, »um an ihm teilzunehmen«. Der Geschichtswissenschaft insgesamt wird ein Bärendienst erwiesen, wenn unstreitig außerordentlich wichtige zeitgeschichtliche Themen dem »Habermas-Verfahren« preisgegeben werden, das dann von Publizisten wie Rudolf Augstein unter Berufung auf den Philosophen Habermas ›angewandt‹ und ins Absurde und in Diffamierungen übelster Art übersteigert werden kann. Im Gegensatz zur letzten großen öffentlich ausgetragenen Auseinandersetzung um ein bedeutendes historisches Problem, zur sogenannten »Fischer-Kontroverse« über den Anteil der Verantwortung der deutschen Reichsleitung an der Auslösung des Ersten Weltkrieges, die − trotz anfänglicher starker emotionaler Begleiterscheinungen −, weil sie von Fachhistorikern bestritten wurde, zu einem beachtlichen wissenschaftlichen Ertrag geführt hat, ist auf diese Weise der sogenannte »Historikerstreit« − von ganz wenigen Sachbeiträgen und ausgewogenen Reflexionen von Fachkollegen abgesehen − in ein uferloses öffentliches Palaver ausgeartet, dessen Ende noch nicht abzusehen ist.

Über die Autoren

Rudolf Augstein, geboren 1923, ist Herausgeber des SPIEGEL.

Karl Dietrich Bracher, geboren 1922, ist Professor für Politische Wissenschaft und Zeitgeschichte an der Universität Bonn.

Martin Broszat, geboren 1926, ist Direktor des Instituts für Zeitgeschichte in München und Honorarprofessor an der Universität München.

Micha Brumlik, geboren 1947, ist Professor für Erziehungswissenschaft an der Universität Heidelberg.

Walter Euchner, geboren 1933, ist Professor für Politikwissenschaften an der Universität Göttingen.

Joachim Fest, geboren 1926, ist Mitherausgeber der »Frankfurter Allgemeinen Zeitung«.

Helmut Fleischer, geboren 1927, ist Professor für Philosophie an der Technischen Hochschule Darmstadt.

Imanuel Geiss, geboren 1931, ist Professor für die Geschichte der Neuzeit an der Universität Bremen.

Jürgen Habermas, geboren 1929, ist Professor für Philosophie an der Universität Frankfurt.

Hanno Helbling, geboren 1930, ist Leiter der Feuilletonredaktion der »Neuen Zürcher Zeitung«.

Klaus Hildebrand, geboren 1941, ist Professor für Neuere Geschichte an der Universität Bonn.

Andreas Hillgruber, geboren 1925, ist Professor für Geschichte der Neuesten Zeit an der Universität Köln.

Eberhard Jäckel, geboren 1929, ist Professor für Neuere Geschichte an der Universität Stuttgart.

JÜRGEN KOCKA, geboren 1941, ist Professor für Neuere und Neueste Geschichte und Sozialgeschichte an der Universität Bielefeld.

ROBERT LEICHT ist stellvertretender Chefredakteur der »Zeit«.

RICHARD LÖWENTHAL, geboren 1908, ist Direktoriumsmitglied des Forschungsinstituts der Deutschen Gesellschaft für Auswärtige Politik in Bonn.

CHRISTIAN MEIER, geboren 1929, ist Professor für Alte Geschichte an der Universität München.

HORST MÖLLER, geboren 1943, ist Professor für Neuere Geschichte an der Universität Erlangen.

HANS MOMMSEN, geboren 1930, ist Professor für Neuere Geschichte an der Ruhruniversität Bochum.

WOLFGANG J. MOMMSEN, geboren 1930, ist Professor für Neuere Geschichte an der Universität Düsseldorf.

THOMAS NIPPERDEY, geboren 1927, ist Professor für Neuere Geschichte an der Universität München.

ERNST NOLTE, geboren 1923, ist Professor für Neuere Geschichte an der Freien Universität Berlin.

JOCHIM PERELS, geboren 1942, ist Professor für Politische Wissenschaft an der Universität Hannover.

HAGEN SCHULZE, geboren 1943, ist Professor für Neuere Geschichte sowie für Theorie und Methodologie der Geschichtswissenschaft an der Freien Universität Berlin.

KURT SONTHEIMER, geboren 1928, ist Professor für Politische Wissenschaften an der Universität München.

MICHAEL STÜRMER, geboren 1938, ist Professor für Neuere Geschichte an der Universität Erlangen.

HEINRICH AUGUST WINKLER, geboren 1938, ist Professor für Neuere und Neueste Geschichte an der Universität Freiburg.

Handbuch der Geistesgeschichte in Deutschland nach Hitler 1945–1950

Das HDG erschließt bibliographisch, biographisch und inhaltlich die Geistesgeschichte der Nachkriegszeit.

Beiheft 1 der Reihe Geschichte

Christoph Cobet (Hrsg.)

Einführung in Fragen an die Geschichtswissenschaft in Deutschland nach Hitler 1945–1950

1986. 61 Seiten, br. DM 18,– (3-925389-02-4)

Inhalt:

Günther Heydemann, Zwischen Diskussion und Konfrontation – Der Neubeginn deutscher Geschichtswissenschaft in der SBZ/DDR 1945–1950

Dieter Hein, Geschichtswissenschaft in den Westzonen und der Bundesrepublik 1945–1950

Peter Th. Walther, Emigrierte deutsche Historiker in den Vereinigten Staaten, 1945–1950: Blick oder Sprung über den Großen Teich?

Bereits erschienene Teile des HDG

HDG, Reihe: Literatur, Band 1
Deutsche Literatur nach Hitler 1945–1950
einschließlich Theater, Film, Kabarett, Literaturgeschichte und Philosophie.
Teil 1: Bücher (1 863 Titel).
1983. 255 Seiten Text, 45 Seiten Register, br. DM 45,–

HDG. Reihe: Politik, Band 1
Deutschlands Erneuerung 1945–1950
Bio-Bibliographische Dokumentation mit 433 Texten
1985. 290 S., 51 S. Register, 2 Faksimile-Drucke, br. DM 45,–

Bestellanschrift: Mainzer Landstr. 166

Verlag Christoph Cobet · 6000 Frankfurt/Main 1

Ernst Piper

Ernst Barlach und die nationalsozialistische Kunstpolitik

Eine dokumentarische Darstellung zur »Entarteten Kunst«.
1983. 283 Seiten mit 18 Abbildungen. Gebunden

Die nationalsozialistische Kunstpolitik, der Hunderte heute berühmter Künstler
zum Opfer fielen, aufgezeigt und dokumentiert am Beispiel Ernst Barlachs – das ist
das Thema dieser erregenden Dokumentation.

Als Ernst Barlach am 24. Oktober 1938 im Alter von 68 Jahren starb, ging ein
Künstlerleben zu Ende, das in den letzten Jahren durch staatlich erzwungene Isolation
schwer belastet war. Barlach, der sich, wie er 1937 schrieb, »im Vaterland zu einer
Art von Emigrantendasein genötigt« sah, lebte vereinsamt und krank in seinem
Atelierhaus auf dem Heidberg bei Güstrow, ständig neuen Angriffen auf sein
Werk ausgesetzt.

In einer großen Anzahl von zum Teil unveröffentlichten Briefen, Zeitungsartikeln
und anderen Quellen zeigt diese Dokumentation, wie im »Kampf um Barlach« im
Dritten Reich, aber auch davor und danach, der intolerante Streit um die moderne
Kunst ausgetragen wurde. So wird deutlich, daß die Angriffe gegen Barlach nach
der Machtergreifung Hitlers 1933 zwar eine neue Qualität gewannen, daß aber die ihnen
zugrunde liegenden Denkhaltungen keineswegs neu waren. Und es fehlte auch
nach 1945 nicht an Stimmen, die am Diktum von der »entarteten Kunst«
festhalten wollten.

Der Verleger Reinhard Piper war seit Beginn des Jahrhunderts mit Barlach befreundet
gewesen. 1935 brachte er den Band »Zeichnungen« heraus, der jedoch 1936 beschlag-
nahmt und – nach heftigen, aber erfolglosen Protesten – eingestampft wurde.

Von diesen Auseinandersetzungen ausgehend, behandelt die Dokumentation vor allem
die Richtungskämpfe innerhalb der NSDAP über die Bewertung zeitgenössischer Kunst,
die Verwüstung der deutschen Museen und die Ausstellung »Entartete Kunst«, die
Entfernung von Ernst Barlachs Plastiken aus Kirchen in Lübeck, Magdeburg und
Güstrow und aus den deutschen Museen und seine Vertreibung aus der preußischen
Akademie der Künste.

Durch einen ausführlichen Einführungsessay und die verbindenden Texte wird dieses
Buch über Ernst Barlach im Dritten Reich zu einem durchgängig zu lesenden
Zeitdokument, das die Unmenschlichkeit staatlichen und bürokratischen Handelns
gegenüber verfemten Künstlern ebenso zeigt wie die intolerante Haltung in der
Bevölkerung, die dieses Unrecht erst ermöglichte.

Ernst Piper, geb. 1952 in München, Studium der Geschichte, Philosophie
und Germanistik; Promotion 1981. Wichtigste Veröffentlichungen: »Der Aufstand
der Ciompi«, 1978, »Savonarola«, 1979, »Der Stadtplan als Grundriß der
Gesellschaft«, 1982.

PIPER

Martin Broszat / Elke Fröhlich

Alltag und Widerstand –
Bayern im Nationalsozialismus

1987. 702 Seiten. Serie Piper 678

Nach fast zehnjähriger Forschungsarbeit hat das Institut für Zeitgeschichte 1983 die vielbeachtete sechsbändige Reihe »Bayern in der NS-Zeit« abgeschlossen. Diese Taschenbuchausgabe legt zwei besonders eindringliche Teile daraus vor: die epische Chronik der Auswirkungen der NS-Zeit in einer fränkischen Armutsregion (Ebermannstadt bei Forchheim) und die von Elke Fröhlich fesselnd erzählten zehn Geschichten über Widerstand und Verfolgung. Mit einer großen, neu geschriebenen Einleitung gibt Broszat einen Überblick über die Problematik der »Gesellschaftsgeschichte des Widerstands«. Für den zeitgeschichtlich interessierten Laien und für den Geschichtsunterricht besonders geeignet.

Karl Jaspers

Die Schuldfrage

Zur politischen Haftung Deutschlands. 1987. 89 Seiten. Serie Piper 698

Karl Jaspers' berühmte Schrift »Die Schuldfrage« ist ein Beispiel dafür, wie philosophisches Denken in komplexen politischen Situationen Orientierungshilfe werden und zugleich aktuelle und die Aktualität überdauernde Bedeutung haben kann. Die anhaltende Diskussion um die jüngste Vergangenheit macht eine erneute Beschäftigung mit »Die Schuldfrage« sinnvoll und notwendig.
Jaspers schreibt in seinem Nachwort von 1962: »Die Schrift wurde 1945 entworfen. Man muß bei der Lektüre sich jener Zeit erinnern, in der sie geschrieben wurde. Der Hagel der Schuldigerklärungen ging täglich auf uns Deutsche nieder.«
1945/46 war noch die Hoffnung lebendig, daß der Nürnberger Prozeß ein neues Weltrecht begründen würde. Diese Hoffnung wurde durch den Prozeßverlauf enttäuscht. Trotzdem plädierte Jaspers noch 1962 für das Festhalten an der Idee eines »Weltzustandes mit einem Weltrecht«.

Der Widerstand gegen den Nationalsozialismus

Die deutsche Gesellschaft und der Widerstand gegen Hitler.
Vorwort von Peter Treue. Hrsg. von Jürgen Schmädeke und Peter Steinbach.
1986. 1185 Seiten. Serie Piper 685

»Diese Beiträge markieren den gegenwärtigen Stand der Forschung und werden wohl für lange Zeit die vorderste Linie dieser Forschung kennzeichnen. In der Darstellung des Umfanges des Widerstandes, der Motivationen und der Gruppierungen, in der Erfassung der verschiedenen Formen und Absichten und in der Würdigung der Beteiligten dürfte mit dieser Publikation ein Standard erreicht sein, der den historischen Gegebenheiten gerecht wird und nicht mehr einseitig vordergründigen politischen Zwecken dienstbar gemacht werden kann.«   DER TAGESSPIEGEL

PIPER